BENEDIKT XVI.
FRAGEN AN MICH

BENEDIKT XVI.

FRAGEN AN MICH

Sankt Ulrich Verlag

Bibliographische Information der Deutschen Bibliothek

Die Deutsche Bibliothek verzeichnet diese Publikation in der
Deutschen Nationalbibliographie; detaillierte bibliographische Daten
sind im Internet über http://dnb.ddb.de abrufbar.

© 2012 by Sankt Ulrich Verlag GmbH, Augsburg
© 2005–2012 by Libreria Editrice Vaticana, Rom
Alle Rechte vorbehalten
Umschlagbild: fotolia / © Sebastian Kaulitzki
Umschlaggestaltung: uv media werbeagentur
Mediengruppe Sankt Ulrich Verlag, Augsburg
Druck und Bindung: CPI BOOKS, Ebner & Spiegel, Ulm
Printed in Germany
ISBN 978-3-86744-211-4
www.sankt-ulrich-verlag.de

INHALT

DER PAPST IST KEIN ORAKEL

Zunächst möchte ich meine Freude und Dankbarkeit ausdrücken für die Möglichkeit, euch zu begegnen. Als Papst besteht die Gefahr, daß man der alltäglichen Lebenswirklichkeit
ein bißchen fern ist, besonders den Priestern, die gerade hier
im Tal an vorderster Front in vielen Pfarreien tätig sind und
die derzeit – wie Seine Exzellenz sagte – aufgrund des Mangels an Berufungen auch unter Bedingungen mit besonderer
physischer Belastung leben.

So ist es für mich eine Gnade, in dieser schönen Kirche mit
den Priestern und dem Presbyterium dieses Tals zusammen-
zutreffen. Ich möchte euch danken, daß ihr gekommen seid,
denn auch für euch ist Urlaubszeit.

Wenn ich euch versammelt und mich mit euch vereint sehe,
wenn ich also den Priestern nahe bin, die Tag für Tag als Sä-
männer des Wortes für den Herrn arbeiten, dann ist das für
mich ein Trost und eine Freude.

In der vergangenen Woche haben wir zweimal oder – mir
scheint – dreimal das Gleichnis vom Sämann gehört, das ja
eine tröstliche Parabel in einer anderen Situation ist, die aber
in gewissem Sinn unserer Situation ähnelt.

Die Arbeit des Herrn hatte mit großem Enthusiasmus begonnen. Man sah, daß die Kranken geheilt wurden und alle
mit Freude das Wort hörten: »Das Reich Gottes ist nahe.« Die
Veränderung der Welt und die Ankunft des Gottesreiches
schienen tatsächlich bevorzustehen, so daß sich endlich die
Traurigkeit des Gottesvolkes in Freude verwandeln konnte.
Man erwartete einen Boten Gottes, der das Steuerrad der Ge-

Begegnung mit dem Klerus der Diözese Aosta, Pfarrkirche von In-
trod (Aosta-Tal), 25. Juli 2005.

schichte in die Hand nehmen würde. Aber dann sah man, daß die Kranken zwar geheilt, die Dämonen ausgetrieben wurden und das Evangelium verkündet wurde, aber im übrigen blieb die Welt so, wie sie war. Nichts hatte sich geändert. Die Römer waren immer noch die Herrscher. Das Alltagsleben war schwierig, trotz dieser Zeichen und dieser schönen Worte. So erlosch der Enthusiasmus, und am Ende verließen auch die Jünger, wie wir aus dem 6. Kapitel von Johannes wissen, diesen Prediger, der predigte, aber die Welt nicht veränderte.

Worin besteht diese Botschaft? Was bringt dieser Prophet Gottes?, fragten sich am Ende alle. Der Herr spricht vom Mann, der auf dem Feld der Welt Samen ausstreut. Und der Same scheint wie sein Wort, wie diese Heilungen zu sein, etwas Winziges im Vergleich zur historischen und politischen Wirklichkeit. So klein und nebensächlich wie der Same ist auch das Wort.

Dennoch, sagt er, ist die Zukunft im Samen enthalten, denn der Same trägt das Brot von morgen, das Leben von morgen in sich. Der Same scheint ganz unbedeutend zu sein, und doch ist der Same Gegenwart und Zukunft, er ist die heute schon gegenwärtige Verheißung. Und so sagt er mit diesem Gleichnis: Wir befinden uns in der Zeit der Aussaat; das Wort Gottes scheint bloßes Wort, es scheint fast nichts zu sein. Aber habt Mut, dieses Wort birgt das Leben in sich! Und es trägt Frucht! Das Gleichnis sagt auch, daß ein großer Teil des Samens keine Frucht bringt, weil er auf den Weg, auf felsigen Boden usw. gefallen ist.

Aber der Teil, der auf guten Boden gefallen ist, bringt Frucht, teils dreißigfach, teils sechzigfach, teils hundertfach. Das gibt zu verstehen, daß wir Mut haben sollen, auch wenn das Wort Gottes, das Reich Gottes, keine geschichtlich-politische Bedeutung zu haben scheint. Am Palmsonntag hat Jesus schließlich alle diese Lehren über das Samenkorn des Wortes zusammengefaßt: Wenn das Weizenkorn nicht in die Erde fällt und stirbt, bleibt es allein, wenn es in die Erde fällt und stirbt, bringt es viele Frucht. Und so hat er zu verstehen gegeben, daß er selbst das Samenkorn ist, das in die Erde fällt und stirbt. Mit der Kreuzigung scheint alles gescheitert, aber gerade so, indem es in die Erde fällt und stirbt, auf dem Weg des Kreuzes, bringt es Frucht zu jeder Zeit und zu allen Zeiten. Hier haben wir sowohl die christologische Zielsetzung, nach der Christus selbst das Samenkorn, das gegenwärtige Reich ist, als auch die eucharistische Dimension: Dieses Samenkorn fällt in die Erde, und so wächst das neue Brot, das Brot des künftigen Lebens, die heilige Eucharistie, die uns nährt und die uns für die göttlichen Geheimnisse, für das neue Leben öffnet.

Mir scheint, daß es in der Geschichte der Kirche, in unterschiedlichen Formen, immer diese Fragen gibt, die uns tatsächlich plagen: Was sollen wir tun? Die Leute scheinen uns nicht zu brauchen, alles, was wir tun, scheint nutzlos. Aber wir lernen aus dem Wort des Herrn, daß nur dieser Same die Erde immer wieder verändert und sie dem wahren Leben öffnet.

Ich möchte, soweit ich kann, kurz auf die Worte Seiner Exzellenz eingehen, aber ich möchte auch sagen, daß der Papst kein Orakel und – wie wir wissen – nur in den seltensten Fällen unfehlbar ist. Ich teile nämlich mit euch diese Fragen, diese Probleme. Ich leide auch. Aber wir wollen alle zusammen einerseits diese Probleme erleiden und auch, indem wir leiden, diese Probleme umwandeln, denn gerade das Leiden ist der Weg der Verwandlung, und ohne Leiden verändert sich nichts.

Das ist auch der Sinn des Gleichnisses vom Samenkorn, das in die Erde fällt: Nur in einem durchlittenen Umwandlungsprozeß erzielt man die Frucht, und es gibt eine Lösung. Wenn die scheinbare Unwirksamkeit unserer Verkündigung kein Leiden für uns wäre, dann wäre es ein Zeichen des Mangels an Glauben, an echtem Bemühen. Wir müssen uns diese Schwierigkeiten unserer Zeit zu Herzen nehmen und verwandeln, indem wir mit Christus leiden und so uns selbst verändern. Und in dem Maß, in dem wir selbst verändert sind, können wir auch die obengenannten Fragen beantworten, können wir auch die Gegenwart des Reiches Gottes sehen und es den anderen sichtbar machen.

Der erste Punkt betrifft ein Problem, das sich in der ganzen westlichen Welt einstellt: der Mangel an Berufungen. Ich habe in den vergangenen Wochen die Bischöfe von Sri Lanka und des südlichen Afrika zum »Ad-limina«-Besuch empfangen. Dort nehmen die Berufungen zu, ja, sie sind so zahlreich, daß die Seminare nicht ausreichen, um diese jungen Männer aufzunehmen, die Priester werden wollen.

Diese Freude bringt natürlich auch eine gewisse Bitterkeit mit sich, weil ein Teil von ihnen in der Hoffnung auf einen sozialen Aufstieg kommt. Wenn sie Priester werden, dann werden sie gleichsam Stammesoberhäupter und sind damit privilegiert, sie haben eine andere Lebensform usw. Unkraut und Weizen gehen also in diesem Wachstum der Berufungen zusammen, und die Bischöfe müssen sehr sorgsam unterscheiden und dürfen sich nicht einfach darüber freuen, daß sie so viele zukünftige Priester haben, sondern sie müssen schauen, wo tatsächlich wahre Berufungen vorhanden sind, das Unkraut vom guten Weizen unterscheiden.

Dennoch besteht ein gewisser Enthusiasmus des Glaubens, weil sie sich in einer bestimmten geschichtlichen Stunde befinden, das heißt in der Stunde, in der die traditionellen Religionen offensichtlich nicht mehr ausreichen. Und man erkennt, man sieht, daß diese traditionellen Religionen eine Verheißung in sich haben, aber auf etwas warten. Sie warten auf eine neue Antwort, die reinigt und, sagen wir, in sich all das Schöne aufnimmt und sie von solchen ungenügenden und negativen Aspekten befreit. In diesem Augenblick des Übergangs, wo ihre Kultur wirklich eine neue geschichtliche Stunde anstrebt, werden das Christentum und der Islam als mögliche geschichtliche Antworten angeboten.

In diesen Ländern gibt es also in gewissem Sinn einen Frühling des Glaubens, aber natürlich im Kontext der Konkurrenz zwischen diesen beiden Antworten, vor allem auch im Kontext des Leidens aufgrund der Sekten, die sich als die bessere, leichtere, bequemere christliche Antwort darstellen. Auch in einem verheißungsvollen Moment der Geschichte, des Frühlings, ist die Arbeit dessen, der mit Christus das Wort aussäen und – sagen wir – die Kirche erbauen muß, schwierig.

Anders ist die Situation in der westlichen Welt, die ihrer eigenen Kultur überdrüssig ist, in einer Welt, die an einem Punkt angelangt ist, wo offensichtlich kein Bedarf mehr an

Gott und noch weniger an Christus besteht, und in der der Mensch sich scheinbar aus sich heraus schaffen kann. In dieser Atmosphäre eines in sich verschlossenen Rationalismus, der das Modell der Wissenschaften als einziges Modell der Erkenntnis ansieht, ist alles übrige subjektiv. Natürlich wird auch das christliche Leben eine subjektive und damit willkürliche Wahl und nicht mehr der Weg des Lebens. Und deshalb wird es natürlich schwierig zu glauben; und wenn es schon schwierig ist zu glauben, ist es um so schwieriger, dem Herrn sein Leben darzubringen, um sein Diener zu sein.

Das ist bestimmt ein Leiden, das sich – ich würde sagen – in unserer geschichtlichen Stunde eingestellt hat, in der man allgemein sieht, daß die sogenannten großen Kirchen zu sterben scheinen. So ist es vor allem in Australien, auch in Europa, nicht so sehr in den Vereinigten Staaten.

Hingegen wachsen die Sekten, die sich mit der Sicherheit eines Minimums an Glauben darstellen, und der Mensch sucht Sicherheiten. Und so befinden sich die großen Kirchen, vor allem die großen traditionellen protestantischen Kirchen wirklich in einer abgrundtiefen Krise. Die Sekten bekommen die Oberhand, weil sie mit wenigen einfachen Gewißheiten auftreten und sagen: Das genügt.

Um die katholische Kirche steht es nicht so schlecht wie um die großen historischen protestantischen Kirchen, aber sie teilt natürlich das Problem unseres geschichtlichen Augenblicks. Ich denke, daß es kein System für einen raschen Wandel gibt. Wir müssen weitergehen, durch diesen Durchgang, diesen Tunnel hindurchgehen, mit Geduld und in der Gewißheit, daß Christus die Antwort ist und daß am Ende sein Licht wieder erstrahlen wird.

Die erste Antwort ist also die Geduld in der Gewißheit, daß die Welt ohne Gott nicht leben kann, ohne den Gott der Offenbarung – und nicht ohne irgendeinen Gott: Wir sehen, wie gefährlich ein grausamer Gott, kein wahrer Gott sein kann –, den Gott, der in Jesus Christus sein Angesicht gezeigt hat. Dieses Antlitz, das für uns gelitten hat, dieses Antlitz der Liebe, die die Welt verändert, so wie es das Weizenkorn tut, wenn es in die Erde fällt.

Wir selbst müssen also diese tiefe innere Gewißheit haben, daß Christus die Antwort ist und daß die Welt ohne den konkreten Gott, den Gott mit dem Antlitz Christi, sich selbst zerstört, und daß es auch immer offensichtlicher wird, daß ein in sich verschlossener Rationalismus, der glaubt, daß der Mensch allein die wahre, bessere Welt bauen könne, nicht wahr ist. Im Gegenteil, wenn es nicht das Maß des wahren Gottes gibt, zerstört sich der Mensch selbst. Wir sehen das mit eigenen Augen.

Wir selbst müssen eine neue Sicherheit haben: Er ist die Wahrheit, und nur wenn wir seinen Spuren folgen, gehen wir in die rechte Richtung und müssen mit den anderen in diese Richtung gehen und sie führen.

Der erste Punkt meiner Antwort lautet: In diesem ganzen Leiden dürfen wir nicht nur nicht die Sicherheit verlieren, daß Christus wirklich das Antlitz Gottes ist, sondern wir müssen vielmehr diese Sicherheit und die Freude, ihn zu kennen und wirklich Verwalter der Zukunft der Welt, der Zukunft jedes Menschen zu sein, vertiefen. Und diese Sicherheit sollen wir in einer tiefen persönlichen Beziehung zum Herrn vertiefen. Denn die Sicherheit kann auch durch rationale Erwägungen wachsen. Wirklich, mir scheint eine vertiefte Reflexion sehr wichtig, die auch rational überzeugt, die aber durch eine täglich mit Christus gelebte persönliche Freundschaft personal, stark und anspruchsvoll wird.

Die Sicherheit erfordert also diese Personalisierung unseres Glaubens, unserer Freundschaft mit dem Herrn, und so entstehen auch neue Berufungen. Das sehen wir in der jungen Generation nach der großen Krise des 1968 ausgebrochenen Kulturkampfes, als die geschichtliche Ära des Christentums wirklich der Vergangenheit anzugehören schien. Wir sehen, daß die Verheißungen von '68 sich nicht bewahrheitet haben, und so entsteht, sagen wir, wieder die Erkenntnis, daß es eine kompliziertere Methode gibt, weil sie diese Umkehr unseres Herzens erfordert, eine wahre Methode – und so wachsen auch neue Berufungen. Aber auch wir selbst müssen etwas Phantasie zeigen und den Jugendlichen helfen, daß sie diesen Weg auch in Zukunft finden. Das ist auch aus dem Gespräch mit den afrikanischen Bischöfen hervorgegangen. Trotz der vielen Priester sind viele von ihnen zu einer schrecklichen Einsamkeit verurteilt, und viele von ihnen werden moralisch nicht durchhalten.

Es ist wichtig, die Wirklichkeit des Presbyteriums, der Gemeinschaft der Priester um sich zu haben, die helfen und die in der Solidarität des gemeinsamen Glaubens zusammen auf dem Weg sind. Auch das scheint mir wichtig. Denn wenn die Jugendlichen nur isolierte, traurige, müde Priester sehen, dann denken sie: Wenn das meine Zukunft ist, dann übersteigt das meine Kräfte. Man muß wirklich diese gelebte Gemeinschaft schaffen, die den Jugendlichen zeigt: Ja, das kann auch für mich eine Zukunft sein, so kann man leben.

Ich habe zu lange geredet. Über den zweiten Punkt habe ich, so scheint mir, wenigstens ansatzweise schon etwas gesagt. Es ist wahr: Den Menschen, vor allem den Verantwortungsträgern in der Welt erscheint die Kirche als etwas Veraltetes und unsere Angebote als unnötig. Sie verhalten sich so, als könnten, ja wollten sie ohne unser Wort leben, und sie denken immer, daß sie uns nicht brauchen. Sie suchen unser Wort nicht.

Das stimmt, und wir leiden darunter, aber es gehört auch zu dieser geschichtlichen Situation, zu einer gewissen anthropologischen Sichtweise, wonach der Mensch die Dinge so tun muß, wie Karl Marx gesagt hat: Die Kirche hat 1800 Jahre gehabt, um zu zeigen, daß sie die Welt verändern kann, und sie hat nichts getan, jetzt tun wir es allein.

Das ist ein sehr verbreiteter Gedanke, der auch durch Philosophien unterstützt wird, und so versteht man den Eindruck vieler Leute, daß man ohne die Kirche leben könne, die etwas Veraltetes zu sein scheint. Aber es scheint auch immer klarer zu werden, daß nur die moralischen Werte und die anspruchsvollen Überzeugungen Möglichkeiten bieten, auch unter Opfern zu leben und die Welt aufzubauen. Man kann nicht, wie Karl Marx es vorgeschlagen hatte, mechanisch nach der Theorie des Kapitals und des Eigentums usw. aufbauen.

Wenn es keine moralischen Kräfte in den Herzen gibt und keine Bereitschaft, für diese Werte auch zu leiden, kann man keine bessere Welt aufbauen, im Gegenteil, die Welt wird jeden Tag schlechter, der Egoismus beherrscht und zerstört alles. Und wenn man das sieht, drängt sich von neuem die Frage auf: Woher kommen die Kräfte, die befähigen, auch für das Gute zu leiden, für das Gute, das vor allem mich schmerzt, das keinen unmittelbaren Nutzen bringt, wenn man dafür leidet? Wo sind die Ressourcen, die Quellen? Woher kommt die Kraft, diese Werte weiterzutragen?

Man sieht, daß die Moralität als solche nicht lebt, nicht wirksam ist, wenn sie nicht ein tieferes Fundament in Überzeugungen hat, die wirklich Sicherheit geben und auch die Kraft zu leiden geben, denn sie gehören gleichzeitig zu einer Liebe, einer Liebe, die im Leiden wächst und Lebenssubstanz ist. Denn am Ende läßt uns nur die Liebe leben, und die Liebe ist immer auch Leiden; sie reift im Leiden und gibt die Kraft, für das Gute zu leiden, ohne auf mich in meiner jetzigen Lage Rücksicht zu nehmen.

Mir scheint, daß dieses Bewußtsein wächst, denn man sieht schon die Auswirkungen eines Zustands, in dem die Kräfte nicht vorhanden sind, die von einer Liebe kommen, die Kern meines Lebens ist und die mir die Kraft gibt, den Kampf für das Gute fortzusetzen. Natürlich brauchen wir auch hier Geduld, aber auch eine aktive Geduld in dem Sinn, daß wir den Leuten verständlich machen: Ihr braucht dies.

Auch wenn sie sich nicht gleich bekehren, nähern sie sich wenigstens dem Kreis derer, die in der Kirche diese innere Kraft besitzen. Die Kirche hat immer diese innerlich starke Gruppe gekannt, die wirklich die Kraft des Glaubens trägt, und Personen, die sich gleichsam anschließen und sich mittragen lassen und so teilhaben.

Ich denke an das Gleichnis des Herrn vom Senfkorn, das so klein ist und dann ein so großer Baum wird, daß sogar die Vögel des Himmels in ihm wohnen. Und ich würde sagen, daß diese Vögel die Personen sein können, die sich noch nicht bekehren, sich aber doch auf dem Baum der Kirche niederlassen. Ich habe folgendes überlegt: In der Zeit der Aufklärung, in der Stunde, als der Glaube zwischen Katholiken und Protestanten gespalten war, dachte man, daß es notwendig sei, die gemeinsamen moralischen Werte zu bewahren, indem man ihnen eine ausreichende Grundlage gab. Man dachte: Wir müssen die moralischen Werte unabhängig machen von den religiösen Bekenntnissen, damit sie standhalten »*etsi Deus non daretur*«.

Wir befinden uns heute in der entgegengesetzten Lage, die Situation hat sich umgekehrt. Für die moralischen Werte gibt es keine offensichtliche Grundlage mehr. Sie werden nur offensichtlich, wenn Gott existiert. Ich habe deshalb vorgeschlagen, daß die Laien, die sogenannten Laien, darüber nachdenken sollten, ob für sie heute nicht das Gegenteil gilt: Wir müssen leben »*quasi Deus daretur*«, auch wenn wir nicht die Kraft zu glauben haben, müssen wir nach dieser Hypothese leben, sonst funktioniert die Welt nicht. Und das wäre, meiner Ansicht nach, ein erster Schritt, um dem Glauben näherzukommen. Und ich sehe in vielen Kontakten, daß der Dialog zumindest mit einem Teil des Laizismus wächst, Gott sei Dank.

Dritter Punkt: Die Lage der Priester, die weniger geworden sind und in manchmal drei, vier und bis zu fünf Pfarreien arbeiten müssen und erschöpft sind. Ich denke, daß der Bischof zusammen mit seinem Presbyterium nach den besten Mitteln der Abhilfe suchen müßte. Als ich Erzbischof von München war, hatte man dieses Modell der Wortgottesdienste ohne Priester geschaffen, um die Gemeinde in ihrer Kirche sozusagen präsent zu machen. Und sie sagten: Die Gemeinde bleibt bestehen, und wo es keinen Priester gibt, halten wir diesen Wortgottesdienst.

Die Franzosen haben die angemessene Bezeichnung für diese sonntäglichen Versammlungen »in Abwesenheit eines Priesters« gefunden, und nach einer längeren Zeit haben sie erkannt, daß das auch schiefgehen kann, weil man den Sinn für das Sakrament verliert; es entsteht eine Protestantisierung, und wenn es am Ende nur das göttliche Wort gibt, dann kann ich es auch bei mir zu Hause feiern.

Ich erinnere mich, als ich in Tübingen Professor war, an den großen Exegeten Käsemann – ich weiß nicht, ob euch der Name bekannt ist –, ein Schüler von Bultmann, dem großen

17

Theologen. Obwohl er überzeugter Protestant war, ging er nie in die Kirche. Er sagte: Ich kann die Heilige Schrift auch zu Hause meditieren.

Die Franzosen haben diese Formel der sonntäglichen Versammlungen »in Abwesenheit des Priesters« in die Formel »in Erwartung eines Priesters« umgewandelt. Das heißt, es muß ein Warten auf den Priester geben, und normalerweise, würde ich sagen, sollte der Wortgottesdienst am Sonntag eine Ausnahme sein, denn der Herr will leiblich kommen. Es kann deshalb nicht die Lösung sein.

Der Sonntag wurde geschaffen, weil der Herr auferstanden und zur Gemeinschaft der Apostel gekommen ist, um bei ihnen zu sein. Sie haben auch verstanden, daß der liturgische Tag nicht mehr der Sabbat, sondern der Sonntag ist, an dem der Herr immer wieder leiblich bei uns ist und uns mit seinem Leib nähren will, damit wir selbst sein Leib in der Welt werden.

Auf welche Weise man möglichst vielen Personen guten Willens diese Möglichkeit bieten könnte, dafür wage ich jetzt nicht, ein Rezept zu geben. In München sagte ich immer – aber hier kenne ich die Lage nicht, die sicher verschieden ist –, daß unsere Bevölkerung unglaublich beweglich, flexibel ist. Die Jugendlichen fahren 50 und mehr Kilometer weit, um in eine Diskothek zu gehen, warum können sie nicht wenigstens zusammen in eine fünf Kilometer weit entfernte Kirche gehen? Aber das ist etwas ganz Konkretes, Praktisches, und ich wage nicht, dafür ein Rezept zu geben. Aber man muß versuchen, dem Volk das Gefühl zu vermitteln: Ich muß mit der Kirche verbunden bleiben, mit der lebendigen Kirche und mit dem Herrn verbunden bleiben!

Und so soll ich diesen Eindruck von Bedeutsamkeit weitergeben, und wenn ich es für wichtig halte, dann werden auch die Voraussetzungen für eine Lösung geschaffen. Aber in Wirklichkeit muß ich doch diese Frage offenlassen, Exzellenz.

Auf Fragen bezüglich der Jugenderziehung, der Rolle der katholischen Schule und des geweihten Lebens:

Es sind sehr konkrete Fragen, auf die man nicht leicht ebenso konkrete Antworten geben kann.

Ich möchte vor allem danken, daß unsere Aufmerksamkeit auf die Notwendigkeit gelenkt wurde, die Jugendlichen zur Kirche hinzuführen; sie fühlen sich leicht von anderen Dingen angezogen, von einem Lebensstil, der ziemlich weit weg von unseren Überzeugungen ist. Die frühe Kirche wählte den Weg der Gemeinschaften des alternativen Lebens, ohne notwendige Brüche. Ich würde sagen, daß es wichtig ist, daß die Jugendlichen die Schönheit des Glaubens entdecken, und daß es schön ist, eine Orientierung zu haben, daß es schön ist, einen Gott zum Freund zu haben, der uns wirklich die wesentlichen Dinge des Lebens sagen kann.

Dieser geistige Faktor muß dann von einem affektiven und sozialen Faktor begleitet werden, das heißt von einer Sozialisierung im Glauben. Denn der Glaube kann sich nur verwirklichen, wenn er auch einen Leib hat, und das bezieht den Menschen in seinen Lebensvollzügen mit ein. Früher, als der Glaube für das Gemeinschaftsleben entscheidend war, mag es genügt haben, den Katechismus zu lehren, der auch heute wichtig ist.

Aber weil sich das soziale Leben vom Glauben entfernt hat, müssen wir – im Hinblick darauf, daß auch die Familien oft keine Sozialisierung des Glaubens anbieten – Methoden für eine Sozialisierung des Glaubens vorschlagen, damit der Glaube Gemeinschaft, Orte des Lebens bildet und durch eine Verbundenheit im Denken, Fühlen und in der Freundschaft überzeugt.

Ich meine, daß diese Ebenen zusammengehen müssen, denn der Mensch hat einen Körper, er ist ein soziales Wesen. In diesem Sinn ist es zum Beispiel schön, hier so viele Pfarrer zu sehen, die mit Jugendgruppen die Ferien verbringen. Auf diese Weise teilen die Jugendlichen die Freude über die Ferien und leben sie mit Gott und mit der Kirche in der Person des Pfarrers oder des Kaplans. Mir scheint, daß die Kirche von heute, auch in Italien, Alternativen und Möglichkeiten für eine Sozialisierung anbietet, wo die Jugendlichen gemeinsam mit Christus auf dem Weg sein und Kirche bilden können. Und deshalb müssen sie von intelligenten Antworten auf die Fragen unserer Zeit begleitet werden: Brauchen wir Gott noch? Ist es noch vernünftig, an Gott zu glauben? Ist Christus nur eine Figur der Religionsgeschichte, oder ist er wirklich das Antlitz Gottes, das wir alle brauchen? Können wir gut leben, ohne Christus zu kennen?

Man muß einsehen, daß, wenn man das Leben, die Zukunft aufbauen will, es auch Geduld und Leiden erfordert. Auch im Leben der Jugendlichen wird das Kreuz nicht fehlen, aber es ist nicht leicht, das verständlich zu machen. Der Bergsteiger weiß, daß er, wenn er einen schönen Aufstieg machen will, Opfer bringen und trainieren muß. So muß auch der junge Mensch erkennen, daß für den Aufstieg in das Leben, in die Zukunft das Einüben in ein inneres Leben notwendig ist.

Personalisierung und Sozialisierung sind also die beiden Wegweiser, die die konkreten Situationen der Herausforderungen von heute durchdringen müssen: die Herausforderungen der Liebe und der Gemeinschaft. Denn diese beiden Dimensionen erlauben es, sich der Zukunft zu öffnen und auch zu lehren, daß, wenn es manchmal schwierig ist, an Gott zu glauben, es dennoch meinem Wohl in der Zukunft dient.

Im Bezug auf die katholische Schule kann ich sagen, daß viele Bischöfe bei ihrem »Ad-limina«-Besuch mehrmals deren große Bedeutung unterstrichen haben. Die katholische Schule, zum Beispiel in Afrika, wird ein unerläßliches Mittel für die kulturelle Förderung, für die ersten Schritte der Alphabetisierung und für eine Erhöhung der kulturellen Ebene, auf der sich eine neue Kultur herausbildet. Dank dieser ist es möglich, auch den Anforderungen der Technik zu begegnen, die an eine nicht technisch orientierte Kultur gestellt werden, indem sie althergebrachte Formen des Stammeslebens mit ihren moralischen Inhalten zerstören.

Bei uns ist die Situation anders, aber was mir hier wichtig zu sein scheint, ist die Gesamtheit einer geistigen Bildung, die klar zu verstehen gibt, daß auch heute das Christentum nicht von der Wirklichkeit zu trennen ist.

Im ersten Teil sagten wir, daß auf den Spuren der Aufklärung und der »zweiten Aufklärung« von ’68 viele dachten, die geschichtliche Ära für die Kirche und den Glauben sei zu

Ende und eine neue Ära habe begonnen, in der man diese Dinge wie die klassische Mythologie studieren könne. Hingegen ist es notwendig, verständlich zu machen, daß der Glaube immer aktuell und sehr vernünftig ist. Also eine geistige Bejahung, in der man auch die Schönheit und die organische Struktur des Glaubens erfaßt.

Das war eine der grundlegenden Absichten des *Katechismus der Katholischen Kirche,* der jetzt in einem *Kompendium* zusammengefaßt ist. Wir dürfen nicht denken, es sei wie mit einem Paket von Vorschriften, das wir wie einen schweren Rucksack auf dem Rücken während unseres Lebensweges mitschleppen müssen. Am Ende ist der Glaube einfach und reichhaltig: Wir glauben, daß es Gott gibt, daß Gott etwas mit unserer Lebenswirklichkeit zu tun hat. Aber welcher Gott? Ein Gott mit einem Angesicht, einem menschlichen Angesicht, ein Gott, der versöhnt, der den Haß überwindet und die Kraft zum Frieden gibt, den kein anderer geben kann. Man muß verständlich machen, daß das Christentum in Wirklichkeit sehr einfach und folglich sehr reichhaltig ist.

Die Schule ist eine kulturelle Einrichtung zur geistigen und beruflichen Bildung. Es ist also notwendig, die Einheitlichkeit, die Logik des Glaubens verständlich zu machen und damit die Grundbegriffe zu kennen, zu verstehen, was Eucharistie ist, was am Sonntag geschieht oder was die christliche Ehe bedeutet. Man muß auch verständlich machen, daß die religiöse Disziplin keine rein geistige und individualistische Ideologie ist, wie es vielleicht bei anderen Fächern der Fall ist: Ich weiß zum Beispiel, wie ich in Mathematik eine bestimmte Rechenaufgabe lösen muß. Auch andere Fächer haben am Ende eine praktische Ausrichtung, eine Ausrichtung zur Professionalität, zur Anwendung im Leben. So muß man verstehen, daß der Glaube hauptsächlich Gemeinschaft bildet, vereint.

Gerade dieser Wesenskern des Glaubens ist es, der uns von der Isolierung des Ichs befreit und uns zu einer großen Gemeinschaft vereint, einer vollständigen Gemeinschaft – in der Pfarrgemeinde, in der sonntäglichen Versammlung – und universalen Gemeinschaft, in der ich ein Verwandter aller Menschen in der Welt werde.

Man muß diese katholische Dimension der Gemeinschaft verstehen, die sich jeden Sonntag in der Pfarrei versammelt. Einerseits ist die Kenntnis des Glaubens ein Ziel, anderseits bedeutet in der Kirche sozialisieren oder »ekklesialisieren«, sich in die große Gemeinschaft der Kirche, den Ort des Lebens, einzugliedern, von dem ich weiß, daß ich auch in den kritischen Stunden meines Lebens – vor allem im Leiden und im Tod – nicht allein bin.

Seine Exzellenz sagte, daß viele Menschen uns scheinbar nicht brauchen, aber die Kranken und die Leidenden ja. Und das sollte man von Anfang an verstehen, daß man im Leben nicht mehr allein ist. Der Glaube rettet uns vor der Einsamkeit. Wir werden immer von einer Gemeinschaft getragen, aber zugleich muß jeder einzelne Träger der Gemeinschaft sein und von Anfang an auch die Verantwortung für die Kranken, die Isolierten, die Leidenden lehren, so daß das, was ich schenke, wieder zurückkommt. Man muß also im Menschen, in dem sich diese Bereitschaft zur Liebe und zum Sichschenken verbirgt, diese große Gabe wecken und so sicherstellen, daß ich auch Brüder und Schwestern haben werde, die mich in solchen schwierigen Situationen stützen, wo ich eine Gemeinschaft brauche, die mich nicht allein läßt.

Hinsichtlich der Bedeutung des Ordenslebens wissen wir, daß das monastische und kontemplative Leben angesichts dieser gestreßten Welt attraktiv ist, weil es wie eine Oase erscheint, in der man wirklich leben kann. Auch hier handelt es sich um eine romantische Vorstellung, so daß es notwendig ist, die Berufungen gut auszuwählen. Die geschichtliche Situation verleiht vor allem dem kontemplativen, nicht so sehr dem aktiven Ordensleben eine gewisse Anziehungskraft.

Das wird im männlichen Zweig besser deutlich, wo man Ordensmänner, auch Priester, antrifft, die im Bildungswesen, bei den Kranken usw. ein wichtiges Apostolat ausüben. Leider wird es bei den weiblichen Berufungen weniger sichtbar, wo die Professionalität scheinbar die Ordensberufung überflüssig macht. Es gibt diplomierte Krankenschwestern, es gibt diplomierte Lehrerinnen, so daß diese Tätigkeiten nicht mehr als Ordensberuf erscheinen, und es wird schwer sein, noch einmal anzufangen, wenn die Kette der Berufungen einmal unterbrochen ist.

Wir erkennen aber immer mehr, daß, um eine gute Krankenschwester zu sein, die Professionalität allein nicht ausreicht. Man braucht das Herz. Man braucht die Liebe zur leidenden Person. Das hat eine tiefe religiöse Dimension. So ist es auch im Lehrberuf. Wir haben jetzt neue Formen wie die Säkularinstitute, deren Gemeinschaften durch ihr Leben zeigen, daß es eine Lebensweise gibt, die gut ist für die Person, aber vor allem notwendig für die Gemeinschaft, für den Glauben und für die menschliche Gemeinschaft. Ich denke also, daß die Kirche, auch wenn sie die Formen ändert – ein Großteil unserer aktiven Frauengemeinschaften stammen aus dem 19. Jahrhundert mit den genauen sozialen Aufgaben der damaligen Zeit, und heute sind die Aufgaben verschieden –, uns zu verstehen gibt, daß der Dienst an den Leidenden und der Schutz des Lebens Berufungen sind, die eine tiefe religiöse Dimension haben, und daß es Lebensformen für solche Berufungen gibt. Es entwickeln sich neue Lebensformen, so daß zu hoffen ist, daß der Herr auch heute die notwendigen Berufungen für das Leben der Kirche und der Welt gewähren wird.

Auf den Wortbeitrag des Seelsorgers der örtlichen Strafvollzugsanstalt, die 260 Personen aus 30 Nationen umfaßt:

Danke für Ihre sehr bedeutsamen und bewegenden Worte. Vor meiner Abfahrt hatte ich Gelegenheit, mit dem Präsidenten des Päpstlichen Rates für Gerechtigkeit und Frieden, Kardinal Martino, zu sprechen, der ein Dokument über das Problem unserer inhaftierten Brüder und Schwestern ausarbeitet, die leiden und sich manchmal in ihren Menschenrechten wenig geachtet fühlen; sie fühlen sich mitunter sogar verachtet und leben in einer Situation, in der wirklich die Gegenwart Christi nötig ist. Im Evangelium nach Matthäus, 25, in der Vorwegnahme des Jüngsten Gerichts, spricht Jesus ausdrücklich von dieser Situation: Ich war im Gefängnis, und du hast mich nicht besucht; ich war im Gefängnis, und du hast mich besucht.

Ich bin Ihnen also wirklich dankbar, daß Sie diese Bedrohungen der Menschenwürde, die unter solchen Umständen entstehen, genannt haben, damit auch wir als Priester lernen, Brüder dieser »Geringsten« zu sein, und daß es sehr wichtig ist, auch in ihnen den Herrn zu sehen, der auf uns wartet. Ich habe zusammen mit Kardinal Martino die Absicht, auch ein offizielles Wort über diese besonderen Situationen zu sagen, die ein Auftrag für die Kirche, für den Glauben, für ihre Liebe sind. Ich bin auch dankbar, daß Sie sagten, es sei nicht so wichtig, was man tut, sondern es sei wichtig, was wir in unserem priesterlichen Dienst sind. Zweifellos müssen wir viele Dinge tun und dürfen der Trägheit nicht nachgeben, aber unser ganzes Bemühen trägt nur dann Frucht, wenn es Ausdruck dessen ist, was wir sind.

Wenn in unserem Tun unser tiefes Einssein mit Christus durchscheint: Werkzeug Christi sein; Mund, durch den Christus spricht; Hand, durch die Christus handelt. Das Sein überzeugt, und das Tun überzeugt nur, so weit es wirklich Frucht und Ausdruck des Seins ist.

Ein anderer Priester schnitt das Thema der Kommunion für die wiederverheirateten Geschiedenen an.

Wir alle wissen, daß das ein besonders schmerzliches Problem für die Personen ist, die in Situationen leben, in denen sie vom Empfang der eucharistischen Kommunion ausgeschlossen sind, und ein ebenso schmerzliches Problem für die Priester, die diesen Personen helfen wollen, die Kirche zu lieben, Christus zu lieben. Hier ergibt sich eine Schwierigkeit.

Keiner von uns besitzt ein Patentrezept, auch weil sich die Situationen immer unterscheiden. Besonders schmerzlich würde ich die Situation derer nennen, die kirchlich verheiratet, aber nicht wirklich gläubig waren und es aus Tradition taten, sich aber dann in einer neuen, nichtgültigen Ehe bekehren, zum Glauben finden und sich vom Sakrament ausgeschlossen fühlen. Das ist wirklich ein großes Leid, und als Präfekt der Kongregation für die Glaubenslehre lud ich verschiedene Bischofskonferenzen und Spezialisten ein, dieses

Problem zu untersuchen: ein ohne Glauben gefeiertes Sakrament. Ich wage nicht zu sagen, ob man hier tatsächlich ein Moment der Ungültigkeit finden kann, weil dem Sakrament eine grundlegende Dimension gefehlt hat. Ich persönlich dachte es, aber aus den Debatten, die wir hatten, verstand ich, daß es ein sehr schwieriges Problem ist und daß es noch vertieft werden muß. Weil aber diese Personen in einer leidvollen Situation sind, muß es vertieft werden.

Ich wage jetzt nicht, eine Antwort zu geben, auf jeden Fall scheinen mir zwei Aspekte sehr wichtig. Der erste: Obwohl sie die sakramentale Kommunion nicht empfangen können, sind sie doch nicht von der Liebe der Kirche und der Liebe Christi ausgeschlossen. Eine Eucharistie ohne gleichzeitige sakramentale Kommunion ist zwar nicht vollständig, es fehlt etwas Wesentliches. Aber es stimmt auch, daß die Teilnahme an der Eucharistie ohne eucharistische Kommunion ihren Wert hat, sie bedeutet immer, in das Geheimnis des Kreuzes und der Auferstehung Christi einbezogen zu sein. Sie ist immer Teilhabe am heiligen Sakrament in der spirituellen und pneumatischen Dimension; auch in der ekklesialen Dimension, wenn auch nicht direkt sakramentalen.

Und weil es das Sakrament des Leidens Christi ist, umfängt der leidende Christus diese Personen in besonderer Weise und kommuniziert mit ihnen in anderer Weise, und sie dürfen sich also vom gekreuzigten Herrn umfangen fühlen, der zu Boden fällt und stirbt und für sie, mit ihnen leidet. Es ist deshalb notwendig, verständlich zu machen, daß sie, obwohl leider eine grundlegende Dimension fehlt, nicht vom tiefen Geheimnis der Eucharistie, von der Liebe des hier gegenwärtigen Christus ausgeschlossen sind. Das scheint mir wichtig, ebenso wichtig ist es, daß der Pfarrer und die Pfarrgemeinde diesen Personen zu verstehen geben, daß wir einerseits die Untrennbarkeit des Sakraments respektieren müssen und andererseits, daß wir diese Personen lieben, die auch für uns leiden. Und wir müssen auch mit ihnen leiden, weil sie ein wichtiges Zeugnis geben, weil wir wissen, daß man in dem Augenblick, wo man aus Liebe nachgibt, dem Sakrament Unrecht tut, und die Unauflöslichkeit erscheint immer weniger wahr.

Wir kennen das Problem nicht nur der protestantischen Gemeinschaften, sondern auch der orthodoxen Kirchen, die oft
als Vorbild dargestellt werden, indem man die Möglichkeit hat,
wieder zu heiraten. Aber nur die erste Ehe ist sakramental; auch
sie erkennen an, daß die weiteren Eheschließungen kein Sakrament sind, sondern verkürzte, eingeschränkte Ehen in einer Situation der Buße; die Personen dürfen zur Kommunion gehen,
aber sie wissen, daß es »in oeconomia« – wie sie sagen – aus Barmherzigkeit erlaubt ist, daß sich aber die Tatsache nicht ändert,
daß ihre zweite Ehe kein Sakrament ist. Ein weiterer Punkt in
den orientalischen Kirchen besteht darin, daß für diese Ehen
mit großer Leichtigkeit die Möglichkeit der Ehescheidung gewährt wurde und daß damit das Prinzip der Unauflöslichkeit,
der wahren Sakramentalität der Ehe schwer verletzt wird.

Auf der einen Seite gibt es das Wohl der Gemeinschaft und
das Gut des Sakraments, das wir achten müssen, und auf der
anderen Seite das Leiden der Personen, denen wir helfen sollen.

Der zweite Punkt, den wir lehren und durch unser Leben
glaubwürdig machen müssen, ist, daß das Leiden in verschiedenen Formen zwangsläufig zu unserem Leben gehört. Es ist
ein edles Leiden, würde ich sagen. Wiederum muß man verständlich machen, daß das Vergnügen nicht alles ist; daß das
Christentum uns Freude schenkt, wie die Liebe Freude schenkt.
Aber die Liebe ist auch immer Selbstverzicht. Der Herr selbst
hat uns die Formel dafür gegeben, was die Liebe ist: Wer sich
selbst verliert, findet sich; wer sich selbst gewinnt und bewahrt,
verliert sich.

Es ist immer ein Exodus und deshalb auch ein Leiden. Die
wahre Freude unterscheidet sich vom Vergnügen; die Freude
wächst und reift immer im Leiden in Gemeinschaft mit dem
Kreuz Christi. Nur hier entsteht die wahre Freude des Glaubens, von der auch diese Personen nicht ausgeschlossen sind,
wenn sie lernen, ihr Leiden in Gemeinschaft mit dem Leiden
Christi anzunehmen.

*Auf die Bitte um eine Klärung hinsichtlich der Spendung des Tauf-
sakraments in besonderen Situationen und über das* Kompendium
des Katechismus:

Die erste Frage ist sehr schwierig, und ich hatte schon Gelegenheit, mich als Erzbischof von München damit zu befassen, denn wir hatten solche Fälle.

Vor allem ist jeder Fall einzeln zu klären: Ob das Hindernis für die Taufe so ist, daß man sie nicht ohne Mißbrauch des Sakraments spenden könnte, oder ob die Situation es erlaubt, auch in einem Kontext von Problemen zu sagen, dieser Mensch hat sich wirklich bekehrt, er hat den vollen Glauben, er will den Glauben der Kirche leben, er will getauft werden. Ich denke, wenn man jetzt eine allgemeine Formel angibt, dann entspricht sie nicht der Vielfalt der wirklichen Situationen. Wir versuchen natürlich, das Möglichste zu tun, um einer Person, die mit vollem Glauben darum bittet, die Taufe zu spenden, aber sagen wir, daß jeder Fall einzeln geprüft werden muß.

Der Wunsch der Kirche soll es sein, eine Person zu taufen, wenn sie sich wirklich bekehrt hat, die Taufe empfangen und sich in die Gemeinschaft Christi und der Kirche eingliedern will. Die Kirche sollte offen sein, wenn keine Hindernisse bestehen, die der Taufe widersprechen. Also eine Möglichkeit suchen, und wenn die Person wirklich überzeugt ist, wenn sie mit ganzem Herzen glaubt, befinden wir uns nicht im Relativismus.

Zweiter Punkt: Wir wissen alle, daß in der kulturellen und geistigen Situation, von der wir zu Beginn gesprochen haben, die Katechese sehr schwierig geworden ist. Einerseits benötigt sie neue Kontexte, um verstanden und in diese Kontexte eingefügt zu werden, damit ersichtlich wird, daß das wahr ist und das Heute und das Morgen betrifft; anderseits wurde also eine notwendige Einfügung in den Kontext der Katechismen der einzelnen Bischofskonferenzen vorgenommen.

Es sind jedoch klare Antworten notwendig, damit man sehen kann, daß das der Glaube ist und das übrige Einfügungen in den Kontext sind, einfach zum besseren Verständnis. So ist eine »Querelle« in der katechistischen Welt entstanden zwischen Katechismus im klassischen Sinn und den neuen Instrumenten der Katechese. Es ist einerseits wahr – ich spreche jetzt nur von der deutschen Erfahrung –, daß viele dieser

Bücher nicht das Ziel erreicht haben: Sie haben den Boden bereitet, aber sie waren so beschäftigt mit der Vorbereitung des Bodens durch den Weg, auf dem die Person vorangeht, daß sie am Ende keine Antwort gegeben haben. Anderseits erschienen die klassischen Katechismen so in sich selbst verschlossen, daß die wahre Antwort den Verstand des Katechumenen von heute nicht mehr berührt hat.

Am Ende haben wir die pluridimensionale Aufgabe übernommen: Wir haben den *Katechismus der Katholischen Kirche* erstellt, der einerseits die notwendigen kulturellen Einfügungen in den Kontext enthält, aber auch genaue Antworten gibt. Wir haben ihn mit der Erkenntnis geschrieben, daß von diesem *Katechismus* bis zur konkreten Katechese noch ein schwieriger Weg zu gehen ist. Aber wir haben auch verstanden, daß die sprachlichen, kulturellen und sozialen Situationen in den einzelnen Ländern und auch innerhalb eines Landes in den verschiedenen sozialen Gruppierungen unterschiedlich sind und daß es hier Aufgabe des Bischofs oder der Bischofskonferenz und des Katechisten selbst ist, dieses letzte Wegstück zu gehen; unsere Position war: Das ist der Bezugspunkt für alle; hier sieht man, wie die Kirche glaubt. Dann mögen die Bischofskonferenzen die Instrumente schaffen, sie auf die kulturelle Situation anwenden und den Weg gehen, der noch zurückzulegen ist. Und am Ende muß der Katechist selbst die letzten Schritte gehen, und vielleicht werden auch für diese letzten Schritte die passenden Instrumente angeboten.

Nach einigen Jahren haben wir eine Versammlung abgehalten, in der die Katechisten aus aller Welt uns berichtet haben, daß der Katechismus gut gelungen ist und daß er als Buch notwendig war, daß er hilft, die Schönheit, die Einheitlichkeit und Vollkommenheit des Glaubens zu vermitteln, daß sie aber noch eine Zusammenfassung brauchen. Der Heilige Vater Johannes Paul II. nahm das Ergebnis dieser Versammlung zur Kenntnis; er beauftragte eine Kommission, dieses *Kompendium,* das heißt eine Zusammenfassung des großen *Katechismus,* zu erstellen, auf den es sich bezieht, indem es einen Auszug des Wesentlichen anbietet. Anfangs wollten wir in der Redaktion des *Kompendiums* noch knapper sein, aber am

Ende haben wir erkannt, daß, um wirklich in unserer Zeit das für jeden Katechisten Wesentliche, das Notwendige zu sagen, das war, was wir gesagt haben. Wir haben auch Gebete hinzugefügt. Und ich denke, daß es wirklich ein sehr nützliches Buch ist, wo man die »Summa« dessen findet, was im großen *Katechismus* enthalten ist, und in diesem Sinn scheint mir, daß es dem *Katechismus* Pius' X. entspricht.

Zu erledigen ist noch die Aufgabe der einzelnen Bischöfe und der Bischofskonferenzen, daß sie den Priestern und allen Katechisten bei der Arbeit mit diesem Buch helfen und dabei, daß sie als Brücke zu einer bestimmten Gruppe dienen, denn die Art zu sprechen, zu denken und zu verstehen ist sehr unterschiedlich, nicht nur zwischen Italien, Frankreich, Deutschland und Afrika, aber auch innerhalb eines Landes ist die Aufnahmefähigkeit verschieden. Es bleiben also als Instrumente für die universale Kirche der *Katechismus der Katholischen Kirche* und das *Kompendium* mit dem Auszug des Wesentlichen des *Katechismus*.

Wir brauchen immer auch die Mitarbeit der Bischöfe, die mit den Priestern und Katechisten Kontakt haben, damit wir alle notwendigen Werkzeuge finden, um in dieser Aussaat des Wortes gut zu arbeiten.

LIEBER PAPST

Lieber Papst, erinnerst du dich an den Tag deiner Erstkommunion?

Zunächst einmal möchte ich danken für dieses Fest des Glaubens, das ihr mir bietet, für eure Anwesenheit und eure Freude. Ich grüße euch und danke für die Umarmung mit einigen von euch, eine Umarmung, die natürlich in symbolischer Weise euch allen gilt. Nun zu deiner Frage: Ich erinnere mich gut an den Tag meiner Erstkommunion. Es war an einem schönen Sonntag im März 1936, also vor 69 Jahren. Es war ein sonniger Tag, die Kirche war schön geschmückt; ich erinnere mich an die Musik und viele andere schöne Dinge. Wir waren ungefähr 30 Buben und Mädchen aus unserem kleinen Dorf mit rund 500 Einwohnern. Aber im Mittelpunkt meiner frohen und schönen Erinnerungen steht der Gedanke – dasselbe wurde schon von eurem Sprecher gesagt –, daß ich begriffen habe, daß Jesus in mein Herz gekommen ist, daß er ausgerechnet mich besucht hat, und daß durch Jesus Gott selbst in mir ist. Und daß das ein Geschenk der Liebe ist, das wirklich einen höheren Wert hat als alles andere, was uns vom Leben geschenkt werden kann. So war ich wirklich von einer überaus großen Freude erfüllt, weil Jesus zu mir gekommen ist. Ich habe begriffen, daß jetzt ein neuer Lebensabschnitt für mich begann; ich war neun Jahre alt, und nun war es wichtig, dieser Begegnung, dieser Kommunion treu zu bleiben. Ich habe dem Herrn, so gut ich konnte, versprochen: »Ich möchte immer mit dir sein.« Und ich habe ihn gebeten: »Aber vor allem sei du mit mir.« So bin ich meinen Lebensweg

---

Begegnung mit italienischen Erstkommunionkindern, Petersplatz, 15. Oktober 2005.

gegangen. Der Herr hat mich, Gott sei Dank, immer an die Hand genommen, auch in schwierigen Situationen. Und so war diese Freude der Erstkommunion der Anfang eines gemeinsamen Weges. Ich hoffe, daß auch für euch die erste heilige Kommunion, die ihr im Jahr der Eucharistie empfangen habt, der Beginn einer lebenslangen Freundschaft mit Jesus wird, der Anfang eines gemeinsamen Weges, denn wenn wir mit Jesus gehen, schreiten wir voran, und das Leben wird gut.

Muß ich jedesmal beichten, bevor ich zur Kommunion gehe? Auch wenn ich dieselben Sünden begangen habe?

Ich möchte zwei Dinge sagen: Erstens, natürlich mußt du vor der Kommunion nicht jedesmal beichten, solange du keine schweren Sünden begangen hast, die man beichten muß. Es ist also nicht notwendig, vor jeder heiligen Kommunion zu beichten. Das ist der erste Punkt. Es ist nur in dem Fall notwendig, wenn du wirklich eine schwere Sünde begangen hast, wenn du Jesus schwer beleidigt hast, so daß die Freundschaft in die Brüche gegangen ist und du wieder neu anfangen mußt. Nur in diesem Fall, wenn man in »Todsünde«, das heißt in schwerer Sünde lebt, ist es notwendig, vor dem Kommunionempfang zu beichten. Das ist der erste Punkt. Der zweite: Wie ich bereits sagte, ist es nicht notwendig, vor jedem Kommunionempfang zu beichten, aber es ist nützlich, regelmäßig zu beichten. Ja, es stimmt, unsere Sünden sind meistens die gleichen, aber wir putzen ja auch unsere Wohnung, unser Zimmer, wenigstens einmal in der Woche, obwohl der Schmutz immer der gleiche ist, damit wir es sauber haben, sonst sammelt sich der Schmutz an, auch wenn man ihn vielleicht nicht sieht. Ähnliches gilt auch für die Seele, für mich selbst. Wenn ich nie beichte, wird die Seele vernachlässigt, und am Ende bin ich immer zufrieden mit mir und weiß nicht mehr, daß ich mich bemühen muß, besser zu werden und fortzuschreiten. Und diese Reinigung der Seele, die Jesus uns im Bußsakrament schenkt, hilft uns, ein waches, empfängliches Gewissen zu haben und auch in geistlicher Hinsicht als menschliche Person zu reifen. Also zwei Dinge: Nur im Fall einer schweren Sünde ist es notwendig zu beichten, aber es ist sehr nützlich, regelmäßig zu beichten, um die Reinheit, die Schönheit der Seele zu pflegen und nach und nach im Leben zu reifen.

Bei der Vorbereitung auf die Erstkommunion wurde mir gesagt, daß Jesus in der Eucharistie gegenwärtig ist. Aber wie? Ich sehe ihn ja nicht!

Ja, wir sehen ihn nicht, aber es gibt viele Dinge, die wir nicht sehen, die aber doch existieren und wesentlich sind. Wir sehen zum Beispiel unsere Vernunft nicht, und doch sind wir mit Vernunft begabt. Wir sehen unseren Verstand nicht, und doch haben wir ihn. Wir sehen, mit einem Wort gesagt, unsere Seele nicht, und doch existiert sie, aber wir sehen die Wirkungen, denn wir können sprechen, denken, entscheiden usw. Wir sehen zum Beispiel auch den elektrischen Strom nicht, und doch sehen wir, daß es ihn gibt, denn wir sehen, wie dieses Mikrofon funktioniert; wir sehen die Lichter. Mit einem Wort: Gerade die tiefsten Dinge, die wirklich das Leben und die Welt stützen, sehen wir nicht, aber wir können die Wirkungen sehen und fühlen. Die Elektrizität, den elektrischen Strom sehen wir nicht, aber wir sehen das Licht. Und so fort. Und deshalb sehen wir auch den auferstandenen Herrn nicht mit unseren Augen, aber wir sehen, daß dort, wo Jesus ist, die Menschen sich ändern, daß sie sich bessern. Es entsteht eine größere Fähigkeit zu Frieden und Versöhnung usw. Wir sehen also nicht den Herrn selbst, aber wir sehen die Wirkungen. So können wir erkennen, daß Jesus gegenwärtig ist. Gerade die unsichtbaren Dinge sind die tiefsten und wichtigsten, wie ich sagte. Also gehen wir diesem unsichtbaren, aber starken Herrn entgegen, denn er hilft uns, daß unser Leben gelingt.

Wir würden gerne am Sonntag zur Messe gehen, aber oft begleiten uns unsere Eltern nicht, weil sie ausschlafen wollen. Kannst du ihnen nicht etwas sagen?

Ja, ich möchte es tun, natürlich voller Liebe und Achtung gegenüber den Eltern, die sicher viel zu tun haben. Aber mit dem Respekt und der Liebe einer Tochter könnte man sagen: »Liebe Mama, lieber Papa, es wäre für uns alle, auch für dich so wichtig, Jesus zu begegnen. Es würde uns bereichern, es wäre ein wichtiges Element in unserem Leben. Nehmen wir uns Zeit dazu, wir werden doch eine Möglichkeit finden.« Ich möchte damit sagen, daß man liebevoll und respektvoll zu den Eltern sagen könnte: »Versteht doch, das ist nicht nur für mich wichtig, das sagen nicht nur die Katecheten, es ist für uns alle wichtig; und es wird den Sonntag in unserer Familie mit Licht erfüllen.«

Was nützt es im Alltagsleben, wenn man zur heiligen Messe geht und die Kommunion empfängt?

Es dient dazu, die Mitte des Lebens zu finden. Wir sind in unserem Leben von so vielen Dingen umgeben. Und die Menschen, die nicht in die Kirche gehen, wissen nicht, daß ihnen gerade Jesus fehlt. Aber sie fühlen, daß in ihrem Leben etwas fehlt. Wenn Gott in meinem Leben nicht gegenwärtig ist, wenn Jesus aus meinem Leben ausgeschlossen ist, dann fehlt mir ein Führer, mir fehlt eine wesentliche Freundschaft, mir fehlt auch die Freude, die sehr wichtig ist im Leben. Auch die Kraft, als Mensch zu wachsen, meine Fehler zu überwinden und menschlich zu reifen. Also, wenn wir zur Kommunion gehen und Jesus begegnen, sehen wir nicht sofort die Wirkung; man sieht sie mit der Zeit. So wie man im Lauf der Wochen, der Jahre immer stärker Gottes Abwesenheit, Jesu Abwesenheit spürt. Es ist eine grundlegende und zerstörerische Lücke. Ich könnte jetzt leicht von den Ländern sprechen, in denen jahrelang der Atheismus geherrscht hat, wie er die Seelen und auch das Land verwüstet hat. Da können wir sehen, daß es wichtig, ja, ich würde sagen, grundlegend ist, sich in der Kommunion von Jesus zu nähren. Denn er ist es, der uns Licht schenkt, der uns in unserem Leben führen will, er ist ein Führer, den wir dringend brauchen.

Lieber Papst, was hat Jesus gemeint, als er zu den Leuten, die ihm folgten, sagte: »Ich bin das Brot des Lebens«?

Vielleicht müssen wir erst einmal klären, was das Brot ist. Wir besitzen heute eine ausgefeilte Küche, reich an den unterschiedlichsten Speisen, aber in einfachen Verhältnissen ist das Brot die Ernährungsgrundlage, und wenn Jesus sich als das Brot des Lebens bezeichnet, dann ist das Brot sozusagen das Markenzeichen, die Abkürzung für die ganze Ernährung. Und wie wir uns körperlich ernähren müssen, um leben zu können, so bedürfen auch der Geist, die Seele, der Wille in uns einer Nahrung. Als menschliche Personen haben wir nicht nur einen Leib, sondern auch eine Seele; wir sind denkende Personen mit einem Willen, einem Verstand, und wir müssen auch den Geist, die Seele nähren, damit sie reifen können und wirklich zur Vollendung gelangen. Wenn also Jesus sagt: »Ich bin das Brot des Lebens«, dann heißt das, daß Jesus selbst diese Nahrung für unsere Seele, für den inneren Menschen, ist, derer wir bedürfen, denn auch die Seele muß sich nähren. Die technischen Dinge, die zwar sehr wichtig sind, genügen nicht. Wir brauchen gerade diese Freundschaft Gottes, die uns hilft, die richtigen Entscheidungen zu treffen. Wir müssen menschlich reif werden. Mit anderen Worten: Jesus nährt uns, damit wir wirklich als Personen reifen und unser Leben gut wird.

Heiliger Vater, uns wurde gesagt, daß wir heute eine eucharistische Anbetung machen. Was ist das? Wie macht man das? Kannst du uns das erklären?

Also, was die Anbetung ist, wie man sie macht, das werden wir gleich sehen, denn alles ist schon vorbereitet: Wir werden beten, wir werden singen, wir werden niederknien und so vor Jesus sein. Aber deine Frage verlangt eine ausführlichere Antwort, nicht nur, wie man es macht, sondern, was ist die Anbetung. Ich würde sagen: Anbetung ist, wenn ich erkenne, daß Jesus mein Herr ist, daß Jesus mir zeigt, welchen Weg ich gehen soll, und mich verstehen läßt, daß ich nur dann gut

34

lebe, wenn ich den von ihm gewiesenen Weg kenne, wenn ich dem Weg folge, den er mir zeigt. Anbeten heißt zu sprechen: »Jesus, ich bin dein, und ich folge dir in meinem Leben, ich möchte diese Freundschaft, diese Gemeinschaft mit dir nie verlieren.« Ich könnte auch sagen, daß die Anbetung hauptsächlich eine Umarmung mit Jesus ist, wo ich sage: »Ich bin dein, und ich bitte dich, sei auch du immer mit mir.«

EIN MENSCH, DER ZUM HERRN GEHT, GEHT NICHT WEG

Heiliger Vater, wie hat diese Freundschaft mit Johannes Paul II. be-
gonnen und wie haben Eure Heiligkeit Kardinal Karol Wojtyla ken-
nengelernt?

Ich habe ihn persönlich nur in den beiden Präkonklaven und
Konklaven von 1978 kennengelernt. Ich hatte natürlich von
Kardinal Wojtyla gehört, am Anfang vor allem im Kontext
der Korrespondenz zwischen den polnischen und deutschen
Bischöfen von 1965. Die deutschen Kardinäle haben mir erzählt, wie groß der Verdienst und der Beitrag des Erzbischofs
von Krakau waren und daß er eigentlich die Seele dieser
wirklich historischen Korrespondenz war. Von universitären
Freunden hatte ich von seiner Philosophie gehört und von seiner Größe als Denker. Aber wie ich schon sagte, geschah ein
persönliches Treffen das erste Mal beim Konklave von 1978.
Von Anfang an habe ich eine große Sympathie gefühlt, und –
Gott sei Dank! – hat mir der damalige Kardinal von Anfang
an unverdienterweise seine Freundschaft geschenkt. Ich bin
dankbar für dieses Vertrauen, das er mir ohne mein Verdienst
geschenkt hat. Vor allem, wenn ich ihn beten sah, habe ich
gesehen und nicht nur verstanden, habe ich also gesehen, daß
er ein Mann Gottes war. Das war der grundlegende Eindruck:
ein Mann, der mit Gott lebt, mehr noch, der in Gott lebt. Mir
hat dann auch die vorurteilslose Herzlichkeit beeindruckt,
mit der er mir begegnet ist. In diesen Treffen des Präkonkla-
ves der Kardinäle hat er mehrmals das Wort ergriffen, und da
hatte ich auch die Möglichkeit, die Gestalt des Denkers zu hö-

---

Interview mit dem polnischen Fernsehen, 16. Oktober 2005.

ren. Ohne große Worte ist so eine große Freundschaft geboren, und gleich nach seiner Wahl hat mich der Papst mehrere Male zu Gesprächen nach Rom gerufen, und zum Schluß hat er mich zum Präfekten der Glaubenskongregation ernannt.

Also war diese Ernennung und Berufung nach Rom keine Überraschung?

Für mich war es etwas schwierig, weil es von Anfang meines Episkopats in München mit der feierlichen Bischofsweihe in der Münchner Kathedrale an für mich eine Pflicht gab – fast eine Ehe mit dieser Diözese. Man hatte nämlich auch unterstrichen, daß ich nach Jahrzehnten der erste aus der Diözese stammende Bischof war. Ich fühlte mich daher sehr dieser Diözese verpflichtet und an sie gebunden. Es gab außerdem schwierige Probleme, die noch nicht gelöst waren, und ich wollte die Diözese mit diesen ungelösten Problemen nicht verlassen. Über all das habe ich mit dem Heiligen Vater gesprochen, in der großen Offenheit und jenem Vertrauen, das der Heilige Vater hatte, der sehr väterlich mir gegenüber war. Er hat mir schließlich eine Bedenkzeit gegeben, er selbst wollte auch nachdenken. Am Ende hat er mich überzeugt, denn das war der Wille Gottes. Ich konnte so diesen Ruf annehmen – und auch diese große, nicht einfache Verantwortung, die für sich gesehen meine Fähigkeiten überstieg. Aber im Vertrauen auf das väterliche Wohlwollen des Papstes und mit der Führung des Heiligen Geistes konnte ich ja sagen.

Diese Erfahrung dauerte mehr als 20 Jahre …

Ja, ich bin im Februar 1982 gekommen, und es hat bis zum Tod des Papstes im Jahr 2005 gedauert.

Was sind Ihrer Meinung nach die bedeutendsten Punkte des Pontifikats von Johannes Paul II.?

Wir können, würde ich sagen, zwei Sichtweisen haben: eine ad extra – zur Welt –, und eine ad intra – zur Kirche. Was die Welt angeht, scheint mir, daß der Heilige Vater mit seinen Reden, seiner Person, seiner Anwesenheit, seiner Fähigkeit zu überzeugen eine neue Sensibilität für moralische Werte geschaffen hat, für die Bedeutung der Religion in der Welt. Das hat es ermöglicht, daß eine neue Offenheit, eine neue Sensibilität für die Probleme der Religion, für die Notwendigkeit der religiösen Dimension im Menschen, entstanden ist; und vor allem ist auf unvorstellbare Weise die Bedeutung des Bischofs von Rom gewachsen. Alle Christen haben anerkannt – trotz der Unterschiede und trotz ihrer Nichtanerkennung des Nachfolgers Petri –, daß er der Sprecher der Christenheit ist. Aber auch für die Nichtchristenheit und die anderen Religionen war er der Sprecher der großen Werte der Menschheit. Man muß auch erwähnen, daß er es geschafft hat, ein Klima des Dialogs unter den großen Religionen zu schaffen und einen Sinn einer gemeinsamen Verantwortung, die wir alle für die Welt haben, aber auch daß Gewalt und Religion unvereinbar sind und daß wir gemeinsam den Weg des Friedens suchen müssen – in einer gemeinsamen Verantwortung für die Menschheit.

Schauen wir nun auf die Situation der Kirche. Ich würde sagen, daß er – vor allem – die Jugendlichen für Christus hat begeistern können. Das ist etwas Neues, wenn wir an die Jugend der 68er und die der 70er Jahre denken. Daß sich die Jugend für Christus und die Kirche begeistert und auch für die schwierigen Werte, konnte nur eine Persönlichkeit mit diesem Charisma erreichen; nur er konnte so die Jugend der Welt für die Sache Gottes und die Liebe Christi mobilisieren. In der Kirche hat er – denke ich – eine neue Liebe zur Eucharistie geschaffen. Wir sind noch im Jahr der Eucharistie, das er mit so viel Liebe gewollt hat; er hat einen neuen Sinn für die Größe der Barmherzigkeit Gottes geschaffen; und er hat auch die Liebe zur Mutter Gottes sehr vertieft und uns so zu einer Verinnerlichung des Glaubens und gleichzeitig einer größeren Wirksamkeit geführt. Natürlich muß man – wie wir alle wissen – erwähnen, wie wichtig sein Beitrag für die großen Umwälzungen in der Welt 1989 gewesen ist, für den Niedergang des sogenannten realen Sozialismus.

Was hat Sie im Laufe Ihrer persönlichen Treffen und Gespräche am meisten beeindruckt? Könnten Sie uns von Ihren letzten Begegnungen mit Johannes Paul II. erzählen?

Ja. Die letzten beiden Begegnungen hatte ich: zum ersten um den 5., 6. Februar in der Gemelli-Klinik; und dann am Tag vor seinem Tod in seinem Zimmer. Beim ersten Treffen litt der Papst sichtbar, aber er war ganz klar und gegenwärtig. Ich war nur einfach zu einem Arbeitstreffen gekommen, denn ich brauchte einige seiner Entscheidungen. Der Heilige Vater folgte – obwohl er sehr litt – mit großer Aufmerksamkeit, was ich sagte. Er teilte mir in wenigen Worten seine Entscheidung mit, er gab mir seinen Segen, er grüßte mich auf deutsch und gewährte mir damit sein ganzes Vertrauen und seine Freundschaft. Für mich war es sehr bewegend zu sehen, wie sein Leiden auf der einen Seite in Einheit mit dem leidenden Herrn war, wie er sein Leiden mit dem Herrn und für den Herrn trug; auf der anderen Seite aber zu sehen, wie er eine innere Fröhlichkeit und vollkommene Klarheit ausstrahlte. Die zweite Begegnung war am Tag vor seinem Tod: Er litt offensichtlich noch mehr, umgeben von Ärzten und Freunden. Er war noch sehr klar, er gab mir seinen Segen. Er konnte nicht mehr viel sprechen. Für mich war seine Geduld im Leiden eine große Lehre, vor allem sehen und hören zu können, wie er in den Händen Gottes war und wie er sich dem Willen Gottes überließ. Trotz der sichtbaren Schmerzen war er frohen Sinnes, denn er war in den Händen der Göttlichen Liebe.

Sie stellen in Ihren Ansprachen oft die Gestalt Johannes Pauls II. heraus, und Sie sagen von ihm, daß er ein großer Papst war, ein betrauerter und verehrter Vorgänger. Spüren Sie immer noch die Anwesenheit Johannes Pauls II.? Und wenn ja, wie?

Sicherlich. Ich beginne, indem ich auf den ersten Teil Ihrer Frage antworte. Ich hatte anfangs, indem ich vom Erbe des Papstes sprach, vergessen, von den vielen Dokumenten zu sprechen, die er uns hinterlassen hat – 14 Enzykliken, viele Pastorale Schreiben und viele andere –, und all das stellt ein sehr reiches Erbe dar, das in der Kirche noch nicht ausreichend umgesetzt ist. Ich sehe eine meiner existentiellen und persönlichen Sendungen darin, nicht viele neue Dokumente zu veröffentlichen, sondern darauf hinzuwirken, daß diese Dokumente umgesetzt werden, denn sie sind ein sehr reicher Schatz, sie sind die authentische Interpretation des II. Vaticanums. Wir wissen, daß der Papst der Mann des Konzils war, der den Geist und den Buchstaben des Konzils innerlich aufgenommen hatte und uns mit diesen Texten verstehen läßt, was das Konzil wirklich wollte – und was es nicht wollte. Er hilft uns, wirklich Kirche unserer Zeit und der Zukunft zu sein.

Jetzt komme ich zum zweiten Teil Ihrer Frage. Der Papst war mir durch seine Texte immer sehr nahe: Ich sehe ihn und höre ihn sprechen, und ich kann mit dem Heiligen Vater in einem andauernden Dialog stehen, denn durch diese Worte spricht er immer mit mir, ich kenne auch den Ursprung vieler Texte, ich erinnere mich an die Gespräche, die wir über den einen oder den anderen Text hatten. Ich kann den Dialog mit dem Heiligen Vater fortführen. Natürlich ist diese Nähe durch die Worte nicht nur eine Nähe rein mit den Texten, sondern auch mit der Person, hinter den Texten spüre ich den Papst selbst. Ein Mensch, der zum Herrn geht, geht nicht weg: Ich spüre immer mehr, daß er beim Herrn auch mir nahe ist; insofern ich dem Herrn nahe bin, bin ich dem Papst nahe und er hilft mir jetzt, dem Herrn nahe zu sein. Ich versuche, in seine Atmosphäre des Gebets einzutreten, in seine Liebe zum Vater, seine Liebe zur Mutter Gottes, und ich vertraue mich seinen Gebeten an. Das ist so ein andauernder Dialog und auch ein Nahe-Sein – wenn auch auf eine neue, so doch auf eine sehr tiefe Weise.

DER PAPST DANKT EUCH

Ich ergreife sofort das Wort, denn wenn ich warte, bis alle Wortmeldungen beendet sind, wird mein Monolog zu lang. Ich möchte vor allem meine Freude zum Ausdruck bringen, daß ich hier mit euch, liebe Priester von Rom, zusammen sein kann. Es ist wirklich eine Freude, so viele gute Hirten im Dienst des »Guten Hirten« hier zu sehen, am ersten Sitz der Christenheit, in der Kirche, die »den Vorsitz in der Liebe führt« und die den anderen Ortskirchen ein Vorbild sein soll. Danke für euren Dienst!

Wir haben das leuchtende Beispiel von Don Andrea vor Augen, der uns zeigt, was es heißt, ein Priester zu »sein« bis zum Äußersten: im Gebet für Christus zu sterben und so einerseits Zeugnis abzulegen für das eigene Leben in enger Vertrautheit mit Christus und dies andererseits als Zeuge für die Menschen an einem »panperipheren Punkt« der Welt zu tun, umgeben vom Haß und Fanatismus anderer Menschen. Es ist ein Zeugnis, das alle anregt, Christus nachzufolgen, das Leben für die anderen hinzugeben und gerade so das Leben zu finden.

Im Bezug auf die erste Wortmeldung danke ich zunächst einmal aufrichtig für dieses wunderschöne Gedicht! Es gibt auch Dichter und Künstler in der Kirche von Rom, im römischen Presbyterium; ja, ich werde noch Gelegenheit haben, über diese schönen Worte nachzudenken, sie zu verinnerlichen und mich daran zu erinnern, daß dieses »Fenster« immer »offen« ist. Vielleicht ist dies der richtige Moment, um das bedeutende Erbe des großen Papstes Johannes Paul II. in

Begegnung mit den Priestern der Diözese Rom, Benediktionsaula, 2. März 2006.

41

Erinnerung zu rufen, um uns auch weiterhin immer stärker mit diesem Erbe zu identifizieren.

Gestern sind wir in die Fastenzeit eingetreten. Die heutige Liturgie zeigt uns in der Tiefe, was das Wesen der Fastenzeit ist: Sie ist ein Wegweiser für unser Leben. Deshalb scheint mir – ich spreche im Hinblick auf Papst Johannes Paul II. –, daß wir bei der ersten Lesung des heutigen Tages etwas länger verweilen sollten. Die große Rede des Mose an der Schwelle zum Heiligen Land nach der vierzigjährigen Wanderung in der Wüste ist eine Zusammenfassung der ganzen Thora, des ganzen Gesetzes. Wir finden hier das Wesentliche, nicht nur für das jüdische Volk, sondern auch für uns. Das Wesentliche ist das Wort Gottes: »Leben und Tod lege ich dir vor, Segen und Fluch. Wähle also das Leben« (Dt 30,19). Dieses grundlegende Wort der Fastenzeit ist auch das grundlegende Wort des Erbes unseres großen Papstes Johannes Paul II.: das Leben wählen. Das ist unsere priesterliche Berufung, daß wir selbst das Leben wählen und den anderen helfen, das Leben zu wählen. In der Fastenzeit geht es darum, unsere »Grundoption«, wie man es nennen kann, die Option für das Leben, zu erneuern.

Aber sogleich erhebt sich die Frage: Wie wählt man das Leben? Wie tut man das? Als ich darüber nachdachte, kam mir in den Sinn, daß der große Abfall vom Christentum, den es im Westen in den letzten hundert Jahren gegeben hat, gerade im Namen der Option für das Leben geschehen ist. Es ist gesagt worden – ich denke dabei an Nietzsche, aber auch an viele andere –, daß das Christentum eine Option gegen das Leben sei. Mit dem Kreuz, mit all den Geboten, mit allem »Nein«, das es auferlegt, verschließt es uns den Zugang zum Leben. Aber wir wollen das Leben haben, und wir wählen das Leben, wir entscheiden uns endlich für das Leben, indem wir uns vom Kreuz befreien und von all diesen Geboten und all diesem Nein. Wir wollen das Leben in Fülle haben, nichts anderes als das Leben. Hier kommt uns sogleich das Wort des heutigen Evangeliums in den Sinn: »Wer sein Leben retten will, wird es verlieren; wer aber sein Leben um meinetwillen verliert, der wird es retten« (Lk 9,24). Das ist das Paradoxon, das wir bei der Option für das Leben in erster Linie berücksichtigen müssen. Nur wenn wir das Leben nicht für uns selbst in Anspruch nehmen, sondern das Leben hingeben, nur wenn wir das Leben nicht haben und an uns reißen wollen, sondern es hingeben, können wir es finden. Das ist letztendlich der Sinn des Kreuzes: das Leben nicht für sich haben zu wollen, sondern es hinzugeben.

So stimmen das Neue und das Alte Testament überein. In der ersten Lesung aus dem Deuteronomium lautet die Antwort Gottes: »Wenn du auf die Gebote des Herrn, deines Gottes, auf die ich dich heute verpflichte, hörst, indem du den Herrn, deinen Gott liebst, auf seinen Wegen gehst und auf seine Gebote, Gesetze und Rechtsvorschriften achtest, dann wirst du leben« (30,16). Auf den ersten Blick gefällt uns das nicht, aber es ist der Weg: die Option für das Leben und die Option für Gott sind identisch. Der Herr sagt es im Evangelium nach Johannes: »Das ist das ewige Leben: dich, den einzigen wahren Gott, zu erkennen« (Joh 17,3). Das menschliche Leben ist eine Beziehung. Nur in der Beziehung, nicht in uns selbst verschlossen, können wir das Leben haben. Und die grundlegende Beziehung ist die Beziehung zum Schöpfer, sonst sind die anderen Beziehungen schwach. Also Gott wählen – das ist wesentlich. Eine Welt, in der Gott abwesend ist, eine Welt, die Gott vergessen hat, verliert das Leben und versinkt in eine Kultur des Todes. Das Leben wählen, sich für das Leben entscheiden bedeutet vor allem, die Option für Gott und die Beziehung zu Gott zu wählen. Aber sofort erhebt sich die Frage: zu welchem Gott? Auch hier hilft uns das Evangelium: zu dem Gott, der uns sein Antlitz in Christus gezeigt hat, zu dem Gott, der am Kreuz den Haß besiegt hat, also in der Liebe bis zur Vollendung. Wenn wir diesen Gott wählen, wählen wir das Leben.

Papst Johannes Paul II. hat uns die große Enzyklika *Evangelium vitae* geschenkt. Sie ist gleichsam ein Bild der Probleme der heutigen Kultur, der Hoffnungen und der Gefahren. Aus ihr wird ersichtlich, daß eine Gesellschaft, die Gott vergißt, die Gott ausschließt, gerade weil sie das Leben haben will, in eine Kultur des Todes versinkt. Weil man das Leben haben will, sagt man »nein« zum Kind, denn es nimmt mir einen Teil meines Lebens, sagt man »nein« zur Zukunft, um die ganze Gegenwart zu haben, sagt man »nein« zum werdenden Leben und zum leidenden Leben, das dem Tod entgegengeht. Diese scheinbare Kultur des Lebens wird zur Antikultur des Todes, wo Gott abwesend ist, wo der Gott abwesend ist, der nicht den Haß anordnet, sondern den Haß besiegt. Hier entscheiden wir uns wirklich für das Leben. Alles hängt also miteinander zusammen: die tiefste Option für den gekreuzigten Christus mit der vollkommensten Option für das Leben vom ersten bis zum letzten Augenblick.

Das scheint mir in gewisser Weise auch der Kern unserer Pastoral zu sein: zu einer wahren Option für das Leben zu verhelfen, die Beziehung zu Gott als die Beziehung zu erneuern, die uns Leben gibt und uns den Weg zum Leben zeigt, und so Christus wieder zu lieben, der sich vom unbekannten Wesen, das wir nie erreichten und das uns rätselhaft blieb, zum Gott gemacht hat, den wir kennen, zu einem Gott mit menschlichem Antlitz, zu einem Gott, der Liebe ist. Halten wir uns besonders diesen grundlegenden Punkt für das Leben vor Augen und beachten wir, daß in diesem Programm das ganze Evangelium gegenwärtig ist, vom Alten bis zum Neuen Testament, das Christus zum Mittelpunkt hat. Die Fastenzeit sollte für uns selbst die Zeit sein, in der wir unsere Kenntnis von Gott, unsere Freundschaft mit Jesus erneuern, um dadurch fähig zu sein, die anderen Menschen in überzeugender Weise zur Option für das Leben zu führen, die vor allem die Option für Gott ist. Uns selbst muß klar sein, daß wir, indem wir Christus gewählt haben, nicht die Verneinung des Lebens, sondern wirklich das Leben in Fülle gewählt haben.

Die christliche Option ist im Grunde sehr einfach: Sie ist das Ja zum Leben. Aber dieses Ja wird nur mit einem Gott verwirklicht, der nicht unbekannt ist, mit einem Gott, der ein menschliches Antlitz hat. Es wird verwirklicht, indem wir diesem Gott in der Gemeinschaft der Liebe nachfolgen. Was ich bisher gesagt habe, soll unsere Erinnerung an den großen Papst Johannes Paul II. stärken.

Kommen wir zur zweiten Wortmeldung, die so liebenswert war und die die Mütter betraf. Ich würde sagen, daß ich jetzt keine großen Programme oder Worte vermitteln kann, die ihr den Müttern sagen könnt. Sagt einfach: Der Papst dankt euch! Er dankt euch, weil ihr das Leben geschenkt habt, weil ihr diesem wachsenden Leben helfen und so eine menschliche Welt errichten und einen Beitrag zur Zukunft des Menschen leisten wollt. Und das tut ihr, indem ihr nicht nur das biologische Leben schenkt, sondern auch den Mittelpunkt des Lebens vermittelt, indem ihr dazu beitragt, daß man Jesus kennenlernt und eure Kinder in die Bekanntschaft, in die Freundschaft mit Jesus einführt. Das ist die Grundlage jeder Katechese. Deshalb muß man den Müttern vor allem dafür danken, daß sie den Mut hatten, Leben zu schenken. Und man muß die Mütter bitten, daß sie das Leben bis zur Vollendung schenken, indem sie die Freundschaft mit Jesus schenken.

Die dritte Wortmeldung war die des Rektors der Kirche Sant'Anastasia. Hier darf ich vielleicht nebenbei erwähnen, daß die Kirche Sant'Anastasia mir schon lieb war, bevor ich sie gesehen habe, denn sie war die Titelkirche unseres Kardinals von Faulhaber. Er hat uns immer erzählt, daß er in Rom eine Kirche hat, die Kirche Sant'Anastasia. Wir haben uns mit dieser Pfarrgemeinde immer zur zweiten Messe an Weihnachten getroffen, die der »Station« Sant'Anastasia gewidmet war. Die Historiker sagen, daß der Papst hier den byzantinischen Statthalter aufsuchen mußte, der dort seinen Sitz hatte. Die Kirche läßt uns auch an die Heilige und an die »Anastasis« denken: Zu Weihnachten denken wir auch an die Auferstehung. Ich wußte nicht, und ich danke für die Information, daß die Kirche jetzt Ort der »ewigen Anbetung« ist; sie ist also ein Brennpunkt des Glaubenslebens in Rom. Den Vorschlag, in den fünf Sektoren der Diözese Rom fünf Orte der ewigen Anbetung zu schaffen, lege ich vertrauensvoll in die Hände des Kardinalvikars. Ich möchte nur sagen: Gott sei Dank, daß nach dem Konzil, nach der Zeit, wo der Sinn für die eucharistische Anbetung ein wenig gefehlt hat, jetzt die Freude an dieser Anbetung überall in der Kirche zurückgekehrt ist, wie wir bei der Synode zur Eucharistie gesehen und gehört haben. Sicher, mit der Konzilskonstitution über die Liturgie wurde vor allem der ganze Reichtum der Eucharistiefeier wiederentdeckt, wo das verwirklicht wird, was der Herr uns hinterlassen hat. Er schenkt sich uns, und wir antworten, indem wir uns ihm schenken. Aber jetzt haben wir aufs neue entdeckt, daß dieser Mittelpunkt, den uns der Herr dadurch gegeben hat, daß wir sein Opfer feiern und so in sakramentale, beinahe leibliche Gemeinschaft mit ihm treten können, seine Tiefe und auch seinen menschlichen Reichtum verliert, wenn die Anbetung als ein aus dem Kommunionempfang resultierender Akt fehlt. Die Anbetung ist ein Eintreten in die Gemeinschaft mit dem Herrn in der Tiefe unseres Herzens, mit dem Herrn, der in der Eucharistie leiblich gegenwärtig wird. Er gibt sich in der Monstranz immer in unsere Hände und lädt uns ein, uns mit seiner Gegenwart, mit seinem auferstandenen Leib, zu vereinen.

Jetzt kommen wir zur vierten Frage. Wenn ich recht verstanden habe, aber ich bin mir nicht ganz sicher, lautete sie: »Wie gelangt man zu einem lebendigen Glauben, zu einem wirklich katholischen Glauben, zu einem konkreten, lebhaften, wirksamen Glauben?« Der Glaube ist letztlich ein Geschenk. Die erste Bedingung ist also, sich etwas schenken zu lassen, nicht selbstgenügsam zu sein, nicht alles allein zu tun, denn das können wir nicht, sondern uns zu öffnen in dem Bewußtsein, daß der Herr wirklich schenkt. Mir scheint, daß diese offene Haltung auch die Haltung ist, mit der das Gebet beginnt: für die Gegenwart des Herrn und sein Geschenk offen sein. Das ist auch der erste Schritt, etwas zu empfangen, das wir nicht machen und das wir nicht haben können, wenn wir es selbst machen wollen. Diese Haltung der Offenheit, des Gebets – Herr, schenke mir Glauben! – muß mit unserem ganzen Dasein vollzogen werden. Wir müssen hineinwachsen in die Bereitschaft, das Geschenk anzunehmen und uns von dem Geschenk in unserem Denken, in unserem Fühlen, in unserem Willen durchdringen zu lassen. Hier scheint es mir sehr wichtig, einen wesentlichen Punkt zu unterstreichen: Niemand glaubt für sich allein. Wir glauben immer in und mit der Kirche. Das Credo ist immer ein Gemeinschaftsakt, bei dem man sich eingliedern läßt in eine Weggemeinschaft, eine Gemeinschaft des Lebens, des Wortes, des Denkens. Wir »machen« den Glauben nicht, in dem Sinn, daß es vor allem Gott ist, der ihn schenkt. Aber ebensowenig »machen« wir ihn in dem Sinn, daß er von uns erfunden werden sollte. Wir müssen uns sozusagen in die Gemeinschaft des Glaubens, der Kirche fallenlassen. Glauben ist ein katholischer Akt an sich, ist Teilhabe an dieser großen Gewißheit, die im lebendigen Subjekt der Kirche vorhanden ist. Nur so können wir auch die Heilige Schrift in der Vielfalt ihrer Lesarten verstehen, die sich über tausend Jahre hinweg entwickeln. Sie ist eine Schrift, weil sie Element, Ausdruck des einen Subjekts – des Volkes Gottes – ist, das auf seinem Pilgerweg immer dasselbe Subjekt ist. Es ist natürlich ein Subjekt, das nicht von sich aus spricht, sondern es ist ein von Gott geschaffenes Subjekt – der klassische Ausdruck dafür ist »inspiriert« –, ein Subjekt, das dieses Wort empfängt, es dann übersetzt und mitteilt. Dieses Zusammenwirken ist sehr wichtig. Wir wissen, daß der Koran nach islamischem Glauben ein von Gott ohne menschliche Vermittlung mündlich gegebenes Wort ist. Der Prophet hat damit nichts zu tun. Er hat es nur aufgeschrieben und mitgeteilt. Es ist das reine Wort Gottes. Für uns hingegen tritt Gott in Gemeinschaft mit uns, läßt uns mitarbeiten, erschafft dieses Subjekt, und innerhalb dieses Subjekts wächst und entwickelt sich sein Wort. Dieser menschliche Teil ist wesentlich, und durch ihn können wir sehen, wie die einzelnen Worte nur als Einheit der ganzen Schrift im lebendigen Subjekt des Volkes Gottes wirklich zum Wort Gottes werden. Das erste Element ist also das Geschenk Gottes, das zweite ist die Teilhabe am Glauben des pilgernden Volkes, die Vermittlung der Heiligen Kirche, die ihrerseits das Wort Gottes empfängt, das der Leib Christi ist, beseelt vom lebendigen Wort, dem göttlichen Logos. Wir müssen Tag für Tag unsere Gemeinschaft mit der heiligen Kirche und so mit dem Wort Gottes vertiefen. Es handelt sich nicht um zwei entgegengesetzte Dinge, so daß ich sagen könnte: »Ich bin mehr für die Kirche« oder: »Ich bin mehr für das Wort Gottes«. Nur vereint ist man in der Kirche, gehört man zur Kirche, wird man Glied der Kirche, lebt man vom Wort Gottes, das die Lebenskraft der Kirche ist. Und wer vom Wort Gottes lebt, kann es nur leben, weil es in der lebendigen Kirche lebt und lebenskräftig ist.

Die fünfte Wortmeldung betraf Pius XII. Danke für diese Wortmeldung. Er war der Papst meiner Jugend. Wir haben ihn alle verehrt. Wie richtig gesagt wurde, hat er das deutsche Volk sehr geliebt, er hat es auch verteidigt in der großen Katastrophe nach dem Krieg. Und ich muß hinzufügen, daß er zuerst Nuntius in München war, bevor er Nuntius in Berlin wurde, denn Berlin hatte anfangs noch keine päpstliche Vertretung. Er war wirklich nahe bei uns. Mir scheint dies eine Gelegenheit zu sein, allen großen Päpsten des vergangenen Jahrhunderts Dank zu bezeugen. Das Jahrhundert hat mit dem hl. Pius X. begonnen, dann folgten Benedikt XV., Pius XI., Pius XII., Johannes XXIII., Paul VI., Johannes Paul I., Johannes Paul II. Mir scheint das ein besonderes Geschenk zu sein in einem so schwierigen Jahrhundert mit zwei Weltkriegen und zwei zerstörerischen Ideologien, dem Faschismus und Nationalsozialismus auf der einen und dem Kommunismus auf der anderen Seite. Gerade in diesem Jahrhundert, das sich dem Glauben der Kirche widersetzt hat, hat uns der Herr eine Reihe großer Päpste und damit ein geistliches Erbe geschenkt, das, wie ich sagen würde, geschichtlich die Wahrheit des Primats des Nachfolgers Petri bestätigt hat.

Die nachfolgende Wortmeldung, die der Familie gewidmet war, kam vom Pfarrer der Kirche Santa Silvia. Hier kann ich nur zustimmen. Auch bei den »Ad-limina«-Besuchen spreche ich mit den Bischöfen immer über die Familie, die in der Welt auf vielerlei Weise bedroht ist. In Afrika ist sie gefährdet, weil man sich schwertut mit dem Übergang vom »mariage coutumier« zum »mariage religieux«, denn man fürchtet die Endgültigkeit.

Während im Westen die Angst vor dem Kind in der Furcht begründet liegt, etwas vom Leben zu verlieren, ist dort das Gegenteil der Fall: Solange man nicht sicher weiß, daß die Ehefrau auch Kinder haben wird, kann man es nicht wagen, eine endgültige Ehe einzugehen. Deshalb ist die Zahl der kirchlichen Ehen relativ gering, und viele, auch »gute«, Christen, die den besten Willen haben, Christen zu sein, tun diesen letzten Schritt nicht. Die Ehe ist auch in Lateinamerika bedroht, wo andere Gründe ausschlaggebend sind, und sie ist, wie wir wissen, im Westen schwer bedroht. Um so mehr müssen wir als Kirche den Familien helfen, die die Keimzelle jeder gesunden Gesellschaft sind. Nur so kann in der Familie eine Gemeinschaft der Generationen geschaffen werden, in der die Erinnerung an die Vergangenheit in der Gegenwart lebt und sich zur Zukunft hin öffnet. So geht das Leben weiter und entwickelt sich und schreitet voran. Wahrer Fortschritt ist ohne diese Kontinuität des Lebens und auch ohne das religiöse Element nicht möglich. Ohne das Vertrauen auf Gott, ohne das Vertrauen auf Christus, der uns auch die Fähigkeit zum Glauben und zum Leben schenkt, kann die Familie nicht überleben. Wir sehen es heute. Nur der Glaube an Christus und nur die Teilhabe am Glauben der Kirche rettet die Familie, und anderseits kann auch die Kirche nur dann leben, wenn die Familie gerettet wird. Ich habe jetzt keine Patentlösung dafür. Aber mir scheint, daß wir diese Tatsache immer im Auge behalten müssen. Deshalb müssen wir alles tun, was die Familie fördert: Familiengruppen, Familienkatechesen anbieten und lehren, in der Familie zu beten. Das scheint mir sehr wichtig: Wo man zusammen betet, wird der Herr gegenwärtig, wird jene Kraft gegenwärtig, die auch die »Herzverhärtung«, die Härte des Herzens, brechen kann, die nach den Worten des Herrn der wahre Scheidungsgrund ist. Nur die Gegenwart des Herrn und nichts anderes hilft uns, wirklich so zu leben, wie es anfangs vom Schöpfer gewollt war und vom Erlöser erneuert wurde. Das Gebet in der Familie lehren und so zum Gebet mit der Kirche einladen. Und dann andere Methoden finden.

Jetzt antworte ich dem Kaplan der Kirche San Girolamo – ich sehe, daß er sehr jung ist –, der davon gesprochen hat, was die Frauen in der Kirche tun, gerade auch für die Priester. Ich kann nur unterstreichen, wie sehr mich im ersten Kanon, dem römischen, das Gebet für die Priester sehr beeindruckt: *»Nobis quoque peccatoribus«*. Mit dieser realistischen Demut der Priester bitten wir gerade als Sünder den Herrn, daß er uns helfe, seine Diener zu sein. In diesem Gebet für den Priester und nur in diesem, erscheinen sieben Frauen, die den Priester umringen. Sie sind die gläubigen Frauen, die uns auf unserem Weg helfen. Sicher hat jeder diese Erfahrung gemacht. Und so hat die Kirche den Frauen viel zu verdanken. Zu Recht haben Sie unterstrichen, daß die Frauen auf charismatischer Ebene viel für, so würde ich zu sagen wagen, die Leitung der Kirche tun, angefangen bei den Ordensschwestern, den Schwestern der großen Kirchenväter wie des hl. Ambrosius bis hin zu den großen Frauen des Mittelalters – der hl. Hildegard, der hl. Katharina von Siena, dann der hl. Teresa von Ávila – und zu Mutter Teresa. Ich würde sagen, daß dieser charismatische Bereich sich vom Amtsbereich im eigentlichen Sinne sicher unterscheidet, aber es ist eine wahre und tiefe Teilhabe an der Leitung der Kirche. Wie könnte man sich die Leitung der Kirche ohne diesen Beitrag vorstellen, der manchmal deutlich sichtbar wird, z. B. als die hl. Hildegard an den Bischöfen Kritik übte, oder als die hl. Birgitta und die hl. Katharina von Siena die Päpste ermahnten, nach Rom zurückzukehren und dies auch erreichten? Dies ist immer ein entscheidender Faktor, ohne den die Kirche nicht leben kann. Sie sagen jedoch zu Recht: Wir wollen die Frauen noch deutlicher und mit Amtsgewalt bekleidet in der Kirchenleitung sehen. Das Problem ist folgendes. Das Priesteramt ist, wie wir wissen, vom Herrn insofern den Männern vorbehalten, daß das Priesteramt Leitung im tieferen Sinn ist, daß es im Grunde das Sakrament ist, das die Kirche leitet. Das ist der entscheidende Punkt. Nicht der Mann tut etwas, sondern der Priester leitet die Kirche, getreu seiner Sendung, in dem Sinn, daß es das Sakrament ist, das die Kirche leitet, und daß durch das Sakrament Christus selber die Kirche leitet, sowohl durch die Eucharistie als auch in den anderen Sakramenten, und so führt Christus immer den Vorsitz. Trotzdem ist die Frage berechtigt, ob man nicht auch im Dienstamt – trotz der Tatsache, daß hier Sakrament und Geistesgabe ein und dieselbe Schiene sind, auf der sich die Kirche verwirklicht – den Frauen mehr Raum, mehr Positionen mit größerer Verantwortung anbieten könnte.

Ich habe die Worte der achten Wortmeldung nicht ganz verstanden. Grundsätzlich habe ich verstanden, daß heute die

Menschheit auf der Straße von Jerusalem nach Jericho unterwegs den Räubern begegnet. Der gute Samariter hilft ihr mit der Barmherzigkeit des Herrn. Wir können nur betonen, daß es am Ende der Mensch ist, der unter die Räuber gefallen ist und immer wieder unter die Räuber fällt, und daß es Christus ist, der uns heilt. Wir sollen und können ihm helfen im Dienst der Liebe und im Dienst des Glaubens, der auch ein Dienstamt der Liebe ist.

Dann die Märtyrer von Uganda. Danke für diesen Beitrag. Er läßt uns an den afrikanischen Erdteil denken, der die große Hoffnung der Kirche ist. In den vergangenen Monaten habe ich einen Großteil der afrikanischen Bischöfe zum »Ad-limina«-Besuch empfangen. Für mich war es sehr erhebend und auch tröstlich, Bischöfe von hohem theologischen und kulturellen Niveau zu sehen, eifrige Bischöfe, die wirklich von der Freude des Glaubens beseelt sind. Wir wissen, daß diese Kirche in guten Händen ist, aber dennoch leidet, da die Nationen sich noch nicht herausgebildet haben. In Europa haben sich über die Ethnien, die bereits bestanden, hinaus gerade durch das Christentum die großen Strukturen der Nationen und die großen Sprachen herausgebildet, und so entstanden Kulturgemeinschaften und befriedete Gebiete, obwohl dann diese befriedeten Gebiete als zueinander im Gegensatz stehende Gebiete wiederum eine neue Art von Krieg geschaffen haben, die zuvor nicht existierte. In vielen Teilen Afrikas ist die Situation jedoch immer noch die einer Vorherrschaft der Ethnien. Die Kolonialmacht hat dann Grenzen auferlegt, in denen sich jetzt Nationen bilden müssen. Aber es ist immer noch schwierig, ein großes Ganzes zu bilden und über die Ethnien hinaus die Einheit demokratischer Regierungen zu finden, sowie die Möglichkeit, sich den kolonialen Mißbräuchen zu widersetzen, die es immer noch gibt. Für die Großmächte ist Afrika immer noch Gegenstand des Mißbrauchs, und viele Konflikte gäbe es nicht in dieser Form, wenn nicht die Interessen der Großmächte dahinter stünden. Ich habe auch gesehen, daß die Kirche in diesem ganzen Durcheinander durch ihre katholische Einheit der große Faktor ist, der Einigung in die Zerstreuung bringt. In vielen Fällen, jetzt vor allem nach dem großen Krieg in der Demokratischen Republik Kongo, ist die Kirche die einzige Wirklichkeit geblieben, die funktioniert, die weiterlebt und die die notwendige Unterstützung gibt, das Zusammenleben gewährleistet und hilft, die Möglichkeit zur Verwirklichung eines großen Ganzen zu finden. In diesem Sinn übt die Kirche in diesen Situationen auch einen Ersatzdienst auf politischer Ebene aus, indem sie die Möglichkeit bietet, zusammenzuleben und nach den Zerstörungen die Gemeinschaft, nach dem Ausbruch des Hasses den Geist der Versöhnung wiederherzustellen. Viele haben mir gesagt, daß in solchen Situationen das Bußsakrament sehr wichtig sei als Kraft der Versöhnung, und daß es auch in diesem Sinn gespendet werden sollte. Kurz, ich wollte sagen, daß Afrika ein Kontinent großer Hoffnung, tiefen Glaubens, bewegender kirchlicher Wirklichkeiten, eifriger Priester und Bischöfe ist. Aber es ist immer auch ein Kontinent, der – nach den Zerstörungen, die wir aus Europa dorthin gebracht haben – unserer brüderlichen Hilfe bedarf. Und diese muß aus dem Glauben erwachsen, der über die menschlichen Spaltungen hinweg auch die weltumfassende Nächstenliebe schafft. Das ist unsere große Verantwortung in dieser Zeit. Europa hat seine Ideologien, seine Interessen eingeführt, aber es hat durch die Mission auch die Heilung eingeführt. Um so mehr ist es heute unsere Pflicht, auch einen lebendigen Glauben zu haben, der sich mitteilt, der den anderen helfen will, der sich bewußt ist, daß die Weitergabe des Glaubens nicht bedeutet, entfremdende Kräfte einzuführen, sondern das wahre Geschenk zu geben, das der Mensch nötig hat, um auch ein Geschöpf der Liebe zu sein.

Der letzte Punkt war der, den der Kaplan der Karmeliterpfarrei Santa Teresa d'Ávila angesprochen hat, der zu Recht seine Besorgnis zum Ausdruck gebracht hat. Sicher wäre ein oberflächlicher, einfacher Optimismus verkehrt, der die großen Gefahren nicht bemerken würde, denen die heutige Jugend, die Kinder und die Familien ausgesetzt sind. Wir müssen diese Gefahren, die dort entstehen, wo Gott abwesend ist, mit großem Realismus wahrnehmen. Wir müssen immer mehr unsere Verantwortung spüren, damit Gott gegenwärtig

wird und so auch die Hoffnung und die Fähigkeit, vertrauensvoll in die Zukunft zu blicken.

* * *

Nach den Wortmeldungen von weiteren fünf Priestern:

Ich ergreife jetzt wieder das Wort und beginne mit der Päpstlichen Akademie. Was Sie über das Problem der Jugendlichen,
ihre Vereinsamung und das fehlende Verständnis von Seiten
der Erwachsenen gesagt haben, erfahren wir heute in sehr di-
rekter Weise. Es ist interessant, daß diese Jugend, die in den
Diskotheken engste Nähe sucht, in Wirklichkeit an tiefer Einsamkeit und natürlich auch am Unverstandensein leidet. Mir
scheint das in gewissem Sinn symptomatisch zu sein für die
Tatsache, daß die Väter, wie gesagt wurde, bei der Erziehung
in der Familie meistens abwesend sind. Aber auch die Mütter müssen außer Haus arbeiten. Die Familiengemeinschaft
ist sehr schwach. Jeder lebt in seiner eigenen Welt. Jeder ist
eine Insel des Denkens, des Fühlens, und diese Inseln haben
keine Verbindung untereinander. Das schwierige Problem gerade in unserer Zeit – in der jeder das Leben für sich haben
will, es aber verliert, weil er sich isoliert und den anderen von
sich ausgrenzt –, besteht darin, die tiefe Gemeinschaft wiederzufinden, die letztendlich nur aus einer Grundlage, die allen gemeinsam ist, aus der Gegenwart Gottes, kommen kann,
die uns alle vereint. Mir scheint, daß als Voraussetzung dafür
die Vereinsamung und das fehlende Verständnis füreinander
überwunden werden müssen, denn auch diese entspringen
der Tatsache, daß das Denken heute fragmentiert ist. Jeder
sucht nach seiner Art zu denken, zu leben, und man ist nicht
in einer tieferen Vision des Lebens miteinander verbunden.
Die Jugend fühlt sich neuen Horizonten gegenübergestellt, an
denen die ältere Generation keinen Anteil hat, denn es fehlt
die Kontinuität der Weltsicht in einer Welt, die mit immer
größerer Hast neuen Entdeckungen nachjagt. In zehn Jahren
haben Veränderungen stattgefunden, die in der Vergangenheit nicht einmal in hundert Jahren geschehen sind. So trennen uns wirklich Welten voneinander. Ich denke an meine

eigene Jugend und an die Naivität, wenn ich so sagen darf, in der wir gelebt haben, in einer Gesellschaft, die im Gegensatz zur heutigen eine reine Agrargesellschaft war. Wir sehen, wie sich die Welt immer schneller verändert, und daß sie auch durch diese Veränderungen in Einzelteile zerfällt. In einem Augenblick der Erneuerung und Veränderung wird daher das Element des Dauerhaften immer wichtiger. Ich erinnere mich an die Zeit, als über die Konzilskonstitution *Gaudium et spes* diskutiert wurde. Auf der einen Seite gab es die Annahme des Neuen, der Neuheiten, das »Ja« der Kirche zur modernen Zeit mit ihren Neuerungen, das »Nein« zur romantischen Verklärung der Vergangenheit, ein gerechtfertigtes und notwendiges »Nein«. Aber dann sagten die Konzilsväter auch – im Text ist der Beweis zu finden –, daß es trotzdem, trotz der notwendigen Bereitschaft, fortzuschreiten und auch Dinge aufzugeben, die uns teuer waren, etwas gibt, das sich nicht verändert, weil es das Menschliche selbst, die Kreatürlichkeit ist. Der Mensch ist nicht nur seine Geschichte. Die Verabsolutierung des Historismus, der zufolge der Mensch immer nur ein Geschöpf sei, das Frucht einer bestimmten Epoche ist, stimmt nicht. Es gibt die Kreatürlichkeit, und gerade sie gibt uns die Möglichkeit, auch unter veränderten Lebensverhältnissen die eigene Identität zu bewahren. Dies ist keine unmittelbare Antwort auf die Frage nach dem, was wir tun sollen, aber mir scheint, daß der erste Schritt der ist, eine Diagnose zu erstellen. Warum gibt es diese Einsamkeit in einer Gesellschaft, die anderseits wie eine Massengesellschaft erscheint? Warum gibt es dieses Unverstandensein in einer Gesellschaft, in der alle versuchen, einander zu verstehen, wo die Kommunikation alles ist, und wo die Transparenz aller Dinge für alle oberstes Gesetz ist? Die Antwort liegt in der Tatsache, daß wir die Veränderung in unserer eigenen Welt zwar sehen, aber das Element, das uns alle miteinander verbindet, nicht in ausreichendem Maße leben, das kreatürliche Element, das in einer bestimmten Geschichte zugänglich und zur Wirklichkeit wird: in der Geschichte Christi, der sich der Kreatürlichkeit nicht widersetzt, sondern das zurückerstattet, was der Schöpfer gewollt hatte, wie der Herr es vom Ehebund sagt. Das Christentum, das gerade die Geschichte und die Religion als eine geschichtliche Tatsache unterstreicht, als Tatsache in einer Geschichte, angefangen bei Abraham, und damit als einen geschichtlichen Glauben, und das der Moderne die Tür geöffnet hat mit seinem Sinn für den Fortschritt, für das ständige Voranschreiten, ist zugleich ein Glaube, der auf dem Schöpfer gründet, der sich offenbart und gegenwärtig macht in einer Geschichte, der er ihre Kontinuität und folglich die Mitteilbarkeit unter den Menschen verleiht. Ich denke also auch hier, daß ein Glaube, der in der Tiefe und mit ganzer Offenheit für das Heute, aber auch mit ganzer Offenheit Gott gegenüber gelebt wird, beides vereint: die Achtung gegenüber dem anderen und dem Neuen und die Kontinuität unseres Seins, die Mitteilbarkeit zwischen den Personen und den Zeiten.

Der andere Punkt war der: Wie können wir das Leben als Geschenk leben? Diese Frage stellen wir besonders jetzt, in der Fastenzeit. Wir wollen die Option für das Leben erneuern, die, wie ich sagte, nicht die Option ist, sich selbst zu besitzen, sondern sich selbst hinzugeben. Mir scheint, daß wir das nur durch eine ständige Zwiesprache mit dem Herrn und durch das Gespräch miteinander tun können. Auch die »correctio fraterna« ist notwendig, um immer mehr zu reifen angesichts unserer stets unzulänglichen Fähigkeit, das Geschenk unser selbst zu leben. Aber mir scheint, daß wir auch hier die beiden Dinge vereinen müssen. Einerseits müssen wir unsere Unzulänglichkeit demütig annehmen, dieses Ich annehmen, das nie vollkommen ist, sondern sich immer zum Herrn streckt, um zur Gemeinschaft mit dem Herrn und mit allen Menschen zu gelangen.

Diese Demut, auch die eigenen Grenzen anzunehmen, ist sehr wichtig. Nur so können wir andererseits wachsen, reifen und den Herrn bitten, daß er uns helfe, unterwegs nicht müde zu werden, auch wenn wir demütig akzeptieren, daß wir nie vollkommen sein werden, und daß wir auch die Unvollkommenheit annehmen, besonders die des anderen. Wenn wir die eigene Unvollkommenheit annehmen, ist es auch leichter, die des anderen anzunehmen und uns vom Herrn immer wieder umformen und erneuern zu lassen.

Jetzt komme ich zu den Krankenhäusern. Danke für den Gruß, der aus den Krankenhäusern kommt. Ich kannte die Auffassung nicht, der zufolge ein Priester seinen Dienst im Krankenhaus verrichtet, weil er etwas Schlechtes getan hat … Ich habe immer gedacht, daß es der vorrangige Dienst des Priesters ist, den Kranken, den Leidenden zu dienen, weil der Herr vor allem gekommen ist, um bei den Kranken zu sein. Er ist gekommen, um unser Leiden mit uns zu teilen und uns zu heilen. Anläßlich der »Ad-limina«-Besuche sage ich den afrikanischen Bischöfen immer, daß die beiden Säulen unserer Arbeit die Erziehung – das heißt, die Ausbildung des Menschen, die viele Dimensionen in sich schließt, wie die Erziehung zum Lernen, die Berufsausbildung, die Erziehung im persönlichen Bereich des Menschen – und die Heilung sind. Der grundlegende, wesentliche Dienst der Kirche ist also der des Heilens. Und das geschieht gerade in den afrikanischen Ländern: Die Kirche bietet Heilung an. Sie bringt ihnen die Menschen, die den Kranken helfen, ihnen helfen, an Leib und Seele gesund zu werden. Mir scheint also, daß wir im Herrn unser priesterliches Vorbild sehen sollen, um zu heilen. Helfen, beistehen und bis zur Gesundung begleiten: Das ist für den Einsatz der Kirche wesentlich; es ist die grundlegende Form der Liebe und damit grundlegender Ausdruck des Glaubens. Folglich ist es auch im Priestertum der zentrale Punkt.

Jetzt antworte ich dem Kaplan der Pfarrei »Santi Patroni d'Italia«, der vom Dialog mit den Orthodoxen und vom ökumenischen Dialog im allgemeinen gesprochen hat. In der heutigen Weltlage sehen wir, daß der Dialog auf allen Ebenen notwendig ist. Noch wichtiger ist, daß die Christen untereinander nicht verschlossen, sondern offen sind, und gerade in den Beziehungen mit den Orthodoxen sehe ich, daß die persönlichen Kontakte entscheidend sind. In der Lehre sind wir zum großen Teil in allen grundlegenden Dingen einig, und dennoch scheint es sehr schwer zu sein, in der Lehre Fortschritte zu machen. Aber wenn wir einander näherkommen in der Gemeinschaft, in der gemeinsamen Erfahrung des Glaubenslebens, dann lernen wir, einander gegenseitig als Kinder Gottes anzunehmen. Und das ist seit mindestens vier-

zig, fünfzig Jahren meine Erfahrung: diese Erfahrung der gemeinsamen Jüngerschaft, die wir am Ende im selben Glauben
leben, in derselben apostolischen Nachfolge, mit denselben
Sakramenten und damit auch mit der großen Gebetstradi-
tion. Diese Verschiedenheit und Vielfalt der religiösen Kulturen, der Kulturen des Glaubens, sind schön. Dies ist eine
grundlegende Erfahrung, und mir scheint, daß vielleicht die
Vorbehalte einiger, eines Teils der Mönche vom Berg Athos,
gegenüber dem Ökumenismus auch von der Tatsache her-
rührt, daß ihnen diese Erfahrung fehlt, in der man sieht und
spürt, daß auch der andere zu demselben Christus gehört, zu
derselben Gemeinschaft mit Christus in der Eucharistie. Also
das ist sehr wichtig: Wir müssen die bestehende Trennung
aushalten. Der Apostel Paulus sagt, daß die Spaltungen für
eine gewisse Zeit notwendig sind, und der Herr weiß, warum:
um uns zu prüfen, um uns zu stärken, um uns reif werden zu
lassen, um uns demütiger zu machen. Aber wir sind gleichzeitig verpflichtet, auf die Einheit zuzugehen, und schon auf die
Einheit zuzugehen, ist eine Form der Einheit.

Kommen wir jetzt zum Spiritual des Priesterseminars. Das
erste Problem war die Schwierigkeit der pastoralen Liebe.
Wir leben sie einerseits, aber andererseits möchte ich euch
auch sagen: nur Mut, die Kirche tut Gott sei Dank so viel in
Afrika, aber auch in Rom und in Europa! Sie tut viel, und viele
sind ihr dankbar, sei es im Bereich der Krankenpastoral, sei es
in der Pastoral der Armen und Verlassenen. Machen wir mutig weiter, und versuchen wir gemeinsam, die besten Wege
zu finden.

Der andere Punkt war die Tatsache, daß die Priesteraus-
bildung in den einzelnen Generationen, auch in denen, die
sehr nah beieinander liegen, immer ein wenig anders zu sein
scheint, und das erschwert den gemeinsamen Einsatz für die
Weitergabe des Glaubens. Ich habe das festgestellt, als ich Erzbischof von München war. Als wir in das Seminar eingetreten
sind, hatten wir alle eine gemeinsame, mehr oder weniger
reife katholische Spiritualität. Sagen wir, daß die spirituelle
Grundlage bei allen gleich war. Jetzt kommen die Seminaristen aus sehr unterschiedlichen spirituellen Erfahrungen. Ich

habe in meinem Seminar festgestellt, daß sie auf verschiedenen »Inseln « der Spiritualität lebten, die nur schwer miteinander in Verbindung traten. Um so mehr danken wir dem Herrn, daß er der Kirche so viele neue Impulse und neue Formen des geistlichen Lebens, der Entdeckung des Reichtums des Glaubens geschenkt hat. Vor allem darf die gemeinsame katholische Spiritualität nicht vernachlässigt werden, die in der Liturgie und in der großen Glaubenstradition ihren Ausdruck findet. Das scheint mir sehr wichtig zu sein. Dieser Punkt ist auch in bezug auf das Konzil wichtig. Man darf – wie ich vor Weihnachten zur Römischen Kurie gesagt habe – nicht die Hermeneutik der Diskontinuität leben, sondern muß die Hermeneutik der Erneuerung leben, die Spiritualität der Kontinuität ist, des Fortschreitens innerhalb der Kontinuität. Das scheint mit auch im Bezug auf die Liturgie sehr wichtig zu sein. Ich gebe ein konkretes Beispiel, das mir gerade heute während der kurzen Tagesmeditation in den Sinn gekommen ist. Die »Statio« des heutigen Tages, Donnerstag nach dem Aschermittwoch, ist St. Georg. Diesem heiligen Soldaten entsprechend gab es früher zwei Lesungen über zwei heilige Soldaten. In der ersten ist die Rede vom König Hiskija, der todkrank ist und den Herrn unter Tränen bittet: Laß mich noch eine Weile leben! Und der Herr ist gütig und gewährt ihm noch 17 weitere Lebensjahre. Also eine schöne Heilung und ein Soldat, der seine Tätigkeit wieder aufnehmen kann. Die zweite Lesung ist das Evangelium, in dem vom Hauptmann von Kafarnaum und seinem kranken Diener erzählt wird. So haben wir zwei Motive: das der Heilung und das der »Militia Christi«, des großen Kampfes. Jetzt, in der gegenwärtigen Liturgie, haben wir zwei vollkommen andere Lesungen. Wir haben die Lesung aus dem Buch Deuteronomium: »Wähle das Leben!« und das Evangelium: »Christus nachfolgen und das Kreuz auf sich nehmen«, was bedeutet, nicht das eigene Leben zu suchen, sondern das Leben hinzugeben, und das ist eine Auslegung dessen, was es heißt, »das Leben zu wählen«. Ich muß sagen, daß ich die Liturgie immer sehr geliebt habe. Ich war in den Weg der Kirche zur Fastenzeit mit diesen »Stationskirchen« und den mit diesen Kirchen verbundenen Lesungen richtiggehend verliebt: eine Geographie des Glaubens, die zur geistlichen Geographie des Pilgerwegs mit dem Herrn wird. Und es hat mir ein wenig leid getan, daß uns diese Verbindung zwischen der »Statio« und den Lesungen genommen wurde. Heute sehe ich, daß gerade diese Lesungen sehr schön sind und das Programm der Fastenzeit zum Ausdruck bringen: das Leben wählen, das heißt, das »Ja« der Taufe erneuern, die wirklich eine Entscheidung für das Leben ist. In diesem Sinne besteht hier eine innere Kontinuität, und es scheint mir, daß wir daraus lernen sollen, aus diesem ganz kleinen Beispiel von Diskontinuität und Kontinuität. Wir müssen das Neue annehmen, aber auch die Kontinuität lieben und das Konzil aus dem Blickwinkel der Kontinuität betrachten. Das wird uns auch dabei helfen, zwischen den Generationen und ihren Wegen der Weitergabe des Glaubens zu vermitteln.

Dann hat der Priester des römischen Vikariats zum Abschluß ein Wort gesprochen, das ich mir ganz zu eigen mache, so daß wir mit ihm auch schließen können: einfacher werden. Das scheint mir ein wunderschönes Programm zu sein. Versuchen wir, es in die Tat umzusetzen, und so werden wir offener sein gegenüber dem Herrn und gegenüber den Menschen.

DER GLAUBE IST SCHÖN

Welche Themen wollen Sie in Bayern besonders ansprechen, und gehört der Begriff »Heimat« auch zu den Werten, die Sie den Menschen besonders nahebringen wollen?

Ja, das auf jeden Fall. Der Grund des Besuchs war eigentlich eben doch wirklich der, daß ich noch einmal die Orte, die Menschen sehen wollte, wo ich großgeworden bin, die mich geprägt und mein Leben geformt haben, und diesen Menschen danken wollte. Und dann natürlich auch eine Botschaft ausrichten, die über das eigene Land hinausgeht, wie es meinem Auftrag entspricht. Die Themen habe ich mir ganz schlicht von den liturgischen Daten vorgeben lassen. Das Grundthema ist eigentlich, daß wir Gott wiederentdecken müssen und nicht irgendeinen Gott, sondern den Gott mit einem menschlichen Antlitz, denn wenn wir Jesus Christus sehen, sehen wir Gott. Daß wir von daher dann die Wege zueinander finden müssen in der Familie, zwischen den Generationen; und dann zwischen den Kulturen, den Völkern, und die Wege der Versöhnung und des friedlichen Miteinanders in dieser Welt. Die Wege, die nach vorn führen, finden wir nicht, wenn wir nicht sozusagen Licht von oben haben. Ich habe also keine ganz spezifischen Themen ausgewählt, sondern die Liturgie leitet mich, die Grundbotschaft des Glaubens zu sagen, die natürlich in der Aktualität von heute verortet ist, in der wir vor allen Dingen nach der Zusammenarbeit der Völker, nach den Möglichkeiten der Versöhnung und des Friedens fragen.

Interview mit dem deutschen Fernsehen, Castelgandolfo, 5. August 2006.

Wie sieht Ihre Beschreibung der aktuellen Lage der katholischen Kirche in Deutschland aus?

Nun, ich würde zunächst sagen, Deutschland gehört zum Westen, wenn auch mit seiner ganz spezifischen Färbung und Tönung. Und in der Welt des Westens erleben wir ja heute eine neue Welle einer drastischen Aufklärung oder Laizität, wie immer Sie das nennen wollen. Glaube ist schwierig geworden, weil die Welt, die wir antreffen, ganz von uns selber gemacht ist und sozusagen Gott in ihr nicht mehr direkt vorkommt. Ihr trinkt nicht aus der Quelle, sondern aus dem, was uns schon abgefüllt entgegen kommt. Die Menschen haben die Welt sich selber rekonstruiert, und ihn dahinter noch zu finden, ist schwierig geworden. Das ist also nicht spezifisch für Deutschland, sondern etwas, was sich in der ganzen Welt, vor allen Dingen in der westlichen Welt zeigt. Andererseits wird der Westen jetzt stark berührt von anderen Kulturen, in denen das originär Religiöse sehr stark ist, die auch erschrecken über die Kälte Gott gegenüber, die sie im Westen vorfinden. Und diese Präsenz des Heiligen in anderen Kulturen, wenn auch in vielfältigen Verschattungen, rührt dann auch wieder an die westliche Welt, rührt uns an, die wir im Kreuzungspunkt so vieler Kulturen stehen. Und auch aus dem Eigenen des Menschen im Westen und in Deutschland steigt immer wieder die Frage nach etwas Größerem auf. Wir sehen das in der Jugend, bei der doch ein Suchen nach Mehr da ist, daß irgendwo das Phänomen Religion, wie man sagt, wiederkehrt, auch wenn die Suchbewegung oft eher unbestimmt sind. Aber die Kirche ist damit wieder da, der Glaube bietet sich als Antwort an. Und ich denke, daß eben gerade dieser Besuch, wie schon vorher Köln, eine Gelegenheit ist, daß man sieht, daß es schön ist zu glauben; daß die Freude einer großen, universalen Gemeinschaft etwas Tragendes hat, daß dahinter etwas steht und daß so mit neuen Suchbewegungen auch neue Aufbrüche zum Glauben da sind, die uns zueinander führen und die dann auch der Gesellschaft im ganzen dienen.

Haben Sie bei dieser Reise vielleicht auch eine spezielle Botschaft an die jungen Leute?

Ich würde zunächst einmal sagen: Die Botschaft ist: Ich freu' mich, daß es junge Menschen gibt, die beieinander sein wollen, die im Glauben beieinander sein wollen, und die eben etwas Gutes tun wollen. Denn die Bereitschaft zum Guten ist in der Jugend sehr stark. Die vielen Volontariate ...! Die Suche, in den Nöten dieser Welt selbst auch etwas auszurichten, ist etwas Großes. Darin zu ermutigen, wäre ein erster Impuls: Macht weiter! Sucht nach Gelegenheiten, Gutes zu tun! Die Welt braucht solchen Willen, braucht solchen Einsatz. Und dann würde ich sagen, ein spezielles Wort wäre vielleicht: Der Mut zu endgültigen Entscheidungen! Es ist viel Großmut in der Jugend da, aber das Risiko, sich ein Leben lang zu binden, sei's in der Ehe, sei's im Priestertum, das wird gescheut. Die Welt ist in dramatischer Bewegung. Ständig. Kann ich jetzt schon über das ganze Leben mit seinen unabsehbaren künftigen Ereignissen verfügen? Binde ich da nicht meine Freiheit selber und nehme etwas von meiner Beweglichkeit weg? Den Mut zu wecken, endgültige Entscheidungen zu wagen, die in Wirklichkeit erst Wachstum und Vorwärtsbewegung, das Große im Leben ermöglichen, die nicht die Freiheit zerstören, sondern ihr erst die richtige Richtung im Raum geben: das zu riskieren – diesen Sprung sozusagen ins Endgültige – und damit das Leben erst richtig ganz anzunehmen, das würde ich schon gern weitergeben.

Wie können Sie die Situation, die Entwicklung im Nahen Osten positiv beeinflussen?

Wir haben natürlich keine politischen Möglichkeiten, und wir wollen auch keine politische Macht. Aber wir wollen an die Christen und an alle, die sich dem Wort des Heiligen Stuhls irgendwie verbunden oder von ihm angesprochen wissen, appellieren, daß dort überall die Kräfte mobilisiert werden, die erkennen: Krieg ist für alle die schlechteste Lösung. Er bringt für niemanden etwas, auch für die scheinbaren Sieger nichts –

wir wissen es in Europa von den beiden Weltkriegen her sehr genau –, sondern das, was alle brauchen, ist der Friede. Und es gibt ja eine starke christliche Gemeinschaft im Libanon, es gibt unter den Arabern Christen, es gibt in Israel Christen, und Christen der ganzen Welt sorgen sich um diese uns allen teuren Länder. Die moralischen Kräfte, die da bereit sind, um einsichtig zu machen, daß die einzige Lösung ist: »Wir müssen miteinander leben«, die wollen wir mobilisieren. Die Politiker müssen dann die Wege finden, wie das möglichst schnell und vor allen Dingen dauerhaft geschehen kann.

Sehen Sie einen Spannungsbogen zwischen dem Primat des Papstes und der Vorstellung von der Kollegialität der Bischöfe?

Ein Spannungsbogen ist es natürlich, und soll es auch sein. Vielheit und Einheit müssen immer wieder zueinander finden, und dieses Zueinander muß in den wechselnden Weltsituationen auch immer neu eingespielt werden. Ja, heute haben wir eine neue Polyphonie der Kulturen, in der nicht mehr Europa allein determiniert, sondern die Christengemeinden der verschiedenen Kontinente ihr eigenes Gewicht, ihre eigene Farbe annehmen. Dieses Zusammenspiel müssen wir immer wieder neu lernen. Wir haben dafür verschiedene Instrumente entwickelt. Die sogenannten Ad-Limina-Besuche, die es immer gab, werden jetzt viel mehr genutzt, um wirklich mit allen Instanzen des Heiligen Stuhls und eben auch mit mir zu reden. Ich spreche mit jedem einzelnen Bischof persönlich. Ich habe inzwischen mit fast allen Bischöfen Afrikas und vielen aus Asien sprechen können. Jetzt wird Mitteleuropa, Deutschland, Schweiz dran sein, und in solchen Begegnungen, wo dann eben wirklich Zentrum und Peripherie einander treffen und freimütig austauschen, wächst dann das richtige Ineinander in diesem Spannungsbogen. Dann haben wir weitere Instrumente: die Synode, das Konsistorium, das ich jetzt regelmäßig halten werde und entwickeln möchte, wo man ohne große Tagesordnung anstehende Probleme miteinander bespricht und nach Lösungen sucht. Wir wissen einerseits, daß der Papst kein absoluter Monarch ist, sondern sozusagen das Ganze verkörpern muß in dem gemeinsamen Hinhören auf Christus. Aber das Bewußtsein dafür, daß es sozusagen eine vereinigende Instanz braucht, die auch Unabhängigkeit von den politischen Kräften verschafft und die dafür sorgt, daß sich Christianismen nicht zu sehr mit Nationalitäten identifizieren: diese Einsicht, daß es eine solche übergreifende Instanz braucht, die im Zusammenspiel des Ganzen Einheit schafft und andererseits die Vielheit aufnimmt, annimmt und fördert, die ist sehr stark. Insofern gibt es in dem Sinn, glaube ich, wirklich auch eine innere Zustimmung zum Petrusamt in dem Willen, es so weiter zu entwikkeln, daß es dem Willen des Herrn und den Anforderungen der Zeit entspricht.

Welche Möglichkeiten sehen Sie, gerade das Verhältnis zur evangelischen Kirche zu verbessern, oder welche Schwierigkeiten sehen Sie auch auf diesem Weg?

Vielleicht ist es wichtig, zunächst einmal zu sagen, daß die evangelische Kirche ja sehr vielgestaltig ist. In Deutschland haben wir, wenn ich recht weiß, drei größere Gemeinschaften: Lutheraner, Reformierte, Preußische Union. Dazu bilden sich im Großmaß jetzt auch Freikirchen und innerhalb der klassischen Kirchen Bewegungen wie die »Bekennende Kirche« und so weiter. Es ist also auch ein vielstimmiges Gefüge, mit dem wir in Respekt vor den vielen Stimmen und in der Suche nach der Einheit in Dialog treten und in Zusammenarbeit kommen müssen. Das erste ist, daß wir alle miteinander in dieser Gesellschaft uns darum mühen sollten, die großen ethischen Richtlinien deutlich zu machen – selber zu finden und zu verwirklichen – und so der Gesellschaft den ethischen Zusammenhalt zu geben, ohne den sie eben nicht die Absicht der Politik – Gerechtigkeit für alle, ein gutes Miteinanderleben, den Frieden – verwirklichen kann. Und da geschieht ja schon sehr viel, daß wir in dieser Weise angesichts der großen moralischen Herausforderungen wirklich miteinander verbunden sind aus dem gemeinsamen christlichen Grund heraus. Und daß wir dann natürlich als nächstes Gott bezeugen in einer Welt, die sich schwer tut, ihn zu finden, wie wir gesagt haben, daß wir den Gott mit dem menschlichen Antlitz Jesu Christi sichtbar machen und den Menschen so den Zugang zu den Quellen geben, ohne die die Moral verkümmert und ihre Maßstäbe verliert, und auch die Freude geben, daß wir nicht isoliert sind in der Welt. So erst entsteht die Freude an der Größe des Menschen, daß er nicht ein mißglücktes Evolutionsprodukt, sondern Bild Gottes ist. In diesen beiden Ebenen die großen ethischen Maßstäbe – und von innen her und auf sie hin die Gegenwart Gottes, eines konkreten Gottes – zu zeigen. Und wenn wir das tun, und danach vor allem auch alle einzelnen Gruppierungen den Glauben nicht partikularistisch, sondern immer aus seinen tiefsten Gründen her zu leben versuchen, dann werden wir vielleicht trotzdem nicht so schnell zu äußeren Einheiten kommen, aber dann werden wir zu einer inneren Einheit reifen, die, so Gott will, eines Tages dann auch äußere Formen von Einheit bringt.

Offenbar ist Ihre Intention, den Glauben zu verkünden und nicht als Moralapostel durch die Welt zu reisen.

Ja natürlich. Zuerst muß man sagen: Ich hatte ganze zwei mal zwanzig Minuten Zeit. Und wenn man nur so viel Zeit zur Verfügung hat, kann man nicht gleich mit dem Neinsagen daherkommen. Man muß ja erst wissen, was wir überhaupt wollen, nicht wahr. Und das Christentum, der Katholizismus ist nicht eine Ansammlung von Verboten, sondern eine positive Option. Und die wieder sehen ist ganz wichtig, weil die fast ganz aus dem Blickfeld verschwunden ist. Man hat so viel gehört, was man nicht darf, daß man jetzt hingegen sagen muß: Wir haben aber eine positive Idee, daß Mann und Frau zueinander geschaffen sind, daß sozusagen es die Skala Sexualität, Eros, Agape, die Dimensionen der Liebe gibt und daß auf die Weise dann zunächst Ehe als beglücktes Ineinander von Mann und Frau und dann als Familie wächst. Daß Kontinuität der Generationen geschieht, in der die Versöhnung der Generationen erfolgt und in der dann auch die Kulturen sich begegnen können. Zunächst einmal also herausstellen, was wir wollen, ist einfach wichtig. Dann kann man auch sehen, warum wir irgend etwas nicht wollen. Und ich glaube, man muß ja sehen, daß es nicht eine katholische Erfindung ist, daß Mann und Frau zueinander geschaffen sind, damit die Menschheit weiterlebt – das wissen eigentlich alle Kulturen. Was die Abtreibung angeht, gehört sie nicht ins sechste, sondern ins fünfte Gebot »Du sollst nicht töten!« Und das sollten wir eigentlich als selbstverständlich voraussetzen und müssen immer wieder betonen: Der Mensch fängt im Mutterschoß an und bleibt Mensch bis zu seinem letzten Atemzug. Daher muß er immer als Mensch respektiert werden. Aber das wird einsichtig, wenn zuvor das Positive gesagt ist.

Warum stellt die katholische Kirche die Moral so heraus und über die Lösungsansätze für dieses Schicksalsproblem der Menschen, beispielsweise im afrikanischen Kontinent?

Ja nun, das ist die Frage: Stellen wir wirklich die Moral so heraus? Ich würde sagen – so hat es sich mir auch im Gespräch mit den afrikanischen Bischöfen immer mehr kristallisiert: Das grundlegende Stichwort, wenn wir in diesen Sachen vorankommen wollen, heißt Erziehung, Edukation, Bildung. Fortschritt kann nur Fortschritt sein, wenn er dem Menschen dient und wenn der Mensch selber wächst: wenn in ihm nicht nur das technische Können wächst, sondern auch seine moralische Potenz. Und ich denke, das eigentliche Problem unserer historischen Situation ist das Ungleichgewicht zwischen dem ungeheuren rapiden Anwachsen dessen, was wir technisch können, und unserm moralischen Vermögen, das nicht mitgewachsen ist. Und deswegen ist die Bildung des Menschen das eigentliche Rezept, der Schlüssel von allem, und das ist auch unser Weg. Und zwar hat diese Bildung, kurz gesagt, zwei Dimensionen: Zunächst einmal müssen wir natürlich etwas lernen: Wissen, Können erwerben, Know-how, wie man so schön sagt. Und dafür hat Europa, Amerika, in den letzten Jahrzehnten viel getan, und das ist etwas Wichtiges. Aber wenn man nur Know-how weitergibt, nur beibringt, wie man Maschinen macht und mit ihnen umgeht, und wie man Verhütungsmittel anwendet, dann braucht man sich nicht zu wundern, daß am Schluß Krieg herauskommt und AIDS-Epidemien. Sondern wir brauchen zwei Dimensionen, es muß die Bildung des Herzens, wenn ich's so sagen darf, mit dazukommen, durch die der Mensch Maßstäbe gewinnt und dann auch seine Technik richtig gebrauchen lernt. Und das ist es, was wir zu tun versuchen. Wir haben in ganz Afrika und auch in vielen Ländern Asiens ein großes Netz von Schulen aller Stufen, wo zunächst Lernen möglich ist, wo wirklich Kenntnis erworben werden kann, berufliche Befähigung erworben wird und dadurch Unabhängigkeit und Freiheit möglich wird. Aber wir versuchen in diesen Schulen eben nicht nur Know-how weiter zu geben, sondern auch die Menschen zu formen, so daß sie den Willen zur Versöhnung haben und daß sie wissen: Wir müssen aufbauen und nicht zerstören; daß sie Maßstäbe haben, wie sie miteinander leben können. In Afrika ist zum großen Teil das Miteinander von Moslems und Christen ganz vorbildlich. Bischöfe haben gemeinsame Komitees mit den Moslems, wie in Konflikten Frieden gestiftet werden kann. Und dieses doppelte Netz der Schulen, des Lernens und des menschlichen Bildens ist wichtig. Es wird dann ergänzt durch ein Netz von Krankenhäusern und von Pflegestationen, die bis in die letzten Dörfer hineinreichen. Und vielerorts ist ja nach all den Zerstörungen der Kriege die Kirche die letzte intakte Macht geblieben – nicht Macht: Realität, wo geheilt wird, wo auch AIDS geheilt wird, und andererseits Erziehung vermittelt wird, die hilft, richtig miteinander umzugehen. Insofern, glaube ich, sollte das Bild korrigiert werden, daß wir nur mit lauter »Nein« um uns herumwerfen. Es geschieht gerade in Afrika sehr viel, damit die verschiedenen Dimensionen der Bildung sich ergänzen können und damit die Überwindung der Gewalt und die Überwindung auch dieser Epidemien – es kommt ja auch Malaria und Tuberkulose dazu – möglich wird.

Welche Zukunft hat das Christentum in Europa, in dem es eher zur Privatsache einer Minderheit verkümmert?

Ich würde es zunächst ein bißchen nuancieren. Entstanden ist das Christentum ja im Vorderen Orient, wie wir wissen. Und lange Zeit hat es dort auch seinen Schwerpunkt gehabt und sich viel weiter nach Asien ausgedehnt, als uns heute nach der Veränderung durch den Islam bewußt ist. Allerdings hat es dann eben dadurch seine Achse erheblich nach dem Westen und nach Europa verschoben, und Europa – darauf sind wir auch stolz und freuen uns – hat das Christentum in seiner großen auch intellektuellen und kulturellen Gestalt weiter ausgebildet. Aber ich glaube, es ist schon wichtig, an die Christen im Orient zu erinnern, denn im Moment besteht die Gefahr, daß die Christen, die dort immer noch eine wichtige Minderheit sind, auswandern. Und daß gerade diese Ursprungsorte des Christentums leer werden von Christen, was eine große Gefahr ist. Wir müssen denen sehr helfen, dort bleiben zu können. Aber nun zu ihrer Frage: Europa war dann ohne Zweifel Zentrum des Christentums und der missionarischen Bewegung. Heute treten die andern Kontinente, die anderen Kulturen mit gleichem Gewicht in das Konzert der Weltgeschichte ein. Und insofern wird die Kirche vielstimmiger, und das ist auch gut so, daß die eigenen Temperamente, die eigenen Begabungen Afrikas, Asiens und Amerikas, besonders auch Lateinamerikas erscheinen können. Alle natürlich immer auch betroffen nicht nur von dem Wort des Christentums, sondern von der säkularen Botschaft dieser Welt, die die Zerreißprobe, die wir in uns selber hatten, auch in diese Kontinente hineinträgt. Alle Bischöfe aus den andern Erdteilen sagen, wir brauchen weiterhin Europa, auch wenn Europa nun einem größeren Ganzen zugehört. Wir haben weiter eine Verantwortung dafür. Unsere Erfahrungen, die theologische Wissenschaft, die hier gebildet wurde, alles, was wir an liturgischer Erfahrung, an Brauchtum, auch an ökumenischer Erfahrung gesammelt haben: all das ist auch für die anderen Kontinente wichtig. Insofern ist bedeutsam, daß wir jetzt nicht kapitulieren und sagen: »Na ja, wir sind nur noch eine Minderheit, schauen wir mal, daß wir wenigstens in der Zahl beieinander bleiben«, sondern weiterhin dynamisch bleiben und in Austausch treten. Dann werden Kräfte von dort auch zu uns kommen. Es gibt ja heute indische und afrikanische Priester in Europa, ebenso in Kanada, wo viele afrikanische Priester arbeiten, interessanterweise. Es gibt dieses gegenseitige Geben und Nehmen. Aber wenn wir auch in Zukunft mehr Empfangende werden, sollten wir immer auch Gebende bleiben und dazu den Mut und die Dynamik entwickeln.

Müßte die Kirche nicht aus ihrer defensiven Rolle heraus und positiver in die Zukunft blicken und auch positiver gestalten?

Ja, ich würde sagen, das ist auf jeden Fall ein Auftrag an uns, daß wir deutlicher machen, was wir denn positiv wollen. Daß wir es vor allen Dingen im Miteinander der Kulturen und der Religionen zur Geltung bringen. Denn der afrikanische Kontinent, die afrikanische Seele, auch die asiatische Seele ist erschreckt, bei uns eine kalte Rationalität zu sehen. Wichtig ist zu zeigen, daß es nicht nur dieses gibt. Und umgekehrt, für unsere laizistische Welt ist es wichtig zu sehen, daß für den Dialog mit den anderen Welten gerade auch der christliche Glaube nicht ein Hindernis, sondern eine Brücke ist. Man darf nicht meinen, die rein rationale Kultur, die hätte es aufgrund ihrer Toleranz leichter, mit den anderen Religionen zu Rande zu kommen. Ihr fehlt weitgehend das religiöse Organ und gerade damit eigentlich der Bezugspunkt, auf den hin die anderen ansprechen und angesprochen werden wollen. Insofern müssen wir zeigen, können wir zeigen, daß gerade für die neue Interkulturalität, in der wir leben, die pure, von Gott losgelöste Rationalität nicht genügt, sondern eine weite Rationalität nötig ist, die Gott in der Einheit mit der Vernunft sieht, und daß unser christlicher Glaube, der sich in Europa entwickelt hat, auch ein Mittel ist, um Vernunft und Kultur zueinander zu bringen und in einer verständnisvollen Einheit auch des Handelns miteinander zu halten. In dem Sinn haben wir, glaube ich, einen großen Auftrag, daß wir zeigen: Dieses Wort, das wir haben, gehört nicht in die Mottenkiste der Geschichte, sondern es ist jetzt gerade notwendig.

Sie sind ja im Vatikan ein bißchen weit weg von den Menschen und von der Welt abgeschlossen, auch hier wunderbar in Castelgandolfo. Aber Sie werden auf der anderen Seite bald achtzig Jahre alt. Meinen Sie, Sie können mit Gottes Hilfe noch viele Reisen machen?

Nun, ganz so einsam bin ich nicht. Natürlich gibt es sozusagen die Burg, die den Zutritt schwierig macht, aber es gibt eine päpstliche Familie, jeden Tag viele Besuche, vor allen Dingen, wenn ich in Rom bin. Die Bischöfe kommen, andere Menschen kommen, Staatsbesuche, die aber auch persönlich und nicht nur politisch mit mir reden wollen. Insofern ist es doch eine Vielfalt von Begegnungen, die mir Gott sei Dank immer geschenkt wird. Und das ist ja auch wichtig, nicht wahr, daß der Sitz des Petrusnachfolgers ein Ort der Begegnungen ist. Seit Johannes XXIII. hat sich eingependelt, daß nun auch die Gegenbewegung da ist, daß Päpste Besuche machen. Ich muß sagen, ich fühle mich nicht sehr stark, um noch viele große Reisen anzuzetteln, aber wo sie eine Botschaft ausrichten können, wo sie wirklich einem Wunsch entsprechen, da möchte ich in den Dosierungen, die mir möglich sind, hingehen. Es ist vorgesehen: Nächstes Jahr trifft sich in Brasilien die CELAM, die Vereinigung der lateinamerikanischen Bischofskonferenzen; und dort dabei zu sein ist, glaube ich, ein wichtiger Vorgang in dem ganzen Drama, das Südamerika einerseits erlebt, und in der ganzen Kraft der Hoffnung, die dort auch wirksam ist. Dann möchte ich ins Heilige Land gehen und hoffentlich es in Frieden betreten können. Und im übrigen wird man sehen, was die Vorsehung an mich heranträgt.

Die Österreicher sprechen ja auch deutsch und erwarten Sie in Mariazell ...

Ja, das ist vereinbart. Das habe ich einfach so ein bißchen leichtsinnig versprochen. Es hat mir so gut gefallen dort, daß ich gesagt habe, ja: Zur Magna Mater Austriae komme ich wieder. Und das war natürlich sofort eine Zusage, die ich auch einhalten werde und gern einhalte.

Ich bewundere Sie jeden Mittwoch, wenn Sie die Generalaudienz halten. 50.000 Leute kommen da. Das ist ja mühsam, wahnsinnig mühsam. Hält man das durch?

Ja, der liebe Gott wird mir schon die Kraft geben dann. Und wenn man sieht, daß Zustimmung kommt, ermutigt das natürlich auch.

Sie haben gerade gesagt: Leichtsinnigerweise haben Sie das zugesagt. Heißt das, Sie lassen sich trotz dieses Amtes, trotz dieser vielen protokollarischen Dinge, ihre Spontaneität auch nicht nehmen?

Ich versuche es jedenfalls. Denn soviel auch fixiert ist, ein bißchen möchte ich doch auch das Eigene behalten, zu verwirklichen versuchen.

Müßten die Frauen in der katholischen Kirche nicht deutlich sichtbarer tätig sein, also auch in höheren Positionen in der Kirche?

Ja, darüber wird natürlich sehr nachgedacht. Sie wissen, daß wir uns durch den Glauben, durch die Konstitution des Apostelkollegiums bestimmt und nicht dazu ermächtigt fühlen, Frauen die Priesterweihe zu erteilen. Aber man sollte auch nicht meinen, in der Kirche ist nur jemand etwas, der ein Priester ist. Es gibt eben ganz viele Aufträge und Funktionen in der Kirchengeschichte. Von den Schwestern der Kirchenväter angefangen bis ins Mittelalter, wo große Frauen eine sehr bestimmende Rolle ausgeübt haben. Und in die Neuzeit herein: Denken wir an Hildegard von Bingen, die kraftvoll protestiert hat gegen Bischöfe und Papst. Und Katharina von Siena und Birgitta von Schweden. So in die Neuzeit herein müssen die Frauen und müssen wir ja auch immer wieder mit ihnen zusammen den richtigen Platz für sie suchen. Es ist jetzt so, daß sie in den Kongregationen sehr gegenwärtig sind. Und es gibt ein juristisches Problem: Jurisdiktion, also die Möglichkeit rechtlich bindender Entscheidungen, ist nach dem Kirchenrecht an Weihe gebunden. Insofern gibt es dann da auch wieder Grenzen. Aber ich glaube, die Frauen selber werden mit ihrem Schwung und ihrer Kraft, mit ihrem Übergewicht sozusagen, mit ihrer »geistlichen Potenz« sich ihren Platz zu verschaffen wissen. Und wir sollten versuchen, auf Gott zu hören, daß wir den auch nicht behindern, sondern uns freuen, daß das Weibliche in der Kirche, wie es sich gehört – von der Muttergottes und von Maria Magdalena an – seine kraftvolle Stelle erhält.

Wie steht es denn um die Lebenskraft und um die Zukunftsfähigkeit dieser doch eigentlich uralten Institution des Katholischen?

Ja, ich würde sagen: Es hat schon der ganze Pontifikat von Johannes Paul II. die Menschen aufhorchen lassen und sie versammelt. Was bei seinem Tod vor sich gegangen ist, bleibt geschichtlich also etwas ganz Einzigartiges, wie da Hunderttausende diszipliniert sich auf dem Petersplatz drängen, stundenlang dastehen und eigentlich umfallen müßten in dieser Situation und doch durchhalten und von innen her bewegt sind. Und wir haben es wieder erlebt bei meiner Amtsübernahme und in Köln. Das ist schon etwas sehr Schönes, daß das Gemeinschaftserlebnis dann zugleich ein Glaubenserlebnis wird; daß man Gemeinschaft nicht nur irgendwo erfährt, sondern daß sie gerade dort, wo Orte des Glaubens sind, lebendig wird und auch dem Katholischen seine Leuchtkraft gibt. Natürlich muß es dann im Alltag durchgehalten werden. Die beiden Dinge müssen miteinander gehen. Einerseits die großen Augenblicke, wo man sieht, es ist schön, dabei zu sein, Gott ist da, und wir sind eine große versöhnte Gemeinschaft über die Grenzen hinweg. Wir haben der Menschheit etwas zu geben, und uns wird von Gott, von der Kirche etwas gegeben. Und dann muß man daraus natürlich den Schwung schöpfen, die eben auch mühsamen Wanderungen durch den Alltag zu bestehen und von solchen Lichtpunkten her auf sie hin zu leben und damit auch andere in die Weggemeinschaft einzuladen. Aber ich möchte die Gelegenheit doch benützen, um zu sagen: Ich bin ja ganz beschämt über all das, was an Vorbereitungen für meinen Besuch geschehen ist, was Menschen da alles tun, nicht wahr. Mein Haus ist angestrichen worden, eine Berufsschule hat den Zaun gemacht. Der evangelische Religionslehrer hat mitgewirkt an meinem Zaun. Und das ist ja jetzt nur eine Kleinigkeit, aber ein Zeichen für ganz vieles, was getan wird. Das finde ich so großartig, und ich beziehe es nicht auf mich, sondern es ist einfach ein Wille, dieser Gemeinschaft im Glauben zuzugehören und alle miteinander zu dienen. Diese Solidarität zu zeigen und dabei uns vom Herrn her inspirieren zu lassen: das ist für mich etwas Bewegendes, und dafür möchte ich auch ganz herzlich danken.

Was wünschen Sie sich von uns Deutschen noch?

Nun, ich würde sagen: An sich ist natürlich schon seit dem Ende des Zweiten Weltkriegs eine innere Umgestaltung der deutschen Gesellschaft, auch der deutschen Mentalität da, die durch die Wiedervereinigung noch verstärkt worden ist. Wir sind einfach viel stärker in die Weltgesellschaft hineingewachsen und natürlich auch von ihrer Mentalität mit berührt. Und es kommen eben auch Seiten des deutschen Charakters zum Vorschein, die man ihm früher nicht zugetraut hat. Und vielleicht sind wir auch ein bißchen zu sehr als immer ganz diszipliniert und zurückhaltend hingestellt worden. Das war schon in uns da. Ich finde es sehr schön, wenn jetzt mehr zum Vorschein kommt, wenn alle sehen: Die Deutschen sind nicht bloß reserviert und pünktlich und diszipliniert, sie sind auch spontan, fröhlich, gastfreundlich. Das ist etwas sehr Schönes. Und was soll ich wünschen: Daß diese Tugenden weiter entwickelt werden, und daß sie vom christlichen Glauben her noch weiter Schwung und Tragfähigkeit bekommen.

Selig- und Heiligsprechungen bringen ja der Kirche eigentlich nur etwas, wenn diese Leute auch wirklich als Vorbilder wahrgenommen werden. Kann man da was in Deutschland machen?

Also ich hatte ja anfangs auch ein bißchen die Meinung, daß uns die große Menge der Seligsprechungen fast erdrückt und daß man vielleicht mehr auswählen sollte – Gestalten, die dann deutlich ins Bewußtsein treten. Inzwischen hab' ich ja die Seligsprechungen dezentralisiert, um jeweils am Ort – denn sie gehören zu bestimmten Orten – diese Gestalten sichtbar zu machen. Vielleicht interessiert ein Heiliger aus Guatemala uns in Deutschland nicht so und umgekehrt einer aus Altötting interessiert vielleicht nicht so in Los Angeles. Also insofern, glaube ich, ist auch diese Dezentralität, der ja die Kollegialität der Bischöfe – ihre kollegialen Strukturen – entspricht, etwas, was gerade an diesem Punkt angebracht ist. Daß die Länder ihre Gestalten haben und daß sie dort zu ihrer Wirkung kommen. Ich habe auch gesehen, daß diese Seligsprechungen dort ungeheuer viele Menschen ansprechen und die Leute sehen: »Ja, das ist ja einer von uns!« und dann auf ihn zugehen und von ihm her inspiriert werden. Er gehört zu denen, und wir freuen uns, daß es dort so viele gibt. Und wenn wir allmählich durch die Weltgesellschaft auch mit denen bekannter werden, ist das schön. Aber zunächst mal ist es wichtig, daß es eben auch da die Vielfalt gibt. Und in dem Sinn ist es dann wichtig, daß wir in Deutschland auch unsere eigenen Gestalten sehen lernen und uns daran freuen dürfen. Daneben stehen dann die Heiligsprechungen mit großen Gestalten, die alle der ganzen Kirche zugedacht sind. Ich würde sagen, die einzelnen Bischofskonferenzen sollten auswählen, sollen sehen, wer paßt zu uns, wer sagt uns etwas, und sollten dann diese nicht so vielen Gestalten wirklich einprägsam sichtbar machen über die Katechese, die Predigt; vielleicht kann man auch Filme über solche Gestalten lancieren – ich könnte mir schöne Filme vorstellen. Ich kenne natürlich nur die Kirchenväter. Einen Film über Augustinus, über Gregor von Nazianz und seine ganz eigenartige Gestalt (weil er immer wieder davongelaufen ist, weil es ihm zuviel wurde und so) zu bringen und zu zeigen: Es gibt ja nicht nur unsere verflixten Situationen, die uns jetzt im Film beschäftigen, es gibt wunderbare Gestalten der Geschichte, die nicht langweilig sind, sondern Gegenwart haben. Also jedenfalls versuchen, die Leute nicht mit allzu viel zu überschütten, aber für viele solche Gestalten sichtbar zu machen, die gegenwärtig sind und die uns inspirieren.

Welche Rolle spielen Humor und die Leichtigkeit des Seins im Leben eines Papstes?

(Lacht) Ich bin nicht ein Mensch, dem dauernd viele Witze einfallen. Aber sozusagen das Lustige im Leben zu sehen, und die fröhliche Seite daran und alles nicht ganz so tragisch zu nehmen, das ist mir schon sehr wichtig, und ich würde sagen: für mein Amt auch notwendig. Irgendein Schriftsteller hatte gesagt, die Engel können fliegen, weil sie sich leicht nehmen. Und wir könnten auch ein bißchen mehr fliegen, sozusagen, wenn wir uns nicht ganz so schwergewichtig nehmen würden.

Viele Beobachter sagen, Sie seien im Vergleich zu Kardinal Ratzinger eine andere Persönlichkeit. Wie ist denn Ihre eigene Sicht auf Sie?

Ich bin ja schon mehrmals zerteilt worden in den frühen Professor und den mittleren Professor – in den frühen Kardinal und in den späten. Jetzt kommt noch eine Teilung dazu. Natürlich prägen die Umstände und die Situation und auch die Menschen, weil man hier verschiedene Verantwortungen hat. Aber sagen wir: Mein Grundnaturell und auch meine Grundvision ist gewachsen, aber in allen wesentlichen Dingen doch identisch geblieben. Ich freue mich, wenn jetzt auch Seiten wahrgenommen werden, die vorher nicht so wahrgenommen worden sind.

Genießen Sie Ihr Amt, ist es keine Last?

Das wäre ein bißchen zuviel, weil es doch mühsam ist. Aber ich versuche jedenfalls, die Freude daran zu finden.

WIR BETEN MIT DER
KIRCHE ALLER ZEITEN

Wir Priester verlieren manchmal den Mut, wenn wir sehen, was alles getan werden muß, wir sind versucht, das Tun vorzuziehen und das Sein zu vernachlässigen, was sich unweigerlich auf das geistliche Leben auswirkt.

... Ich stelle jetzt nicht den Anspruch, so etwas wie ein »Orakel« zu sein, das auf alle Fragen eine ausreichende Antwort geben könnte. Die Worte des hl. Gregor des Großen, die Sie, Exzellenz, zitiert haben – daß ein jeder *»infirmitatem suam«* erkenne –, gelten auch für den Papst. Auch der Papst muß Tag für Tag *»infirmitatem suam«*, seine Grenzen, erkennen und anerkennen. Er muß anerkennen, daß wir nur in der Zusammenarbeit mit allen, im Dialog, im gemeinsamen Zusammenwirken, im Glauben, als *»cooperatores veritatis«* – der Wahrheit, die eine Person ist, Jesus – gemeinsam unseren Dienst tun können, jeder an seinem Platz. Insofern werden meine Antworten nicht erschöpfend, sondern bruchstückhaft sein. Trotzdem akzeptieren wir gerade dies: daß wir nur gemeinsam das »Mosaik« einer Pastoralarbeit, die der Größe der Herausforderungen entspricht, zusammensetzen können.

... Ich muß jedoch dazu sagen, daß jeder von uns Augenblicke erlebt, in denen er mutlos werden kann angesichts der Ausmaße dessen, was getan werden müßte, und der Begrenztheit dessen, was man tatsächlich tun kann. Das gilt wiederum auch für den Papst. Was muß ich in dieser Stunde der Kirche tun, mit den vielen Problemen, mit der Freude, mit den vie-

Begegnung mit Priestern der Diözese Albano, Castelgandolfo, 31. August 2006.

len Herausforderungen, die die Universalkirche betreffen? So viele Dinge geschehen Tag für Tag, und ich bin nicht in der Lage, auf alles zu antworten. Ich leiste meinen Teil, ich tue, was ich tun kann. Ich versuche, die Prioritäten zu finden. Und ich bin glücklich, daß ich von so vielen guten Mitarbeitern unterstützt werde. Ich kann schon hier und jetzt sagen: Ich sehe jeden Tag die große Arbeit, die das Staatssekretariat unter seiner weisen Führung leistet. Und nur mit diesem Netz der Zusammenarbeit, indem ich mich mit meinen bescheidenen Fähigkeiten in ein größeres Ganzes einfüge, kann ich und wage ich voranzugehen.

Und so sieht ein Pfarrer, der allein ist, natürlich noch mehr, daß es in dieser Situation, die Sie, Pfarrer Zane, kurz beschrieben haben, so viel zu tun gäbe. Und er kann doch nur etwas von dem tun, »ein wenig abhelfen« – wie Sie sagten –, eine Art »Erste Hilfe« leisten, und er ist sich dabei bewußt, daß viel mehr getan werden müßte. Ich würde sagen, daß es in erster Linie für uns alle notwendig ist, unsere Grenzen demütig anzuerkennen: anzuerkennen, daß wir die meisten Dinge dem Herrn überlassen müssen. Im heutigen Evangelium haben wir das Gleichnis vom treuen Knecht gehört (Mt 24,42–51). Dieser Knecht – so sagt uns der Herr – gibt den anderen zur rechten Zeit, was sie zu essen brauchen. Er tut nicht alles auf einmal, sondern er ist ein weiser und kluger Knecht, der es versteht, das, was er in jener Situation tun muß, auf verschiedene Zeitpunkte zu verteilen. Er tut das mit Demut und ist sich auch des Vertrauens von seiten seines Herrn sicher. So müssen auch wir unser Möglichstes tun, um zu versuchen, weise und klug zu sein und auch auf die Güte unseres Herrn vertrauen, weil letztendlich er es ist, der seine Kirche leiten muß. Wir bringen uns mit unserer kleinen Gabe ein und tun, was wir tun können, vor allem die Dinge, die immer notwendig sind: die Sakramente, die Verkündigung des Wortes, die Zeichen unserer Liebe.

Was unser inneres Leben angeht, das Sie erwähnt haben, würde ich sagen, daß es für unseren Dienst als Priester wesentlich ist. Die Zeit, die wir uns für das Gebet nehmen, ist nicht eine Zeit, die wir unserer pastoralen Verantwortung entziehen, sondern das Gebet ist »Pastoralarbeit«, ist Gebet auch für die anderen. In den »Commune-Texten für Hirten der Kirche« kann man als Wesensmerkmal des guten Hirten lesen, daß er »*multum oravit pro fratribus*«. Eben das kennzeichnet den Hirten, daß er ein Mann des Gebets ist, daß er vor dem Herrn steht und für die anderen betet, die anderen auch vertritt, die vielleicht nicht beten können, nicht beten wollen oder keine Zeit zum Beten finden. Wie deutlich wird daraus, daß dieser Dialog mit Gott Pastoralarbeit ist!

Ich würde also sagen, daß uns die Kirche – freilich immer als eine gütige Mutter – aufträgt, ja gleichsam auferlegt, freie Zeit für Gott zu haben, einschließlich der beiden Dinge, die zu unseren Pflichten gehören: die Feier der heiligen Messe und das Stundengebet. Aber wir sollten dieses nicht nur mit dem Mund beten, sondern vielmehr hören auf das Wort, das der Herr uns im Stundengebet schenkt. Ich muß dieses Wort verinnerlichen, darauf achten, was der Herr mir durch dieses Wort sagt, und dann, in der zweiten Lesung der Lesehore, den Kommentar der Kirchenväter oder auch des Konzils dazu hören und mit den Psalmen beten, jener großartigen Anrufung Gottes, durch die wir hineingenommen werden in das Gebet aller Zeiten. Mit uns betet das Volk des Alten Bundes, und wir beten mit ihm. Wir beten mit dem Herrn, der eigentlich die Hauptperson der Psalmen ist. Wir beten mit der Kirche aller Zeiten. Ich würde sagen, daß diese dem Stundengebet gewidmete Zeit eine kostbare Zeit ist. Die Kirche schenkt uns diese Freiheit, diesen Freiraum des Lebens mit Gott, das auch Leben für die anderen ist.

So erscheint es mir also wichtig zu sehen, daß diese beiden Realitäten – die wirklich im Gespräch mit Gott gefeierte heilige Messe und das Stundengebet – Räume der Freiheit, des inneren Lebens sind, die uns die Kirche schenkt und die ein Reichtum für uns sind. In ihnen begegnen wir, wie gesagt, nicht nur der Kirche aller Zeiten, sondern dem Herrn selbst, der mit uns spricht und eine Antwort von uns erwartet. So lernen wir beten, indem wir uns in das Gebet aller Zeiten einfügen, und begegnen auch dem Volk. Denken wir an die Psalmen, an die Worte der Propheten, an die Worte des Herrn und der Apostel, denken wir an die Kommentare der Kirchenväter. Heute hatten wir diesen wunderbaren Kommentar des hl. Columban über Christus, die Quelle »lebendigen Wassers«, aus der wir trinken. Durch das Gebet begegnen wir auch den Leiden des Gottesvolkes in der heutigen Zeit. Diese Gebete lassen uns an das tägliche Leben denken und führen uns zur Begegnung mit den heutigen Menschen. Sie erleuchten uns bei dieser Begegnung, weil wir hier nicht nur unseren eigenen, bescheidenen Verstand und unsere Gottesliebe einbringen, sondern durch das Wort Gottes lernen, den Menschen auch Gott selbst zu bringen. Das erwarten die Menschen: daß wir ihnen das »lebendige Wasser« bringen, von dem der hl. Columban heute spricht. Die Menschen haben Durst. Und sie versuchen, diesen Durst mit verschiedenen Zerstreuungen zu stillen. Aber sie verstehen sehr wohl, daß diese Zerstreuungen nicht das »lebendige Wasser« sind, das sie brauchen. Der Herr ist die Quelle des »lebendigen Wassers«. Er sagt jedoch, im 7. Kapitel des Johannesevangeliums, daß jeder, der glaubt, zur »Quelle« wird, weil er aus Christus getrunken hat. Und dieses »lebendige Wasser« (V. 38) wird in uns zur sprudelnden Quelle, zur Quelle für die anderen. Versuchen wir also, es im Gebet, bei der Feier der heiligen Messe, bei der Lektüre zu trinken: Versuchen wir, aus dieser Quelle zu trinken, damit sie in uns zur Quelle werde. Und wir können besser auf den Durst der heutigen Menschen antworten, wenn wir das »lebendige Wasser«, die göttliche Wirklichkeit, die Wirklichkeit des menschgewordenen Herrn Jesus in uns haben. So können wir besser auf die Nöte der uns anvertrauten Menschen antworten. Soweit zu Ihrer ersten Frage. Was können wir tun? Tun wir immer das Mögliche für die Menschen – wir werden bei den anderen Fragen Gelegenheit haben, auf diesen Punkt zurückzukommen – und leben wir mit dem Herrn, um auf den wahren Durst der Menschen antworten zu können.

Ihre zweite Frage lautete: Haben wir Hoffnung für diese Diözese, für diesen Teil des Gottesvolkes, das diese Diözese Albano ist, und für die Kirche? Ich antworte ohne zu zögern: Ja! Natürlich haben wir Hoffnung: Die Kirche lebt! Die Kirche hat eine 2000jährige Geschichte, mit vielen Leiden und auch vielen Mißerfolgen: Denken wir an die Kirche in Kleinasien, an die große, blühende Kirche Nordafrikas, die mit der muslimischen Invasion verschwunden ist. Teile der Kirche können also tatsächlich verschwinden, wie der hl. Johannes in der Offenbarung bzw. der Herr durch Johannes sagt: »Wenn du nicht umkehrst, werde ich kommen und deinen Leuchter von seiner Stelle wegrücken« (Offb 2,5). Andererseits aber sehen wir, wie durch viele Krisen hindurch die Kirche wieder jung und mit neuer Frische erstanden ist.

Im Zeitalter der Reformation schien die katholische Kirche tatsächlich fast am Ende zu sein. Es schien diese neue Strömung zu triumphieren, die behauptete: Jetzt ist die Kirche von Rom am Ende. Und wir sehen, daß mit den großen Heiligen wie Ignatius von Loyola, Teresa von Ávila, Karl Borromäus und anderen die Kirche wieder ersteht. Im Konzil von Trient findet sie eine neue Aktualisierung und eine Wiederbelebung ihrer Lehre. Und sie ersteht wieder mit großer Lebenskraft. Blicken wir auf die Zeit der Aufklärung, in der Voltaire sagte: Endlich ist diese alte Kirche am Ende, und es lebt die Menschheit! Und was geschieht statt dessen? Die Kirche erneuert sich. Das 19. Jahrhundert wird zum Jahrhundert der großen Heiligen, einer neuen Lebenskraft für viele Ordensgemeinschaften, und der Glaube ist stärker als alle anderen Strömungen, die kommen und gehen. Und so war es auch im vergangenen Jahrhundert. Hitler hat einmal gesagt: »Die Vorsehung hat mich, einen Katholiken, dazu berufen, dem Katholizismus den Garaus zu machen. Nur ein Katholik kann den Katholizismus zerstören.« Er war sich sicher, über alle Mittel zu verfügen, um den Katholizismus endgültig zu zerstören. In gleicher Weise war sich die große marxistische Strömung sicher, eine neue wissenschaftliche Weltanschauung durchzusetzen und der Zukunft die Tore zu öffnen: Die Kirche ist am Ende! Aber nach den Worten Christi ist die Kirche stärker. Es ist das Leben Christi, das in seiner Kirche siegt.

Auch in schweren Zeiten, wenn es an Berufungen fehlt, bleibt das Wort des Herrn in Ewigkeit. Und wer – wie der Herr selbst sagt – sein Leben auf diesen »Fels« des Wortes Christi baut, baut gut. Deshalb können wir zuversichtlich sein. Wir sehen auch in unserer Zeit neue Glaubensinitiativen. Wir sehen, daß in Afrika die Kirche trotz aller Probleme dennoch eine Blüte an Berufungen erfährt, die ermutigend ist. Und so sehen wir in der ganzen Vielseitigkeit des historischen Panoramas von heute – ja, wir sehen es nicht nur, sondern glauben es –, daß die Worte des Herrn Geist und Leben sind, Worte des ewigen Lebens. Der hl. Petrus hat gesagt, wie wir am vergangenen Sonntag im Evangelium gehört haben: »Du hast Worte des ewigen Lebens. Wir sind zum Glauben gekommen und haben erkannt: Du bist der Heilige Gottes« (Joh 6,68–69). Und wenn wir auf die Kirche von heute blicken, wenn wir trotz aller Leiden die Lebenskraft der Kirche sehen, dann können auch wir sagen: Wir sind zum Glauben gekommen und haben erkannt, daß du uns Worte des ewigen Lebens gibst und damit eine Hoffnung, die nicht trügt.

Ist die »integrierte Seelsorge« nur eine Frage der Strategie oder gibt es einen tieferen Grund dafür, daß wir in dieser Richtung weiterarbeiten sollen?

Ich muß gestehen, daß ich den Ausdruck »integrierte Seelsorge« erst aus Ihrer Frage kennengelernt habe ... Den Inhalt habe ich jedoch verstanden: Wir sollen versuchen, die verschiedenen Mitarbeiter in der Pastoral, die es heute gibt, sowie die verschiedenen Dimensionen der Pastoralarbeit zu einem einzigen pastoralen Weg zusammenzufassen. Auf diese Weise würde man erst die Dimensionen der Pastoralarbeit und ihre Träger voneinander unterscheiden und dann versuchen, das Ganze zu einem einzigen pastoralen Weg zusammenzufassen.

Sie haben in Ihrer Frage zu verstehen gegeben, daß gewissermaßen eine »klassische« Ebene der Arbeit in der Pfarrei existiert, die an die Gläubigen gerichtet ist, die geblieben sind – und deren Zahl vielleicht auch anwächst – und die unserer Pfarrei Leben verleihen. Das ist die »klassische« Seelsorge, und sie ist nach wie vor wichtig. Ich unterscheide gewöhnlich zwischen fortdauernder Evangelisierung – weil der Glaube weitergeht und die Pfarrei lebt – und Neuevangelisierung, die versucht, missionarisch zu sein und über die Grenzen derer hinauszugehen, die schon »gläubig« sind und in der Pfarrei leben oder die, vielleicht auch mit einem »kleineren« Glauben, die Dienste der Pfarrei in Anspruch nehmen.

Mir scheint, daß wir in der Pfarrei drei grundlegende Verpflichtungen haben, die sich aus dem Wesen der Kirche und des priesterlichen Dienstes ergeben. Die erste ist der sakramentale Dienst. Ich würde sagen, daß die Taufe, die Vorbereitung auf sie und das Bemühen, den Taufversprechen Beständigkeit zu verleihen, uns bereits auch mit vielen Menschen in Kontakt bringt, die nicht allzu gläubig sind. Dabei handelt es sich nicht um eine Arbeit, die dazu dient, gewissermaßen das »christianisierte Umfeld« zu erhalten, sondern um eine Begegnung mit Menschen, die vielleicht nur selten in die Kirche gehen. Der Einsatz in der Taufvorbereitung, das Bemühen, die Herzen der Eltern, der Verwandten, der Paten und Patinnen für die Wirklichkeit der Taufe zu öffnen, kann und sollte bereits ein missionarischer Einsatz sein, der weit über die Grenzen der bereits »gläubigen« Menschen hinausreicht. Bei der Taufvorbereitung versuchen wir, verständlich zu machen, daß durch dieses Sakrament die Eingliederung in die Familie Gottes stattfindet, daß Gott lebt, daß er für uns Sorge trägt. Seine Sorge für uns geht so weit, daß er sogar unser Fleisch angenommen und die Kirche gestiftet hat, die sein Leib ist und in der er sozusagen von neuem in unserer Gesellschaft Fleisch annehmen kann. Die Taufe ist neues Leben: Außer dem biologischen Leben muß uns das Bewußtsein geschenkt werden, daß das Leben einen Sinn hat, der stärker ist als der Tod und der auch dann noch andauert, wenn die Eltern eines Tages nicht mehr dasein werden. Das Geschenk des biologischen Lebens besitzt nur dann seine Berechtigung, wenn ihm gleichzeitig ein bleibender Sinn, eine Zukunft verheißen ist – ein Sinn, der auch in den Krisen, die kommen werden und die wir noch nicht kennen, dem Leben Wert verleiht, so daß es sich lohnt, zu leben, daß es sich lohnt, Geschöpf zu sein.

Ich meine, daß wir bei der Vorbereitung auf dieses Sakrament oder im Gespräch mit Eltern, die skeptisch sind gegenüber der Taufe, eine missionarische Situation vor uns haben.

Es ist eine christliche Botschaft. Wir müssen die Wirklichkeit vermitteln, die mit der Taufe beginnt. Ich kenne das italienische Rituale nicht gut genug. Im klassischen, von der Alten Kirche ererbten Rituale, beginnt die Taufe mit der Frage: »Was erbittet ihr von der Kirche Gottes?« Heute wird, wenigstens nach dem deutschen Rituale, darauf nur geantwortet: »Die Taufe«. Das bringt nicht hinreichend zum Ausdruck, worum man bitten soll. Im alten Rituale lautete die Antwort: »Den Glauben«. Das heißt: eine Beziehung zu Gott, Gott kennenlernen. »Und warum« – so hieß es weiter – »bittet ihr um den Glauben? – Weil wir das ewige Leben wollen«. Das heißt, wir wollen ein Leben haben, das auch in zukünftigen Krisen einen sicheren Grund hat, ein Leben, das einen Sinn besitzt, das dem Menschsein seine Berechtigung gibt. Dieses Gespräch muß, wie mir scheint, auf jeden Fall mit den Eltern schon vor der Taufe stattfinden. Allein schon, um deutlich zu machen, daß das Geschenk des Sakraments nicht lediglich eine »Sache« ist, nicht lediglich »Vergegenständlichung«, wie die Franzosen sagen, sondern missionarische Arbeit. Dann kommt die Firmung, deren Vorbereitung in dem Alter stattfindet, in dem man beginnt, Entscheidungen zu treffen, auch im Hinblick auf den Glauben. Sicher dürfen wir die Firmung nicht zu einer Art »Pelagianismus« machen, so als würde man durch sie von allein katholisch, sondern wir müssen sie als ein Zusammenwirken von Geschenk und Antwort betrachten. Die Eucharistie schließlich ist die ständige Gegenwart Christi in der täglichen Feier der heiligen Messe. Sie ist, wie gesagt, sehr wichtig für den Priester, für sein priesterliches Leben, als Realpräsenz der Gabe des Herrn.

Jetzt können wir auch noch die Hochzeit erwähnen: Auch das ist eine großartige missionarische Gelegenheit, weil gottlob heute auch viele, die nicht oft in die Kirche gehen, noch immer in der Kirche heiraten wollen. Es ist eine Gelegenheit, die jungen Paare dahin zu bringen, sich mit der Wirklichkeit der christlichen Ehe, der Ehe als Sakrament, auseinanderzusetzen. Das scheint mir auch eine große Verantwortung zu sein, was wir an den Ehenichtigkeitsverfahren und vor allem am großen Problem der wiederverheirateten Geschiedenen sehen, die die Kommunion empfangen wollen und nicht verstehen, warum das nicht möglich ist. Wahrscheinlich haben sie im Augenblick ihres »Ja« vor Gott nicht verstanden, was dieses »Ja« bedeutet. Es bedeutet, in einen Bund zu treten mit dem »Ja« Christi zu uns. Es bedeutet, einzutreten in die Treue Christi, also in das Sakrament, das die Kirche ist, und damit in das Sakrament der Ehe. Daher meine ich, daß die Ehevorbereitung einen missionarischen Charakter von allergrößter Bedeutung besitzt, um im Sakrament der Ehe von neuem das Sakrament Christi zu verkünden, diese Treue zu verstehen und dann das Problem der wiederverheirateten Geschiedenen verständlich zu machen.

Das ist der erste Bereich, jener »klassische« Bereich der Sakramente, der uns Gelegenheit bietet, Menschen zu begegnen, die nicht jeden Sonntag in die Kirche gehen, und damit Gelegenheit zu einer wirklich missionarischen Verkündigung, zu einer »integrierten Seelsorge«. Der zweite Bereich ist die Verkündigung des Wortes mit ihren beiden wesentlichen Elementen: Predigt und Katechese. Auf der Bischofssynode des vergangenen Jahres haben die Synodenväter viel über die Predigt gesprochen und dabei hervorgehoben, wie schwierig es heutzutage ist, die »Brücke« zu finden zwischen dem Wort des vor 2000 Jahren geschriebenen Neuen Testaments und unserer Gegenwart. Ich muß sagen, daß die historisch-kritische Exegese häufig nicht ausreicht, um uns bei der Predigtvorbereitung zu helfen. Das stelle ich selber fest, wenn ich versuche, Predigten vorzubereiten, die dem Wort Gottes einen Bezug zur Gegenwart geben sollen oder besser gesagt – das Wort Gottes besitzt ja schon an sich einen Gegenwartsbezug – die diesen Gegenwartsbezug für die Menschen sichtbar, wahrnehmbar machen sollen. Die historisch-kritische Exegese sagt uns viel über die Vergangenheit, über die Zeit, in der die Heilige Schrift entstanden ist, über die Bedeutung, die sie zur Zeit der Apostel Jesu gehabt hat, aber sie hilft uns nicht immer hinreichend zu verstehen, daß die Worte Jesu, der Apostel und auch des Alten Testaments Geist und Leben sind: In ihnen spricht der Herr auch heute. Ich meine, wir müssen die Theologen dazu »auffordern« – die Synode hat das getan – voranzugehen, den Pfarrern eine bessere Hilfe für ihre Predigtvorbereitung zu bieten, die Gegenwart des Wortes Gottes sichtbar zu machen: Der Herr spricht zu mir heute und nicht nur in der Vergangenheit. Ich habe in den letzten Tagen den Entwurf des Nachsynodalen Apostolischen Schreibens gelesen und dabei mit Freude festgestellt, daß diese »Aufforderung« zur Vorbereitung von Predigtmodellen wiederkehrt. Letzten Endes bereitet der Pfarrer die Predigt in seinem Umfeld vor, weil er zu »seiner« Pfarrgemeinde spricht. Aber er braucht Hilfe, um diese »Gegenwart« des Wortes Gottes, das nie ein Wort der Vergangenheit, sondern ein Wort des »Heute« ist, zu verstehen und verständlich machen zu können.

Schließlich folgt der dritte Bereich: die »Caritas«, die »Diakonia«. Immer sind wir für die Leidenden, die Kranken, die Ausgegrenzten und die Armen verantwortlich. Aus dem von eurer Diözese gezeichneten Bild ersehe ich, daß sehr viele Menschen unserer »Diakonia« bedürfen, und auch das ist stets eine missionarische Gelegenheit. Mir scheint also, daß die »klassische« Pfarrseelsorge in allen drei Bereichen über sich selbst hinausgeht und zur missionarischen Seelsorge wird.

Ich komme nun zum zweiten Aspekt der Seelsorge, der sowohl die Mitarbeiter als auch die Arbeit betrifft, die zu tun ist. Der Pfarrer kann nicht alles machen! Das ist unmöglich! Er kann kein »Solist« sein, er kann nicht alles machen, sondern braucht Mitarbeiter in der Pastoral. Mir scheint, daß wir heute sowohl in den Bewegungen als auch in der Katholischen Aktion und in den neuen Gemeinschaften, die es gibt, Personen haben, die in der Pfarrgemeinde Mitarbeiter für eine »integrierte« Seelsorge sein müssen. Ich möchte damit sagen, daß es für diese »integrierte« Seelsorge heute darauf ankommt, daß die anderen Mitarbeiter nicht nur eingesetzt werden, sondern sich wirklich in die Pfarrarbeit integrieren. Der Pfarrer soll nicht nur »machen«, sondern auch »delegieren«. Sie müssen lernen, sich wirklich zu integrieren in die gemeinsame Pfarrarbeit und natürlich auch in das Bemühen der Pfarrei, über sich selbst hinauszugehen, und zwar in einem doppelten Sinne: Sie muß über sich selbst hinausgehen in dem Sinne, daß die Pfarreien innerhalb der Diözese zusammenarbeiten, weil der Bischof ihr gemeinsamer Hirt ist und auch dabei hilft, ihre Aufgaben zu koordinieren, und sie muß über sich selbst hinausgehen in dem Sinne, daß die Pfarreien für alle Menschen unserer Zeit arbeiten und versuchen, die christliche Botschaft auch zu den Agnostikern gelangen zu lassen, zu den Menschen, die auf der Suche sind. Und das ist die dritte Ebene, über die wir vorhin schon ausführlich gesprochen haben. Mir scheint, daß die erwähnten Gelegenheiten uns die Möglichkeit geben, Menschen zu begegnen, die nicht regelmäßig die Pfarrei besuchen und die keinen oder nur wenig Glauben haben, und ihnen ein missionarisches Wort zu sagen. Vor allem diese neuen Träger der Seelsorge und die Laien, die Berufe unserer Zeit ausüben, müssen das Wort Gottes auch in die Lebensbereiche hineintragen, die für den Pfarrer oft nicht zugänglich sind. Vom Bischof koordiniert, versuchen wir gemeinsam, diese verschiedenen Bereiche der Pastoral aufeinander abzustimmen und die verschiedenen Mitarbeiter in der Pastoral in ihrem gemeinsamen Bemühen zu unterstützen. So können wir einerseits den Gläubigen für ihren Glauben, der ein großer Schatz ist, Hilfe bieten, und andererseits die Verkündigung des Glaubens zu allen Menschen gelangen lassen, die aufrichtigen Herzens eine erfüllende Antwort auf ihre existentiellen Fragen suchen.

Wir sind als Priester dazu aufgerufen, die Liturgie »ernsthaft, schlicht und schön« zu gestalten – können Sie uns helfen zu verstehen, wie sich das alles in die »ars celebrandi« umsetzen läßt?

»Ars celebrandi«: Auch hier würde ich sagen, daß es verschiedene Ebenen gibt. Die erste Ebene ist die, daß die »*celebratio*« Gebet und Gespräch mit Gott ist: Gott spricht mit uns, und wir sprechen mit Gott. Daher ist die erste Voraussetzung für eine gute liturgische Feier die, daß der Priester wirklich in dieses Gespräch eintritt. Bei der Verkündigung des Wortes fühlt er sich selbst im Gespräch mit Gott. Er ist Hörer des Wortes und Verkünder des Wortes, indem er sich zum Werkzeug des Herrn macht und versucht, dieses Wort Gottes, das er dann dem Volk weitergeben soll, zu verstehen. Er steht im Gespräch mit Gott, denn die Texte der heiligen Messe sind keine Texte für das Theater oder etwas ähnliches, sondern Gebete, durch die ich zusammen mit der versammelten Gemeinde mit Gott spreche. Es ist also wichtig, in dieses Gespräch einzutreten. Der hl. Benedikt sagt in seiner Regel in bezug auf das Psalmengebet zu den Mönchen: »Mens concordet voci«. Die »vox«, die Worte, gehen unserem Verstand voraus. Gewöhnlich ist das nicht so: Zuerst muß man denken, und dann wird der Gedanke zum Wort. Hier aber kommt zuerst das Wort. Die heilige Liturgie schenkt uns die Worte; wir müssen in diese Worte eintreten, den Einklang mit dieser Wirklichkeit finden, die uns vorausgeht.

Darüber hinaus müssen wir auch den Aufbau der Liturgie verstehen lernen und müssen lernen, warum sie so gegliedert ist. Die Liturgie ist in einem Zeitraum von 2000 Jahren gewachsen, und auch nach der Reform ist sie nicht zu etwas geworden, das lediglich von einigen Liturgikern ausgearbeitet wurde. Sie bleibt stets Weiterführung dieses ständigen Wachstums in der Anbetung und der Verkündigung. Um uns damit in Einklang zu bringen, ist es daher sehr wichtig, daß wir diesen im Laufe der Zeit gewachsenen Aufbau verstehen und mit unserer »mens« in die »vox« der Kirche eintreten. In dem Maße, in dem wir diese Struktur verinnerlicht, sie verstanden und die Worte der Liturgie in uns aufgenommen haben, können wir eintreten in diesen inneren Einklang und daher nicht nur als Einzelpersonen mit Gott sprechen, sondern in das »Wir« der betenden Kirche eintreten. Und auf diese Weise können wir auch unser »Ich« verwandeln, indem wir in das »Wir« der Kirche eintreten, dieses »Ich« reicher und weiter machen, mit der Kirche, mit den Worten der Kirche beten und so wirklich im Gespräch mit Gott stehen.

Das ist die wichtigste Voraussetzung: Wir müssen selbst den Aufbau, die Worte der Liturgie, das Wort Gottes verinnerlichen. So wird unser Feiern wirklich zu einem Feiern »mit« der Kirche: Unser Herz ist weit geworden, und wir tun nicht irgend etwas, sondern stehen »mit« der Kirche im Gespräch mit Gott. Mir scheint, daß die Menschen spüren, ob wir wirklich zusammen mit ihnen im Gespräch mit Gott stehen, und andere sozusagen in unser gemeinsames Gebet, in die Gemeinschaft mit den Kindern Gottes hineinzuziehen, oder ob wir hingegen bloß irgend etwas Äußerliches tun. Das grundlegende Element der wahren »*ars celebrandi*« ist also dieser Einklang, diese Übereinstimmung zwischen dem, was wir mit dem Mund sagen, und dem, was wir mit dem Herzen denken. Das »*Sursum corda*«, ein uraltes liturgisches Wort, sollte schon vor der Präfation, schon vor der Liturgie der »Weg« unseres Redens und Denkens sein. Wir müssen unser Herz zum Herrn erheben, nicht nur als rituelle Antwort, sondern als Ausdruck von allem, was in diesem Herzen vor sich geht, das in die Höhe strebt und auch die anderen nach oben zieht.

Mit anderen Worten, die »*ars celebrandi*« will nicht zu einer Art Theatervorführung, zu einem Schauspiel einladen, sondern zu einer Innerlichkeit, die spürbar ist und die für die Anwesenden annehmbar und offenkundig wird. Nur wenn die Menschen sehen, daß dies keine rein äußerliche »ars« nach der Art eines Schauspiels ist – wir sind keine Schauspieler! –, sondern der Ausdruck des Weges unseres Herzens, das auch ihr Herz gewinnt, dann wird die Liturgie schön, dann wird sie zur Gemeinschaft aller Anwesenden mit dem Herrn.

Natürlich müssen mit dieser Grundvoraussetzung – die in den Worten des hl. Benedikt zum Ausdruck kommt: »*Mens concordet voci*«, das Herz soll wirklich erhoben, zum Herrn erhoben werden – auch äußere Dinge einhergehen. Wir müssen lernen, die Worte gut auszusprechen. Als ich noch Professor in meiner Heimat war, haben manchmal die jungen Leute die Lesungen aus der Heiligen Schrift vorgetragen. Und sie haben sie so gelesen, wie man den Text eines Dichters liest, den man nicht verstanden hat. Um zu lernen, gut zu lesen und zu sprechen, muß man natürlich vorher den Text in seiner Dramatik, in seinem Jetzt und Heute verstanden haben. Das gilt auch für die Präfation. Und für das Eucharistische Hochgebet. Es ist für die Gläubigen schwierig, einem so langen Text wie dem unseres Eucharistischen Hochgebets zu folgen. Deshalb kommt es immer zu neuen »Erfindungen«. Aber immer neue Eucharistische Hochgebete sind keine Antwort auf das Problem. Das Problem ist, daß dies ein Augenblick sein soll, der auch die anderen zur Stille mit Gott und zum Beten mit Gott einlädt. Nur dann, wenn das Eucharistische Hochgebet gut gesprochen wird, auch mit den notwendigen Augenblicken der Stille, wenn es mit Innerlichkeit, aber auch mit Sprechkunst vorgetragen wird, können die Dinge besser werden.

Daraus folgt, daß das Eucharistische Hochgebet einen Augenblick besonderer Aufmerksamkeit verlangt, um so vorgetragen zu werden, daß es die anderen mit einbezieht. Ich denke, wir müssen sowohl in der Katechese als auch bei den Predigten und bei anderen Anlässen Gelegenheiten finden, um dem Volk Gottes dieses Eucharistische Hochgebet gut zu erklären, damit es dessen großen Momenten zu folgen vermag – dem Einsetzungsbericht und den Einsetzungsworten, dem Gebet für die Lebenden und die Toten, der Danksagung an den Herrn, der Epiklese –, um die Gemeinde wirklich in dieses Gebet einzubeziehen.

Die Worte müssen daher gut gesprochen werden. Außerdem muß es eine entsprechende Vorbereitung geben. Die Ministranten müssen wissen, was sie tun sollen, die Lektoren müssen wirklich wissen, wie sie den Text vortragen sollen. Dann muß der Gesang vorbereitet, der Altar gut hergerichtet werden. Das alles gehört – auch wenn es sich um viele praktische Dinge handelt – zur »ars celebrandi«. Aber, und damit schließe ich, das grundlegende Element ist die Kunst, in Gemeinschaft mit dem Herrn zu treten, die wir mit unserem gesamten Leben als Priester vorbereiten.

Wie können wir die Schönheit der Ehe vermitteln, so daß diese noch immer attraktiv erscheinen kann? Was kann die sakramentale Gnade der Eheleute unserem Leben als Priester geben?

Zwei große Fragen! Die erste lautet: Wie kann man den Menschen von heute die Schönheit der Ehe vermitteln? Wir sehen, daß viele junge Menschen heute zögern, in der Kirche zu heiraten, weil sie Angst vor der Endgültigkeit haben; ja, sie zögern auch, standesamtlich zu heiraten. Die Endgültigkeit scheint heute vielen jungen und auch nicht mehr ganz jungen Menschen eine Bindung gegen die Freiheit zu sein. Und ihr größter Wunsch ist die Freiheit. Sie haben Angst, daß sie es am Ende nicht schaffen. Sie sehen so viele gescheiterte Ehen. Sie haben Angst, daß diese Rechtsform, als die sie die Ehe empfinden, eine äußere Last darstellt, die die Liebe auslöscht.

Man muß ihnen verständlich machen, daß es sich nicht um eine rechtliche Bindung handelt, um eine Last, die durch die Ehe entsteht. Im Gegenteil, die Tiefe und Schönheit der Ehe liegen eben in ihrer Endgültigkeit. Nur so kann sie die Liebe in ihrer ganzen Schönheit zum Reifen bringen. Aber wie kann man das vermitteln? Das scheint mir ein Problem zu sein, das uns allen gemeinsam ist.

In Valencia war für mich – und Sie Eminenz, werden das bestätigen können – nicht nur der Augenblick wichtig, in dem ich über dieses Thema sprach, sondern auch der, in dem einige Familien mit mehr oder weniger Kindern vor mich hintraten; eine Familie war fast eine »Pfarrgemeinde«, mit so vielen Kindern! Die Anwesenheit, das Zeugnis dieser Familien war wirklich viel stärker als alle Worte. Sie haben vor allem den Reichtum ihrer Erfahrung als Familie vor uns ausgebreitet: wie eine so große Familie tatsächlich zu einem kulturellen Reichtum wird, zu einer Gelegenheit für die Erziehung der einen und der anderen, zu einer Möglichkeit, die verschiedenen Ausdrucksformen der heutigen Kultur zusammenleben zu lassen, die gegenseitige Hingabe, die gegenseitige Hilfe auch im Leid und so weiter ... Aber wichtig war dabei auch das Zeugnis der Krisen, die sie durchgemacht haben. Bei einem dieser Paare wäre es beinahe zur Scheidung gekommen. Sie haben erzählt, wie sie dann gelernt haben, diese Krise, dieses Leiden am Anderssein des Partners zu bewältigen, einander wieder anzunehmen. Gerade bei der Überwindung des Augenblicks der Krise, des Gedankens an Trennung ist eine neue Dimension der Liebe entstanden, und es hat sich eine Tür zu einer neuen Dimension des Lebens aufgetan, die sich nur im Ertragen des durch die Krise verursachten Leids auftun konnte.

Das scheint mir sehr wichtig zu sein. Heute gerät man in dem Augenblick in eine Krise, in dem der Unterschied der Temperamente zutage tritt, die Schwierigkeit, einander Tag für Tag zu ertragen, das ganze Leben lang. Am Ende wird dann beschlossen: Wir trennen uns. Eben diese Zeugnisse haben uns zu verstehen gegeben, daß in der Krise, im Ertragen des Augenblicks, in dem man scheinbar nicht mehr kann, sich in Wirklichkeit neue Türen auftun und die Schönheit der Liebe neu zum Vorschein kommt. Eine Schönheit, die ausschließlich aus Harmonie besteht, ist keine wahre Schönheit. Es fehlt ihr etwas, sie ist mangelhaft. Die wahre Schönheit braucht auch Kontraste. Dunkel und Licht ergänzen sich. Auch die Traube braucht zum Reifen nicht nur Sonne, sondern auch Regen, nicht nur den Tag, sondern auch die Nacht.

Wir Priester, sowohl die jungen als auch die bereits älteren, müssen selbst lernen, daß das Leid, die Krise notwendig sind. Wir müssen dieses Leid ertragen, über das Leid hinausgehen. Nur so wird das Leben reich. Die Tatsache, daß der Herr auf ewig die Wundmale trägt, hat für mich symbolische Bedeutung. Ausdruck der Grausamkeit des Leidens und des Todes, sind sie jetzt Siegel des Sieges Christi, der ganzen Schönheit seines Sieges und seiner Liebe zu uns. Sowohl als Priester als auch als Eheleute müssen wir die Notwendigkeit akzeptieren, die Krise des Andersseins des anderen, die Krise, in der ein Zusammenbleiben nicht mehr möglich erscheint, zu ertragen. Die Eheleute müssen gemeinsam lernen voranzugehen, auch aus Liebe zu den Kindern, und sich so neu kennenzulernen, einander wieder zu lieben – mit einer viel tieferen, viel wahrhaftigeren Liebe. So reift auf einem langen Weg mit seinen Leiden die Liebe wirklich.

Mir scheint, daß wir Priester auch von den Eheleuten lernen können, gerade von ihren Leiden und Opfern. Wir denken oft, nur der Zölibat sei ein Opfer. Aber wenn wir die Opfer der verheirateten Menschen kennen – denken wir an ihre Kinder, an die entstehenden Probleme, an die Ängste, die Leiden, die Krankheiten, an die Auflehnung gegen die Eltern und auch an die Probleme der ersten Lebensjahre, in denen es überwiegend schlaflose Nächte gibt, weil die kleinen Kinder weinen –, müssen wir es von ihnen, von ihren Opfern lernen, unser Opfer zu bringen. Und miteinander müssen wir lernen, daß es schön ist, durch die Opfer zu reifen und so für das Heil der anderen zu arbeiten. Pfarrer Pennazza, Sie haben zu Recht das Konzil zitiert, das sagt, daß die Ehe ein Sakrament für das Heil der anderen ist: vor allem für das Heil des anderen, des Ehemannes, der Ehefrau, aber auch der Kinder und schließlich der ganzen Gemeinschaft. Und so reift auch der Priester in der Begegnung.

Ich denke also, daß wir die Familien einbeziehen müssen. Sehr wichtig sind, wie mir scheint, die Familienfeste. Bei festlichen Anlässen soll die Familie, die Schönheit der Familien sichtbar werden. Auch persönliche Zeugnisse können – mögen sie vielleicht auch etwas zu sehr in Mode gekommen sein – bei bestimmten Gelegenheiten wirklich eine Botschaft, eine Hilfe für alle sein.

Abschließend möchte ich sagen: Für mich ist es sehr wichtig, daß im Brief des hl. Paulus an die Epheser durch die Menschwerdung des Herrn die Hochzeit Gottes mit der Menschheit am Kreuz vollzogen wird, an dem die neue Menschheit, die Kirche, geboren wird. Die christliche Ehe entspringt eben dieser göttlichen Hochzeit, und sie ist, wie der hl. Paulus sagt, die sakramentale Umsetzung dessen, was in diesem großen Geheimnis geschieht. So müssen wir immer wieder diese Verbindung zwischen dem Kreuz und der Auferstehung, zwischen dem Kreuz und der Schönheit der Erlösung lernen und uns in dieses Sakrament eingliedern. Bitten wir den Herrn, daß er uns helfen möge, dieses Geheimnis gut zu verkünden, dieses Geheimnis zu leben, von den Eheleuten zu lernen, wie sie es leben, und bitten wir ihn, uns zu helfen, das Kreuz zu leben, um auch zu Augenblicken der Freude und der Auferstehung zu gelangen.

Wie können wir den jungen Menschen dienen, indem wir von ihren Werten ausgehen, anstatt uns ihrer für »unsere Zwecke« zu bedienen?

Ich möchte zunächst unterstreichen, was Sie gesagt haben. Anläßlich der Weltjugendtage und auch bei anderen Gelegenheiten – wie vor kurzem bei der Pfingstvigil – wird deutlich sichtbar, daß es unter der Jugend eine Sehnsucht gibt, eine

Suche auch nach Gott. Die jungen Menschen wollen sehen, ob es Gott gibt und was Gott uns sagt. Es ist also trotz aller Schwierigkeiten der heutigen Zeit eine gewisse Bereitschaft vorhanden. Es ist auch Begeisterung vorhanden. Wir müssen daher alles nur Mögliche tun, um diese Flamme, die sich bei Anlässen wie den Weltjugendtagen zeigt, am Leben zu erhalten.

Wie soll das geschehen? Das ist unsere gemeinsame Frage. Ich denke, gerade hier sollte eine »integrierte Seelsorge« verwirklicht werden, weil ja nicht jeder Pfarrer die Möglichkeit hat, sich genügend um die Jugend zu kümmern. Er braucht also eine Pastoral, die über die Grenzen der Pfarrei und auch über die Grenzen der Arbeit des Priesters hinausgeht. Eine Pastoral, die auch viele Mitarbeiter einschließt. Mir scheint, daß man unter der Koordination des Bischofs einerseits einen Weg finden muß, um die Jugendlichen in die Pfarrei zu integrieren, damit sie zum Sauerteig des Gemeindelebens werden; und andererseits muß man für diese Jugendlichen auch Hilfe von Mitarbeitern von außerhalb der Pfarrgemeinde finden. Die beiden Dinge gehören zusammen. Man sollte den Jugendlichen unbedingt nahelegen, daß sie sich nicht nur in der Pfarrei, sondern in verschiedenen Bereichen in das Leben der Diözese einbringen sollen, um dann auch in der Pfarrgemeinde ihren Platz zu finden. Alle Initiativen, die in diese Richtung gehen, gilt es daher zu fördern.

Von großer Bedeutung, so meine ich, ist jetzt die Erfahrung des freiwilligen Dienstes. Es ist wichtig, daß man die Jugendlichen nicht den Diskotheken überläßt, sondern ihnen Aufgaben gibt, anhand derer sie sehen, daß sie gebraucht werden und merken, daß sie etwas Gutes tun können. Die jungen Menschen spüren den Antrieb, etwas Gutes für die Menschheit, für einen Menschen oder für eine Gruppe von Menschen zu tun, haben den Drang, sich zu engagieren, und finden auch die positive »Bahn« des Einsatzes, der christlichen Ethik. Sehr wichtig erscheint mir, daß die Jugendlichen wirklich Aufgaben haben, die ihnen zeigen, daß sie gebraucht werden, die sie auf den Weg eines positiven Dienstes der Hilfeleistung führen, die sich an der Liebe Christi zu den Menschen orientiert, so daß sie selbst nach den Quellen suchen, aus denen sie schöpfen können, um die Kraft zu finden, sich zu engagieren.

Eine weitere Erfahrung sind die Gebetsgruppen, wo die jungen Menschen lernen, das Wort Gottes zu hören, das Wort Gottes innerhalb ihres eigenen jugendlichen Lebensbereiches kennenzulernen und mit Gott in Kontakt zu kommen. Das heißt auch, die gemeinschaftliche Form des Gebetes, die Liturgie, kennenzulernen, die ihnen im ersten Augenblick ziemlich unzugänglich erscheinen mag. Sie lernen, daß das Wort Gottes da ist und uns entgegenkommt, trotz aller zeitlicher Distanz, und daß es heute zu uns spricht. Wir bringen die Frucht der Erde und unserer Arbeit dem Herrn dar und finden sie in Gabe Gottes verwandelt. Wir reden als Kinder mit dem Vater und empfangen dann ihn selbst als Geschenk. Wir erhalten den Auftrag, in die Welt zu gehen mit dem Geschenk seiner Gegenwart.

Nützlich wären auch Liturgiekurse, die die Jugendlichen besuchen können. Auf der anderen Seite muß es auch Gelegenheiten geben, bei denen sich die Jugend sehen lassen und sich bekanntmachen kann. Wie ich gehört habe, hat es hier in Albano eine Aufführung über das Leben des hl. Franziskus gegeben. Sich auf diese Weise zu engagieren bedeutet, in die Persönlichkeit des hl. Franziskus und in seine Zeit einzutreten und so die eigene Persönlichkeit zu entfalten. Das ist nur ein Beispiel, eine anscheinend ziemlich einmalige Sache. Sie kann dazu erziehen, die Persönlichkeit zu entfalten, in einen Bereich christlicher Überlieferung vorzudringen und wieder das Verlangen zu wecken, besser zu verstehen, aus welcher Quelle dieser Heilige geschöpft hat. Er war ja nicht nur ein Umweltschützer oder ein Pazifist. Er war vor allem ein bekehrter Mensch. Mit großer Freude habe ich gelesen, daß Bischof Sorrentino von Assisi, eben um diesen »Mißbrauch« der Gestalt des hl. Franziskus zu beseitigen, anläßlich der 800-Jahrfeier seiner Bekehrung ein »Jahr der Bekehrung« ausrufen will, damit man sehen kann, worin wirklich die »Herausforderung« besteht. Vielleicht können wir alle der Jugend Anregungen geben, um ihr verständlich machen, was Bekehrung tatsächlich ist, indem wir auch an die Gestalt des hl.

Franziskus anknüpfen, um nach einem Weg zu suchen, der dem Leben größere Weite verleiht. Franziskus war zunächst beinahe eine Art »Playboy«. Dann spürte er, daß das nicht genug war. Er vernahm die Stimme des Herrn: »Baue mein Haus wieder auf!« Nach und nach verstand er, was »das Haus des Herrn aufbauen« bedeutete.

Ich habe also keine sehr konkreten Antworten, weil ich einer Sendung gegenüberstehe, bei der ich die Jugendlichen, Gott sei Dank, schon versammelt finde. Aber mir scheint, daß man sämtliche Möglichkeiten nutzen sollte, die sich heute in den Bewegungen, in den Vereinigungen, im freiwilligen Dienst und in anderen Aktivitäten der Jugendlichen bieten. Man muß die Jugend auch der Pfarrgemeinde bekannt machen, damit diese sieht, wer die jungen Menschen sind. Eine Berufungspastoral ist notwendig. Das alles muß vom Bischof koordiniert werden. Wie mir scheint, lassen sich gerade durch die echte Mitarbeit der Jugendlichen, die ausgebildet werden, pastorale Mitarbeiter finden. Und so kann man den Weg zur Bekehrung öffnen, zur Freude darüber, daß es Gott gibt und daß er sich um uns kümmert, daß wir Zugang zu Gott haben und anderen dabei helfen können, »sein Haus wieder aufzubauen«. Das scheint mir letztendlich unser Auftrag zu sein, der mitunter schwierig, aber doch auch sehr schön ist: in der heutigen Welt »das Haus Gottes aufzubauen«. Ich danke euch für eure Aufmerksamkeit und bitte um Verzeihung für die Bruchstückhaftigkeit meiner Antworten. Wir wollen zusammenarbeiten, damit das »Haus Gottes« in unserer Zeit wächst und viele junge Menschen den Weg zum Dienst am Herrn finden.

ICH WEISS GAR NICHT,
WIE ICH DA DANKEN SOLL

Auf die Frage nach der gegenwärtigen Situation des Katholizismus in Deutschland antwortete Papst Benedikt XVI.:

Erstens fliege ich mit Freude nach Hause. Es ist schön, daß ich wenigstens einmal noch meine alte Heimat sehen darf, auf den Stätten herumgehen, wo ich gewesen bin. Und ich fliege nach Hause in der Freude darauf, daß wir ein großes Fest des Glaubens feiern werden und daß das auch das Miteinander mit euch stärken wird. Ich würde nicht einfach sagen, daß der deutsche Katholizismus müde ist, Müdigkeiten gibt es überall, aber ich habe in diesen Wochen der Vorbereitung gesehen, wie viel Dynamik auch da ist. Unglaublich, wer alles mit wie viel Energie sich eingesetzt hat. Ich weiß gar nicht, wie ich da danken soll. Das kann sich nicht auf meine Person beziehen, es kann sich nur darauf beziehen, daß wir gemeinsam Kirche sein wollen, daß wir also gemeinsam eine Kraft des Friedens für die Nation und die Welt sein möchten. Insofern fliege ich mit großen Hoffnungen nach Hause und bin eben dankbar für alles, was ich gesehen habe, was zeigt: So müde ist der deutsche Katholizismus nicht, wie manche meinen.

Auf die Frage, ob er einmal nach Berlin kommen möchte:

Ja, irgendwie würde es sich vielleicht gehören, daß man, wenn man nach München reist, auch einmal nach Berlin kommt, aber ich bin ja ein alter Mann. Wieviel Zeit mir der

---

Gespräch mit Journalisten auf dem Flug nach Bayern, 9. September 2006.

Herr noch gibt, weiß ich nicht, und ich bin der Papst für die ganze Weltkirche. Ich denke jetzt vor allem an die Türkei, an Brasilien als die nächsten Reisen. Wenn ich noch mal nach Deutschland kommen kann – dann eben auch in die anderen Teile Deutschlands –, würde es mich freuen, würde ich es als ein Geschenk von Gott betrachten.

Die Frage, ob er auch ein bißchen Heimweh habe, beantwortete er mit den Worten:

Ja schon, denn ich meine, da bin ich eben aufgewachsen. »Mein Herz schlägt bayrisch« – ist ein Buch herausgegeben worden. Andererseits ist so viel Erinnerung in meiner Seele, daß ich in den Landschaften der Erinnerung immer herum-wandern kann, mich gar nicht so weit weg fühle, zumal ich jeden Abend mit meinem Bruder telefonieren kann. Also so ganz arg weit entfernt fühle ich mich nicht.

WILLKOMMEN AN BORD!

Liebe Freunde, Journalisten, Kameraleute, ich begrüße Sie alle herzlich an Bord dieses Fluges und möchte Ihnen für Ihre Arbeit meinen aufrichtigen Dank sagen. Ich weiß, daß diese Arbeit schwierig ist und oft in schwierigen Situationen stattfindet: knappe Informationen über komplexe und komplizierte Ereignisse zu geben, das Wesentliche dessen, was stattgefunden hat oder gesagt wurde, zusammenzufassen und verständlich zu machen. Alle Ereignisse erreichen nur durch Ihre Vermittlung die Menschheit, und so leisten Sie wirklich einen wichtigen Dienst, für den ich Ihnen dankbar bin. Wir wissen, daß das Ziel dieser Reise der Dialog ist, die Brüderlichkeit: ein Eintreten für das Verständnis der Kulturen, für die Begegnung der Kulturen mit den Religionen, für die Versöhnung. Wir empfinden alle dieselbe Verantwortung in diesem schwierigen Moment der Geschichte und wirken gemeinsam, und Ihre Arbeit ist eminent wichtig. Darum wiederhole ich nochmals: Danke!

In welchem Geist treten Sie diese heikle Reise an?

Ich trete sie mit viel Vertrauen und Hoffnung an. Ich weiß, daß viele Menschen uns mit Sympathie und ihrem Gebet begleiten. Ich weiß ebenfalls, daß das türkische Volk gastfreundlich und offen ist und den Frieden ersehnt. Die Türkei ist von jeher eine Brücke zwischen den Kulturen und ein Ort der Begegnung und des Dialogs. Ich möchte betonen, daß es sich um keine politische, sondern um eine pastorale Reise handelt,

---

Begegnung mit Journalisten vor dem Abflug in die Türkei, Flughafen Fiumicino, 28. November 2006.

und gerade als pastorale Reise hat sie den Dialog und das gemeinsame Eintreten für den Frieden zum Ziel. Dieser Dialog hat verschiedene Dimensionen: den Dialog zwischen den Kulturen, den Dialog zwischen Christentum und Islam, den Dialog mit unseren christlichen Brüdern, insbesondere der orthodoxen Kirche von Konstantinopel, und, ganz allgemein, den Dialog für ein besseres Verständnis unter uns allen. Natürlich dürfen wir nicht übertreiben, man kann von drei Tagen keine großen Resultate erwarten, ich würde sagen, daß es sich eher um einen symbolischen Wert handelt, um die Frucht der Begegnungen als solcher, die Begegnungen in Freundschaft und Respekt, die Tatsache, sich als Diener des Friedens zu begegnen, ist wichtig. Mir scheint, daß dieser Symbolismus des Eintretens für den Frieden und die Brüderlichkeit das Ergebnis dieser Reise sein sollte.

Kann Europa der Türkei dabei helfen, den Respekt vor den verschiedenen kulturellen und religiösen Identitäten zu fördern?

Es ist vielleicht nützlich dran zu erinnern, daß der Vater der modernen Türkei, Kemal Atatürk, in der französischen Verfassung das Modell für den Wiederaufbau der Türkei erblickte. Am Ursprung der modernen Türkei steht der Dialog mit der europäischen Vernunft und ihrem Denken, ihrer Lebensart, um auf neue Weise in einem verschiedenen historischen und religiösen Kontext verwirklicht zu werden. Der Dialog zwischen der europäischen Vernunft und der türkischen muslimischen Tradition ist somit der Existenz der modernen Türkei eingeschrieben, und in diesem Sinne tragen wir eine gemeinsame Verantwortung füreinander. In Europa erleben wir eine Debatte zwischen einer »gesunden« Laizität und dem Laizismus, und mir scheint, daß dies ebenfalls für den wahrhaften Dialog mit der Türkei wichtig ist. Der Laizismus, d.h. eine Vorstellung, die das öffentliche Leben vollständig von jedem Wert der Traditionen abtrennt, ist eine Sackgasse. Wir müssen den Sinn einer Laizität neu definieren, die den wirklichen Unterschied und die Autonomie aller dieser Bereiche, aber auch ihre Koexistenz, die gemeinsame Verantwortung unterstreicht und bewahrt. Nur im Kontext der Werte, die im Grunde einen gemeinsamen Ursprung haben, können die Religion und die Laizität in einer wechselseitig fruchtbaren Beziehung leben. Wir Europäer müssen unsere nichtreligiöse, laizistische Vernunft überdenken, und die Türkei muß von ihrer Geschichte her, von ihren Uprüngen her, mit uns über die Weise nachdenken, wie in Zukunft dieses Band zwischen Laizität und Tradition neu geknüpft werden kann, zwischen offener, toleranter Vernunft, zu der die Freiheit als grundlegender Bestandteil gehört, und den Werten, die der Freiheit ihren Gehalt verleihen.

Welche Bedeutung hat Ihre Begegnung mit dem Patriarchen Bartholomaios?

Hier gelten keine Zahlen und keine Quantität, sondern hier zählt das symbolische, historische und spirituelle Gewicht. Konstantinopel ist ja wie das »zweite Rom«. Sie war immer der Bezugspunkt für die Orthodoxie, sie hat uns die große orthodoxe byzantinische Kultur hinterlassen und bleibt immer ein Bezugspunkt für die orthodoxe Welt und von daher ebenfalls für die gesamte Christenheit. Somit ist also auch die symbolische Bedeutung des Patriarchats von Konstantinopel heute wichtig. Selbst wenn der Patriarch nicht die Jurisdiktionsvollmacht des Papstes besitzt, stellt er für die orthodoxe Welt doch einen Leuchtturm dar. Dies ist die Begegnung mit dem Patriarchen der Kirche des Apostels Andreas, des Bruders des heiligen Petrus. Diese Begegnung von hohem Wert zwischen den Schwesterkirchen von Rom und Konstantinopel ist bei der Suche nach der Einheit der Christen eminent wichtig. Es gibt andere christliche Gemeinden; mit jeder noch so kleinen, die da ist, werden wir uns treffen, auch mit der kleinen katholischen Gemeinde. Wir können sagen, daß es sich um ein Ereignis der Kommunion handelt, statt um Beziehungen zwischen geographischen oder kulturellen Bereichen. In diesem Sinne denke ich, daß das Symbol nicht für sich allein steht und leer ist, sondern etwas realitätsgesättigtes. Und daß dieser Symbolismus von Konstantinopel, diese wahrhafte und wirkliche Funktion des Patriarchen der Orthodoxie ihm ebenfalls eine wichtige Bedeutung für den gesamten ökumenischen Weg verleiht.

Und jetzt bitte ich Sie um Entschuldigung, denn wir können keine wirkliche Pressekonferenz abhalten, wir haben nicht genügend Zeit; ich hoffe, Ihnen wenigstens etwas Nützliches gesagt zu haben.

MIT DER MUTTERGOTTES GEHEN SIE ZUM HERRN

Wie kann die Sendung des Marienheiligtums »Santa Maria del Divino Amore« in der Diözese immer wirksamer verwirklicht werden?

… Ich komme nun zur ersten Frage. Mir will scheinen, daß Sie im wesentlichen auch bereits die Antwort darauf gegeben haben, was dieses Heiligtum tun kann … Ich weiß, daß es das von den Römern am meisten geliebte Marienheiligtum ist. Ich habe selbst, als ich mehrmals in das alte Heiligtum gekommen bin, diese jahrhundertealte Frömmigkeit erfahren. Man spürt die Gegenwart des Gebets von Generationen und berührt gleichsam mit der Hand die mütterliche Gegenwart der Muttergottes. Man kann dort wirklich eine Begegnung mit der Marienverehrung über die Jahrhunderte hinweg erleben, eine Begegnung mit den Sehnsüchten, Nöten, Bedürfnissen, Leiden, aber auch mit den Freuden von Generationen in der Begegnung mit Maria. So ist dieses Heiligtum, zu dem die Menschen mit ihren Hoffnungen, Problemen, Fragen, Leiden kommen, eine wesentliche Gegebenheit für die Diözese Rom. Wir sehen immer mehr, daß die Wallfahrtsstätten eine Quelle des Lebens und des Glaubens in der Gesamtkirche und somit auch in der Kirche von Rom sind. In meiner Heimat habe ich die Erfahrung der Fußwallfahrten zu unserem Nationalheiligtum von Altötting gemacht. Das ist eine große Mission des Volkes. Da gehen vor allem die jungen Leute mit; und während sie drei Tage zu Fuß pilgern, leben sie in der Atmosphäre des Gebets, der Gewissensprüfung, sie entdecken

Begegnung mit den Priestern der Diözese Rom, Benediktionsaula, 22. Februar 2007.

gleichsam wieder ihr christliches Glaubensbewußtsein. Diese drei Tage der Wallfahrt sind Tage der Beichte und des Gebets, sie sind ein wahrhaftiger Weg hin zur Muttergottes, zur Familie Gottes und dann zur Eucharistie. Zu Fuß gehen sie zur Muttergottes, und mit der Muttergottes gehen sie zum Herrn, zur eucharistischen Begegnung, während sie sich durch die Beichte auf die innere Erneuerung vorbereiten. Sie erleben erneut die eucharistische Wirklichkeit des Herrn, der sich selbst hingibt, wie die Muttergottes dem Herrn ihr Fleisch schenkte und so die Pforte zur Menschwerdung öffnete. Die Muttergottes hat ihr Fleisch für die Menschwerdung gegeben und so die Eucharistie möglich gemacht, in der wir das Fleisch empfangen, das das Brot für die Welt ist. Auf dem Weg zur Begegnung mit der Muttergottes lernen diese jungen Menschen, ihr Fleisch, das tägliche Leben darzubringen, um es dem Herrn zu übergeben. Und sie lernen zu glauben, nach und nach »Ja« zu sagen zum Herrn.

Um auf Ihre Frage zurückzukommen: Ich würde daher sagen, das Heiligtum als solches, das heißt als Ort des Gebets, der Beichte, der Feier der Eucharistie, ist ein großer Dienst in der Kirche von heute, für die Diözese Rom. Ich meine also, der wesentliche Dienst, von dem Sie im übrigen konkret gesprochen haben, ist eben der, sich als Ort des Gebets, des sakramentalen Lebens und des Lebens verwirklichter Nächstenliebe anzubieten. Sie haben, wenn ich richtig verstanden habe, von vier Dimensionen des Gebets gesprochen. Die erste ist die persönliche Dimension. Und hier zeigt uns Maria den Weg. Der hl. Lukas sagt uns zweimal, Maria »bewahrte alles, was geschehen war, in ihrem Herzen und dachte darüber nach« (Lk 2,19; vgl. 2,51). Sie war ein Mensch im Gespräch mit Gott, mit dem Wort Gottes und auch mit den Geschehnissen, durch die Gott mit ihr sprach. Das Magnificat ist aus Worten der Heiligen Schrift »gewoben« und zeigt uns, wie Maria in einem fortwährenden Gespräch mit dem Wort Gottes und auf diese Weise mit Gott selbst gelebt hat. Natürlich war sie dann im Leben mit dem Herrn immer im Gespräch mit Christus, mit dem Sohn Gottes und mit dem dreieinigen Gott. Wir lernen daher von Maria, mit dem Herrn persönlich zu sprechen, indem wir die Worte Gottes in unserem Leben und in unserem Herzen erwägen und bewahren, damit sie echte Nahrung für einen jeden werden. Auf diese Weise leitet uns Maria in einer Schule des Gebets, in einem persönlichen, tiefen Kontakt mit Gott.

Die zweite Dimension, von der Sie gesprochen haben, ist das liturgische Gebet. In der Liturgie lehrt uns der Herr beten, indem er uns zuerst sein Wort schenkt und uns dann im Hochgebet in die Gemeinschaft mit seinem Geheimnis des Lebens, des Kreuzes und der Auferstehung einführt. Der hl. Paulus hat einmal gesagt, »wir wissen nicht, worum wir in rechter Weise beten sollen« (Röm 8,26): Wir wissen nicht, wie wir beten sollen, was wir zu Gott sagen sollen. Deshalb hat uns Gott die Worte des Gebets gegeben, sowohl in den Psalmen wie in den großen Gebeten der heiligen Liturgie, als auch gerade in der eucharistischen Liturgie selbst. Hier lehrt er uns beten. Wir treten in das Gebet ein, das sich im Laufe der Jahrhunderte unter der Inspiration des Heiligen Geistes entwickelt hat, und schließen uns dem Gespräch Christi mit dem Vater an. Die Liturgie ist also vor allem Gebet: zuerst Zuhören, dann Antworten, sei es im Antwortpsalm oder im Gebet der Kirche oder im Eucharistischen Hochgebet. Wir feiern die Liturgie richtig, wenn wir sie in einer »betenden« Haltung feiern, indem wir uns dem Geheimnis Christi und seinem Gespräch als Sohn mit dem Vater anschließen. Wenn wir die Eucharistie in dieser Weise feiern – zuerst als Zuhören, dann als Antwort, somit als Gebet mit den vom Heiligen Geist angezeigten Worten –, dann feiern wir sie richtig. Und die Menschen werden hineingezogen durch unser gemeinsames Gebet in den engsten Kreis der Kinder Gottes.

Die dritte Dimension ist die der Volksfrömmigkeit. Ein bedeutendes Dokument der Kongregation für den Gottesdienst und die Sakramentenordnung spricht von dieser Volksfrömmigkeit und zeigt uns, wie wir sie »leiten« sollen. Die Volksfrömmigkeit ist eine unserer Stärken, weil es sich um Gebete handelt, die tief im Herzen der Menschen verwurzelt sind. Auch Menschen, die dem Leben der Kirche etwas fernstehen und kein großes Glaubensverständnis haben, werden von diesem Gebet innerlich berührt. Man muß nur diese Gesten »erhellen«, diese Tradition »läutern«, damit sie zu aktuellem Leben der Kirche wird.

Sodann die Eucharistische Anbetung. Ich bin sehr dankbar dafür, daß sich die Eucharistische Anbetung immer mehr erneuert. Während der Synode über die Eucharistie haben die Bischöfe viel über ihre Erfahrungen gesprochen, davon, daß durch diese Anbetung, auch während der Nacht, neues Leben in die Gemeinden zurückkehre und daß gerade so auch neue Berufungen entstehen. Ich darf sagen, daß ich in Kürze das Nachsynodale Apostolische Schreiben über die Eucharistie unterzeichnen werde, das dann der Kirche zur Verfügung stehen wird. Es ist ein Dokument, das sich eben für die Meditation anbietet. Es wird eine Hilfe sein bei der Feier des Gottesdienstes, bei der persönlichen Betrachtung, bei der Vorbereitung der Predigten, bei der Feier der Eucharistie. Und es wird auch dazu dienen, die Volksfrömmigkeit zu leiten, zu erhellen und wiederzubeleben.

Schließlich haben Sie vom Heiligtum als Ort der »caritas« gesprochen. Das erscheint mir sehr logisch und notwendig. Ich habe vor kurzem wieder einmal gelesen, was der hl. Augustinus im X. Buch der *Bekenntnisse* sagt: Ich bin versucht gewesen – und ich verstehe jetzt, daß es eine Versuchung war –, mich in das kontemplative Leben zu verschließen, die Einsamkeit mit dir, Herr, zu suchen; aber du hast mir das verwehrt, du hast mich da herausgeholt und mich das Wort des hl. Paulus hören lassen: »Christus ist für alle gestorben. So müssen wir mit Christus sterben und für alle leben«; ich habe verstanden, daß ich mich nicht in der Kontemplation verschließen darf; du bist für alle gestorben, daher muß ich mit dir für alle leben und muß die Werke der Nächstenliebe leben. Die wahre Kontemplation zeigt sich in den Werken der Nächstenliebe. Das Zeichen dafür, daß wir wahrhaftig gebetet haben, daß wir Christus begegnet sind, ist daher, daß wir »für die anderen sind«. So muß ein Pfarrer sein. Und der hl. Augustinus war ein großer Pfarrer. Er sagt: Ich wollte in meinem Leben immer im Hören des Wortes, in der Meditation leben, aber jetzt muß ich – Tag für Tag, Stunde um Stunde –

an der Pforte sitzen, wo ständig die Glocke klingelt, ich muß die Bedrückten trösten, den Armen helfen, die Streitsüchtigen ermahnen, Frieden stiften und so weiter. Der hl. Augustinus zählt die ganze Arbeit eines Pfarrers auf, weil zur damaligen Zeit der Bischof auch eine ähnliche Funktion hatte wie jetzt der *Kadi* in den islamischen Ländern. Wir könnten sagen, er war der Friedensrichter, wenn es um zivilrechtliche Probleme ging: Er mußte Frieden stiften zwischen den Streitsüchtigen. Er hat somit ein Leben geführt, das für ihn, einen Mann des Kontemplation, sehr schwierig gewesen ist. Aber er hat diese Wahrheit verstanden: So bin ich bei Christus; wenn ich »für die anderen« bin, bin ich im gekreuzigten und auferstandenen Herrn.

Das erscheint mir als ein großer Trost für die Pfarrer und für die Bischöfe. Wenn uns wenig Zeit für die Kontemplation bleibt, sind wir beim Herrn, wenn wir »für die anderen« sind. Sie haben von den anderen konkreten Elementen der Liebe gesprochen, die sehr wichtig sind. Sie sind auch ein Zeichen für unsere Gesellschaft, besonders für die Kinder, für die alten Menschen, für die Leidenden. Ich glaube daher, daß Sie mit diesen vier Dimensionen des Lebens uns die Antwort auf die Frage gegeben haben: Was sollen wir in unserem Heiligtum tun?

Wie können wir den Jungen und Mädchen helfen, Christus konkret zu begegnen?

Danke für die Arbeit, die Sie für die Jugendlichen leisten. Wir wissen, daß die Jugend tatsächlich eine Priorität in unserer Seelsorgearbeit sein muß, weil sie in einer Welt lebt, die fern von Gott ist. Und es ist sehr schwierig, in unserem kulturellen Umfeld die Begegnung mit Christus, das christliche Leben, das Leben des Glaubens zu finden. Die Jugendlichen brauchen viel Begleitung, um wirklich diesen Weg zu finden. Ich würde sagen – auch wenn ich leider ziemlich entfernt von ihnen lebe und daher nicht sehr konkrete Hinweise geben kann –, daß mir das erste Element gerade und vor allem die Begleitung zu sein scheint. Sie müssen sehen, daß man den Glauben in der heutigen Zeit leben kann, daß es sich nicht um etwas Vergangenes handelt, sondern daß es möglich ist, heute als Christen zu leben und so wirklich das Gute zu finden.

Ich erinnere mich an ein autobiographisches Element in den Schriften des hl. Cyprian. Ich habe in dieser unserer Welt – sagt er – vollkommen fern von Gott gelebt, weil die Gottheiten tot waren und Gott nicht sichtbar war. Und wenn ich die Christen sah, dachte ich: Das ist ein unmögliches Leben, das läßt sich in unserer Welt nicht verwirklichen! Aber als ich dann einigen von ihnen begegnete, in ihre Gemeinschaft eintrat, mich im Katechumenat leiten ließ, auf diesem Weg der Bekehrung zu Gott, da habe ich allmählich begriffen: Es ist möglich! Und nun bin ich glücklich, das Leben gefunden zu haben. Ich habe verstanden, daß jenes andere Leben nicht Leben war, und in Wahrheit – so bekennt er – wußte ich auch vorher, daß jenes Leben nicht das wahre Leben war.

Es scheint mir sehr wichtig zu sein, daß die Jugendlichen Menschen finden – sowohl ihres Alters wie auch reifere –, an denen sie sehen können, daß christliches Leben heute möglich und auch vernünftig und realisierbar ist. Es scheint mir, daß es an allen beiden letzten Elementen Zweifel gibt: an der Realisierbarkeit, weil die anderen Wege von der christlichen Lebensweise sehr weit entfernt sind, und an der Vernünftigkeit, weil es auf den ersten Blick den Anschein hat, daß uns die Wissenschaft völlig andere Dinge sagt und sich daher kein vernünftiger Zugang zum Glauben öffnen kann, der zeigen würde, daß der Glaube durchaus mit unserer Zeit und mit der Vernunft im Einklang steht.

Der erste Punkt ist also die Erfahrung, die dann auch die Tür zur Erkenntnis öffnet. In diesem Sinne kommt dem »Katechumenat«, das auf neue Weise – das heißt als gemeinsamer Lebensweg, als gemeinsame Erfahrung der Tatsache, daß es möglich ist, so zu leben – gelebt wird, große Bedeutung zu. Nur wenn es eine gewisse Erfahrung gibt, vermag man dann auch zu verstehen. Ich denke an einen Rat, den Pascal einem nichtgläubigen Freund gab. Er sagte: Versuche, ein wenig die Dinge zu tun, die ein Gläubiger tut, und dann wirst du mit dieser Erfahrung sehen, daß das alles logisch und wahr ist.

Ich würde sagen, daß uns gerade jetzt die Fastenzeit einen wichtigen Aspekt zeigt. Wir dürfen nicht meinen, sofort ein hundertprozentig christliches Leben, ohne Zweifel und ohne Sünden, zu leben. Wir müssen anerkennen, daß wir auf dem Weg sind, daß wir lernen sollen und können, daß wir auch Schritt für Schritt umkehren müssen. Die grundlegende Umkehr ist gewiß ein endgültiger Akt. Aber die Verwirklichung der Umkehr ist ein Lebensakt, der sich in der Geduld eines ganzen Lebens verwirklicht. Es ist ein Akt, bei dem wir nicht das Vertrauen und den Mut des Wegs verlieren dürfen. Gerade das müssen wir anerkennen: Wir können uns nicht selber von einem Augenblick zum anderen zu vollkommenen Christen machen. Dennoch lohnt es sich, voranzugehen, sozusagen am Glauben an die Grundoption festzuhalten und dann mit Ausdauer auf einem Weg der Umkehr zu bleiben, der mitunter schwierig wird. Es kann in der Tat geschehen, daß ich mich so entmutigt fühle, daß ich alles aufgeben will und in einem Zustand der Krise verbleibe. Man darf sich aber nicht sofort fallenlassen, sondern muß mutig wieder neu anfangen. Der Herr leitet mich, der Herr ist großzügig, und mit seiner Vergebung gehe ich voran, und dann werde auch ich gegenüber den anderen großzügig. So lernen wir wirklich die Liebe zum Nächsten und das christliche Leben, das diese Ausdauer des Vorangehens einschließt.

Was die großen Themen betrifft, so würde ich sagen, daß es wichtig ist, Gott kennenzulernen. »Gott« ist das wesentliche Thema. Der hl. Paulus sagt im Brief an die Epheser: »Erinnert euch, damals ... hattet ihr keine Hoffnung und lebtet ohne Gott in der Welt. Jetzt aber seid ihr, die ihr einst in der Ferne wart, durch Christus Jesus ... in die Nähe gekommen« (Eph 2,12–13). So hat das Leben einen Sinn, der mich auch in den Schwierigkeiten leitet. Es ist daher notwendig, zum Schöpfergott, zu dem Gott, der die schöpferische Vernunft ist, zurückzukehren und dann Christus zu finden, der das lebendige Antlitz Gottes ist. Wir sagen, daß es hier eine Wechselseitigkeit gibt. Einerseits ist da die Begegnung mit Jesus, mit dieser menschlichen, geschichtlichen, realen Gestalt; sie hilft mir, allmählich Gott kennenzulernen; und andererseits hilft mir das Kennenlernen Gottes, die Größe des Geheimnisses Christi, der das Angesicht Gottes ist, zu verstehen. Erst dann, wenn es uns gelingt zu begreifen, daß Jesus nicht ein großer Prophet, nicht eine der religiösen Persönlichkeiten der Welt, sondern das Angesicht Gottes ist, ja Gott ist, haben wir die Größe Christi entdeckt und den gefunden, der Gott ist. Gott ist nicht bloß ein ferner Schatten, eine »erste Ursache«, sondern er hat ein Antlitz: Es ist das Angesicht der Barmherzigkeit, das Angesicht der Vergebung und der Liebe, das Angesicht der Begegnung mit uns. Diese beiden Themen durchdringen sich also gegenseitig und müssen immer zusammengehen.

Sodann müssen wir natürlich verstehen, daß die Kirche die große Gefährtin auf unserem Weg ist. In ihr bleibt das Wort Gottes lebendig, und Christus ist nicht bloß eine Gestalt der Vergangenheit, sondern er ist gegenwärtig. Daher müssen wir das sakramentale Leben, die sakramentale Vergebung, die Eucharistie, die Taufe als neue Geburt wiederentdecken. Der hl. Ambrosius hat in der Osternacht, in der letzten mystagogischen Katechese, gesagt: Bisher haben wir von den moralischen Dingen gesprochen, nun ist der Augenblick da, um vom Mysterium zu sprechen. Er hatte, natürlich in Anbetracht Gottes, ein Leitbild zur moralischen Erfahrung geboten, das sich dann dem Mysterium öffnet. Ich denke, daß sich heute diese beiden Dinge durchdringen müssen: Ein Weg mit Jesus, der immer mehr die Tiefe seines Geheimnisses aufdeckt. So lernt man, christlich zu leben, so lernt man die Größe der Vergebung und die Größe des Herrn, der sich uns in der Eucharistie schenkt.

Auf diesem Weg begleiten uns natürlich die Heiligen. Sie haben, wenngleich mit vielen Problemen, gelebt und sind die wahren und lebendigen »Interpretationen« der Heiligen Schrift gewesen. Ein jeder hat seinen Heiligen, von dem er am besten lernen kann, was das Leben als Christ mit sich bringt. Es sind vor allem die Heiligen unserer Zeit. Und dann ist da natürlich immer Maria, die die Mutter des Wortes bleibt. Das Wiederentdecken Mariens hilft uns, als Christen voranzugehen und den Sohn kennenzulernen.

Wie kann man die Kenntnis der Bibel fördern, damit das Wort die Gemeinde auch für einen ökumenischen Weg heranbildet?

Sie haben sicher eine konkretere Erfahrung damit, wie man das machen könnte. Ich kann dazu vor allem sagen, daß die nächste Synode das Wort Gottes zum Thema haben wird. Ich habe die vom Rat der Synode erarbeiteten Lineamenta bereits gesehen, und ich denke, daß die verschiedenen Dimensionen der Gegenwart des Wortes in der Kirche gut deutlich gemacht werden.

Natürlich ist die Bibel in ihrer Ganzheitlichkeit eine sehr große Sache, die es allmählich zu entdecken gilt. Denn wenn wir nur die einzelnen Teile nehmen, kann es oft schwierig sein, zu verstehen, daß es sich um das Wort Gottes handelt: Ich denke an bestimmte Teile der Bücher der Könige mit den chronologischen Berichten, mit der Vernichtung der im Heiligen Land vorhandenen Völker. Noch vieles andere ist schwierig. Auch das Buch Kohelet kann sich, isoliert betrachtet, als sehr schwierig erweisen: Es scheint geradezu die Verzweiflung zu theoretisieren, denn es bleibt nichts, und am Ende stirbt mit den Törichten auch der Weise. Wir hatten ja daraus jetzt die Lesung im Brevier.

Ein erster Punkt scheint mir das Lesen der Heiligen Schrift in ihrer Einheit und Ganzheitlichkeit zu sein. Die einzelnen Teile sind Teile eines Weges, und nur wenn wir sie in ihrer Ganzheitlichkeit als einen einzigen Weg sehen, wo ein Teil den anderen erklärt, können wir das verstehen. Bleiben wir zum Beispiel beim Buch Kohelet. Dem ging das Weisheitswort voraus, wonach wer gut ist, auch gut lebt. Das heißt: Gott belohnt den, der gut ist. Und dann kommt Hiob, und man sieht, daß es nicht so ist und daß gerade der, der in rechter Weise lebt, mehr leidet. Er scheint von Gott vergessen worden zu sein. Dann kommen die Psalmen jener Zeit, wo es heißt: Aber was tust du, Gott? Die Gottlosen, die Hochmütigen leben gut, sie sind fett, sie nähren sich reichlich und lachen über uns und sagen: Aber wo ist Gott? Er kümmert sich nicht um uns, und wir sind verkauft worden wie die Schafe, die geschlachtet werden sollen. Was machst du mit uns, warum ist das so? Es kommt der Augenblick, wo Kohelet sagt: Aber wo bleibt am Ende alle diese Weisheit? Es ist ein fast existentialistisches Buch, in dem festgestellt wird: Alles ist vergeblich. Dieser erste Weg verliert nichts von seinem Wert, sondern öffnet sich der neuen Perspektive, die am Ende zum Kreuz Christi führt, der »der Heilige Gottes« ist, wie Petrus im 6. Kapitel des Johannesevangeliums sagt. Der Weg endet mit dem Kreuz. Und gerade auf diese Weise zeigt sich die Weisheit Gottes, die uns dann der hl. Paulus beschreiben wird. Also nur wenn wir alles als einen einzigen Weg nehmen, den wir Schritt für Schritt gehen, und die Heilige Schrift in ihrer Einheit zu lesen lernen, können wir tatsächlich den Zugang zur Schönheit und zum Reichtum der Heiligen Schrift finden. Es gilt daher: Alles lesen, aber immer die Gesamtheit der Heiligen Schrift berücksichtigen, wo ein Teil den anderen, ein Schritt des Weges den anderen erklärt. Was diesen Punkt betrifft, kann die moderne Exegese sehr hilfreich sein. Nehmen wir zum Beispiel das Buch des Propheten Jesaja: Die Exegeten entdeckten, daß das Buch ab dem 40. Kapitel einen anderen Verfasser hat – den Deutero-Jesaja, wie man damals sagte. Für die katholische Theologie war das ein Augenblick großen Schreckens. Manche dachten, daß man auf diese Weise Jesaja zerstöre und am Ende die Vision vom Gottesknecht, im 53. Kapitel, nicht mehr eine Vision Jesajas war, der 800 Jahre vor Christus gelebt hatte. Was sollen wir tun?, fragte man sich. Nun haben wir begriffen, daß das ganze Buch ein Weg von immer neuen Auslegungen ist, wo man immer mehr in das zu Beginn vorgegebene Geheimnis eintritt und alles, was von Anfang an vorhanden, aber noch verschlossen war, sich einem immer mehr eröffnet.

Wir können hier an einem Buch den ganzen Weg der Heiligen Schrift verstehen, der ein ständiges Wiederlesen, ein besseres und neues Verstehen des früher Gesagten ist. Schritt für Schritt kommt die Erleuchtung, und der Christ vermag zu verstehen, was der Herr den Emmausjüngern gesagt hat, als er ihnen erklärte, daß alle Propheten von ihm gesprochen hatten. Der Herr eröffnet uns die letzte Auslegung, Christus ist der Schlüssel zu allem, und nur, wenn wir uns auf dem Weg den Emmausjüngern anschließen, nur wenn wir mit

Christus gehen, alles wieder neu in seinem Licht lesen, mit dem gekreuzigten und auferstandenen Christus, treten wir in den Reichtum und in die Schönheit der Heiligen Schrift ein.

Daher würde ich sagen, der entscheidende Punkt ist, daß man die Heilige Schrift nicht zerstückelt. Gerade die moderne Kritik hat uns, wie wir jetzt sehen, verstehen lassen, daß es sich um einen unausgesetzten Weg handelt. Und wir können auch sehen, daß es ein Weg ist, der eine Richtung hat, und daß tatsächlich Christus der Zielpunkt ist. Wenn wir bei Christus anfangen, können wir den ganzen Weg wiederaufnehmen und in die Tiefe des Wortes Gottes eintreten.

Zusammenfassend würde ich sagen, das Lesen der Heiligen Schrift muß immer eine Lektüre im Lichte Christi sein. Nur so können wir auch in unserem heutigen Umfeld die Heilige Schrift lesen und verstehen und von der Heiligen Schrift wirklich Licht erhalten. Wir müssen eines begreifen: Die Heilige Schrift ist ein Weg mit einer Richtung. Wer den Zielpunkt kennt, kann auch jetzt von neuem alle Schritte tun und so auf tiefere Weise das Geheimnis Christi kennenlernen. Wenn wir das begreifen, haben wir auch die Kirchlichkeit der Heiligen Schrift verstanden, weil diese Wege, diese Schritte des Weges, Schritte eines Volkes sind. Es ist das Volk Gottes, das weitergeht. Der wahre Besitzer des Wortes ist immer das vom Heiligen Geist geführte Volk Gottes, und die Inspiration ist ein komplexer Prozeß: Der Heilige Geist führt, das Volk empfängt.

Es ist also der Weg eines Volkes, des Gottesvolkes. Die Heilige Schrift muß immer richtig gelesen werden. Das kann aber nur geschehen, wenn wir innerhalb dieses Subjekts auf dem Weg sind, das das Volk Gottes ist, das lebt, das von Christus erneuert, neu gegründet wird, aber immer seine Identität beibehält.

Ich würde daher sagen, es gibt drei Dimensionen, die untereinander in Beziehung stehen. Die historische Dimension, die christologische Dimension und die ekklesiologische Dimension – des auf dem Weg befindlichen Volkes – durchdringen sich gegenseitig. Vollständig ist eine Lektüre der Heiligen Schrift dann, wenn alle drei Dimensionen gegeben sind. Deshalb bleibt die Liturgie – die gemeinsame, betende Lesung durch das Volk Gottes – der bevorzugte Ort für das Verständnis des Wortes; dies auch deshalb, weil hier die Lektüre zum Gebet wird und sich mit dem Gebet Christi im Eucharistischen Hochgebet vereint.

Ich möchte noch eine Sache hinzufügen, die alle Kirchenväter hervorgehoben haben. Dabei denke ich vor allem an einen wunderschönen Text des hl. Ephraim und an einen anderen des hl. Augustinus, in denen es heißt: Wenn du wenig verstanden hast, nimm es an, und denke nicht, du hättest alles verstanden. Das Wort ist immer viel größer als alles, was du verstehen konntest. Und das muß jetzt kritisch gegenüber einer bestimmten Richtung der modernen Exegese gesagt werden, die glaubt, alles verstanden zu haben, und daß daher nach der von ihr erarbeiteten Auslegung nichts anderes mehr gesagt werden könne. Das ist nicht wahr. Das Wort ist immer größer als die Exegese der Väter und die kritische Exegese, weil auch diese nur einen Teil, ja, ich würde sagen, einen sehr kleinen Teil versteht. Das Wort ist immer größer – das ist unser großer Trost. Und es ist einerseits schön zu wissen, daß man nur ein klein wenig verstanden hat. Es ist schön zu wissen, daß es noch einen unerschöpflichen Schatz gibt und daß jede neue Generation wieder neue Schätze entdecken und weitergehen wird mit der Größe des Wortes Gottes, das uns immer voraus ist, uns leitet und immer größer ist. Mit diesem Bewußtsein muß man die Heilige Schrift lesen.

Der hl. Augustinus hat gesagt: Aus der Quelle trinkt der Hase und trinkt der Esel. Der Esel trinkt mehr, aber jeder trinkt entsprechend seiner Fähigkeit. Ob wir nun Hasen oder Esel sind, wir sind dankbar, daß der Herr uns von seinem Wasser trinken läßt.

Wie sollen sich Ordensleute einfügen, um tatsächlich einen Dienst an der Einheit in der Universalkirche zu entfalten?

Ich sehe, daß ich mich kürzer fassen muß. Danke für diese Frage. Mir scheint, Sie haben die wesentlichen Quellen dessen zitiert, was ich über die Neuen Bewegungen sagen kann. In diesem Sinn ist Ihre Frage auch eine Antwort.

Ich möchte gleich darauf hinweisen, daß ich in diesen Monaten die italienischen Bischöfe zum »Ad-limina«-Besuch empfange und so etwas besser die Geographie des Glaubens in Italien kennenlernen kann. Zusammen mit den Problemen, die wir alle kennen, sehe ich viel Schönes. Ich sehe vor allem, daß der Glaube im Herzen der Italiener noch tief verwurzelt ist, auch wenn er natürlich in den heutigen Situationen in vielerlei Weise bedroht ist. Die Bewegungen nehmen auch meine väterliche Hirtenfunktion gut an. Andere sind kritischer und sagen, daß sich die Bewegungen nicht einfügen. Ich denke, daß die Situationen tatsächlich unterschiedlich sind, es hängt ganz von den betreffenden Personen ab.

Mir scheint, wir haben zwei Grundregeln, von denen Sie ja gesprochen haben. Die erste Regel hat uns der hl. Paulus im Ersten Brief an die Thessalonicher gegeben: Wir sollen die Charismen nicht auslöschen. Wenn uns der Herr neue Gaben schenkt, sollen wir dankbar sein, auch wenn sie manchmal unbequem sind. Es ist schön, daß – ohne Initiative der Hierarchie – durch eine sogenannte Initiative von unten, aber tatsächlich auch durch eine Initiative von oben, das heißt als Gabe des Heiligen Geistes, in der Kirche neue Formen des Lebens entstehen, wie sie im übrigen zu allen Zeiten entstanden sind.

Anfangs waren sie immer unbequem: Auch der hl. Franziskus war sehr unbequem, und es war für den Papst sehr schwierig, einer Wirklichkeit, die viel größer war als die rechtlichen Vorschriften, schließlich eine kanonische Form zu geben. Für den hl. Franziskus war es ein sehr großes Opfer, sich in dieses rechtliche Gerüst einzwängen zu lassen, aber am Ende ist auf diese Weise eine Wirklichkeit entstanden, die noch heute lebt und die auch in Zukunft leben wird: Sie schenkt dem Leben der Kirche Kraft und neue Elemente.

Ich möchte damit nur sagen: In allen Jahrhunderten sind Bewegungen entstanden. Auch der hl. Benedikt war anfangs eine Bewegung. Sie fügen sich nicht ohne Leiden, nicht ohne Schwierigkeiten in das Leben der Kirche ein. Selbst der hl. Benedikt mußte die anfängliche Richtung des Mönchtums korrigieren. Und so hat uns auch in unserem Jahrhundert der

Herr, der Heilige Geist neue Initiativen mit neuen Aspekten des christlichen Lebens geschenkt: Da sie von Menschen mit ihren Grenzen gelebt werden, rufen sie auch Schwierigkeiten hervor.

Die erste Regel lautet also: Die Charismen nicht auslöschen, dankbar dafür sein, auch wenn sie unbequem sind. Die zweite Regel lautet: Die Kirche ist »eine«; wenn die Bewegungen wirklich Gaben des Heiligen Geistes sind, fügen sie sich ein und dienen der Kirche, und im geduldigen Dialog zwischen Bischöfen und Bewegungen entsteht eine neue fruchtbare Form, wo diese Elemente zu aufbauenden Elementen für die Kirche von heute und von morgen werden.

Dieser Dialog findet auf allen Ebenen statt. Ausgehend vom Pfarrer, vom Bischof und vom Nachfolger Petri ist die Suche nach den angemessenen Strukturen im Gange: In vielen Fällen hat die Suche bereits ihre Ergebnisse gebracht. In anderen Fällen ist man noch am Sondieren. Zum Beispiel fragt man sich, ob nach fünf Versuchsjahren die Statuten für den Neokatechumenalen Weg endgültig bestätigt werden sollen oder ob es noch eine gewisse Zeit des Versuchs braucht oder ob vielleicht einige Elemente dieser Struktur noch etwas überarbeitet werden müssen.

Jedenfalls kenne ich die Neokatechumenalen von Anfang an. Es ist ein langer Weg gewesen, mit vielen Komplikationen, die es auch heute noch gibt, aber wir haben eine kirchliche Form gefunden, die das Verhältnis zwischen dem Hirten und dem Neokatechumenalen Weg schon sehr verbessert hat. Und so gehen wir voran! Dasselbe gilt für die anderen Bewegungen.

Als Synthese der beiden Grundregeln würde ich jetzt sagen: Verlangt sind Dankbarkeit, Geduld und Annahme auch der Leiden, die unvermeidlich sind. Auch in einer Ehe gibt es immer Leiden und Spannungen. Und trotzdem gehen die Partner weiter voran, und so reift die wahre Liebe. Dasselbe geschieht in der Gemeinschaft der Kirche: Haben wir Geduld miteinander! Auch die verschiedenen Ebenen der Hierarchie – vom Pfarrer bis zum Bischof und zum Papst – müssen einen ständigen Gedankenaustausch pflegen, müssen das Gespräch fördern, um gemeinsam den besten Weg zu finden. Die Erfahrungen der Pfarrer sind grundlegend, aber dann auch die Erfahrungen des Bischofs und, so sagen wir, die universale Sicht des Papstes haben ihren theologischen und pastoralen Platz in der Kirche.

Also einerseits dieses Miteinander der verschiedenen Ebenen der Hierarchie; andererseits erzeugt das Miteinander, das in den Pfarreien geduldig und aufgeschlossen im Gehorsam gegenüber dem Herrn gelebt wird, wirklich die neue Vitalität der Kirche.

Seien wir dem Heiligen Geist dankbar für die Gaben, die er uns geschenkt hat. Gehorchen wir der Stimme des Geistes, aber seien wir auch klar bei der Integration dieser Elemente in das Leben: Dieses Kriterium dient am Ende der konkreten Kirche, und mit Geduld, Mut und Hochherzigkeit wird uns so der Herr gewiß leiten und uns helfen.

Wie kann man dem Volk Gottes den Begriff der Seelsorge als wahres Leben der Kirche begreiflich machen und wie soll man es anstellen, damit sich die Seelsorge immer mehr von der Ekklesiologie des Konzils nähre?

Das sind, wie mir scheint, verschiedene Fragen. Eine Frage ist, wie man die Pfarrgemeinde durch die Ekklesiologie des Konzils inspirieren kann, wie den Gläubigen vermittelt werden soll, diese Ekklesiologie zu leben; die andere Frage ist, wie wir handeln sollen, um in uns selber die pastorale Arbeit geistlich zu machen. Beginnen wir mit dieser letzten Frage. Eine gewisse Spannung zwischen dem, was ich absolut tun muß, und der Frage, welche geistlichen Reserven ich haben muß, bleibt immer bestehen. Das sehe ich immer wieder beim hl. Augustinus, der sich in den Predigten beklagt. Ich habe schon daraus zitiert: Ich würde so gern mit dem Wort Gottes leben, aber ich muß von früh bis abends bei euch sein. Augustinus findet jedoch dieses Gleichgewicht dadurch, daß er immer zur Verfügung steht, sich aber auch Zeit für das Gebet, für die Betrachtung des Heiligen Wortes vorbehält, weil er sonst nichts mehr sagen könnte.

Ich möchte hier besonders unterstreichen, was Sie darüber gesagt haben, daß die Pastoral niemals eine bloße Strategie, eine Verwaltungsarbeit sein dürfe, sondern immer eine geistliche Arbeit bleiben müsse. Sicher kann auch das andere nicht völlig fehlen, weil wir auf dieser Erde leben und es eben auch diese Probleme gibt, z. B. wie die Gelder richtig verwaltet werden sollen und dergleichen mehr. Auch das ist ein Bereich, der nicht völlig ausgeklammert werden kann. Aber der Grundakzent muß eben der sein, daß Hirt oder Seelsorger zu sein an sich ein geistlicher Akt ist. Sie haben mit Recht auf das Johannesevangelium, Kapitel 10, hingewiesen, wo der Herr sich als den Guten Hirten bezeichnet. Und als ersten endgültigen Moment sagt Jesus, daß der Hirt vorausgeht. Das heißt, er zeigt den Weg, er tut als erster das, was die anderen tun sollen; er schlägt zuerst den Weg ein, der dann der Weg für die anderen ist. Der Hirt geht voraus. Das heißt, er selbst lebt vor allem das Wort Gottes: Er ist ein Mann des Gebets, ein Mann der Vergebung, ein Mann, der empfängt und die Sakramente als Akte des Gebets und der Begegnung mit dem Herrn feiert. Er ist ein Mann der gelebten und verwirklichten Liebe. Und so werden alle anderen einfachen Handlungen, wie Gespräche, Begegnungen und alles, was eben getan werden muß, zu geistlichen Handlungen in Gemeinschaft mit Christus. Sein *»pro omnibus«*, »für alle«, wird zu unserem *»pro meis«*, »für die Meinen«.

Er geht also voraus, und in diesem Vorausgehen ist, wie mir scheint, schon das Wesentliche gesagt. Im 10. Kapitel bei Johannes heißt es dann weiter, daß Jesus uns vorausgeht und sich selbst am Kreuz hingibt. Und das ist auch für den Priester unvermeidlich. Dieses Sich-selbst-Hingeben ist auch eine Teilhabe am Kreuz Christi, und dank dessen können auch wir in glaubwürdiger Weise die Leidenden trösten, auf der Seite der Armen, der Ausgegrenzten usw. stehen.

In diesem Programm, das Sie entwickelt haben, ist daher die Vergeistigung der täglichen Seelsorgearbeit von grundlegender Bedeutung. Das ist leichter gesagt als getan, aber wir müssen es versuchen. Und um unsere Arbeit vergeistigen zu können, müssen wir wiederum dem Herrn folgen. Die Evangelien sagen uns, daß er am Tag arbeitete und des Nachts auf dem Berg mit dem Vater war und betete. Ich muß hier meine Schwäche eingestehen: In der Nacht kann ich nicht beten, da möchte ich schlafen. Aber dennoch muß man ein wenig freie Zeit für den Herrn haben: Das schließt die Feier der Messe sowie das Stundengebet und die anschließende tägliche Betrachtung, auch wenn sie kurz ist, ebenso ein wie den Rosenkranz. Aber dieses persönliche Gespräch mit dem Wort Gottes ist wichtig. Nur auf diese Weise können wir die nötigen Reserven erhalten, um den Anforderungen des Lebens als Seelsorger zu entsprechen.

Nun ein zweiter Punkt: Sie haben mit Recht die Ekklesiologie des Konzils hervorgehoben. Mir scheint, wir müssen diese Ekklesiologie noch viel mehr verinnerlichen, und zwar sowohl die Ekklesiologie von *Lumen gentium* wie jene von *Ad gentes,* das auch ein ekklesiologisches Dokument ist, sowie auch jene der kleineren Dokumente und sodann die Ekklesiologie von *Dei Verbum.* Durch die Verinnerlichung dieser Sicht können wir auch unser Volk für diese Sicht gewinnen, damit es erkennt, daß die Kirche nicht bloß ein großes Gebilde, eine dieser übernationalen Einrichtungen ist, die es gibt. Die Kirche ist, auch wenn sie Leib ist, Leib Christi und somit ein geistlicher Leib, wie der hl. Paulus sagt. Sie ist eine geistliche Wirklichkeit.

Mir scheint daher sehr wichtig zu sein, daß die Menschen sehen können: Die Kirche ist keine übernationale Organisation, keine Verwaltungs- oder Machtkörperschaft, keine Sozialagentur – auch wenn sie soziale und übernationale Arbeit leistet –, sondern ein geistlicher Leib. Wir müssen mit dem Volk Gottes beten, mit dem Volk zusammen das Wort Gottes hören, mit dem Volk Gottes die Sakramente feiern, mit Christus in der Liebe tätig sein usw. Vor allem in unseren Predigten müssen wir diese Sicht verbreiten. In diesem Sinn ist, so scheint mir, die Homilie eine wunderbare Gelegenheit, den Menschen nahe zu sein und ihnen die vom Konzil gelehrte Spiritualität zu vermitteln. Und auf diese Weise ist die Homilie, wenn sie im Gebet, im Hören des Wortes Gottes gewachsen ist, Vermittlung des Inhalts des Gotteswortes. Dann erreicht wirklich das Konzil unser Volk. Nicht jene bruchstückhaften Splitter der Publizistik, die ein falsches Bild des Konzils verbreitet haben, sondern die wahre geistliche Wirklichkeit des Konzils. Und so müssen wir immer von neuem mit dem Konzil und im Geist des Konzils durch die Verinnerlichung seiner Vision das Wort Gottes lernen. Wenn wir das tun, können wir uns auch unseren Mitmenschen mitteilen und so tatsächlich eine pastorale und spirituelle Arbeit leisten.

Können Sie den Sinn und Wert der eucharistischen Sühne bei sakrilegischer Entwendung der Eucharistie und gegenüber satanischen Sekten erklären?

Im allgemeinen wird nicht mehr über die Eucharistische Anbetung gesprochen, obwohl sie wirklich in unsere Herzen eingedrungen ist und in das Herz des Volkes eindringt. Sie haben diese spezifische Frage zur eucharistischen Wiedergutmachung gestellt. Das ist zu einem schwierigen Thema geworden. Ich erinnere mich: Als ich jung war, betete man am Herz-Jesu-Fest mit einem schönen Gebet von Leo XIII. und dann von Pius XI., in dem die Wiedergutmachung – schon damals in bezug auf gotteslästerliche Taten, die wieder gutgemacht werden mußten – einen besonderen Platz hatte.

Mir scheint, wir müssen tiefer gehen, wir müssen zum Herrn selber gelangen, der die Wiedergutmachung für die Sünde der Welt angeboten hat, und wieder gutzumachen versuchen, das heißt, einen Ausgleich herstellen zwischen dem Mehr an Bösem und dem Mehr an Gutem. So dürfen wir in der Waage der Welt nicht dem Negativen dieses große Übergewicht belassen, sondern müssen dem Guten ein mindestens gleiches Gewicht geben. Dieser Grundgedanke stützt sich auf alles, was Christus getan hat. Das ist, soweit ich es zu verstehen vermag, der Sinn des eucharistischen Opfers. Diesem großen Gewicht des Bösen, das es in der Welt gibt und das die Welt nach unten zieht, setzt der Herr ein anderes größeres Gewicht entgegen, das Gewicht der unendlichen Liebe, die in diese Welt eintritt. Das ist der entscheidende Punkt: Gott ist immer das absolute Gute, aber gerade dieses absolute Gute tritt in das Spiel der Geschichte ein; Christus wird hier gegenwärtig und erleidet das Böse bis zum Ende; auf diese Weise schafft er ein Gegengewicht von absolutem Wert. Das Mehr an Bösem, das es immer gibt, wenn wir die Proportionen nur empirisch sehen, wird vom unermeßlichen Mehr des Guten, des Leidens des Gottessohnes überwunden.

In diesem Sinn gibt es die Wiedergutmachung, die notwendig ist. Mir will scheinen, daß es heute etwas schwierig ist, diese Dinge zu verstehen. Wenn wir das Gewicht des Bösen in der Welt sehen, das ständig wächst, das in der Geschichte absolut die Oberhand zu haben scheint, könnte man – wie der hl. Augustinus in einer Meditation sagt – schier verzweifeln. Doch wir sehen, daß es ein noch größeres Mehr in der Tatsache gibt, daß Gott selbst in die Geschichte eingetreten ist, an der Geschichte teilgehabt und gelitten hat bis ans Ende. Das ist der Sinn der Wiedergutmachung. Dieses Mehr des Herrn ist für uns ein Aufruf dazu, uns auf seine Seite zu stellen, auch mit unserer Schwachheit einzutreten in dieses große Mehr an Liebe und es gegenwärtig zu machen. Wir wissen, daß dieses Mehr auch für uns nötig war, denn auch in unserem Leben gibt es das Böse. Wir alle leben dank des Mehr des Herrn. Aber er macht uns dieses Geschenk, damit wir, wie der Brief an die Kolosser sagt, an seinem Überfluß teilhaben und – sagen wir – diesen Überfluß konkret in unserer geschichtlichen Situation noch weiter vermehren können.

Mir scheint, daß die Theologie mehr tun müßte, um diese Wirklichkeit der Wiedergutmachung besser verständlich zu machen. Es gab im Laufe der Geschichte auch falsche Ideen. Dieser Tage habe ich die theologischen Reden des hl. Gregor von Nazianz gelesen, der bei einem bestimmten Anlaß von diesem Aspekt spricht und sich fragt, wem der Herr sein Blut dargebracht habe. Er sagt: Der Vater wollte nicht das Blut des Sohnes, der Vater ist nicht grausam, man muß das nicht dem Willen des Vaters zuschreiben; aber die Geschichte wollte es so, die Notwendigkeiten und Mißverhältnisse der Geschichte wollten es; man mußte in diese Mißverhältnisse eintreten und hier das wahre Gleichgewicht wieder herstellen. Das ist sehr einleuchtend. Aber mir scheint, wir verfügen noch nicht hinreichend über die Sprache, um diese Tatsache uns und dann auch den anderen verständlich zu machen. Man muß nicht einem grausamen Gott das Blut Gottes darbringen. Sondern Gott selber muß mit seiner Liebe in die Leiden der Geschichte eintreten, um nicht nur ein Gleichgewicht zu schaffen, sondern ein Mehr an Liebe, das stärker ist als das Übergewicht an Bösem, das es gibt. Dazu lädt uns der Herr ein.

Das ist, wie mir scheint, eine typisch katholische Wirklichkeit. Luther sagt: Wir können nichts hinzufügen. Und das stimmt. Und dann sagt er: Daher zählen unsere Werke nichts. Und das stimmt nicht. Denn die Großzügigkeit des Herrn zeigt sich gerade darin, daß er uns einlädt, einzutreten, und auch Wert darauf legt, daß wir bei ihm sind. Wir müssen das alles besser lernen und auch die Größe und Großzügigkeit des Herrn und die Größe unserer Berufung spüren. Der Herr will uns an diesem seinem großen Mehr teilhaben lassen. Wenn wir anfangen, das zu begreifen, werden wir uns freuen, daß der Herr uns dazu einlädt. Es wird die große Freude darüber sein, daß wir von der Liebe des Herrn ernst genommen wurden.

…

Wie ist das Verhältnis zwischen Glaubenseinheit und Pluralismus in der Theologie?

Das ist eine große Frage! Als ich noch Mitglied der Internationalen Theologischen Kommission war, haben wir uns ein ganzes Jahr lang mit diesem Problem auseinandergesetzt. Ich war Referent und kann mich daher gut daran erinnern. Trotzdem sehe ich mich nicht dazu in der Lage, die Frage mit wenigen Worten zu erklären.

Ich möchte nur sagen, daß die Theologie immer sehr vielfältig gewesen ist. Denken wir an die Kirchenväter, dann das Mittelalter mit der franziskanischen und der dominikanischen Schule, dann das Spätmittelalter und so weiter. Wie wir gesagt haben: Das Wort Gottes ist immer größer als wir. Deshalb können wir die Reichweite dieses Wortes niemals ausschöpfen, und es braucht verschiedene Formen der Annäherung, verschiedene Arten des Nachdenkens. Ich möchte einfach sagen: Wichtig ist, daß der Theologe einerseits in seiner Verantwortlichkeit und seiner beruflichen Fähigkeit versucht, Wege zu finden, die den Erfordernissen und Herausforderungen unserer Zeit entsprechen; und daß er sich andererseits immer bewußt ist, daß all das auf den Glauben der Kirche gegründet ist und daher immer zum Glauben der Kirche zurückkehren muß. Ich denke: Wenn ein Theologe persönlich tief im Glauben lebt und versteht, daß seine Arbeit Nachdenken über den Glauben ist, wird er die Versöhnung zwischen Einheit und Vielfalt finden.

Sollte die sakrale Kunst als Mittel der Glaubensvermittlung nicht angemessener zur Geltung gebracht werden?

Die Antwort könnte sehr einfach lauten: Ja! Ich bin etwas verspätet zu Ihnen gekommen, weil ich vorher die »Cappella Paolina« besucht habe, die seit einigen Jahren restauriert wird. Man sagte mir, die Arbeiten würden noch zwei Jahre dauern. Ich konnte ein wenig zwischen den Gerüsten einen Teil dieses Wunderwerkes der Kunst sehen. Es lohnt sich, diese Kapelle fachkundig zu restaurieren, so daß sie wieder in ihrem Glanz erstrahlt und eine lebendige Katechese darstellt.

Damit wollte ich daran erinnern, daß Italien besonders reich an Kunst ist, und die Kunst ist ein unerschöpflicher, unglaublicher Schatz der Katechese. Für uns ist es auch eine Pflicht, sie kennenzulernen und gut zu verstehen. Nicht so, wie es die Kunsthistoriker manchmal tun, die sie nur formal nach der künstlerischen Technik interpretieren. Wir müssen vielmehr in den Inhalt eintreten und den Inhalt, der diese große Kunst inspiriert hat, wieder lebendig machen. Es scheint mir wirklich eine Pflicht zu sein – auch bei der Ausbildung der künftigen Priester –, diese Schätze zu kennen und fähig zu sein, das, was in ihnen vorhanden ist und heute zu uns spricht, in lebendige Katechese zu verwandeln. So wird auch die Kirche nicht als ein Organismus der Unterdrückung oder der Macht – wie manche sie hinstellen wollen –, sondern als Organismus einer geistig-spirituellen Fruchtbarkeit erscheinen können, die in der Geschichte unwiederholbar ist oder zumindest, so wage ich zu sagen, außerhalb der katholischen Kirche nicht festgestellt werden kann. Das ist auch ein Zeichen für die Vitalität der Kirche, die trotz all ihrer Schwächen und auch Sünden immer eine große geistige Wirklichkeit geblieben ist, eine Quelle der Inspiration, die uns diesen ganzen Reichtum geschenkt hat.

Es ist daher für uns eine Pflicht, in diesen Reichtum einzutreten und fähig zu sein, zu echten Interpreten dieser Kunst zu werden. Das gilt sowohl für die Kunst der Malerei und der Bildhauerei als auch für die geistliche Musik, die ein Bereich der Kunst ist, der wiederbelebt zu werden verdient. Ich würde sagen, das auf verschiedene Weise gelebte Evangelium ist auch heute noch eine inspirierende Kraft, die uns Kunst schenkt und schenken wird. Es gibt auch heute vor allem sehr schöne Skulpturen, die beweisen, daß die Fruchtbarkeit des Glaubens und des Evangeliums nicht erloschen ist; es gibt auch heute musikalische Kompositionen … Mir scheint, daß heute eine, sagen wir, widersprüchliche Situation der Kunst, auch eine etwas verzweifelte Situation der Kunst hervorgehoben werden kann. Auch heute inspiriert die Kirche, weil der Glaube und das Wort Gottes unerschöpflich sind. Und das gibt uns allen Mut. Es schenkt uns die Hoffnung, daß die Welt auch in Zukunft neue Glaubensvisionen haben wird, und zugleich die Gewißheit, daß die bereits hinter uns liegenden zweitausend Jahre christlicher Kunst immer lebendig und immer ein »Heute« des Glaubens sind.

Nun danke ich Ihnen für Ihre Geduld und Ihre Aufmerksamkeit. Alles Gute für die Fastenzeit!

GUTEN TAG, WIR BEFINDEN UNS
JETZT ÜBER DER SAHARA

Kann die Kirche etwas gegen die Gewalt tun, die in Brasilien unannehmbare Dimensionen erreicht hat?

Wer an Christus glaubt, wer an diesen Gott glaubt, der Versöhnung ist und der durch das Kreuz das stärkste Zeichen gegen die Gewalt gesetzt hat, ist nicht gewalttätig und hilft den anderen, die Gewalt zu überwinden. Das Größte, was wir tun können, ist, zum Glauben an Christus zu erziehen, zum Erlernen der Botschaft, die aus der Person Christi erwächst. Ein Mann, eine Frau mit Glauben zu sein, bedeutet automatisch, der Gewalt zu widerstehen, und das mobilisiert die Kräfte gegen sie.

Sind Sie mit der mexikanischen Kirche einverstanden, daß Abgeordnete, die den Werten Gottes widersprechenden Abtreibungsgesetze befürworten, exkommuniziert werden sollen?

Es gibt diesen großen Kampf der Kirche für das Leben. Sie wissen, daß Papst Johannes Paul II. ihn zu einem grundlegenden Punkt seines ganzen Pontifikats gemacht hat. Er hat eine große Enzyklika über das Evangelium des Lebens geschrieben. Wir setzen natürlich diese Botschaft fort, daß das Leben ein Geschenk und keine Bedrohung ist. Mir scheint, daß an der Wurzel dieser Gesetzgebungen einerseits ein gewisser Egoismus und anderseits auch ein Zweifel am Wert des Lebens, an der Schönheit des Lebens und auch ein Zweifel an der Zukunft steht. Und die Kirche antwortet vor allem auf

Interview auf dem Flug nach Brasilien, 9. Mai 2007.

diese Zweifel: Das Leben ist schön, es ist nichts Zweifelhaftes, sondern ein Geschenk, und das Leben bleibt auch unter schwierigen Bedingungen immer ein Geschenk. Es gilt also, dieses Bewußtsein von der Schönheit des Geschenks des Lebens zu erneuern. Und dann noch etwas anderes: der Zweifel an der Zukunft. Natürlich gibt es in der Welt vielfache Bedrohungen, aber der Glaube gibt uns die Sicherheit, daß Gott immer stärker ist und in der Geschichte gegenwärtig bleibt, so daß wir mit Vertrauen auch neuen Menschen das Leben schenken können. In dem Bewußtsein, das uns der Glaube von der Schönheit des Lebens und der Vorsehung und Gegenwart Gottes in unserer Zukunft gibt, können wir diesen Ängsten widerstehen, die die Ursache dieser Gesetzgebungen sind.

Gibt es keinen Grund zur Besorgnis, oder werden Sie sich vielleicht in Zukunft in spezifischerer Weise zu Lateinamerika äußern?

Nein, ich liebe Lateinamerika sehr, ich habe Lateinamerika oft besucht und habe dort viele Freunde, und ich weiß, wie groß die Probleme sind und wie groß anderseits der Reichtum dieses Kontinents ist. Zur Zeit sehen wir aber, daß die Probleme des Nahen Ostens, des Heiligen Landes, des Irak usw. dominieren. Es gilt also, sozusagen eine unmittelbare Priorität zu berücksichtigen. Auch die Leiden Afrikas sind gewaltig, wie wir wissen. Aber nicht weniger Sorge machen mir die Probleme Lateinamerikas, denn ich liebe Lateinamerika nicht weniger, den großen – nein, den größten – katholischen Kontinent und damit auch die größte Verantwortlichkeit für einen Papst. Deshalb bin ich glücklich, daß endlich der Moment für mich gekommen ist, nach Lateinamerika reisen zu können, die von Paul VI. und Johannes Paul II. übernommene Verpflichtung zu bekräftigen und auf derselben Linie fortzusetzen. Der Papst möchte natürlich, daß es nicht nur der katholische Kontinent ist, sondern auch ein vorbildlicher Kontinent, wo die menschlichen Probleme, die gewaltig sind, in angemessener Weise gelöst werden. Und wo man mit den Bischöfen, den Priestern, den Ordensleuten und den Laien zusammenarbeitet, damit dieser große katholische Kontinent auch wirklich ein Kontinent des Lebens und der Hoffnung ist. Das ist für mich eine erstrangige Priorität.

Billigen sie die Exkommunikation der Abgeordneten in Mexiko-Stadt bezüglich der Frage der Abtreibung?

Die Exkommunikation ist nicht etwas Willkürliches, sondern vom *Codex des Kanonischen Rechtes* vorgesehen. Es steht also einfach im kanonischen Recht, daß die Tötung eines unschuldigen Kindes unvereinbar ist mit dem Gang zur Kommunion, wo man den Leib Christi empfängt. Es wurde also nichts Neues, nichts Überraschendes oder Willkürliches erfunden. Es wurde nur öffentlich auf das hingewiesen, was vom Kirchenrecht vorgesehen ist, von einem Recht, das auf der Lehre und auf dem Glauben der Kirche gründet, auf unserer Hochschätzung für das Leben und für die menschliche Individualität vom ersten Augenblick an.

… Sie fragten mich, ob ich mich von den Deutschen genügend unterstützt fühle und ob ich auch ein wenig Heimweh nach Deutschland habe. Ja, ich fühle mich genügend unterstützt; es ist normal, daß in einem protestantisch und katholisch gemischten Land nicht alle Getauften mit dem Papst übereinstimmen; das ist völlig normal. Aber mir scheint, daß es doch eine starke Unterstützung gibt, auch vom nichtkatholischen Teil Deutschlands. Also ja, es gibt die Unterstützung, und sie hilft mir. Ich liebe meine Heimat, aber ich liebe auch Rom, und jetzt bin ich Weltbürger. Und so bin ich überall zu Hause und bin meinem Land wie allen anderen nahe.

Wie kann man die Abwanderung der katholischen Gläubigen aufhalten?

Das ist unsere gemeinsame Sorge. Wir wollen gerade in dieser V. Generalversammlung der Bischöfe von Lateinamerika und der Karibik überzeugende Antworten finden, und dafür wird schon gearbeitet. Dieser Erfolg der Sekten zeigt einerseits, daß es einen verbreiteten Durst nach Gott gibt, einen

Durst nach Religion; die Menschen wollen Gott nahe sein und suchen nach einem Kontakt mit ihm. Anderseits natürlich nehmen sie auch den an, der sich anbietet und Lösungen für ihre Probleme des täglichen Lebens verspricht. Wir müssen als katholische Kirche gerade das verwirklichen, was der Zweck der V. Generalversammlung ist – das heißt, missionarischer und damit dynamischer sein im Anbieten von Antworten auf den Durst nach Gott; wir müssen uns bewußt sein, daß die Menschen und gerade die Armen, Gott nahe bei sich haben wollen. Wir wissen, daß wir ihnen zusammen mit dieser Antwort auf den Durst nach Gott helfen müssen, gerechte Lebensbedingungen zu finden, dies sowohl auf mikroökonomischer Ebene in den konkreten Situationen, wie es die Sekten tun, als auch auf makroökonomischer Ebene, wobei wir auch an alle Notwendigkeiten der Gerechtigkeit denken.

Was ist die besondere Botschaft an die Vertreter der Befreiungstheologie?

Ich würde sagen, daß sich infolge der veränderten politischen Situation auch die Situation der Befreiungstheologie tiefgreifend verändert hat, und jetzt ist es offensichtlich, daß diese bequemen Millenarismen, die als unmittelbare Folge der Revolution die vollständigen Bedingungen eines gerechten Lebens versprachen, falsch waren. Das wissen heute alle. Die Frage ist jetzt, wie die Kirche im Kampf um die notwendigen Reformen, im Kampf um gerechtere Lebensbedingungen präsent sein soll. Diesbezüglich trennen sich die Ansichten der Theologen, insbesondere die der Vertreter der politischen Theologie. Mit der Instruktion, die damals von der Kongregation für die Glaubenslehre gegeben wurde, haben wir versucht, eine Unterscheidung durchzuführen, das heißt, uns von den falschen Millenarismen zu befreien, uns auch von einer falschen Vermischung von Kirche und Politik, von Glauben und Politik zu befreien; wir haben versucht, den spezifischen Teil der Sendung der Kirche aufzuzeigen, der gerade in der Antwort auf den Durst nach Gott besteht, und somit auch zu den persönlichen und sozialen Tugenden anzuleiten, die die notwendige

Voraussetzung sind, um den Sinn für Gesetzlichkeit reifen zu lassen. Und anderseits haben wir versucht, die Leitlinien für eine richtige Politik vorzustellen, die nicht wir machen, aber für die wir die Leitlinien und die entscheidenden Grundwerte herausstellen und – sagen wir – die menschlichen, sozialen und psychologischen Bedingungen schaffen müssen, unter denen solche Werte gedeihen können. Es ist also Raum für eine schwierige, aber legitime Debatte darüber, wie man dieses Ziel erreichen kann und wie man der Soziallehre der Kirche Wirksamkeit verleihen kann. In diesem Sinn versuchen auch einige Befreiungstheologen, auf diesem Weg zu gehen, andere nehmen andere Positionen ein. Auf jeden Fall war der Sinn des Eingreifens des Lehramtes nicht der, den Einsatz für die Gerechtigkeit zu zerstören, sondern ihn unter Achtung des rechten Unterschieds zwischen politischer und kirchlicher Verantwortlichkeit auf den richtigen Weg zu führen.

Was kann die Kirche tun, damit wir vor allem in dieser Situation des inneren Konflikts in Kolumbien vorangehen können.

Ich bin natürlich kein Orakel, das automatisch immer die richtige Antwort findet. Wir wissen, daß sich die Bischöfe ernsthaft bemühen, diese Antworten zu finden. Ich kann nur die Grundlinie der Bischöfe bekräftigen, das heißt einen deutlichen Verweis darauf geben, daß der Glaube in den Mittelpunkt zu stellen ist, was die sicherste Gewähr gegen die Zunahme von Gewalt ist; dazu gehört der entschiedene Einsatz für eine Gewissensbildung, die aus Situationen hinausführt, die mit dem Glauben unvereinbar sind. Natürlich sind, sagen wir mal, wirtschaftliche Umstände im Spiel, wo Kleinbauern von einem bestimmten Markt leben, der dann die großen Verdienste woanders bringt. Man kann nicht sofort, in einem Augenblick, diese vielen wirtschaftlichen, politischen und ideologischen Verwicklungen lösen, aber man muß sehr entschlossen vorangehen in der aufrichtigen Zustimmung zu einem Glauben, der die Achtung der Gesetzlichkeit sowie die Liebe und Verantwortung für den Nächsten einschließt. Mir scheint, daß die Glaubensbildung die sicherste Humanisierung ist, auch um dann mit der Zeit diese sehr konkreten Probleme zu lösen.

Wie weit ist der Heiligsprechungsprozeß von Erzbischof Oscar Romero, und wie sehen Sie diese Gestalt?

Nach den letzten Informationen über die Tätigkeit der zuständigen Kongregation werden viele Fälle bearbeitet, ich weiß, daß sie vorangehen. Seine Exzellenz Bischof Paglia hat mir eine bedeutsame Biographie gesandt, die viele Punkte in dieser Hinsicht klärt. Erzbischof Romero war sicher ein großer Glaubenszeuge, ein Mann von großer christlicher Tugend, der sich für den Frieden und gegen die Diktatur eingesetzt hat und der während der Feier der heiligen Messe ermordet wurde. Also ein wahrhaft »glaubwürdiger« Tod, der Tod eines Glaubenszeugen. Es gab das Problem, daß eine politische Seite ihn unrechtmäßig für sich als Galionsfigur, als emblematische Gestalt beanspruchte. Wie kann man nun seine Gestalt ins rechte Licht rücken und sie vor diesen Versuchen der Instrumentalisierung schützen? Das ist das Problem. Es wird geprüft, und ich warte und vertraue auf das, was die Kongregation für die Selig- und Heiligsprechungsprozesse dazu sagen wird.

Wie bewerten Sie den Einfluß der politischen Links-Regime in Lateinamerika auf das Projekt, das die Kirche für den Kontinent hat?

Nun, über diese Aspekte der Politik der Linken kann ich jetzt nichts sagen, weil ich nicht genügend informiert bin. Außerdem, das ist klar, möchte ich mich nicht mit Fragen befassen, die unmittelbar zur Politik gehören. Was meine Bildung betrifft – sagen wir – meinen persönlichen Einsatz für Brasilien, ist zu berücksichtigen, daß es sich um das größte Land Lateinamerikas handelt, ein Land, das von Amazonien bis Argentinien reicht. In Brasilien gibt es mehrere indigene Kulturen. Man sagte mir, daß es über 80 verschiedene Sprachen gibt. Anderseits ist da auch die große Vergangenheit, in der die Anwesenheit von Afroamerikanern und von Afrobrasilianern zu verzeichnen ist. Es ist interessant, wie dieses Volk entstanden ist und wie sich in ihm der katholische Glaube entwickelt hat: der Glaube wurde zu allen Zeiten und unter großen Schwierigkeiten verteidigt. Wir wissen, daß die Kirche im 19. Jahrhundert von neoliberalen Kräften verfolgt wurde. Für meine Bildung also war wichtig, die Entwicklung dieser katholischen Völker Lateinamerikas zu verfolgen. Ich bin kein Spezialist, aber ich bin überzeugt, daß sich hier zumindest zum Teil – und zwar zum grundlegenden Teil – die Zukunft der katholischen Kirche entscheidet. Das war für mich immer klar. Natürlich spüre ich das Bedürfnis, meine Kenntnisse von dieser Welt noch zu vertiefen.

Sie werden am 13. Mai in Aparecida sein, dem 90. Jahrestag der Erscheinungen in Fatima. Wollen Sie uns etwas über dieses Zusammenfallen der Daten sagen?

Für mich ist es wirklich ein Geschenk der Vorsehung, daß meine Messe in Aparecida, dem großen Marienheiligtum Brasiliens, mit dem 90. Jahrestag der Erscheinungen der Gottesmutter von Fatima zusammenfällt. So sehen wir, daß dieselbe Mutter Gottes, die Mutter der Kirche, unsere Mutter, in verschiedenen Kontinenten gegenwärtig ist und daß sie sich in den verschiedenen Kontinenten immer in der gleichen Weise als Mutter zeigt, indem sie eine besondere Nähe zu jedem Volk offenbart. Das ist sehr schön für mich. Es ist immer die Mutter Gottes, es ist immer Maria, sie ist jedoch sozusagen »inkulturiert«: Sie hat ihr eigenes Gesicht, ihr besonderes Antlitz, in Guadalupe, in Aparecida, in Fatima, in Lourdes, in allen Ländern der Erde. Gerade so also zeigt sie sich als Mutter: indem sie allen nahe ist. Auf diese Weise kommen sich alle einander näher dank dieser Liebe zur Gottesmutter. Diese Verbindung, die die Gottesmutter zwischen den Kontinenten, den Kulturen schafft, indem sie jeder Kultur nahe ist und sie gleichzeitig alle untereinander eint, gerade das scheint mir wichtig: das Zusammenkommen der Besonderheit der Kulturen – von denen jede ihren eigenen Reichtum hat – und die Einheit in derselben Gemeinschaft der Familie Gottes.

In Brasilien gibt es manchen, der die Botschaft der Kirche nicht hören will.

Das ist keine Besonderheit von Brasilien. In allen Teilen der Welt gibt es überaus viele, die nicht auf das hören wollen, was die Kirche sagt. Wir hoffen, daß sie es wenigstens hören; dann können sie auch anderer Meinung sein; aber es ist wichtig, daß sie es zumindest vernehmen, damit sie antworten können. Wir suchen auch diejenigen zu überzeugen, die nicht übereinstimmen und nicht hören wollen. Wir dürfen nicht vergessen, daß es auch unserem Herrn nicht gelungen ist, daß ihm alle zugehört haben. Wir erwarten nicht, alle schlagartig überzeugen zu können. Aber ich versuche mit Hilfe meiner Mitarbeiter, in diesem Augenblick zu Brasilien zu sprechen in der Hoffnung, daß sehr viele zuhören wollen und daß sich sehr viele davon überzeugen, daß das der Weg ist, den man gehen muß, ein Weg, der aber auch für viele Optionen und unterschiedliche Meinungen offen ist.

BETET, HEILT UND VERKÜNDIGT

Eine Frage zur Gewissensbildung: Gutes und Schlechtes wird ver-
wechselt mit »sich gut fühlen« und »sich schlecht fühlen«, mit dem
emotionalen Aspekt. Dazu möchte ich Sie um Ihren Rat bitten.

... Nun, diese erste Frage läßt ein Problem der kulturellen Situation im Westen erkennbar werden, denn der Begriff des
Gewissens hat in den letzten beiden Jahrhunderten eine tiefgreifende Wandlung erfahren. Heute herrscht die Idee vor, daß
nur das vernünftig sei, ein Teil der Vernunft sei, was quantifi-
zierbar ist. Die anderen Dinge, also die Religion und die Moral,
gehörten demnach nicht zur gemeinsamen Vernunft, weil sie
nicht verifizierbar oder, wie es heißt, nicht experimentell zu
widerlegen sind. In dieser Situation, in der die Moral und die
Religion von der Vernunft gleichsam ausgeschlossen werden,
ist der einzige endgültige Maßstab der Moralität und auch der
Religion das Subjekt, das subjektive Gewissen, das keine anderen Instanzen kennt. Letztlich entscheidet nur das Subjekt mit
seinem Gefühl, mit seinen Erfahrungen, mit eventuellen Maßstäben, die es gefunden hat. Aber so wird das Subjekt zu einer
isolierten Wirklichkeit, und so ändern sich, wie Sie gesagt haben, die Parameter von Tag zu Tag. »Gewissen« bedeutet in der
christlichen Überlieferung »Mit-Wissen«: Wir sind offen, unser
Sein ist offen, es kann die Stimme des Seins selbst, die Stimme
Gottes, hören. Die Stimme der großen Werte ist also in unser Sein eingeschrieben, und die Größe des Menschen besteht
eben darin, daß er nicht in sich selbst verschlossen ist, daß er
nicht auf die materiellen, die quantifizierbaren Dinge verkürzt

Begegnung mit dem Klerus der Diözesen Belluno-Feltre und Treviso,
Kirche »Santa Giustina Matire«, Auronzo di Cadore, 24. Juli 2007.

werden kann, sondern daß er in seinem Innersten offen ist für die wesentlichen Dinge, daß er fähig ist zu hören. In der Tiefe unseres Seins können wir nicht nur die Bedürfnisse des jeweiligen Augenblicks, nicht nur die materiellen Dinge wahrnehmen, sondern wir können die Stimme des Schöpfers selbst hören, und so erkennt man, was gut ist und was schlecht ist. Aber natürlich muß dieses Hörvermögen ausgebildet und entfaltet werden. Und eben darum geht es bei unserer Verkündigung in der Kirche: um die Entfaltung dieser dem Menschen von Gott geschenkten erhabenen Fähigkeit, die Stimme der Wahrheit und so die Stimme der Werte zu hören. Ich würde daher sagen, daß ein erster Schritt darin besteht, den Menschen bewußt zu machen, daß unser Wesen selbst eine moralische Botschaft in sich trägt, eine göttliche Botschaft, die entschlüsselt werden muß und die wir immer besser kennenlernen, immer besser hören können, wenn unser inneres Hörvermögen geöffnet und entfaltet wird. Jetzt stellt sich die konkrete Frage, wie diese Erziehung zum Hören geschehen soll, wie man den Menschen dazu fähig machen soll trotz all der Taubheiten der modernen Zeit, wie man es anstellen soll, daß dieses Hörvermögen zurückkehrt, daß es zum wirklichen Geschehen wird, zum »Effatà« der Taufe, zur Öffnung der inneren Sinne. Angesichts der Situation, in der wir uns befinden, würde ich eine Verbindung zwischen einem laikalen und einem religiösen Weg, dem Weg des Glaubens, vorschlagen. Wir alle sehen heute, daß der Mensch die Grundlage seiner Existenz, seine Erde, zerstören könnte und daß wir daher mit dieser Erde, mit der uns anvertrauten Wirklichkeit, nicht mehr einfach das machen können, was wir wollen und was uns im Augenblick nützlich und vielversprechend zu sein scheint. Wir müssen, wenn wir überleben wollen, die inneren Gesetze der Schöpfung, dieser Erde, respektieren, müssen diese Gesetze kennenlernen und diesen Gesetzen auch gehorchen. Dieser Gehorsam gegenüber der Stimme der Erde, der Stimme des Seins ist also für unser zukünftiges Glück wichtiger als die Stimmen des Augenblicks, die Wünsche des Augenblicks. Das ist ein erstes Kriterium, das es zu lernen gilt: daß das Sein selbst, unsere Erde, zu uns spricht und daß wir zuhören müssen, wenn wir überleben und die Botschaft der Erde entschlüsseln wollen. Und wenn wir der Stimme der Erde gehorchen müssen, dann gilt das noch mehr für die Stimme des menschlichen Lebens. Wir müssen nicht nur für die Erde Sorge tragen, sondern wir müssen den anderen, die anderen respektieren – den anderen in seiner Einzigartigkeit als Person, als meinen Nächsten ebenso wie die anderen als Gemeinschaft, die auf der Erde lebt und die zusammenleben muß. Und wir sehen, daß es nur dann weitergehen kann, wenn wir das Geschöpf Gottes, das Abbild Gottes, das der Mensch ist, absolut respektieren, wenn wir das Zusammenleben auf der Erde respektieren. Und hier kommen wir zu dem Punkt, daß wir die großen moralischen Erfahrungen der Menschheit brauchen. Diese Erfahrungen sind aus der Begegnung mit dem anderen, mit der Gemeinschaft entstanden: die Erfahrung, daß die menschliche Freiheit stets eine miteinander geteilte Freiheit ist und daß sie nur dann funktionieren kann, wenn wir unsere Freiheiten miteinander teilen und dabei die Werte respektieren, die wir alle gemeinsam haben. Mir scheint, daß man in diesen Schritten die Notwendigkeit deutlich machen kann, der Stimme des Seins zu gehorchen, der Würde des anderen zu gehorchen, der Notwendigkeit zu gehorchen, zusammen unsere Freiheiten als »eine« Freiheit zu leben. So kann man den Wert erkennen, der darin enthalten ist, eine würdige Lebensgemeinschaft unter den Menschen möglich zu machen. So gelangen wir, wie schon gesagt, zu den großen Erfahrungen der Menschheit, in denen sich die Stimme des Seins ausdrückt, und vor allem zu den Erfahrungen des großen Pilgerwegs des Gottesvolkes in der Geschichte, angefangen bei Abraham. In diesem Weg finden wir nicht nur die grundlegenden menschlichen Erfahrungen wieder, sondern wir können durch diese Erfahrungen die Stimme des Schöpfers selbst hören, der uns liebt und der zu uns gesprochen hat. Im Hinblick auf den Respekt gegenüber den menschlichen Erfahrungen, die uns heute den Weg weisen und dies auch morgen noch tun werden, scheinen mir die Zehn Gebote stets einen vorrangigen Wert zu haben, da wir in ihnen die großen Wegweiser erkennen. Die Zehn Gebote – im Licht Christi, im Licht des Lebens der Kirche und ihrer Erfahrungen neu ausgelegt und neu gelebt – machen einige grundlegende und wesentliche Werte deutlich: Das vierte und das sechste Gebot zeigen gemeinsam auf, wie wichtig unser Leib ist, wie wichtig es ist, die Gesetze des Leibes und der Sexualität und der Liebe zu achten, den Wert der treuen Liebe, die Familie; das fünfte Gebot zeigt den Wert des Lebens und auch den Wert des gemeinsamen Lebens auf; das siebte Gebot zeigt den Wert auf, der darin liegt, die Güter der Erde miteinander zu teilen und sie gerecht miteinander zu teilen, die Verwaltung der Schöpfung Gottes; das achte Gebot zeigt den großen Wert der Wahrheit auf. Während wir also im vierten, fünften und sechsten Gebot die Nächstenliebe haben, haben wir im siebten Gebot die Wahrheit. All das ist nicht möglich ohne die Gemeinschaft mit Gott, ohne die Achtung vor Gott und ohne die Gegenwart Gottes in der Welt. Eine Welt, in der es Gott nicht gibt, wird in jedem Fall eine Welt der Willkür und des Egoismus. Nur wenn Gott da ist, gibt es Licht, gibt es Hoffnung. Unser Leben hat einen Sinn, den nicht wir schaffen müssen, sondern der uns vorausgeht, der uns trägt. Daher würde ich also vorschlagen, gemeinsam die deutlich sichtbaren Wege zu gehen, die heute auch das laikale Gewissen leicht erkennen kann, und dabei zu versuchen, zu den tieferen Stimmen hinzuführen, zur wahren Stimme des Gewissens, die sich in der großen Tradition des Gebets, des moralischen Lebens der Kirche mitteilt. So können wir, glaube ich, in einem Weg geduldiger Erziehung alle lernen, zu leben und das wahre Leben zu finden.

An welchen Prioritäten soll sich heute unser Dienst als Priester und Pfarrer ausrichten, um einerseits die Bruchstückhaftigkeit und andererseits die Zersplitterung zu vermeiden?

Das ist wirklich eine sehr realistische Frage. Auch ich kenne dieses Problem ein wenig – jeden Tag kommen viele Unterlagen, viele Audienzen sind notwendig, es ist viel zu tun. Man muß jedoch die richtigen Prioritäten finden und darf das Wesentliche nicht vergessen: die Verkündigung des Reiches Gottes. Als ich diese Frage hörte, kam mir der Evangeliumstext von vor zwei Wochen in den Sinn, über die Aussendung der 70 Jünger. Bei dieser ersten großen Mission, die Jesus durchführen läßt, gibt der

Herr diesen 70 Jüngern drei Gebote, die, wie mir scheint, auch heute noch die großen Prioritäten der Arbeit eines Jüngers Christi, eines Priesters, wesentlich zum Ausdruck bringen. Die drei Gebote sind: betet, heilt und verkündigt. Ich denke, daß wir das Gleichgewicht zwischen diesen drei grundlegenden Geboten finden müssen, daß wir sie uns stets vor Augen halten müssen als das Herzstück unserer Arbeit. Betet: Ohne eine persönliche Beziehung zu Gott kann also alles übrige nicht gelingen, weil wir Gott und die göttliche Wirklichkeit und das wahre menschliche Leben nicht wirklich zu den Menschen bringen können, wenn wir selbst nicht in einer tiefen und wahren Beziehung, einer Beziehung der Freundschaft zu Gott in Christus Jesus stehen. Daher ist die tägliche Feier der heiligen Eucharistie wichtig als grundlegende Begegnung, in der der Herr mit mir spricht und ich mit dem Herrn, der sich in meine Hände gibt. Ohne das Stundengebet, durch das wir uns hineinstellen in das große Gebet des ganzen Gottesvolkes – angefangen bei den Psalmen des alten Volkes, das im Glauben der Kirche erneuert wurde –, und ohne das persönliche Gebet können wir keine guten Priester sein, sondern es geht das Wesentliche unseres Dienstes verloren. Ein Mann Gottes zu sein, also ein Mann, der in Freundschaft zu Christus und zu seinen Heiligen steht, ist das erste Gebot. Dann kommt das zweite. Jesus hat gesagt: Heilt die Kranken, die Verlorengegangenen, diejenigen, die in Not sind. Es ist die Liebe der Kirche für die Ausgegrenzten, für die Leidenden. Auch reiche Menschen können innerlich ausgegrenzt sein und leiden. Das »Heilen« bezieht sich auf alle menschlichen Nöte, die stets Nöte sind, die in der Tiefe zu Gott hingehen. Wir müssen also, wie es heißt, unsere Schäfchen kennen, menschliche Beziehungen haben zu den uns anvertrauten Personen, menschlichen Kontakt haben und dürfen die Menschlichkeit nicht verlieren, weil Gott Mensch geworden ist und so alle Dimensionen unseres menschlichen Seins bestätigt hat. Aber wie gesagt: das Menschliche und das Göttliche gehören stets zusammen. Zu diesem »Heilen« in seinen zahlreichen Formen gehört, wie mir scheint, auch der sakramentale Dienst. Der Dienst der Versöhnung ist ein wunderbarer Akt des Heilens, den der Mensch braucht, um wirklich ganz gesund zu sein. Diese sakramentalen Heilungen also sind wichtig, von der Taufe, der grundlegenden Erneuerung unseres Daseins, bis hin zum Sakrament der Versöhnung und zur Krankensalbung. Natürlich besitzen alle anderen Sakramente, auch die Eucharistie, einen großen seelsorglichen Aspekt. Wir müssen den Leib heilen, vor allem aber – das ist unsere Sendung – die Seele. Wir müssen an die vielen Krankheiten denken, an die moralischen und geistlichen Nöte, die es heute gibt und denen wir gegenübertreten müssen, indem wir die Menschen zur Begegnung mit Christus im Sakrament führen und ihnen helfen, das Gebet und die Betrachtung zu entdecken, das stille Verharren in der Kirche in Gottes Gegenwart. Und dann verkündigen. Was verkündigen wir? Wir verkündigen das Reich Gottes. Aber das Reich Gottes ist keine ferne Utopie einer besseren Welt, die vielleicht in 50 Jahren oder wer weiß wann Wirklichkeit sein wird. Das Reich Gottes ist Gott selbst – Gott, der zu uns gekommen und der uns in Christus sehr nahe ist. Das ist das Reich Gottes: Gott selbst ist nahe, und wir müssen uns diesem Gott nähern, der nahe ist, weil er Mensch geworden ist, Mensch bleibt und stets bei uns ist in seinem Wort, in der heiligen Eucharistie und in allen Gläubigen. Das Reich Gottes verkündigen heißt daher, heute von Gott zu sprechen, das Wort Gottes, das Evangelium, das Gegenwart Gottes ist, gegenwärtig zu machen, und natürlich Gott gegenwärtig zu machen, der in der heiligen Eucharistie gegenwärtig geworden ist. Durch die Verknüpfung dieser drei Prioritäten und natürlich unter Berücksichtigung aller menschlichen Aspekte, unserer Grenzen, die wir erkennen müssen, können wir unser Priestertum gut verwirklichen. Auch die Demut ist wichtig, die die Grenzen unserer Kräfte erkennt. Was wir nicht tun können, das muß der Herr tun. Und wichtig ist auch die Fähigkeit, Aufgaben an andere zu übertragen, die Fähigkeit zur Zusammenarbeit – all dies stets unter Beachtung der grundlegenden Gebote: beten, heilen und verkündigen.

Wir müssen die Verkündigung des Evangeliums mit einem Dialog in Einklang bringen, der die anderen Religionen respektiert. Welche pastoralen Hinweise könnten Sie hierzu geben?

Natürlich ist euch diese Situation vertrauter. Und daher kann ich vielleicht nicht viele praktische Ratschläge geben, aber ich kann sagen, daß ich bei allen »Ad-limina«-Besuchen – der asiatischen, afrikanischen, lateinamerikanischen Bischöfe ebenso wie der Bischöfe aus ganz Italien – stets mit diesen Situationen konfrontiert werde. Es gibt keine einheitliche Welt mehr. Vor allem bei uns im Westen sind alle anderen Kontinente, die anderen Religionen, die anderen Arten, das menschliche Dasein zu leben, vertreten. Wir leben in einer ständigen Begegnung, die uns vielleicht der frühen Kirche ähnlich macht, die sich in derselben Situation befand. Die Christen waren eine sehr kleine Minderheit, ein Senfkorn, das zu wachsen begann inmitten sehr unterschiedlicher Religionen und Lebensbedingungen. Wir müssen also das wieder lernen, was die Christen der ersten Generationen gelebt haben. Der hl. Petrus hat in seinem Ersten Brief, im dritten Kapitel, gesagt: »Seid stets bereit, jedem Rede und Antwort zu stehen, der nach der Hoffnung fragt, die euch erfüllt.« So hat er für die gewöhnlichen Menschen jener Zeit, die gewöhnlichen Christen, die Notwendigkeit formuliert, Verkündigung und Dialog miteinander zu verbinden. Er hat nicht formell gesagt: »Verkündigt jedem das Evangelium.« Er hat gesagt: »Ihr sollt in der Lage sein, bereit sein, jedem Rede und Antwort zu stehen, der nach der Hoffnung fragt, die euch erfüllt.« Das scheint mir die notwendige Verbindung zwischen Dialog und Verkündigung herzustellen. Der erste Punkt ist, daß wir selbst uns in unserem Innern unserer Hoffnung stets bewußt sein müssen. Wir müssen Menschen sein, die den Glauben leben und die den Glauben durchdenken, die ihn im Innersten kennen. So wird in uns der Glaube zur Vernunft, er wird vernünftig. Die Betrachtung des Evangeliums und hier speziell die Verkündigung, die Predigt, die Katechese sollen die Menschen fähig machen, den Glauben zu durchdenken. Es sind bereits grundlegende Elemente in diesem Zusammenspiel von Dialog und Verkündigung. Wir selbst müssen den Glauben durchdenken, den Glauben leben und als Priester verschiedene Formen finden, ihn gegenwärtig zu machen, damit unsere katholischen Christen die Überzeugung, die Bereitschaft und die Fähigkeit finden können, Rede und Antwort zu stehen in bezug auf ihren Glauben. Die Verkündigung, die den Glauben im Bewußtsein der heutigen Zeit weitergibt, muß vielerlei Formen besitzen. Zweifellos sind Predigt und Katechese die beiden wichtigsten Formen, aber darüber hinaus gibt es viele Möglichkeiten, einander dort zu begegnen – in Glaubensseminaren, Laienbewegungen usw. –, wo man über den Glauben spricht und etwas über den Glauben lernt. All das macht uns vor allem fähig, wirklich als Nächste der Nichtchristen zu leben – hier gibt es vorwiegend orthodoxe Christen, Protestanten und darüber hinaus auch Vertreter anderer Religionen, die Muslime und andere. Als erstes muß man mit ihnen leben, in ihnen den Nächsten, unseren Nächsten erkennen, vor allem also die Nächstenliebe als Ausdruck unseres Glaubens leben. Ich meine, daß es bereits ein sehr starkes Zeugnis und auch eine Form der Verkündigung ist, mit diesen anderen wirklich die Nächstenliebe zu leben, in ihnen unseren Nächsten zu sehen, so daß sie erkennen können: diese »Nächstenliebe« gilt mir. Wenn das geschieht, dann ist es leichter, die Quelle unseres Verhaltens aufzuzeigen, daß also die Nächstenliebe Ausdruck unseres Glaubens ist. So kann man im Dialog nicht gleich zu den großen Glaubensgeheimnissen kommen, obgleich die Muslime eine gewisse Kenntnis von Christus haben. Sie verneinen seine Göttlichkeit, sehen aber in ihm zumindest einen großen Propheten. Sie lieben die Jungfrau Maria. Es gibt also auch im Glauben gemeinsame Elemente, die Ausgangspunkte für den Dialog sind. Eine konkrete, durchführbare und notwendige Sache ist vor allem die Suche nach einer grundsätzlichen Übereinstimmung über die zu lebenden Werte. Auch hier haben wir einen gemeinsamen Schatz, weil sie aus der abrahamitischen Religion herstammen – die neu ausgelegt und neu gelebt wurde in Formen, die wir studieren und auf die wir am Ende antworten müssen. Aber die große wesentliche Erfahrung, die Erfahrung der Zehn Gebote, ist vorhanden, und das scheint mir der Punkt zu sein, den es zu vertiefen gilt. Auf die großen Geheimnisse einzugehen, scheint mir eine Ebene zu berühren, die nicht einfach ist und die nicht in den großen Begegnungen verwirklicht werden kann. Das Samenkorn muß vielleicht zum Herzen vordringen, damit die Antwort des

Glaubens in gezielteren Dialogen hier und dort heranreifen kann. Aber was wir tun können und müssen, ist einen Konsens über die Grundwerte zu suchen, die in den Zehn Geboten zum Ausdruck kommen, zusammengefaßt in der Nächstenliebe und in der Gottesliebe, die auf die verschiedenen Lebensbereiche angewandt werden können. Wenigstens befinden wir uns auf einem gemeinsamen Weg zum Gott Abrahams, Isaaks und Jakobs, dem Gott, der letztendlich der Gott mit menschlichem Antlitz ist, der in Jesus Christus gegenwärtige Gott. Aber während dieser letzte Schritt eher im kleineren Kreis unternommen werden muß, in Begegnungen persönlicher Art oder in kleinen Gruppen, so scheint mir der Weg zu dem Gott, von dem diese Werte herkommen, die das gemeinsame Leben gestatten, auch in größeren Begegnungen möglich zu sein. Ich glaube also, daß hier eine demütige, geduldige Form der Verkündigung stattfindet, eine Verkündigung, die abwartet, die aber bereits konkret zum Ausdruck bringt, daß wir entsprechend dem von Gott erleuchteten Gewissen leben.

Geschiedene und wiederverheiratete Personen, die zusammenleben, bitten uns Priester um Beistand für ihr geistliches Leben. Durch welche menschliche, geistliche und seelsorgliche Haltung können Barmherzigkeit und Wahrheit miteinander vereint werden?

Ja, das ist ein schmerzliches Problem, und gewiß gibt es kein einfaches Rezept, mit dem es gelöst werden könnte. Wir alle leiden unter diesem Problem, weil wir alle in unserer Nähe Menschen haben, die sich in solchen Situationen befinden. Und wir wissen, daß es für sie schmerzhaft und leidvoll ist, weil sie in voller Gemeinschaft mit der Kirche stehen wollen. Die Bindung der früheren Ehe ist eine Bindung, die ihre Teilnahme am Leben der Kirche einschränkt. Was soll man tun? Ich würde sagen, ein erster Punkt wäre natürlich die Vorsorge, soweit sie möglich ist. Die Ehevorbereitung wird daher immer wesentlicher und notwendiger. Das Kirchenrecht setzt voraus, daß der Mensch als solcher, auch ohne große Unterweisung, eine der menschlichen Natur entsprechende Ehe eingehen will, wie es in den ersten Kapiteln des Buches Genesis aufgezeigt wird.

Er ist Mensch, er hat eine menschliche Natur und weiß daher, was die Ehe ist. Er will das tun, was die menschliche Natur ihm sagt. Von dieser Annahme geht das Kirchenrecht aus. Sie drängt sich geradezu auf: Der Mensch ist Mensch, es ist seine Natur, die es ihm sagt. Heute jedoch wandelt sich dieser Grundsatz, nach dem der Mensch das will, was in seiner Natur liegt – eine unwiederholbar einzige und treue Ehe – zu einem etwas anderen Grundsatz: »*Volunt contrahere matrimonium sicut ceteri homines.*« Es ist nicht mehr einfach die Natur, die spricht, sondern die »*ceteri homines*« – das, was alle tun. Und das, was heute alle tun, entspricht nicht mehr einfach nur der natürlichen Ehe gemäß dem Schöpfer, gemäß der Schöpfung. Das, was die »ceteri homines« tun, ist zu heiraten mit der Vorstellung, daß die Ehe eines Tages scheitern könnte und man so eine andere, eine dritte und eine vierte Ehe eingehen könne. Dieses Modell »wie alle es tun« wird so zu einem Modell, das im Gegensatz zu dem steht, was die Natur sagt. So wird es normal, zu heiraten, sich scheiden zu lassen, sich wiederzuverheiraten, und niemand meint, daß es etwas sei, das gegen die menschliche Natur geht, oder wenigstens findet man nur sehr schwer jemanden, der so denkt. Daher müssen wir, um den Menschen dabei zu helfen, wirklich zur Ehe zu gelangen – zur Ehe nicht nur im Sinne der Kirche, sondern im Sinne des Schöpfers –, sie wieder fähig machen, auf die Natur zu hören. Kehren wir zurück zum ersten Problem, zur ersten Frage: Wir müssen hinter dem, was alle tun, das wiederentdecken, was die Natur selbst uns sagt. Und sie sagt etwas anderes als das, was heute zur Gewohnheit geworden ist. Sie lädt uns nämlich ein zu einer Ehe für das ganze Leben, in lebenslanger Treue, auch mit den Leiden, die das gemeinsame Wachsen in der Liebe mit sich bringt. Die Ehevorbereitungskurse sollten also die Stimme der Natur, des Schöpfers in uns wiederherstellen, damit wir hinter dem, was alle »*ceteri homines*« tun, das wiederentdecken, was uns unser eigenes Sein im Innersten sagt. In dieser Situation also – zwischen dem, was alle tun, und dem, was unser Sein uns sagt – müssen die Ehevorbereitungskurse ein Weg des Wiederentdeckens sein, um das wieder zu lernen, was unser Sein uns sagt. Sie sollen dabei helfen, zu einer wirklichen Entscheidung für die Ehe gemäß dem Schöpfer und gemäß dem Erlöser zu gelangen. Diese Vorbereitungskurse sind also sehr wichtig, um »sich selbst kennenzulernen«, um den wahren Ehewillen kennenzulernen. Aber die Vorbereitung allein genügt nicht; die großen Krisen kommen später. Daher ist eine ständige Begleitung, wenigstens in den ersten zehn Jahren, sehr wichtig. In der Pfarrei muß also nicht nur für die Vorbereitungskurse Sorge getragen werden, sondern auch für die Gemeinschaft auf dem Weg nach der Eheschließung, für die gegenseitige Begleitung, die gegenseitige Hilfe. Die Priester, aber nicht nur sie, sondern auch die Familien, die diese Erfahrungen bereits gemacht haben, die diese Leiden und Versuchungen kennen, müssen in Krisenzeiten dasein. Es ist wichtig, daß es ein Netzwerk von Familien gibt, die einander helfen, und verschiedene Bewegungen können hier einen großen Beitrag leisten. Der erste Teil meiner Antwort betrifft die Vorsorge, nicht nur im Sinne der Vorbereitung, sondern auch der Begleitung, das Vorhandensein eines Netzwerks von Familien, das in dieser heutigen Situation hilft, in der alles gegen die lebenslange Treue spricht. Man muß den Menschen helfen, diese Treue zu finden, sie auch durch das Leiden zu erlernen. Im Falle eines Scheiterns jedoch, wenn die Eheleute sich also nicht als fähig erweisen, am ursprünglichen Willen festzuhalten, stellt sich immer noch die Frage, ob es wirklich ein Wille war, im Sinne des Sakraments. Und daher gibt es eventuell noch das Ehenichtigkeitsverfahren. Wenn es eine wirkliche Ehe war und sie also nicht wieder heiraten können, dann hilft die ständige Gegenwart der Kirche diesen Personen, eine andere Form des Leidens zu tragen. Im ersten Fall ist es das Leiden, die Krise zu überwinden und eine schwer errungene und reife Treue zu erlernen. Im zweiten Fall ist es das Leiden, in einer neuen Bindung zu stehen, die nicht die sakramentale Bindung ist und die daher die volle Gemeinschaft in den Sakramenten der Kirche nicht zuläßt. Hier muß gelehrt und gelernt werden, mit diesem Leiden zu leben. An diesem Punkt kehren wir zur ersten Frage der anderen Diözese zurück. Wir müssen im allgemeinen in unserer Generation, in unserer Kultur den Wert des Leidens wiederentdecken, müssen lernen, daß das Leiden eine sehr positive Wirklichkeit sein kann, die uns dabei hilft zu reifen, mehr zu uns selbst zu kommen, näher beim Herrn zu sein, der für uns gelitten hat und der mit uns leidet. Auch in dieser zweiten Situation ist daher die Gegenwart des Priesters, der Familien, der Bewegungen, die persönliche und gemeinschaftliche Nähe, die Hilfe der Nächstenliebe, eine ganz besondere Liebe, außerordentlich wichtig. Und ich glaube, daß nur diese tiefempfundene Liebe der Kirche, die in einer Begleitung in vielerlei Form umgesetzt wird, diesen Personen helfen kann, sich als von Christus geliebte Menschen zu erkennen, als Glieder der Kirche, auch wenn sie sich in einer schwierigen Situation befinden, und so den Glauben zu leben.

In dieses Jahr fällt der 50. Jahrestag der Enzyklika Fidei donum. *Viele haben seither die Erfahrung der Mission »ad gentes« gemacht oder machen sie zur Zeit. Berücksichtigt man jedoch den zahlenmäßigen Rückgang der Priester, ist dann die Anweisung der Enzyklika heute noch aktuell?*

Danke. Ich möchte zunächst allen diesen *»Fidei donum«*-Priestern und den Diözesen danken. Ich hatte jetzt, wie bereits erwähnt, viele »Ad-limina«-Besuche von Bischöfen sowohl aus Asien als auch aus Afrika und aus Lateinamerika, und alle bitten mich: »Wir haben einen großen Bedarf an ›Fidei donum‹-Priestern, und wir sind sehr dankbar für die Arbeit, die sie leisten. Unter oftmals sehr schwierigen Bedingungen machen sie die Katholizität der Kirche gegenwärtig, machen sie die Tatsache sichtbar, daß wir eine große universale Gemeinschaft sind und daß es eine Liebe zum Nächsten gibt, der fern ist und der zum Nächsten wird in der Situation des ›Fidei donum‹-Priesters«. Dieses große Geschenk wurde wirklich in diesen 50 Jahren gemacht, das habe ich sehr deutlich gehört und gesehen in all meinen Gesprächen mit den Priestern, die zu uns sagen: »Glaubt nicht, daß wir Afrikaner jetzt einfach nur selbständig sind; wir brauchen auch weiterhin die Sichtbarkeit der großen Gemeinschaft der universalen Kirche.« Ich würde sagen, daß wir alle diese Sichtbarkeit des Katholischseins brauchen, die Sichtbarkeit einer Nächstenliebe, die aus der Ferne kommt und so den Nächsten findet. Heute hat sich die Situation insofern geändert, als daß auch wir in Europa Priester aus Afrika, aus Lateinamerika, aus anderen Teilen Europas aufnehmen, und das erlaubt uns, die Schönheit dieses gegenseitigen Gebens zu sehen, dieses Geschenks des einen an den anderen, weil alle einander brauchen: So wächst der Leib Christi. Zusammenfassend möchte ich sagen, daß dieses Geschenk ein großes Geschenk war und ist und daß es als solches in der Kirche wahrgenommen wird. In vielen Situationen, die ich jetzt nicht näher beschreiben kann – Situationen, in denen soziale Probleme vorhanden sind, Entwicklungsprobleme, Probleme mit der Verkündigung des Glaubens, Probleme der Isolierung, der Notwendigkeit der Gegenwart anderer –, sind diese Priester ein Geschenk, in dem die Diözesen und die Teilkirchen die Gegenwart Christi erkennen, der sich für uns hinschenkt. Und gleichzeitig erkennen sie, daß die eucharistische Gemeinschaft nicht nur eine übernatürliche Gemeinschaft ist, sondern daß sie zu einer konkreten Gemeinschaft wird durch die Selbsthingabe dieser Diözesanpriester, die sich in anderen Diözesen einsetzen, und daß das Netz der Teilkirchen so wirklich zu einem Netz der Liebe wird. Ich danke allen, die dieses Geschenk gemacht haben. Die Bischöfe und Priester kann ich nur dazu ermutigen, uns auch weiterhin diese Gabe zu schenken. Ich weiß, daß es jetzt durch den Mangel an Berufungen in Europa immer schwieriger wird, dieses Geschenk zu machen, aber wir haben bereits die Erfahrung gemacht, daß andere Kontinente, wie Indien und vor allem Afrika, uns auch ihrerseits Priester geben. Die Wechselseitigkeit ist stets sehr wichtig, und die Erfahrung, daß wir als Kirche in die Welt gesandt sind und daß alle einander kennen und lieben, ist äußerst notwendig und gibt auch der Verkündigung Kraft. So wird sichtbar, daß das Senfkorn Früchte trägt und stets und immer wieder ein großer Baum wird, in dessen Zweigen die Vögel des Himmels nisten können. Danke und nur Mut!

Jugendliche haben heute immer glücklich und perfekt zu sein. Infolgedessen betrachten sie das geringste Versagen und die kleinste Schwierigkeit nicht mehr als Gelegenheit, an der sie wachsen können, sondern als Niederlage. Was können Sie uns Erziehern sagen, die wir oft spüren müssen, daß uns die Hände gebunden sind und wir keine Antworten haben?

Mir scheint, daß Sie sehr genau ein Leben beschrieben haben, in dem Gott nicht vorkommt. In einem ersten Augenblick scheint es, daß wir Gott nicht brauchen, daß wir ohne Gott sogar freier seien und die Welt größer sei. Aber nach gewisser Zeit sieht man in unseren jungen Generationen, was geschieht, wenn Gott verschwindet. Nietzsche hat gesagt: »Das große Licht ist erloschen, die Sonne ist erloschen.« Dann ist das Leben eine zufällige Sache, es wird zu einer Sache, und ich muß versuchen, aus dieser Sache das Beste zu machen und das Leben zu gebrauchen als wäre es etwas, das einem unmittelbaren, spürbaren und machbaren Glücklichsein dient. Aber das große Problem ist folgendes: Wenn es Gott nicht gibt und er nicht der Schöpfer auch meines Lebens ist, dann ist das Leben in Wirklichkeit einfach nur ein Stück Evolution, weiter nichts, und es hat in sich selbst keinen Sinn. Ich muß jedoch versuchen, diesem Stück Sein einen Sinn zu geben. Ich sehe, daß zur Zeit in Deutschland, aber auch in den Vereinigten Staaten, eine recht erbitterte Debatte geführt wird über den sogenannten Kreationismus auf der einen und den Evolutionismus auf der anderen Seite, die als einander ausschließende Alternativen dargelegt werden: Wer an den Schöpfer glaubt, müsse die Evolution ablehnen, und wer dagegen die Evolution befürwortet, müsse Gott ausschließen. Diese Gegenüberstellung ist absurd, denn einerseits gibt es viele wissenschaftliche Beweise für eine Evolution. Sie zeigt sich als Realität, die wir erkennen müssen und die unser Wissen in bezug auf das Leben und das Sein als solches bereichert. Aber die Evolutionslehre beantwortet nicht alle Fragen, und sie beantwortet vor allem nicht die große philosophische Frage: Woher kommt alles? Und wie entwickelt sich schließlich alles zum Menschen hin? Mir scheint sehr wichtig zu sein – das wollte ich auch in meiner Vorlesung in Regensburg sagen –, daß sich die Vernunft weiter öffnet, damit sie diese Fakten sieht. Gleichzeitig aber sollte sie auch erkennen, daß sie nicht ausreichen, um die ganze Wirklichkeit zu erklären. Es reicht nicht aus: Unsere Vernunft ist größer, und sie kann auch sehen, daß unsere Vernunft im Grunde nichts Irrationales ist, kein Produkt der Irrationalität, sondern daß die Vernunft allem vorausgeht, die schöpferische Vernunft, und daß wir wirklich der Widerschein der schöpferischen Vernunft sind. Wir sind gedacht und gewollt, und daher gibt es eine Idee, die mir vorausgeht, einen Sinn, der mir vorausgeht und den ich entdekken, dem ich folgen muß und der meinem Leben letztendlich eine Bedeutung gibt. Das scheint mir der erste Punkt zu sein: zu entdecken, daß mein Sein wirklich vernünftig ist, daß es durchdacht ist, einen Sinn hat. Und meine große Sendung ist es, diesen Sinn zu entdecken, ihn zu leben und so der großen kosmischen Harmonie, die der Schöpfer gedacht hat, ein neues Element zu geben. Unter diesen Voraussetzungen werden auch die schwierigen Dinge zu Augenblicken des Heranreifens, der Entwicklung und des Fortschreitens meines eigenen Seins, das einen Sinn hat von seiner Empfängnis bis zum letzten Augenblick des Lebens. Wir können diese Realität eines Sinnes, der uns allen vorausgeht, erkennen; wir können auch den Sinn des Leidens und des Schmerzes wiederentdecken. Gewiß gibt es einen Schmerz, den wir vermeiden und aus der Welt verbannen müssen: die vielen unnützen Schmerzen, die von Diktaturen hervorgerufen werden, von falschen Systemen, von Haß und Gewalt. Aber im Schmerz liegt auch ein tiefer Sinn, und nur wenn wir dem Schmerz und dem Leiden Sinn geben können, kann unser Leben zur Reife kommen. Vor allem würde ich sagen, daß die Liebe ohne den Schmerz nicht möglich ist, weil die Liebe stets meinen Selbstverzicht voraussetzt, weil sie voraussetzt, daß ich mich von mir selbst löse und den anderen in seinem Anderssein annehme. Sie setzt voraus, daß ich mich hinschenke und daher aus mir selbst herauskomme. All das ist Schmerz, Leiden, aber gerade in diesem Leiden des Mich-Verlierens für den anderen, für den Geliebten und daher für Gott werde ich groß und findet mein Leben die Liebe und in der Liebe seinen Sinn. Auch die Untrennbarkeit der Liebe vom Schmerz, der Liebe von Gott sind Elemente, die in unser modernes Bewußtsein Eingang finden müssen, um uns im Leben zu helfen. In diesem Sinne würde ich sagen, daß es wichtig ist, daß die Jugendlichen Gott entdecken, daß sie die wahre Liebe entdecken, die gerade im Verzicht groß wird, und daß sie so auch das Gute im Leiden entdecken, das mich freier und größer macht. Damit den Jugendlichen geholfen wird, diese Dinge zu finden, brauchen sie natürlich auch immer Weggefährten, entweder die Pfarrei oder die Katholische Aktion oder eine Bewegung. Nur gemeinsam mit den anderen können wir auch in den jungen Generationen diese große Dimension unseres Seins entdecken.

Was sollen wir tun, damit dieser Gott, der einzige Reichtum, den Jesus gebracht hat und der für viele Menschen oft wie in einen Nebelschleier gehüllt zu sein scheint, inmitten unserer Häuser wieder in hellem Glanz erstrahlen kann und Wasser sein kann, das den Durst auch der vielen Menschen stillt, die keinen Durst mehr zu haben scheinen?

Danke. Das ist eine grundlegende Frage. Die grundlegende Frage unserer Pastoralarbeit ist, wie wir der Welt, unseren Mitmenschen Gott bringen sollen. Natürlich hat dieses »Gott bringen« viele Dimensionen: Bereits in der Verkündigung, im Leben und im Tod Jesu sehen wir, wie dieser eine Gott sich in vielen Dimensionen entfaltet. Mir scheint, daß wir stets zwei Dinge im Auge behalten müssen. Auf der einen Seite ist da die christliche Verkündigung – das Christentum ist kein hochkompliziertes Bündel von Dogmen, die niemand alle kennen kann. Es ist keine Sache nur für Akademiker, die diese Dinge studieren können, sondern es ist etwas Einfaches: Es gibt einen Gott, und Gott ist nahe in Jesus Christus. So hat Jesus Christus selbst zusammenfassend gesagt: Das Reich Gottes ist gekommen. Das verkündigen wir – im Grunde etwas sehr Einfaches. Alle Dimensionen, die anschließend zutage treten, sind weitere Dimensionen dieser einen Sache, und nicht alle müssen alles kennen. Natürlich müssen sie aber in den inneren Kern, ins Wesentliche vordringen, und dann öffnen sich mit stets wachsender Freude auch die verschiedenen Dimensionen. Aber was soll jetzt konkret getan werden? Als wir über die Pastoralarbeit in der heutigen Zeit gesprochen haben, haben wir, so scheint mir, bereits die wesentlichen Punkte berührt. Aber um in diesem Sinne fortzufahren: Um den Menschen Gott zu bringen, bedarf es vor allem einerseits der Liebe und andererseits der Hoffnung und des Glaubens. Die Dimension des konkreten Lebens: Das beste Zeugnis für Christus, die beste Verkündigung ist stets das Leben wahrer Christen. Wenn wir sehen, wie Familien, die vom Glauben erfüllt sind, in der Freude leben, wie sie auch im Leiden in tief gründender Freude leben, wie sie den anderen helfen und Gott und den Nächsten lieben, so scheint mir das heute die schönste Verkündigung zu sein. Auch für mich ist es stets die tröstlichste Verkündigung, katholische Familien oder katholische Persönlichkeiten zu sehen, die vom Glauben durchdrungen sind: In ihnen strahlt wirklich die Gegenwart Gottes in hellem Glanz auf; sie bringen das »lebendige Wasser«, von dem Sie gesprochen haben. Die grundlegende Verkündigung ist also das Leben der Christen selbst. Natürlich gibt es auch die Verkündigung des Wortes. Wir müssen alles tun, um das Wort zu Gehör zu bringen, um es bekannt zu machen. In der heutigen Zeit gibt es viele Schulen des Wortes und des Gesprächs mit Gott in der Heiligen Schrift, eines Gesprächs, das zwangsläufig auch zum Gebet wird, weil ein rein theoretisches Studium der Heiligen Schrift nur ein intellektuelles Hören und keine wahre und ausreichende Begegnung mit dem Wort Gottes wäre. Wenn es wahr ist, daß in der Heiligen Schrift und im Wort Gottes der lebendige Herr und Gott, der mit uns spricht, die Antwort und das Gebet selbst hervorruft, dann müssen die Schulen der Heiligen Schrift auch Schulen des Gebets sein, des Dialogs mit Gott, der inneren Annäherung an Gott. Die ganze Verkündigung ist also wichtig. Dann würde ich natürlich sagen: die Sakramente. Mit Gott kommen immer auch alle Heiligen. Es ist wichtig – das sagt uns die Heilige Schrift von Anfang an –, daß Gott niemals allein kommt, sondern daß er begleitet und umgeben ist von den Engeln und Heiligen. Es gefällt mir sehr, daß auf dem großen Glasfenster der Petersbasilika, auf dem der Heilige Geist dargestellt ist, Gott von einer Schar von Engeln und Lebewesen umgeben ist, die Ausdruck und sozusagen Ausfluß der Liebe Gottes sind. Mit Gott, mit Christus, mit dem Menschen, der Gott ist, und mit Gott, der Mensch ist, kommt die Gottesmutter Maria. Das ist sehr wichtig. Gott, der

Herr, hat eine Mutter, und in der Mutter erkennen wir wirklich die mütterliche Güte Gottes. Die Jungfrau Maria, die Mutter Gottes, ist die Helferin der Christen; sie ist unser ständiger Trost, unsere große Hilfe. Das sehe ich auch im Gespräch mit den Bischöfen aus aller Welt, aus Afrika und gerade in letzter Zeit auch aus Lateinamerika, daß die Liebe zur Mutter Gottes die große Kraft der Katholizität ist. In der Mutter Gottes sehen wir die ganze Zärtlichkeit Gottes. Daher ist es ein großes Geschenk der Katholizität, diese freudige Liebe zur Gottesmutter, zu Maria, zu pflegen und zu leben. Und dann gibt es die Heiligen; jeder Ort hat seinen Heiligen. Das ist gut so, denn so sehen wir die vielen Farben des einen Lichtes Gottes, der zu uns kommt, und seiner Liebe. Die Heiligen müssen in ihrer Schönheit entdeckt werden, in ihrer Annäherung an mich im Wort Gottes, denn in einem bestimmten Heiligen kann ich das unerschöpfliche Wort Gottes für mich ganz persönlich übertragen finden. Darüber hinaus gibt es all die Aspekte des Gemeindelebens, auch die menschlichen Aspekte. Wir dürfen nicht immer auf Wolken schweben, auf den höchsten Wolken des Geheimnisses, wir müssen auch mit beiden Beinen auf der Erde stehen und gemeinsam die Freude leben, eine große Familie zu sein: die kleine große Familie der Pfarrgemeinde, die große Familie der Diözese, die große Familie der Universalkirche. In Rom kann ich all das sehen; ich kann sehen, wie Menschen, die aus allen Teilen der Erde kommen und die einander nicht kennen, einander in Wirklichkeit doch kennen, weil sie alle zur Familie Gottes gehören, einander nahe sind, weil sie alles haben: die Liebe zum Herrn, die Liebe zur Jungfrau und Gottesmutter Maria, die Liebe zu den Heiligen, die apostolische Nachfolge und den Nachfolger Petri, die Bischöfe. Ich würde sagen, daß diese Freude an der Katholizität in ihrer Vielfarbigkeit auch die Freude an der Schönheit ist. Hier haben wir die Schönheit einer schönen Orgel, die Schönheit einer wunderschönen Kirche, die Schönheit, die in der Kirche gewachsen ist. Das scheint mir ein wunderbares Zeugnis der Gegenwart und der Wahrheit Gottes zu sein. Die Wahrheit kommt in der Schönheit zum Ausdruck, und wir müssen stets dankbar sein für diese Schönheit und müssen versuchen, alles zu tun, was in unseren Kräften steht, damit sie erhalten wird, sich entfaltet und noch größer wird. Mir scheint, daß Gott so auf sehr konkrete Weise zu uns kommt.

Mein Spiritual im Seminar sagte immer zu mir: »Die menschliche Seite ist in Ordnung, aber ...«, und wenn er »aber« sagte, dann meinte er damit, daß ich das Fußballspiel lieber hatte als die eucharistische Anbetung. »Die menschliche Seite ist in Ordnung« ist für mich ein großes Kompliment. Führt denn der Weg, der den Menschen zu Gott bringt und Gott zum Menschen, nicht über das, was wir Menschlichkeit nennen und das auch für uns Priester unverzichtbar ist?

Danke. Ich würde dem, was Sie am Ende gesagt haben, einfach zustimmen. Der Katholizismus wurde, etwas vereinfachend, stets als die Religion des großen »et et« betrachtet: nicht der großen Exklusivismen, sondern der Synthese. Katholisch bedeutet »Synthese«. Daher wäre ich gegen eine Alternative »entweder Fußball spielen oder die Heilige Schrift oder das Kirchenrecht studieren«. Wir sollen beides tun. Es ist schön, Sport zu treiben. Ich bin kein großer Sportler, aber als ich noch jünger war, ging ich gern in die Berge. Jetzt mache ich nur sehr einfache Wanderungen, aber ich finde es nach wie vor sehr schön zu wandern, hier auf dieser schönen Erde, die der Herr uns gegeben hat. Wir können also nicht ständig in tiefer Betrachtung leben. Vielleicht kann ein Heiliger auf der letzten Stufe seines irdischen Weges an diesen Punkt gelangen, aber normalerweise leben wir mit beiden Beinen auf der Erde und richten den Blick zum Himmel empor. Beides ist uns vom Herrn gegeben, und daher ist es nicht nur sehr menschlich, die menschlichen Dinge zu lieben, die Schönheiten von Gottes Erde zu lieben, sondern es ist auch sehr christlich und wirklich katholisch. Ich würde sagen – ich glaube, ich habe es vorhin bereits erwähnt –, daß zu einer guten und wirklich katholischen Seelsorge auch dieser Aspekt gehört: im »et et« zu leben, die Menschlichkeit und das Menschliche des Menschen zu leben, alle Gaben, die der Herr uns geschenkt hat und die wir zur Entfaltung gebracht haben, und gleichzeitig Gott nicht zu vergessen. Denn am Ende kommt das große Licht von Gott, und nur von ihm kommt das Licht, das Freude hineinträgt in alle Aspekte der Dinge, die es gibt. Ich möchte daher einfach für die große katholische Synthese eintreten, für dieses »et et«: wirklich Mensch zu sein und – jeder seinen Gaben und seinem Charisma entsprechend – die Erde zu lieben und die schönen Dinge, die der Herr uns geschenkt hat, aber auch dankbar zu sein, weil auf der Erde das Licht Gottes erstrahlt, das allen übrigen Dingen Glanz und Schönheit verleiht. Leben wir in diesem Sinne die Katholizität mit Freude. Das wäre meine Antwort. *(Beifall)*

Heute fallen häufig viele Verpflichtungen und mehrere Pfarreien einer einzigen Person zu. Das weckt bei vielen Gemeinschaften von Getauften die Empfänglichkeit und bei uns Priestern die Bereitschaft dafür, den pastoralen Dienst als Priester und Laien gemeinsam zu leben. Wie sollen wir diese Veränderungen in der pastoralen Organisation leben und die Spiritualität des Guten Hirten dabei in den Vordergrund stellen?

Ja, kehren wir zurück zur Frage nach den pastoralen Prioritäten und danach, wie man heute Pfarrer sein soll. Kürzlich sagte mir ein französischer Bischof, ein Ordensmann, der daher nie Pfarrer gewesen ist: »Heiligkeit, ich möchte, daß Sie mir deutlich machen, was ein Pfarrer ist. In Frankreich haben wir diese großen Seelsorgeeinheiten mit fünf, sechs oder sieben Pfarreien, und der Pfarrer wird zu einem Koordinator verschiedener Organismen und Aufgaben.« Und es schien ihm, daß der Pfarrer, da er durch die Koordinierung dieser verschiedenen Organismen, mit denen er zu tun hat, so stark in Anspruch genommen ist, keine Möglichkeit mehr zu einer persönlichen Begegnung mit seinen Schafen habe. Und als Bischof, also als »großer Pfarrer«, fragte er sich, ob dieses System richtig sei oder ob wir nicht wieder eine Möglichkeit finden müssen, um den Pfarrer wirklich zum Pfarrer, also zum Hirten seiner Herde, zu machen. Natürlich konnte ich nicht sofort eine Lösung für diese Situation in Frankreich anbieten, aber es stellt sich allgemein das Problem, daß der Pfarrer trotz neuer Situationen und neuer Formen der Verantwortlichkeit nicht die Nähe zum Volk verlieren darf. Er muß wirklich persönlich der Hirte dieser ihm vom Herrn anvertrauten Herde sein. Es gibt unterschiedliche Situationen: Ich denke an die Bischöfe in ihren Diözesen, in denen es sehr unterschiedliche Situationen gibt; sie müssen gut darauf bedacht sein zu gewährleisten, daß der Pfarrer ein Hirte bleibt und kein Bürokrat für sakrale Angelegenheiten wird. Auf jeden Fall scheint mir, daß eine erste Gelegenheit, den uns anvertrauten Menschen nahe zu sein, das sakramentale Leben ist: In der Eucharistie sind wir zusammen, hier können und müssen wir einander begegnen; das Sakrament der Buße und der Versöhnung ist eine sehr persönliche Begegnung, ebenso wie die Taufe. Sie ist eine persönliche Begegnung und nicht nur der Augenblick, in dem das Sakrament gespendet wird. Ich würde sagen, daß diese Sakramente alle ihr Umfeld besitzen: Zu taufen bedeutet, der jungen Familie vorher etwas Katechese zu erteilen, mit ihr zu sprechen, so daß die Taufe auch zu einer persönlichen Begegnung wird und Gelegenheit bietet für eine sehr konkrete Katechese. Ebenso sind die Vorbereitung auf die Erstkommunion, auf die Firmung und auf die Ehe stets Gelegenheiten, bei denen der Pfarrer, der Priester, den Menschen persönlich begegnet; er ist der Prediger, und er ist der Verwalter der Sakramente, wobei die menschliche Dimension stets mit eingeschlossen ist. Das Sakrament ist niemals nur ein Ritus, sondern der Ritus, der sakramentale Akt ist die Verdichtung eines menschlichen Umfelds, in dem der Priester, der Pfarrer sich bewegt. Ich finde es auch sehr wichtig, gute Systeme zu finden, um Aufgaben zu delegieren. Es ist nicht gut, wenn der Pfarrer zum bloßen Koordinator von Organismen wird; er muß vielmehr Aufgaben auf verschiedene Weise delegieren. Und gewiß findet sich auf den Synoden – und hier in eurer Diözese habt ihr gerade die Synode abgehalten – ein Weg, um dem Pfarrer ausreichende Freiheit zu verschaffen. Er muß einerseits die Verantwortung für die Gesamtheit der ihm anvertrauten Seelsorgeeinheit behalten, darf aber nicht darauf reduziert werden, in erster Linie ein koordinierender Bürokrat zu sein. Er muß jemand sein, der die wichtigsten Fäden in der Hand hält, der aber auch Mitarbeiter hat. Mir scheint, daß die Mitverantwortlichkeit der ganzen Pfarrgemeinde eines der wichtigen und positiven Ergebnisse des Konzils ist:

Nicht mehr nur der Pfarrer muß alles in Gang bringen und am Leben erhalten, sondern da die Pfarrgemeinde wir alle sind, müssen wir alle mitarbeiten und helfen. Der Pfarrer darf nicht als übergeordneter Koordinator isoliert sein, sondern er muß uns wirklich als Hirte zur Seite stehen bei den gemeinsamen Arbeiten, in denen die Pfarrgemeinde gemeinsam verwirklicht und gelebt wird. Ich würde also Folgendes sagen: Durch die Koordinierung und die lebenswichtige Verantwortlichkeit der ganzen Pfarrgemeinde einerseits und durch das sakramentale Leben und die Verkündigung als Mittelpunkt des Gemeindelebens andererseits ist es, wenn auch unter schwierigeren Bedingungen, auch heute möglich, ein Pfarrer zu sein, der vielleicht nicht alle mit Namen kennt, wie der Herr es vom Guten Hirten sagt, der aber seine Schafe wirklich kennt und der wirklich der Hirte ist, der sie ruft und führt.

Wir wurden während des Konzils ausgebildet, haben dann mit Begeisterung und vielleicht auch mit dem Anspruch, die Welt zu verändern, unseren Weg begonnen. Heute stehen wir vor Schwierigkeiten, weil wir müde geworden sind, weil viele Träume sich nicht verwirklicht haben und auch weil wir uns ein wenig isoliert fühlen. Können wir unserer Kirche noch etwas geben?

Danke, das ist eine wichtige Frage, die ich sehr gut kenne. Auch ich habe die Zeiten des Konzils erlebt. Ich war mit großer Begeisterung in der Petersbasilika und sah, wie sich neue Türen öffneten. Und es schien wirklich das neue Pfingsten zu sein, in dem die Kirche die Menschheit wieder überzeugen könne. Nachdem sich die Welt im 19. und 20. Jahrhundert von der Kirche entfernt hatte, schien es, daß Kirche und Welt einander wieder begegneten und daß wieder eine christliche Welt entstünde und eine Kirche der Welt, eine Kirche, die wirklich offen ist gegenüber der Welt. Wir hatten große Hoffnungen, aber in Wirklichkeit haben sich die Dinge als schwieriger erwiesen. Dennoch bleibt das große Erbe des Konzils, das einen neuen Weg geöffnet hat. Es ist stets eine »Magna Charta« des Weges der Kirche geblieben, sehr wesentlich und grundlegend. Aber warum hat sich alles so entwickelt? Ich sollte vielleicht mit einer historischen Anmerkung beginnen. Nachkonziliare Zeiten sind fast immer sehr schwierig. Nach dem großen Konzil von Nizäa – das für uns wirklich die Grundlage unseres Glaubens ist, denn wir bekennen ja den in Nizäa formulierten Glauben – entstand nicht eine Situation der Versöhnung und der Einheit, wie Konstantin, der Förderer jenes großen Konzils, es sich erhofft hatte, sondern ein wirkliches Chaos: Jeder stritt mit jedem. Der hl. Basilius vergleicht in seinem Buch über den Heiligen Geist die Situation der Kirche nach dem Konzil von Nizäa mit einer nächtlichen Seeschlacht, in der niemand mehr den anderen erkennt, sondern jeder gegen jeden ist. Es herrschte wirklich ein totales Chaos: So beschreibt der hl. Basilius sehr ausdrucksstark das Drama der Zeit nach dem Konzil, der Zeit nach Nizäa. Dann lädt 50 Jahre später aus Anlaß des Ersten Konzils von Konstantinopel der Kaiser den hl. Gregor von Nazianz ein, am Konzil teilzunehmen, und der hl. Gregor von Nazianz antwortet: Nein, ich komme nicht, weil ich diese Dinge kenne. Ich weiß, daß alle Konzile nur zu Durcheinander und Kampf führen, daher komme ich nicht. Und er ging nicht hin. Jetzt, in der Rückschau, ist also die Verarbeitung des Konzils, dieser großen Botschaft, keine so große Überraschung mehr wie damals für uns alle im ersten Augenblick. Es in das Leben der Kirche hineinzubringen, es anzunehmen, so daß es Leben der Kirche wird, es eingehen zu lassen in die verschiedenen Wirklichkeiten der Kirche, ist ein Leiden, und nur im Leiden findet auch Wachstum statt. Wachstum ist stets mit Leiden verbunden, denn es bedeutet, einen Zustand zu verlassen und in einen anderen Zustand überzugehen. Und in der nachkonziliaren Wirklichkeit lassen sich zwei große historische Einschnitte feststellen. In die Zeit gleich nach dem Konzil fällt der Einschnitt des Jahres 1968, der Beginn oder ich wage sogar zu sagen die Explosion der großen kulturellen Krise des Westens. Die Nachkriegszeit war zu Ende. Nach all den Zerstörungen, nach dem Grauen des Krieges, des Einander-Bekämpfens, und nach der Bewußtwerdung des Dramas der großen Ideologien, die die Menschen wirklich in den Abgrund des Krieges geführt hatten, haben wir die christlichen Wurzeln Europas wiederentdeckt und haben begonnen, Europa mit diesen großen Idealen wieder aufzubauen. Aber als diese Zeit zu Ende war, kam auch alles Versagen zum Vorschein, die Mängel des Wiederaufbaus, das große Elend in der Welt. Und so beginnt, so explodiert die Krise der westlichen Kultur – eine Kulturrevolution, würde ich sagen, die radikale Veränderungen herbeiführen will. Es wird gesagt: 2000 Jahre Christentum haben nicht zu einer besseren Welt geführt. Wir müssen wieder ganz von vorn anfangen, auf eine vollkommen neue Art; der Marxismus scheint die wissenschaftliche Lösung zu sein, um endlich die neue Welt zu schaffen. Und in diesem – um es so auszudrücken – schweren, großen Zusammenstoß zwischen der neuen und gesunden Modernität, die das Konzil wollte, und der Krise der Moderne wird alles ebenso schwierig wie nach dem Ersten Konzil von Nizäa. Eine Seite war der Meinung, daß diese Kulturrevolution das war, was das Konzil gewollt hatte. Sie identifizierte diese neue marxistische Kulturrevolution mit dem Willen des Konzils und sagte: Das ist das Konzil. Im Wortlaut sind die Texte noch ein bißchen antiquiert, aber hinter dem geschriebenen Wort steht dieser Geist, das ist der Wille des Konzils, so müssen wir es tun. Und von der anderen Seite kam natürlich die Reaktion: So zerstört ihr die Kirche. Die absolute Reaktion gegen das Konzil, die antikonziliare Haltung und die zaghafte, demütige Suche nach einer Umsetzung des wahren Geistes des Konzils. Ein Sprichwort sagt: »Wenn ein Baum fällt, macht er viel Lärm, wenn ein Wald wächst, dann hört man nichts, weil ein lautloser Prozeß vor sich geht.« Mitten im Lärm des falschen Fortschrittsglaubens und der antikonziliaren Haltung wächst also sehr still, unter vielen Leiden und auch unter vielen Verlusten beim Aufbau eines neuen kulturellen Übergangs, der Weg der Kirche. Und dann kam 1989 der zweite Einschnitt: der Zusammenbruch der kommunistischen Regime. Aber die Antwort war nicht die Rückkehr zum Glauben, wie man es vielleicht hätte erwarten können, es wurde nicht wiederentdeckt, daß die Kirche durch das authentische Konzil die Antwort gegeben hatte. Die Antwort war dagegen der totale Skeptizismus, die sogenannte Postmoderne. Nichts ist wahr, jeder muß sehen, wie er lebt. Ein Materialismus gewinnt die Oberhand, ein blinder pseudorationalistischer Skeptizismus, der am Ende in den Drogenkonsum führt, zu all den Problemen, die wir kennen, und der dem Glauben wieder den Weg verschließt, weil es so einfach ist, so offensichtlich: Nein, es gibt nichts Wahres. Die Wahrheit ist intolerant, wir können diesen Weg nicht einschlagen. Im Umfeld dieser beiden kulturellen Brüche also – zuerst die Kulturrevolution von 1968 und dann sozusagen der Fall des Nihilismus nach 1989 – geht die Kirche mit Demut ihren Weg zwischen den Leiden der Welt und der Herrlichkeit des Herrn. Auf diesem Weg müssen wir mit Geduld wachsen, und wir müssen jetzt auf neue Weise lernen, was es heißt, auf den Triumphalismus zu verzichten. Das Konzil hatte gesagt, daß man auf den Triumphalismus verzichten muß – und es hatte dabei an den Barock gedacht, an all diese großen Kulturen der Kirche. Es wurde gesagt: Beginnen wir auf moderne, auf neue Art. Aber ein anderer Triumphalismus war herangewachsen, der Triumphalismus zu denken: Wir machen jetzt die Dinge, wir haben den Weg gefunden, und auf ihm finden wir die neue Welt. Aber die Demut des Kreuzes, des Gekreuzigten schließt gerade auch diesen Triumphalismus aus. Wir müssen auf den Triumphalismus verzichten, daß jetzt wirklich die große Kirche der Zukunft entsteht. Die Kirche Christi ist stets demütig, und gerade so ist sie groß und voll Freude. Es erscheint mir sehr wichtig, daß wir jetzt mit offenen Augen sehen können, wieviel Positives sich in der Zeit nach dem Konzil auch entwickelt hat: in der Erneuerung der Liturgie, in den Synoden – den römischen Synoden, den Weltsynoden, den Diözesansynoden –, in den Gemeindestrukturen, in der Mitarbeit und neuen Verantwortlichkeit der Laien, in der großen interkulturellen und interkontinentalen Mitverantwortung, in einer neuen Erfahrung der Katholizität der Kirche, der Einmütigkeit, die in Demut wächst und die dennoch die wahre Hoffnung der Welt ist. Und so müssen wir, scheint mir, das große Erbe des Konzils wiederentdecken, das nicht ein hinter den Texten rekonstruierter Geist ist, sondern die großen Konzilstexte selbst, jetzt neu ausgelegt durch die Erfahrungen, die wir gemacht haben und die Früchte getragen haben in vielen Bewegungen und vielen neuen Ordensgemeinschaften. In Brasilien kam ich mit dem Wissen an, daß die Sek-

ten sich ausbreiten und daß die katholische Kirche etwas skle-
rotisch wirkt; aber als ich dann da war, habe ich gesehen, daß
in Brasilien beinahe jeden Tag eine neue Ordensgemeinschaft,
eine neue Bewegung entsteht und daß nicht nur die Sekten anwachsen. Die Kirche wächst mit neuen Wirklichkeiten voller
Lebenskraft. Sie füllen nicht die Statistiken – das ist eine falsche
Hoffnung, die Statistik ist nicht unsere Gottheit –, aber sie
wachsen in den Herzen und bringen Glaubensfreude hervor,
machen das Evangelium gegenwärtig, bringen der Welt und
der Gesellschaft wahre Entwicklung. Mir scheint also, daß wir
die große Demut des Gekreuzigten lernen müssen, einer Kirche, die stets demütig ist und die immer im Kontrast steht zu
den großen wirtschaftlichen, militärischen und sonstigen
Mächten. Gleichzeitig und damit verbunden müssen wir jedoch auch den wahren Triumphalismus der Katholizität lernen, die in allen Jahrhunderten anwächst. Auch heute wächst
die Gegenwart des Gekreuzigten und Auferstandenen, der
seine Wunden hat und sie behält. Er ist verwundet, aber gerade
so erneuert er die Welt, schenkt er seinen Lebensatem, der
auch die Kirche erneuert, trotz all unserer Armut. Und ich
würde sagen, daß wir in diesem Zusammenwirken der Demut
des Kreuzes und der Freude des auferstandenen Herrn, der uns
im Konzil einen großen Wegweiser geschenkt hat, voll Freude
und Hoffnung unseren Weg fortsetzen können.

MEINE REISE IST
KEINE POLITISCHE REISE

Diese Reise führt Sie in ein Land, das Sie seit der Kindheit kennen. Welche Bedeutung schreiben Sie dieser Rückkehr nach Österreich zu?

Meine Reise soll vor allem eine Pilgerfahrt sein; ich möchte mich dieser langen Reihe der Pilger durch die Jahrhunderte – es sind 850 Jahre – anschließen und so als Pilger unter Pilgern mit ihnen beten. Und dieses Zeichen der Einheit, das der Glaube bewirkt, scheint mir wichtig zu sein: Einheit zwischen den Völkern, weil es eine Wallfahrt vieler Völker ist; Einheit der Zeiten und daher ein Zeichen der einenden Kraft, der Kraft der Versöhnung, die der Glaube hat. In diesem Sinn soll diese Reise ein Zeichen der Universalität der Glaubensgemeinschaft der Kirche sein, ein Zeichen auch der Demut und vor allem auch ein Zeichen des Vertrauens, das wir in Gott haben; ein Zeichen für die Vorrangstellung Gottes, dafür, daß es Gott gibt, daß wir die Hilfe Gottes brauchen. Und natürlich auch Ausdruck der Liebe zur Muttergottes. Ich möchte also einfach diese grundlegenden Elemente des Glaubens in diesem Augenblick der Geschichte bekräftigen.

Die österreichische Kirche hat in den 1990er Jahren eine schwierige und unruhige Zeit erlebt, mit Spannungen auf pastoraler Ebene und Auseinandersetzungen. Sind diese Schwierigkeiten überwunden? Möchten Sie mit diesem Besuch auch dazu beitragen, die Wunden zu heilen und die Einheit in der Kirche zu fördern, auch unter denen, die sich am Rand der Kirche fühlen?

Interview auf dem Flug nach Wien, 7. September 2007.

Vor allem möchte ich all jenen danken, die in diesen letzten Jahren gelitten haben. Ich weiß, daß die Kirche in Österreich schwierige Zeiten durchlebt hat: um so mehr bin ich all jenen – Laien, Ordensleuten und Priestern – dankbar, die trotz dieser Schwierigkeiten, mit denen die Kirche konfrontiert wurde, dem Zeugnis für Jesus treu geblieben sind, die in der Kirche der Sünder dennoch das Antlitz Christi erkannt haben. Ich würde nicht sagen, daß diese Probleme schon vollkommen überwunden sind: das Leben in unserem Jahrhundert – aber das gilt in etwa für alle Jahrhunderte – bleibt schwierig; auch der Glaube lebt immer in einem schwierigen Kontext. Aber ich hoffe, ein wenig dabei helfen zu können, daß diese Wunden heilen, und ich sehe, daß es eine neue Freude am Glauben gibt, daß es einen neuen Schwung in der Kirche gibt. Ich möchte, soweit es in meiner Macht steht, diese Verfügbarkeit bestärken, mit dem Herrn voranzugehen, darauf zu vertrauen, daß der Herr in seiner Kirche gegenwärtig bleibt und daß wir so – gerade dadurch, daß wir den Glauben in der Kirche leben – auch selbst das Ziel unseres Lebens erreichen und zu einer besseren Welt beitragen können.

Österreich ist ein Land mit einer tiefen katholischen Tradition und zeigt dennoch auch Zeichen der Säkularisierung. Mit welcher ermutigenden Botschaft werden Sie sich an die österreichische Gesellschaft richten?

Nun, ich möchte einfach die Menschen im Glauben bestärken, darin, daß wir auch gerade heute Gott brauchen. Wir brauchen eine Orientierung, die unserem Leben eine Richtung gibt. Man sieht, daß ein Leben ohne Orientierungspunkte, ohne Gott nicht gelingt: es bleibt leer. Der Relativismus relativiert alles, und letztendlich sind Gut und Böse nicht mehr zu unterscheiden. Deshalb möchte ich einfach diese Überzeugung bestärken, die immer offensichtlicher wird, nämlich daß wir Gott, daß wir Christus brauchen und die große Gemeinschaft der Kirche, die die Völker vereint und sie miteinander versöhnt.

Beabsichtigen Sie auch eine Botschaft weiterzugeben zur interna-
tionalen Politik und zum Frieden oder zu den Beziehungen mit der
Orthodoxie und dem Islam, um Uneinigkeit und Polemik zu über-
winden?

Meine Reise ist keine politische Reise, sie ist eine Pilgerfahrt,
wie ich schon gesagt habe. Es sind nur zwei Tage – ursprüng-
lich war nur die Wallfahrt nach Mariazell vorgesehen, jetzt
haben wir gerade ein wenig mehr Zeit, um verschiedenen
Gliedern der österreichischen Gesellschaft zu begegnen. Es
sind in dieser kurzen Zeit keine unmittelbaren Begegnungen
mit anderen Konfessionen oder Religionen vorgesehen; nur
ein kurzer Halt vor dem Mahnmal für die Schoah, um – sagen
wir – unserer Trauer Ausdruck zu verleihen, unserer Reue
und auch unserer Freundschaft mit den jüdischen Brüdern,
um in dieser großen Einheit voranzugehen, die Gott mit seinem Volk geschaffen hat. Unmittelbar sind also derartige Botschaften nicht vorgesehen. Nur zu Beginn, bei der Begegnung
mit der Welt der Politik, möchte ich ein wenig über diese
Wirklichkeit, die Europa darstellt, sprechen, über die christlichen Wurzeln Europas, über den Weg, den wir einschlagen
sollen. Aber es ist selbstverständlich, daß wir dies alles immer
tun gestützt auf den Dialog, sei es mit den anderen Christen,
sei es auch mit den Muslimen und den anderen Religionen.
Der Dialog ist immer da: er ist eine Dimension unseres Handelns, auch wenn er bei diesem Anlaß nicht so explizit sein
wird auf Grund des besonderen Charakters dieser Pilgerreise.

IN WIRKLICHKEIT HABEN
ALLE DURST NACH GOTT

Wir Diakone würden uns freuen, wenn Sie uns auf eine pastorale Initiative hinweisen könnten, die Zeichen einer deutlicheren Anwesenheit des ständigen Diakonats in der Stadt Rom werden kann, wie dies in den ersten Jahrhunderten der römischen Kirche der Fall war. Ein bedeutsames gemeinsames Ziel würde nämlich einerseits den brüderlichen Zusammenhalt unter den Diakonen fördern und andererseits unseren Dienst in dieser Stadt sichtbarer machen.

Danke für dieses Zeugnis von einem der über 100 Diakone von Rom. Auch ich möchte dem Konzil meine Freude und meine Dankbarkeit ausdrücken, weil es diesen wichtigen Dienst in der Universalkirche wiederhergestellt hat. Ich muß sagen, daß ich zu meiner Zeit als Erzbischof von München nicht mehr als vielleicht drei oder vier Diakone vorgefunden habe, und ich habe diesen Dienst sehr gefördert, weil mir scheint, daß er zum Reichtum des sakramentalen Dienstes in der Kirche gehört. Gleichzeitig kann er auch eine Verbindung herstellen zwischen der Welt der Laien, der Welt der Berufstätigen und der Welt des priesterlichen Dienstes. Denn viele Diakone gehen auch weiterhin ihren Berufen nach und bleiben in ihren Positionen – in wichtigen oder auch einfachen Positionen –, während sie am Samstag und Sonntag in der Kirche arbeiten. So bezeugen sie in der heutigen Welt, auch in der Welt der Arbeit, die Gegenwart des Glaubens, den sakramentalen Dienst und die diakonale Dimension des Weihesakraments. Das erscheint mir sehr wichtig: die Sichtbarkeit der diakonalen Dimension.

Begegnung mit dem Klerus der Diözese Rom, 7. Februar 2008.

Natürlich bleibt auch jeder Priester Diakon und muß sich dieser Dimension stets bewußt sein, weil der Herr selbst sich zu unserem Diener, unserem Diakon, gemacht hat. Denken wir an die Geste der Fußwaschung, durch die ausdrücklich gezeigt wird, daß der Meister, der Herr, als Diakon handelt und will, daß diejenigen, die ihm nachfolgen, Diakone seien, daß sie diesen Dienst an der Menschheit tun und sogar helfen sollen, die schmutzigen Füße der uns anvertrauten Menschen zu waschen. Diese Dimension erscheint mir sehr wichtig.

Bei dieser Gelegenheit kommt mir eine kleine Begebenheit in den Sinn – auch wenn sie vielleicht nicht unmittelbar zum Thema gehört –, die Paul VI. vermerkt hat. Während des Konzils wurde jeden Tag das Evangelium inthronisiert. Und der Papst sagte zu den Zeremoniären, daß er einmal selbst diese Inthronisierung des Evangeliums vornehmen wolle. Sie antworteten ihm: Nein, das ist Aufgabe der Diakone und nicht des Papstes, des Obersten Pontifex, der Bischöfe. Er schrieb in sein Tagebuch: Aber ich bin auch Diakon und bleibe Diakon, und ich möchte auch diesen Dienst des Diakons ausüben und das Wort Gottes inthronisieren. Das betrifft also uns alle. Die Priester bleiben Diakone, und die Diakone machen in der Kirche und in der Welt die diakonale Dimension unseres Dienstes deutlich. Die tägliche liturgische Inthronisierung des Wortes Gottes während des Konzils war für uns immer eine Geste von großer Bedeutung: Sie sagte uns, wer der wahre Herr jener Versammlung war; sie sagte uns, daß sich auf dem Thron das Wort Gottes befindet und daß es unser Dienst ist, auf dieses Wort zu hören und es auszulegen, es den anderen anzubieten. Das ist sehr bedeutsam für alles, was wir tun: in der Welt das Wort Gottes inthronisieren, das lebendige Wort, Christus. Möge wirklich er es sein, der unser persönliches Leben und unser Leben in den Pfarreien beherrscht.

Dann stellen Sie mir eine Frage, die, so muß ich sagen, meine Kräfte etwas übersteigt: die Frage nach den besonderen Aufgaben der Diakone in Rom. Ich weiß, daß der Kardinalvikar die konkreten Verhältnisse der Stadt, der Diözesangemeinschaft von Rom viel besser kennt als ich. Ich denke, daß ein Merkmal des Dienstes der Diakone gerade die Vielfalt der Einsatzmög-

lichkeiten des Diakonats ist. In der Internationalen Theologenkommission haben wir vor einigen Jahren den Diakonat in der
Geschichte und auch in der Gegenwart der Kirche lange un-
tersucht. Und wir haben gerade das herausgefunden: Es gibt
kein einheitliches Profil. Was zu tun ist, unterscheidet sich je
nach der Ausbildung der Personen und nach den Situationen, in
denen sie sich befinden. Die konkreten Formen des Einsatzes
können sehr unterschiedlich sein, natürlich stets in Gemeinschaft mit dem Bischof und mit der Pfarrei. Unterschiedliche
Situationen bieten unterschiedliche Möglichkeiten, die auch
von der eventuellen beruflichen Ausbildung der Diakone ab-
hängig sind: Sie können zum Beispiel im kulturellen Bereich
eingesetzt werden, der heute so wichtig ist, oder sie können
im Bereich der Erziehung eine Stimme und eine bedeutende
Stellung haben. In diesem Jahr denken wir besonders über das
Problem der Erziehung als zentrale Frage für unsere Zukunft,
für die Zukunft der Menschheit nach.

Gewiß, das Gebiet der Nächstenliebe war in Rom der ur-
sprüngliche Einsatzbereich, denn die Titelkirchen und die Dia-
konien waren Zentren der christlichen Nächstenliebe. Das war
von Anfang an in der Stadt Rom ein grundlegender Bereich. In
meiner Enzyklika *Deus caritas est* habe ich gezeigt, daß für die
Kirche und für den Dienst der Kirche nicht nur die Predigt und
die Liturgie wesentlich sind, sondern ebenso das Dasein für die
Armen und Notleidenden, der Dienst der »caritas« in seinen
vielfältigen Dimensionen. Ich hoffe daher, daß dies zu allen
Zeiten, in jeder Diözese, wenn auch unter unterschiedlichen
Bedingungen, eine grundlegende und vorrangige Dimension
der Tätigkeit der Diakone bleibt. Es ist jedoch nicht die einzige, wie uns auch die Urkirche zeigt, wo die sieben Diakone
gewählt worden waren, gerade damit die Apostel sich dem
Gebet, der Liturgie und der Predigt widmen konnten – auch
wenn Stephanus dann vor der Situation steht, daß er den Helle-
nisten, den griechischsprachigen Juden, predigen muß, und so
erweitert sich der Bereich der Predigt. Sein Handeln ist sozusagen von den kulturellen Umständen bestimmt, in denen er
die Stimme hat, um in diesem Bereich das Wort Gottes gegenwärtig machen und so auch die Universalität des christlichen

Zeugnisses in größerem Umfang zu ermöglichen. So öffnet er dem hl. Paulus die Türen, der Zeuge seiner Steinigung war und dann gewissermaßen sein Nachfolger im Einsatz für die Verbreitung des Wortes Gottes in der ganzen Welt. Ich weiß nicht, ob der Kardinalvikar ein Wort hinzufügen möchte; ich bin den konkreten Verhältnissen nicht so nahe.

Lohnt es sich wirklich, auch weiterhin sein Leben auf Christus zu setzen? Ist das Leben, das an den Seligpreisungen ausgerichtet ist, für den Jugendlichen des dritten Jahrtausends noch geeignet?

Danke für dieses schöne Zeugnis eines jungen Priesters, der mit den Jugendlichen unterwegs ist, der sie, wie Sie gesagt haben, begleitet und ihnen hilft, mit Christus, mit Jesus zu gehen. Was soll ich sagen? Wir wissen alle, wie schwer es für einen jungen Menschen von heute ist, als Christ zu leben. Das kulturelle Umfeld, die Medien bieten alles andere an als den Weg zu Christus. Dieses Umfeld scheint es wirklich unmöglich zu machen, Christus als den Mittelpunkt des Lebens zu betrachten und das Leben so zu leben, wie Christus es uns zeigt. Es scheint mir jedoch auch, daß viele immer mehr die Unzulänglichkeit all dieser Angebote verspüren, dieses Lebensstils, der am Ende Leere hinterläßt.

In diesem Sinne scheint mir, daß die Lesungen der heutigen Liturgie, die Lesung aus dem Buch Deuteronomium (30,15–20) und der Abschnitt aus dem Lukasevangelium (9,22–25), auf das antworten, was wir den jungen Menschen und auch uns selbst im wesentlichen immer wieder sagen müssen. Wie Sie gesagt haben, ist die Aufrichtigkeit grundlegend. Die jungen Menschen müssen spüren, daß wir nicht über etwas sprechen, was wir nicht selbst leben, sondern daß wir darüber sprechen, weil wir die Wahrheit als Wahrheit für unser Leben gefunden haben und sie jeden Tag aufs neue zu finden versuchen. Nur wenn wir auf diesem Weg sind, wenn wir versuchen, uns selbst an dieses Leben anzugleichen und unser Leben dem des Herrn anzugleichen, dann können auch die Worte glaubwürdig sein und eine sichtbare und überzeugende Logik besitzen. Zurück zu den Lesungen. Heute lautet die große Grundregel nicht nur für die Fastenzeit, sondern für das ganze christliche Leben: Wähle das Leben. Tod und Leben stehen vor dir: Wähle das Leben. Und die Antwort scheint mir klar zu sein. Nur wenige hegen im Innersten einen Willen zur Zerstörung, zum Tod und wollen das Sein, das Leben nicht mehr, weil es für sie vollkommen widersprüchlich ist. Leider ist dies jedoch ein Phänomen, das sich immer weiter verbreitet. Mit all den Widersprüchen, den falschen Versprechungen scheint das Leben am Ende widersprüchlich zu sein, ist es kein Geschenk mehr, sondern eine Verurteilung, und so wollen einige lieber den Tod als das Leben. Aber normalerweise antwortet der Mensch: Ja, ich will das Leben.

Es bleibt jedoch die Frage, wie man das Leben findet, was man wählen soll, wie man das Leben wählen soll. Und die Angebote, die gewöhnlich gemacht werden, kennen wir: die Diskothek besuchen, alles nehmen, was man bekommen kann, alles tun, was man will – alles, was einem gerade in den Sinn kommt –, und das als Freiheit zu betrachten. Aber wir hingegen wissen – und wir können es aufzeigen –, daß dieser Weg ein Weg der Lüge ist, weil man am Ende nicht das Leben findet, sondern in Wirklichkeit den Abgrund des Nichts. Wähle das Leben. In derselben Lesung heißt es: Gott ist dein Leben, du hast das Leben gewählt, und du hast die Wahl getroffen: Gott. Das scheint mir grundlegend zu sein. Nur so ist unser Horizont weit genug, und nur so sind wir an der Quelle des Lebens, das stärker ist als der Tod, als alle Bedrohungen des Todes. Die grundlegende Entscheidung ist also die hier angezeigte: Wähle Gott. Man muß verstehen, daß derjenige, der sich ohne Gott auf den Weg macht, am Ende in der Finsternis steht, auch wenn es Augenblicke geben kann, in denen es scheint, daß man das Leben gefunden hat.

Ein weiterer Schritt ist dann der, wie man Gott finden, wie man Gott wählen soll. Hier kommen wir zum Evangelium: Gott ist kein Unbekannter, keine Hypothese – vielleicht über den ersten Anfang des Kosmos. Gott hat Fleisch und Blut. Er ist einer von uns. Wir kennen sein Angesicht, seinen Namen. Er ist Jesus Christus, der im Evangelium zu uns spricht. Er ist Mensch und Gott. Und weil er Gott ist, hat er den Menschen gewählt, damit wir Gott wählen können. Man muß also Jesus kennenlernen und dann mit ihm Freundschaft schließen, um mit ihm zu gehen.

Mir scheint, daß dies der grundlegende Punkt unserer Seelsorge für die Jugendlichen ist, für alle, aber besonders für die Jugendlichen: Die Aufmerksamkeit muß auf die Entscheidung für Gott gelenkt werden, der das Leben ist – auf die Tatsache, daß Gott da ist und daß er auf sehr konkrete Weise da ist. Und man muß die Freundschaft mit Jesus Christus lehren.

Es gibt noch einen dritten Schritt. Diese Freundschaft mit Jesus ist keine Freundschaft mit einer unwirklichen Person, mit jemandem, der der Vergangenheit angehört oder der weit entfernt von den Menschen zur Rechten Gottes sitzt. Er ist in seinem Leib gegenwärtig, und dieser ist wiederum ein Leib aus Fleisch und Blut: die Kirche, die Gemeinschaft der Kirche. Wir müssen Gemeinden aufbauen und zugänglicher machen, die die große Gemeinde der lebendigen Kirche widerspiegeln. Es gehört alles zusammen: die lebendige Erfahrung der Gemeinde, mit all ihren menschlichen Schwächen, die aber dennoch real ist, mit einem klaren Weg und einem festen sakramentalen Leben, in dem wir auch das berühren können, was uns so weit entfernt erscheinen mag, die Gegenwart des Herrn. Auf diese Weise können wir auch die Gebote lernen, um zum Buch Deuteronomium zurückzukehren, von dem ich ausgegangen bin. Denn die Lesung sagt: Gott wählen heißt nach seinem Wort wählen, nach seinem Wort leben. Einen Augenblick lang erscheint das beinahe ein bißchen positivistisch: Es sind Imperative. Aber zuerst kommt das Geschenk: seine Freundschaft. Dann können wir verstehen, daß die Elemente, die den Weg weisen, Entfaltungen der Wirklichkeit dieser unserer Freundschaft sind.

Das, so können wir sagen, ist eine allgemeine Sicht, die der Berührung mit der Heiligen Schrift und mit dem täglichen Leben der Kirche entspringt. Sie muß dann Schritt für Schritt in den konkreten Begegnungen mit den Jugendlichen angewandt werden. Sie müssen zum Gespräch mit Jesus geführt werden: im Gebet, im Lesen der Heiligen Schrift – vor allem in der gemeinsamen, aber auch in der persönlichen Lektüre – und im sakramentalen Leben. Es sind dies Schritte, die diese Erfahrungen im Berufsleben gegenwärtig machen, auch wenn das Umfeld oft von der vollkommenen Abwesenheit Gottes und von der scheinbaren Unmöglichkeit geprägt ist, seine Gegenwart wahrzunehmen. Aber gerade dann müssen wir versuchen, durch unser Leben und unsere Gotteserfahrung die Gegenwart Christi auch in diese weit von Gott entfernte Welt eintreten zu lassen.

Der Durst nach Gott ist da. Vor kurzem hatte ich den »Ad-limina«-Besuch von Bischöfen aus einem Land, in dem mehr als 50 Prozent der Einwohner sich als Atheisten oder Agnostiker bezeichnen. Aber die Bischöfe haben mir gesagt: in Wirklichkeit haben alle Durst nach Gott. Insgeheim ist dieser Durst vorhanden. Daher müssen zunächst wir selbst beginnen, mit den Jugendlichen, die wir finden können. Bilden wir Gemeinschaften, in denen sich die Kirche widerspiegelt, lernen wir die Freundschaft mit Jesus. Und so können wir, erfüllt mit dieser Freude und dieser Erfahrung, Gott auch heute in unserer Welt gegenwärtig machen.

Wenn die Sünde fehlt und man nicht von der Hölle spricht, dann verliert auch die Erlösung Christi an Bedeutung. Meinen Sie nicht, daß so der Verlust des Sündenbewußtseins gefördert wird und dadurch des Bewußtseins für das Sakrament der Versöhnung und für die heilbringende, sakramentale Gestalt des Priesters, der die Vollmacht hat, im Namen Christi loszusprechen und die Eucharistie zu feiern?

Sie haben mit Recht von grundlegenden Themen des Glaubens gesprochen, die leider nur selten in unserer Verkündigung vorkommen. In der Enzyklika *Spe salvi* habe ich gerade auch vom Jüngsten Gericht, vom Gericht im allgemeinen sprechen wollen, und in diesem Zusammenhang auch vom Fegefeuer, von der Hölle und vom Paradies. Ich denke, daß wir alle noch immer unter dem Eindruck des Vorwurfs der Marxisten stehen, die Christen hätten nur vom Jenseits gesprochen und die Erde vernachlässigt. So wollen wir beweisen, daß wir uns wirklich um die Erde bemühen und keine Personen sind, die von fernen Realitäten sprechen und der Erde nicht helfen. Obwohl es richtig ist zu zeigen, daß die Christen für die Erde arbeiten – und wir alle sind berufen, daran zu arbeiten, daß diese Erde wirklich eine Stadt für Gott und eine Stadt Gottes wird –, dürfen wir die andere Dimension nicht vergessen. Wenn wir uns das nicht vor Augen halten, dann arbeiten wir nicht gut für die Erde. Das zu zeigen, war für mich eines der Hauptziele, als ich die Enzyklika schrieb. Wenn man nicht um das Gericht Gottes weiß, um die Möglichkeit der Hölle, des radikalen und endgültigen Scheiterns des Lebens, dann weiß man nicht um die Möglichkeit und die Notwendigkeit der Läuterung. Dann arbeitet der Mensch nicht gut für die Erde, weil er am Ende die Maßstäbe verliert, sich selbst nicht mehr kennt, weil er Gott nicht kennt, und die Erde zerstört. Alle großen Ideologien haben versprochen: Wir werden die Dinge in die Hand nehmen, wir werden die Erde nicht mehr vernachlässigen, wir werden die neue, gerechte, einwandfreie, brüderliche Welt schaffen. Statt dessen haben sie die Welt zerstört. Das sehen wir am Nationalsozialismus, das sehen wir auch am Kommunismus: Sie haben versprochen, die Welt so aufzubauen, wie sie sein sollte, und haben statt dessen die Welt zerstört.

Bei den »Ad-limina«-Besuchen der Bischöfe aus ehemals kommunistischen Staaten sehe ich immer wieder, daß in jenen Ländern nicht nur der Planet, die Ökologie zerstört wurden, sondern vor allem und viel schwerwiegender die Seelen. Das wirklich menschliche Bewußtsein wiederzufinden, das erleuchtet ist von der Gegenwart Gottes, ist die wichtigste Arbeit beim Wiederaufbau der Erde. Das ist die gemeinsame Erfahrung jener Länder. Der Wiederaufbau der Erde kann, wenn man den Schmerzensschrei dieses Planeten beachtet, nur dann verwirklicht werden, wenn man in der Seele Gott wiederfindet, die Augen zu Gott hin öffnet.

Sie haben daher recht: Wir müssen über all das sprechen gerade aufgrund der Verantwortung für die Erde, für die Menschen, die heute leben. Wir müssen auch und gerade über die Sünde sprechen, durch die man sich selbst und so auch andere Teile der Erde zerstören kann. In der Enzyklika habe ich versucht zu zeigen, daß gerade das Jüngste Gericht Gottes die Gerechtigkeit gewährleistet. Alle wollen wir eine gerechte Welt.

Aber wir haben nicht die Möglichkeit, alle Zerstörungen der Vergangenheit wiedergutzumachen, allen zu Unrecht gequälten und getöteten Menschen Gerechtigkeit widerfahren zu lassen. Nur Gott selbst kann Gerechtigkeit schaffen, und diese muß eine Gerechtigkeit für alle sein, auch für die Toten. Und wie Adorno sagt, ein großer Marxist, könnte nur die Auferstehung des Fleisches, die er für irreal hält, Gerechtigkeit schaffen. Wir glauben an diese Auferstehung des Fleisches, in der nicht alle gleich sein werden. Heute ist man gewohnt zu denken: Was ist schon die Sünde, Gott ist groß, er kennt uns, also zählt die Sünde nicht, am Ende wird Gott gut sein zu allen. Das ist eine schöne Hoffnung. Aber es gibt die Gerechtigkeit und es gibt die wahre Schuld. Diejenigen, die den Menschen und die Erde zerstört haben, können nicht sofort zusammen mit ihren Opfern an der Tafel Gottes sitzen. Gott schafft Gerechtigkeit. Das müssen wir uns vor Augen halten. Daher schien es mir wichtig, auch den Text über das Fegefeuer zu schreiben, das für mich eine so offensichtliche, so deutliche und auch so notwendige und trostreiche Wahrheit ist, die nicht fehlen darf. Ich habe versucht zu sagen: Vielleicht sind es nicht viele, die sich so sehr zerstört haben, daß sie auf immer nicht mehr zu heilen sind, die nichts mehr haben, auf das sich die Liebe Gottes stützen könnte, die in sich selbst nicht mehr die geringste Fähigkeit haben zu lieben. Das wäre die Hölle. Andererseits gibt es gewiß nur wenige – oder wenigstens nicht zu viele –, die so rein sind, daß sie sofort in Gemeinschaft mit Gott treten können. Sehr viele von uns hoffen, daß es in uns etwas gibt, das zu heilen ist, daß letztendlich ein Wille da ist, Gott zu dienen und den Menschen zu dienen, nach dem Willen Gottes zu leben. Aber es gibt unzählige Wunden und so viel Schmutz. Wir bedürfen der Vorbereitung, der Läuterung. Das ist unsere Hoffnung: Auch wenn viel Schmutz in unserer Seele ist, so schenkt uns der Herr am Ende die Möglichkeit, er wäscht uns durch seine Güte, die aus seinem Kreuz kommt. So macht er uns fähig, auf ewig für ihn dazusein. Und so ist das Paradies die Hoffnung, die endlich verwirklichte Gerechtigkeit. Und es schenkt uns auch die Maßstäbe zum Leben, damit diese Zeit irgendwie ein Paradies ist, ein erstes Licht des Paradieses. Wo die Menschen nach diesen

Maßstäben leben, erscheint ein bißchen Paradies in der Welt, und das ist sichtbar. Es scheint mir auch ein Beweis für die Wahrheit des Glaubens zu sein, für die Notwendigkeit, dem Weg der Gebote zu folgen, von denen wir mehr sprechen müssen. Sie sind wirklich Wegweiser, und sie zeigen uns, wie man gut lebt, wie man das Leben wählt. Daher müssen wir auch von der Sünde sprechen und vom Sakrament der Vergebung und der Versöhnung. Ein aufrichtiger Mensch weiß, daß er schuldig ist, daß er neu beginnen müßte, daß er geläutert werden müßte. Und das ist die wunderbare Wirklichkeit, die uns der Herr anbietet: Es gibt eine Möglichkeit zur Erneuerung, neu zu sein. Der Herr beginnt mit uns von neuem, und so können auch wir mit den anderen in unserem Leben neu beginnen.

Dieser Aspekt der Erneuerung, der Zurückerstattung unseres Seins nach so vielen Fehlern, nach so vielen Sünden ist die große Verheißung, das große Geschenk, das die Kirche anbietet – und das zum Beispiel die Psychotherapie nicht anbieten kann. Die Psychotherapie ist heute so weit verbreitet und auch notwendig angesichts so vieler zerstörter oder schwer verletzter Psychen. Aber die Möglichkeiten der Psychotherapie sind begrenzt: Sie kann nur versuchen, eine aus dem Gleichgewicht geratene Seele wieder etwas ins Gleichgewicht zu bringen. Aber sie kann keine wirkliche Erneuerung schenken, keine Überwindung dieser schweren Krankheiten der Seele. Und daher bleibt sie stets provisorisch und ist niemals endgültig. Das Bußsakrament gibt uns die Gelegenheit, durch die Macht Gottes – »ego te absolvo« – von Grund auf neu zu werden. Das ist möglich, weil Christus diese Sünden, diese Schuld auf sich genommen hat. Mir scheint, daß das gerade heute sehr notwendig ist. Wir können geheilt werden. Die Seelen, die verletzt und krank sind – das ist die Erfahrung, die alle machen –, brauchen nicht nur Ratschläge, sondern eine wirkliche Erneuerung, die nur aus der Macht Gottes kommen kann, aus der Macht der gekreuzigten Liebe Gottes. Das scheint mir der große Zusammenhang der Geheimnisse zu sein, die sich am Ende wirklich auf unser Leben auswirken. Wir selbst müssen wieder darüber nachdenken und sie so aufs neue zu den uns anvertrauten Menschen bringen.

Wohin ist die Kunst entschwunden, die den Glauben erzählt und in das Geheimnis einführt, wie es in der Vergangenheit mit der »biblia pauperum« geschah? Wie können wir heute, in der Gesellschaft der Bilder, die durchdringende Kraft des Sehens wiedererlangen, die das Geheimnis der Menschwerdung und der Begegnung mit Jesus begleitet, wie bei Johannes und Andreas am Ufer des Jordan, die eingeladen wurden, hinzugehen und zu sehen, wo der Meister wohnte?

Danke für dieses wunderschöne Geschenk. Ich bin dankbar, daß wir nicht nur Worte, sondern auch Bilder haben. Wir sehen, daß auch heute aus der christlichen Betrachtung heraus neue Bilder entstehen und die christliche Kultur, die christliche Ikonographie wiedererstcht. Ja, wir erleben eine Inflation der Worte, der Bilder. Es ist daher schwierig, Raum zu schaffen für das Wort und das Bild. Mir scheint, daß gerade in der Situation unserer Welt, die wir alle kennen und die auch unser Leiden ist, das Leiden eines jeden, die Fastenzeit eine neue Bedeutung bekommt. Sicher erscheint das leibliche Fasten, das eine Zeitlang aus der Mode gekommen zu sein schien, heute allen notwendig. Es ist nicht schwierig zu verstehen, daß wir fasten müssen. Manchmal werden wir auch mit gewissen Übertreibungen konfrontiert, die einem falschen Schönheitsideal entspringen. Aber auf jeden Fall ist das leibliche Fasten etwas Wichtiges, weil wir Leib und Seele sind, und die Disziplin des Leibes, auch die materielle Disziplin, ist wichtig für das geistliche Leben, das immer ein Leben ist, das in einer Person Gestalt annimmt, die Leib und Seele ist.

Das ist die eine Dimension. Heute entstehen und zeigen sich andere Dimensionen. Mir scheint, daß die Fastenzeit gerade auch eine Zeit des Fastens in bezug auf Worte und Bilder sein kann. Wir brauchen ein bißchen Stille, wir brauchen einen Raum ohne die ständige Bombardierung durch Bilder. In diesem Sinne ist es heute sehr wichtig, zur Bedeutung der 40 Tage äußerer und innerer Disziplin einen Zugang zu verschaffen. Denn das hilft uns zu verstehen, daß eine Dimension unserer Fastenzeit, dieser leiblichen und geistlichen Disziplin, darin besteht, uns Räume der Stille und auch ohne Bilder zu schaffen, um unser Herz wieder offen zu machen für das wahre Bild und das wahre Wort. Es scheint mir vielversprechend, daß man auch heute sieht, daß es ein Wiedererstehen der christlichen Kunst gibt, sowohl in Form der meditativen Musik – wie zum Beispiel jene, die in Taizé entstanden ist –, als auch in Form einer Anbindung an die Kunst der Ikone, an eine christliche Kunst, die innerhalb der großen Normen der Ikonenkunst der Vergangenheit bleibt, aber die Erfahrungen und Sichtweisen von heute mit einschließt. Dort, wo es eine wahre und tiefe Betrachtung des Wortes gibt, wo wir wirklich eintreten in die Kontemplation dieser Sichtbarkeit Gottes in der Welt, dieser Berührbarkeit Gottes in der Welt, entstehen auch neue Bilder, neue Möglichkeiten, das Heilsgeschehen sichtbar zu machen. Eben das ist die Folge des Ereignisses der Menschwerdung. Das Alte Testament verbot jedes Bild und mußte es verbieten in einer Welt voller Gottheiten. Es lebte in der großen Leere, die auch durch das Innere des Tempels zum Ausdruck kam, wo es, im Gegensatz zu anderen Tempeln, kein Bild gab, sondern nur den leeren Thron des Wortes, die geheimnisvolle Gegenwart des unsichtbaren Gottes, der nicht umschrieben ist von unseren Bildern.

Der neue Schritt ist jedoch der, daß dieser geheimnisvolle Gott uns von der Inflation der Bilder und auch von einer Zeit voller Bilder von Gottheiten befreit und uns die Freiheit schenkt, das Wesentliche zu sehen. Er erscheint mit einem Antlitz, mit einem Leib, mit einer menschlichen Geschichte, die gleichzeitig eine göttliche Geschichte ist. Diese Geschichte setzt sich fort in der Geschichte der Heiligen, der Märtyrer, der Heiligen der Nächstenliebe, des Wortes, die stets Verdeutlichung, Fortsetzung seines göttlichen und menschlichen Lebens im Leib Christi sind, und sie schenkt uns die wesentlichen Bilder, in denen wir – jenseits der oberflächlichen Bilder, die die Wirklichkeit verbergen – den Blick öffnen können zur Wahrheit selbst. In diesem Sinne erscheint mir die ikonoklastische Periode der nachkonziliaren Zeit übertrieben. Sie hatte jedoch auch ihren Sinn, weil es vielleicht notwendig war, sich von der Oberflächlichkeit zu vieler Bilder zu befreien.

Jetzt kehren wir zurück zur Erkenntnis des Gottes, der Mensch geworden ist. Wie uns der Brief an die Epheser sagt, ist er das wahre Bild. Und in diesem wahren Bild sehen wir – über den äußeren Schein hinaus, der die Wahrheit verbirgt – die Wahrheit selbst: »Wer mich sieht, sieht den Vater.« In diesem Sinne würde ich sagen, daß wir mit viel Achtung und viel Ehrfurcht eine christliche Kunst wiederfinden können und daß wir auch die wesentlichen und großen Darstellungen des Geheimnisses Gottes in der ikonographischen Tradition der Kirche wiederfinden können. Und so werden wir das wahre Bild wiederentdecken können, das vom äußeren Schein verdeckt ist. Ein wirklich wichtiges Werk der christlichen Erziehung ist die Befreiung für das Wort Gottes hinter den Worten, die immer wieder aufs Neue Räume der Stille, der Betrachtung, der Vertiefung, der Enthaltsamkeit, der Disziplin verlangt. Sie ist auch eine Erziehung zum wahren Bild, zur Wiederentdeckung der großen Ikonen, die im Laufe der Geschichte in der Christenheit geschaffen wurden: Mit Demut befreit man sich von oberflächlichen Bildern. Diese Art des Ikonoklasmus ist stets notwendig, um das göttliche Bild wiederzuentdecken, die wesentlichen Bilder, die die leibliche Gegenwart Gottes zum Ausdruck bringen.

Das ist eine grundlegende Dimension der Erziehung zum Glauben, zum wahren Humanismus, den wir in dieser Zeit in Rom suchen. Wir haben die Ikone wiederentdeckt mit ihren strengen Regeln, ohne die Schönheiten der Renaissance. Und so können auch wir einen Weg der demütigen Wiederentdeckung der großen Bilder wieder aufnehmen, einen Weg, der stets aufs Neue zur Befreiung von zu vielen Worten, zu vielen Bildern führt, um die wesentlichen Bilder wiederzuentdecken, die für uns notwendig sind. Gott selbst hat uns sein Bild gezeigt, und wir können dieses Bild wiederfinden durch die tiefe Betrachtung des Wortes, das die Bilder wiedererstehen läßt.

Bitten wir also den Herrn, daß er uns helfen möge auf diesem Weg der wahren Erziehung, der Neuerziehung zum Glauben, der nicht nur ein Zuhören, sondern immer auch ein Sehen ist.

Das Zweite Vatikanische Konzil sagt, daß auch in anderen Religionen Samenkörner des Lichts vorhanden sein können. Worin zeigt sich dann, außer in der Geschichtlichkeit und in der Fülle des Glau-

bens, die Einzigartigkeit unseres Glaubens in bezug auf den interreligiösen Dialog?

Danke für diesen Beitrag. Sie wissen natürlich, daß für Ihre Fragen in ihrer ganzen Tragweite ein Semester Theologie nötig wäre! Ich will versuchen, mich kurz zu fassen. Sie kennen die Theologie, es gibt große Meister und viele Bücher. Zunächst einmal danke ich Ihnen für Ihr Zeugnis, denn Sie sagen, daß Sie sich freuen, in Rom arbeiten zu können, obwohl sie aus Indien kommen. Für mich ist das ein wunderbares Phänomen der Katholizität. Heute gehen nicht nur die Missionare aus dem Westen in die anderen Kontinente, sondern es gibt einen Gabenaustausch: Inder, Afrikaner, Südamerikaner arbeiten bei uns, und unsere Leute gehen in die anderen Kontinente. Es ist ein Geben und Nehmen von allen Seiten, und gerade das ist die Lebenskraft der Katholizität: Wir alle sind Schuldner der Gaben des Herrn, und dann kann einer den anderen beschenken. In diesem Gabenaustausch, diesem Geben und Nehmen, lebt die katholische Kirche. Ihr könnt aus dem Umfeld und den Erfahrungen im Westen lernen und wir nicht weniger von euch. Ich sehe, daß gerade der Geist der Religiosität, der in Asien ebenso wie in Afrika vorhanden ist, die Europäer, die oft ein wenig kalt sind im Glauben, überrascht. Und so ist die Lebendigkeit des religiösen Geistes wenigstens in diesen Kontinenten ein großes Geschenk für uns alle, vor allem für uns Bischöfe der westlichen Welt und besonders jener Länder, in denen das Phänomen der Einwanderung von den Philippinen, aus Indien und so weiter stark ausgeprägt ist. Unser kalter Katholizismus wird durch die Leidenschaft, die von euch ausgeht, belebt. Die Katholizität ist also ein großes Geschenk.

Kommen wir zu den Fragen, die Sie mir gestellt haben. Ich habe in diesem Augenblick die genauen Worte des von Ihnen erwähnten Dokuments der Kongregation für die Glaubenslehre nicht vor Augen, aber ich möchte auf jeden Fall zwei Dinge sagen. Einerseits ist es absolut notwendig, einen Dialog zu führen, einander kennenzulernen, zu achten und zu versuchen, auf jede nur mögliche Weise an den großen Zielen der Menschheit mitzuarbeiten, sich für die Linderung ihrer großen

Nöte einzusetzen, um Fanatismen zu überwinden und einen Geist des Friedens und der Liebe herbeizuführen. Und das entspricht auch dem Geist des Evangeliums, dessen Sinn es ist, daß der Geist der Liebe, den Jesus uns vermittelt hat, der Frieden Jesu, den er uns durch das Kreuz geschenkt hat, überall auf der Welt gegenwärtig wird. In diesem Sinne muß der Dialog ein wahrer Dialog sein, unter Achtung des anderen und in der Annahme seines Andersseins. Er muß aber auch dem Evangelium entsprechen: Sein grundlegendes Ziel muß es sein, den Menschen zu helfen, in der Liebe zu leben und dafür zu sorgen, daß diese Liebe in allen Teilen der Welt Verbreitung finden kann.

Aber diese so notwendige Dimension des Dialogs, also der Achtung des anderen, der Toleranz, der Zusammenarbeit, schließt die andere Dimension nicht aus: Das Evangelium ist ein großes Geschenk, das Geschenk der großen Liebe, der großen Wahrheit, das wir nicht nur für uns selbst behalten können, sondern das wir den anderen anbieten müssen, im Bewußtsein, daß Gott ihnen die Freiheit und das notwendige Licht schenkt, um die Wahrheit zu finden. Das ist die Wahrheit. Und das ist daher auch mein Weg. Die Mission ist kein Zwang, sondern ein von Gott geschenktes Angebot. Dabei ist es seiner Güte überlassen, die Menschen zu erleuchten, damit sich das Geschenk der konkreten Freundschaft mit dem Gott, der ein menschliches Angesicht hat, überall verbreitet. Daher wollen und müssen wir stets diesen Glauben und die Liebe, die in unserem Glauben lebt, bezeugen. Wir würden eine wahre menschliche und göttliche Pflicht vernachlässigen, wenn wir die anderen allein ließen und den Glauben, den wir haben, nur uns selbst vorbehielten. Wir wären auch uns selbst gegenüber untreu, wenn wir diesen Glauben nicht der Welt anbieten würden, wenn auch immer in der Achtung der Freiheit der anderen. Die Gegenwart des Glaubens in der Welt ist ein positives Element, auch wenn niemand sich bekehrt; sie ist ein Bezugspunkt.

Vertreter nichtchristlicher Religionen haben zu mir gesagt: Für uns ist die Anwesenheit des Christentums ein Bezugspunkt, der uns hilft, auch wenn wir uns nicht bekehren. Denken wir an die große Gestalt des Mahatma Gandhi: Obwohl er fest an seine Religion gebunden war, war für ihn die Bergpredigt ein grundlegender Bezugspunkt, der sein ganzes Leben gestaltet hat. Und so ist der Sauerteig des Glaubens, auch wenn er ihn nicht zum Christentum bekehrt hat, in sein Leben hineingekommen. Und mir scheint, daß dieser Sauerteig der christlichen Liebe, der aus dem Evangelium aufleuchtet – über die Missionsarbeit hinaus, die die Räume des Glaubens zu erweitern sucht –, ein Dienst ist, den wir der Menschheit leisten.

Denken wir an den hl. Paulus. Ich habe vor kurzem seine missionarische Motivation noch einmal vertieft. Darüber habe ich anläßlich der Begegnung zum Jahresende auch zur Kurie gesprochen. Ihn berührte die Rede des Herrn über die Endzeit. Bevor alles geschieht, vor der Rückkehr des Menschensohnes muß das Evangelium allen Völkern verkündet werden. Voraussetzung dafür, daß die Welt zu ihrer Vollendung kommt, für ihre Öffnung zum Paradies hin, ist die Verkündigung des Evangeliums an alle Menschen. Er setzte seinen ganzen missionarischen Eifer dafür ein, das Evangelium möglichst schon in seiner Generation zu allen Menschen gelangen zu lassen, um dem Gebot des Herrn zu entsprechen, »daß es allen Völkern verkündet werde«. Sein Wunsch war nicht so sehr, alle Völker zu taufen, als vielmehr die Gegenwart des Evangeliums in der Welt und dadurch die Vollendung der Geschichte als solcher. Mir scheint, daß man heute, wenn man den Gang der Welt betrachtet, besser verstehen kann, daß die Gegenwart des Wortes Gottes, daß die Verkündigung, die als Sauerteig zu allen gelangt, notwendig ist, damit die Welt wirklich zu ihrem Ziel gelangen kann. In diesem Sinne wollen wir natürlich die Bekehrung aller, aber das Handeln überlassen wir letztlich dem Herrn. Wichtig ist, daß derjenige, der sich bekehren will, die Möglichkeit dazu hat, und daß in der Welt für alle dieses Licht des Herrn sichtbar wird – als Bezugspunkt und als Licht, das hilft und ohne das die Welt sich selbst nicht finden kann. Ich weiß nicht, ob ich mich gut verständlich gemacht habe: Dialog und Mission schließen einander nicht nur nicht aus, sondern erfordern sich gegenseitig.

Wieso gibt es bei kirchlichen Großereignissen diese Distanz zwischen Ihnen und den Jugendlichen? Wie läßt sich der Schatz der Liturgie

mit ihrer ganzen Feierlichkeit in Einklang bringen mit dem Gefühl,
der Liebe und der Emotivität, die die Jugendlichen nährt und derer
sie so sehr bedürfen? Wie sollen wir das richtige Gleichgewicht finden
zwischen Feierlichkeit und Emotivität?

Der erste Punkt, den Sie mir vorlegen, ist mit der organisatorischen Lage verbunden: Ich habe sie so vorgefunden wie sie war und weiß daher nicht, ob es vielleicht anders hätte organisiert werden können. In Anbetracht der Tatsache, daß Tausende von Menschen anwesend waren, war es, glaube ich, unmöglich, allen die gleiche Nähe zuzusichern. Gerade deshalb haben wir die Runde mit dem Auto gemacht, um den einzelnen Personen ein wenig näher zu sein. Wir werden jedoch darüber nachdenken und sehen, ob es bei zukünftigen Begegnungen mit so vielen tausend Menschen möglich sein sollte, etwas anders zu machen. Es scheint mir jedoch wichtig, ein größeres Gefühl innerer Nähe zu entwickeln, eine Brücke zu finden, die uns verbindet, auch wenn wir räumlich voneinander entfernt sind.
Ein großes Problem dagegen sind die Liturgien, an denen Massen von Menschen teilnehmen. Ich erinnere mich, daß 1960 auf dem großen Internationalen Eucharistischen Kongreß in München versucht wurde, den Eucharistischen Kongressen eine neue Form zu geben. Sie waren bis dahin nur Akte der Anbetung gewesen. Man wollte die Feier der Eucharistie in den Mittelpunkt stellen als Akt der Gegenwart des gefeierten Mysteriums. Aber sofort kam die Frage auf, wie das möglich sein sollte. Anbeten, so sagte man, kann man auch aus der Ferne; aber um die Eucharistie zu feiern, bedarf es einer kleineren Gemeinde, die in Wechselbeziehung zum Mysterium steht, einer Gemeinde, die zur Feier des Mysteriums versammelt ist. Viele waren gegen eine öffentliche Eucharistiefeier mit 100.000 Personen. Sie sagten, daß dies schon aufgrund der Struktur der Eucharistie nicht möglich sei, denn diese erfordert eine Gemeinde für die Gemeinschaft. Auch große und sehr angesehene Persönlichkeiten waren gegen diese Lösung. Dann schuf Professor Jungmann, ein großer Liturgiker, einer der großen Väter der Liturgiereform, das Konzept der »statio orbis«: Er kehrte zurück zur »statio Romae«, wo sich die Gläubigen in der Fasten-

zeit an einem Ort, der »*statio*«, versammeln. Sie sind also in »*statio*« wie die Soldaten für Christus und gehen dann gemeinsam zur Eucharistie. Wenn diese, so sagte er, die »*statio*« der Stadt Rom ist, wo die Stadt Rom sich versammelt, dann ist jene die »*statio orbis*«. Und von jenem Augenblick an haben wir Eucharistiefeiern, an denen Massen von Menschen teilnehmen. Für mich, muß ich sagen, bleibt es ein Problem, weil die konkrete Gemeinschaft bei der Feier grundlegend ist, und daher finde ich nicht, daß man wirklich die endgültige Antwort gefunden hat. Auch in der letzten Synode habe ich diese Frage aufgebracht, auf die jedoch keine Antwort gefunden wurde. Noch eine weitere Frage ließ ich stellen, zur Massenkonzelebration: Denn wenn zum Beispiel tausend Priester konzelebrieren, dann weiß man nicht, ob die vom Herrn gewollte Struktur noch gegeben ist. Jedenfalls stellen sich diese Fragen. Und so wurden Sie mit der Schwierigkeit der Teilnahme an einer Massenfeier konfrontiert, bei der nicht alle auf dieselbe Weise einbezogen werden können. Man muß sich daher für einen gewissen Stil entscheiden, damit die Würde gewahrt wird, die die Eucharistie immer haben muß. Die Gemeinschaft ist also nicht einheitlich, und die Teilnahme am Ereignis wird unterschiedlich erfahren; für einige ist sie gewiß unbefriedigend. Aber das hing nicht von mir ab, sondern vielmehr von denen, die die Vorbereitungen getroffen haben.

Man muß daher gut darüber nachdenken, was man in diesen Situationen tun soll, wie man den Herausforderungen begegnen soll. Wenn ich mich nicht irre, wurde die Musik von einem Behindertenorchester gespielt. Vielleicht stand dahinter der Gedanke zu zeigen, daß Behinderte die heilige Feier mitgestalten können und daß gerade sie nicht ausgeschlossen werden dürfen, sondern eine wichtige Rolle spielen müssen. Und durch die Liebe zu ihnen haben sich die anderen nicht ausgeschlossen, sondern im Gegenteil einbezogen gefühlt. Diese Überlegung finde ich sehr lobenswert, und ich teile diesen Gedanken. Natürlich bleibt das Grundproblem jedoch bestehen. Aber wenn man weiß, was die Eucharistie ist, dann nimmt man – auch wenn man nicht die Möglichkeit zu einer aktiven Beteiligung hat, die man sich gewünscht hätte, um sich einbezogen zu fühlen – mit dem Herzen an ihr teil, wie es in der uralten Aufforderung in der Kirche heißt, die vielleicht gerade für diejenigen geschaffen wurde, die in der Basilika ganz hinten standen: »Erhebet die Herzen! Jetzt gehen wir alle aus uns heraus, so daß wir alle beim Herrn und bei einander sind«. Wie gesagt, ich leugne das Problem nicht, aber wenn wir wirklich dieser Aufforderung – »Erhebet die Herzen« – nachkommen, dann finden wir alle, auch in schwierigen und manchmal fragwürdigen Situationen, wirklich zu einer aktiven Teilnahme.

Wie soll man den Jugendlichen vermitteln, daß – wie Sie immer wieder betonen – das Ich des Christen, wenn Christus von ihm Besitz ergriffen hat, nicht mehr »Ich« ist? Die Identität des Christen, so haben Sie sehr tiefgründig gesagt, ist das »ich, aber nicht mehr ich«, denn es gibt das gemeinschaftliche Subjekt Christus. Wie kann man das vermitteln?

Das ist die große Frage, die jeder Priester, der für andere verantwortlich ist, sich jeden Tag stellt – auch für sich selbst natürlich. Gewiß gab es im 20. Jahrhundert die Neigung zu einer individualistischen Frömmigkeit, um vor allem die eigene Seele zu retten und sich Verdienste zu schaffen, die berechnet und auf bestimmten Listen auch zahlenmäßig angegeben werden konnten. Und freilich wollte die ganze Bewegung des Zweiten Vatikanums diesen Individualismus überwinden.

Ich möchte jetzt nicht über die vergangenen Generationen urteilen, die ja auf ihre Weise dennoch versucht haben, so den anderen zu dienen. Aber dort gab es die Gefahr, daß man vor allem die eigene Seele retten wollte. Daraus folgte eine äußerliche Frömmigkeit, und am Ende wurde der Glaube als Last und nicht als Befreiung betrachtet. Und natürlich ist es der grundlegende Wille der neuen Pastoral, die das Zweite Vatikanische Konzil aufzeigte, aus dieser zu engen Sichtweise des Christentums herauszukommen und zu entdecken, daß ich meine Seele nur dann rette, wenn ich sie hinschenke, wie der Herr uns heute im Evangelium sagt, wenn ich mich von mir befreie, aus mir herausgehe wie Gott im Sohn aus sich selbst herausgegangen ist, um uns zu retten. Und wir werden hineingenommen in diese Bewegung des Sohnes und versuchen, aus uns selbst herauszugehen, da wir wissen, wo wir am Ende ankommen. Und wir fallen nicht ins Leere, sondern wir verlassen uns selbst und überlassen uns dem Herrn, indem wir aus uns herausgehen und uns ihm zur Verfügung stellen, wie er es will und nicht wie wir es uns vorstellen.

Das ist der wahre christliche Gehorsam, der Freiheit ist: nicht wie ich es möchte, mit meinem Lebensplan für mich, sondern indem ich mich ihm zur Verfügung stelle, damit er über mich verfügen kann. Und wenn ich mich in seine Hände begebe, bin ich frei. Aber es ist ein großer Sprung, der niemals endgültig getan ist. Ich denke hier an den hl. Augustinus, der uns das oft gesagt hat. Nach der Bekehrung dachte er anfangs, den höchsten Punkt erreicht zu haben und im Paradies der Neuheit des Christseins zu leben. Dann entdeckte er, daß der schwierige Weg des Lebens weiterging, wenn auch von jenem Augenblick an immer im Licht Gottes, und daß man jeden Tag aufs neue diesen Sprung aus sich selbst heraus tun muß, daß man das Ich hinschenken muß, damit es stirbt und im großen Ich Christi erneuert wird, das auf eine gewisse sehr wahre Art und Weise unser aller gemeinsames Ich, unser Wir, ist.

Aber ich würde sagen, daß wir selbst gerade in der Feier der Eucharistie – die diese große und tiefe Begegnung mit dem Herrn ist, wo ich mich in seine Hände fallen lasse – diesen großen Schritt üben müssen. Je mehr wir selbst ihn erlernen, desto besser können wir ihn auch den anderen gegenüber zum Ausdruck bringen und ihn anderen verständlich, zugänglich machen. Nur wenn wir mit dem Herrn gehen, wenn wir uns in der Gemeinschaft der Kirche seinem Offensein hingeben, wenn ich nicht für mich selbst lebe – sei es für ein glückliches Leben auf der Erde, sei es nur für meine persönliche Seligkeit –, sondern mich zum Werkzeug seines Friedens mache, lebe ich gut und lerne ich, Mut zu haben vor den täglichen Herausforderungen, die stets neu und schwer, oft beinahe nicht zu verwirklichen sind. Ich verlasse mich selbst, weil du es willst, und ich bin sicher, daß ich so gut vorangehe. Wir können nur den Herrn bitten, daß er uns helfen möge, diesen Weg jeden Tag zu gehen, damit wir den anderen helfen, sie erleuchten und ermutigen und sie so befreit und erlöst werden können.

*Wie kann ein Priester sich in seinem Leben immer mehr für das We-
sentliche, für Jesus, den Bräutigam begeistern? Und woran sieht man,
daß ein Priester in Jesus verliebt ist?*

Wie kann ich die Pfarrer korrigieren, die so gute Arbeit leisten!
Wir können uns nur gegenseitig helfen. Sie kennen also das
säkulare Umfeld nicht nur vom intellektuellen, sondern vor allem vom gefühlsmäßigen Standpunkt, vom Glauben her. Und
den jeweiligen Umständen entsprechend müssen wir den Weg
finden, um Brücken zu schaffen. Mir scheint, daß die Situation
schwierig ist, aber Sie haben recht. Wir müssen uns immer
überlegen, was das Wesentliche ist – auch wenn das Kerygma,
der Zusammenhang, die Vorgehensweise dann verschiedene
Anknüpfungspunkte haben können. Aber die Frage muß stets
lauten: Was ist wesentlich? Was soll entdeckt werden? Was
möchte ich geben? Und hier sage ich immer wieder: Das Wesentliche ist Gott. Wenn wir nicht von Gott sprechen, wenn
Gott nicht entdeckt wird, dann bleiben wir stets bei den neben-
sächlichen Dingen. Mir scheint also grundlegend, daß wenigstens die Frage aufkommt: Gibt es Gott? Und wie könnte ich
ohne Gott leben? Ist Gott wirklich eine wichtige Realität für
mich?
  Ich finde es sehr beeindruckend, daß das Erste Vatikanische
Konzil gerade diesen Dialog aufnehmen wollte, Gott durch die
Vernunft verstehen wollte – auch wenn es in unserer zeitlichen
Situation für uns notwendig ist, daß Gott uns hilft und unsere
Vernunft reinigt. Mir scheint, daß bereits versucht wird, auf
diese Herausforderung des säkularen Umfelds zu antworten –
durch Gott als die grundlegende Frage, und durch Jesus Christus als Antwort Gottes. Ich würde natürlich sagen, daß es die
»praeambula fidei« gibt, die vielleicht der erste Schritt sind, um
das Herz und den Geist auf Gott hin zu öffnen: die natürlichen
Tugenden. In diesen Tagen habe ich den Besuch eines Staats-
oberhauptes empfangen, das zu mir sagte: Ich bin nicht religiös,
die Grundlage meines Lebens ist die aristotelische Ethik. Das
ist bereits etwas sehr Gutes, und wir sind schon beim hl. Thomas, auf dem Weg zur Synthese des Thomas. Das kann also
ein Anknüpfungspunkt sein: diese Bedeutung der Vernunfte-

thik für das menschliche Zusammenleben zu lernen und verständlich zu machen. Wenn sie konsequent gelebt wird, öffnet sie sich innerlich zur Frage nach Gott, zur Verantwortung vor Gott.

Mir scheint also, daß uns einerseits klar sein muß, was das Wesentliche ist, das wir den anderen vermitteln wollen und müssen, und welche *»praeambula«* es in den Situationen gibt, in denen wir die ersten Schritte tun können: Gewiß ist gerade heute eine gewisse ethische Grunderziehung ein wesentlicher Schritt. So machte es auch die Christenheit der Antike. Cyprian zum Beispiel sagt uns, daß er zunächst ein sehr ausschweifendes Leben führte. Als er dann in der katechumenalen Gemeinschaft lebte, lernte er eine grundlegende Ethik, und so öffnete sich der Weg zu Gott. Auch der hl. Ambrosius sagt in der Ostervigil: Bisher haben wir von der Moral gesprochen, jetzt kommen wir zu den Geheimnissen. Sie waren den Weg der *»praeambula fidei«* durch eine ethische Grunderziehung gegangen, und diese schuf die Bereitschaft, das Geheimnis Gottes zu verstehen. Ich würde also sagen, daß wir einerseits vielleicht eine Wechselbeziehung schaffen müssen zwischen ethischer Erziehung – die heute so wichtig ist und die auch pragmatische Bedeutung besitzt – und daß wir gleichzeitig die Frage nach Gott nicht auslassen dürfen. Und in dieser gegenseitigen Durchdringung zweier Wege gelingt es uns vielleicht ein bißchen, uns jenem Gott zu öffnen, der allein das Licht schenken kann.

Ich frage mich, warum wir als Kirche, die wir so viel geschrieben, gedacht und erlebt haben zum Thema der Erziehung als Ausbildung zum rechten Gebrauch der Freiheit – wie Sie sagen –, es nicht schaffen, dieses Erziehungsziel durchzusetzen. Warum erscheinen wir Erzieher im Durchschnitt als so wenig befreit und befreiend?

Danke für diese Schilderung Ihrer Erfahrungen in der Schule von heute, mit den Jugendlichen von heute, und auch für die selbstkritischen Fragen an uns selbst. In diesem Augenblick kann ich nur bestätigen, daß es mir sehr wichtig scheint, daß die Kirche auch in der Schule anwesend ist, denn eine Erziehung, die nicht gleichzeitig auch Erziehung mit Gott und Gegenwart Gottes ist, eine Erziehung, die nicht die großen ethischen Werte vermittelt, die im Licht Christi erschienen sind, ist keine Erziehung. Eine fachliche Ausbildung ohne Bildung des Herzens reicht niemals aus. Und das Herz kann nicht gebildet werden ohne wenigstens die Herausforderung der Gegenwart Gottes. Wir wissen, daß viele Jugendliche in einem Umfeld, in Situationen leben, die ihnen das Licht und das Wort Gottes unerreichbar machen; sie leben in Situationen, die eine wahre Sklaverei sind – nicht nur äußerlich, denn sie erzeugen eine geistige Sklaverei, die wirklich das Herz und den Geist verdunkelt. Wir versuchen, mit allen Mitteln, die der Kirche zur Verfügung stehen, auch ihnen eine Möglichkeit zu bieten, aus dieser Situation herauszukommen. Aber auf jeden Fall müssen wir dafür sorgen, daß im schulischen Bereich, wo man die unterschiedlichsten Verhältnisse vorfindet – von den Gläubigen bis hin zu den traurigsten Situationen –, das Wort Gottes gegenwärtig ist. Genau das haben wir über den hl. Paulus gesagt, der das Evangelium zu allen Menschen gelangen lassen wollte. Dieser Imperativ des Herrn – das Evangelium muß allen verkündet werden – ist kein diachronischer Imperativ, kein kontinentaler Imperativ, in dem Sinne, daß es in erster Linie allen Kulturen verkündet werden muß. Sondern er ist ein innerer Imperativ: das Evangelium muß in die verschiedenen Schichten und Dimensionen einer Gesellschaft eindringen, um wenigstens ein wenig von seinem Licht erreichbarer zu machen, damit das Evangelium wirklich allen verkündet wird.

Und ich glaube, es gehört heute auch zur kulturellen Bildung zu wissen, was der christliche Glaube ist, der diesen Kontinent geprägt hat und der ein Licht für alle Kontinente ist. Es gibt unterschiedliche Wege, um dieses Licht in Fülle gegenwärtig und erreichbar zu machen, und ich weiß, daß ich kein Patentrezept dafür habe; aber die Notwendigkeit, sich diesem schönen und schwierigen Abenteuer zu stellen, gehört wirklich zum Imperativ des Evangeliums selbst. Bitten wir darum, daß der Herr uns immer mehr helfen möge, diesem Imperativ zu entsprechen und die Kenntnis von ihm, die Kenntnis seines Angesichts, in alle Dimensionen unserer Gesellschaft gelangen zu lassen.

Heiliger Vater, wir alle sind auf der Suche nach neuen und ausgegli-
chenen Haltungen des gegenseitigen Kennenlernens und der gegensei-
tigen Achtung. Ihre Beiträge, die von der Achtung und vom Dialog bei
der Suche nach der Wahrheit geprägt sind, schätzen wir sehr. Helfen
Sie uns noch einmal durch Ihr Wort.

Danke für dieses Zeugnis einer wirklich multidimensionalen
und multikulturellen Pfarrei. Mir scheint, daß Sie ein bißchen
das umgesetzt haben, worüber wir vorhin mit dem indischen
Mitbruder gesprochen haben: Den Dialog, das respektvolle
Zusammenleben, indem wir einander achten, die anderen
annehmen in ihrem Anderssein, in ihrer Gemeinschaft – und
gleichzeitig die Anwesenheit des Christentums, des christlichen Glaubens als Bezugspunkt, auf den alle den Blick richten
können und der wie ein Sauerteig ist, der die Freiheiten achtet
und dennoch ein Licht für alle ist und uns gerade in der Achtung der Unterschiede vereint.

Hoffen wir, daß der Herr uns in diesem Sinne stets helfen
möge, den anderen in seinem Anderssein anzunehmen, ihn zu
achten und Christus gegenwärtig zu machen in der Geste der
Liebe, die der wahre Ausdruck seiner Gegenwart und seines
Wortes ist. So möge er uns helfen, wirklich Diener Christi und
seines Heils für die Welt zu sein. Danke.

WELCHE BOTSCHAFT WERDEN SIE DIESER LEIDENDEN KIRCHE BRINGEN?

Können Sie uns zunächst etwas über die Empfindungen und Hoffnungen sagen, mit denen Sie diese Reise antreten? Und was ist aus Ihrer Sicht der wesentliche Zweck Ihrer Reise?

Meine Reise hat vor allem zwei Zwecke. Der erste Zweck ist der Besuch der Kirche in Amerika, in den Vereinigten Staaten. Es gibt einen besonderen Grund: Die Diözese Baltimore wurde vor 200 Jahren zur Metropolie erhoben, und gleichzeitig entstanden vier weitere Diözesen: New York, Philadelphia, Boston und Louisville. Es ist also ein großes Jubiläum für diesen Teil der Kirche in den Vereinigten Staaten, ein Augenblick, um über die Vergangenheit und vor allem über die Zukunft nachzudenken – darüber, wie man den großen Herausforderungen unserer Zeit begegnen kann, in der Gegenwart und im Hinblick auf die Zukunft. Und natürlich gehört zu diesem Besuch auch die interreligiöse und die ökumenische Begegnung, insbesondere auch eine Begegnung in der Synagoge mit unseren jüdischen Freunden am Vorabend ihres Pesach-Festes. Da ist also der religiöse und pastorale Aspekt der Kirche in den Vereinigten Staaten in diesem Augenblick unserer Geschichte und die Begegnung mit allen anderen in der gemeinsamen Brüderlichkeit, die uns in der gemeinsamen Verantwortung vereint. Ich möchte in diesem Augenblick auch Präsident Bush danken, der zum Flughafen kommen, mir viel Zeit für Gespräche vorbehalten und mich aus Anlaß

Interview auf dem Flug in die Vereinigten Staaten von Amerika, 15. April 2008.

meines Geburtstags empfangen wird. Der zweite Zweck der Reise ist der Besuch bei den Vereinten Nationen. Auch hier gibt es einen besonderen Grund: Es sind 60 Jahre vergangen seit der Allgemeinen Erklärung der Menschenrechte. Sie ist die anthropologische Basis, die Philosophie, auf der die Vereinten Nationen gründen, die menschliche und geistliche Grundlage, auf der sie aufgebaut sind. Es ist also wirklich ein Augenblick, um nachzudenken und sich diese wichtige Etappe der Geschichte wieder zu Bewußtsein zu bringen. In die Erklärung der Menschenrechte sind verschiedene kulturelle Traditionen eingeflossen, vor allem eine Anthropologie, die im Menschen ein Rechtssubjekt erkennt, das allen Institutionen vorausgeht, mit gemeinsamen Werten, die von allen gewahrt werden müssen. Ich glaube, daß dieser Besuch, der in einem Augenblick der Wertekrise stattfindet, wichtig ist, um noch einmal gemeinsam zu bestätigen, daß alles in jenem Augenblick begonnen hat und um ihn für unsere Zukunft zu sichern.

Die Kirche, der Sie in den Vereinigten Staaten begegnen werden, ist eine große Kirche, eine lebendige Kirche, aber in gewissem Sinne auch eine leidende Kirche, vor allem aufgrund der jüngsten Krise, die durch die Fälle sexuellen Mißbrauchs verursacht wurde. Welche Botschaft werden Sie dieser leidenden Kirche bringen?

Es ist ein großes Leid für die Kirche in den Vereinigten Staaten und für die Kirche im allgemeinen, auch für mich persönlich, daß dies geschehen konnte. Wenn ich die Geschichte dieser Vorkommnisse betrachte, fällt es mir schwer zu verstehen, wie Priester so sehr in ihrer Sendung versagen konnten, diesen Kindern das Heil und die Liebe Gottes zu bringen. Ich bin beschämt, und wir werden alles in unserer Macht stehende tun, um sicherzustellen, daß so etwas in Zukunft nicht wieder geschieht. Ich denke, daß wir auf drei Ebenen handeln müssen, und zwar zunächst auf der Rechtsebene und auf politischer Ebene. Ich werde jetzt nicht über Homosexualität sprechen, denn das ist ein anderes Thema. Wir werden Pädophile unbedingt vom Priesteramt ausschließen; das ist absolut unvereinbar, und wer wirklich schuldig ist, ein Pädophiler zu sein, kann kein Priester sein. So können wir auf dieser ersten Ebene das Recht walten lassen und den Opfern helfen, denn sie leiden schwer darunter. Das sind die beiden Rechtsaspekte: Zum einen können Pädophile keine Priester sein, und zum anderen muß den Opfern auf jede nur mögliche Weise geholfen werden. Dann gibt es eine seelsorgliche Ebene. Die Opfer brauchen Heilung und Hilfe und Beistand und Versöhnung: Das ist eine große seelsorgliche Verpflichtung, und ich weiß, daß die Bischöfe und die Priester und alle Katholiken in den Vereinigten Staaten alles tun werden, was in ihren Kräften steht, um zu helfen, Beistand zu leisten und zu heilen. Wir haben eine Visitation der Seminare durchgeführt, und wir werden alles tun, was im Rahmen der Erziehung von Seminaristen möglich ist, um den Studenten eine tiefe geistliche, menschliche und intellektuelle Ausbildung zu geben. Nur Personen, die in gesunder Verfassung sind, können zum Priestertum zugelassen werden, nur Personen mit einem tiefen persönlichen Leben in Christus, die auch ein tiefes sakramentales Leben haben. Ich weiß also, daß die Bischöfe und die Spirituale der Priesterseminare alles tun werden, was in ihren Kräften steht, um zu einer wirklich sehr strengen Entscheidungsfindung zu gelangen, denn es ist wichtiger, gute Priester zu haben als viele Priester. Das ist auch unsere dritte Ebene, und wir hoffen, daß wir alles, was in unserer Macht steht, tun können, getan haben und auch in Zukunft tun werden, um diese Wunden zu heilen. Dann wurde das Interview wieder auf italienisch weitergeführt:

In der Kirche der Vereinigten Staaten nimmt die hispanische Präsenz ganz allgemein enorm zu: Die katholische Gemeinschaft ist immer mehr durch zwei Sprachen und zwei Kulturen geprägt. Gleichzeitig gibt es innerhalb der Gesellschaft eine immer stärkere Bewegung gegen die Einwanderung: Die Lage der Einwanderer ist gekennzeichnet durch prekäre Situationen und Diskriminierung. Werden Sie über dieses Problem sprechen und Amerika einladen, die Einwanderer, von denen viele katholisch sind, positiv aufzunehmen?

Gewiß werde ich über diesen Punkt sprechen. Ich habe mehrere »Ad-limina«-Besuche der Bischöfe aus Zentralamerika und auch aus Südamerika empfangen, und ich habe die große Tragweite dieses Problems gesehen, vor allem das ernste Problem der Trennung der Familien. Und das ist wirklich gefährlich für das soziale, sittliche und menschliche Gefüge dieser Länder. Man muß jedoch unterscheiden zwischen Sofortmaßnahmen und langfristigen Lösungen. Die eigentliche Lösung ist, daß es einmal keine Auswanderung mehr geben muß, weil es in der Heimat genügend Arbeitsplätze und ein hinlängliches Sozialgefüge gibt, so daß niemand mehr auswandern muß. Wir müssen alle für dieses Ziel arbeiten, für eine gesellschaftliche Entwicklung, durch die den Bürgern in ihrem eigenen Land Arbeit und eine Zukunft geboten werden kann. Auch über diesen Punkt möchte ich mit dem Präsidenten sprechen, weil vor allem die Vereinigten Staaten dabei helfen müssen, daß die Länder sich entwickeln können. Das steht im Interesse aller, nicht nur dieser Länder, sondern der Welt und auch der Vereinigten Staaten. Kurzfristig ist es sehr wichtig, vor allem den Familien zu helfen. Im Licht der Gespräche, die ich mit den Bischöfen geführt habe, ist das vorrangige Problem der Schutz der Familien, die nicht zerstört werden dürfen. Was getan werden kann, muß getan werden. Es muß natürlich auch alles, was möglich ist, unternommen werden gegen die prekären Situationen und gegen alle Gewalt. Man muß ihnen helfen, dort, wo sie jetzt sind, wirklich ein Leben in Würde führen zu können. Ich möchte auch sagen, daß es viele Probleme gibt, viel Leid, aber es gibt auch sehr viel Gastfreundschaft! Ich weiß, daß im Hinblick auf die notwendigen Hilfen vor allem die Amerikanische Bischofskonferenz sehr viel mit den Lateinamerikanischen Bischofskonferenzen zusammenarbeitet. Trotz aller schmerzlichen Dinge sollten wir nicht all die wahre Menschlichkeit vergessen, all das positive Handeln, das es auch gibt.

Als Sie die neue Botschafterin der Vereinigten Staaten von Amerika empfangen haben, hat diese die öffentliche Anerkennung der Religion in den Vereinigten Staaten als positiven Wert hervorgehoben.

Halten Sie dieses Modell auch für das säkularisierte Europa für möglich oder glauben Sie nicht eher, daß auch die Gefahr besteht, daß die Religion und der Name Gottes benutzt werden könnten, um eine gewisse Politik und sogar den Krieg zu rechtfertigen?

Sicher, in Europa können wir nicht einfach die Vereinigten Staaten kopieren: Wir haben unsere Geschichte. Aber wir müssen alle voneinander lernen. In den Vereinigten Staaten finde ich es interessant, daß sie mit einem positiven Konzept der Laizität begonnen haben, weil dieses neue Volk sich aus Gemeinschaften und Personen zusammensetzte, die vor den Staatskirchen geflohen waren und einen laikalen, säkularen Staat wollten, der allen Konfessionen, allen Formen der Religionsausübung Möglichkeiten eröffnen sollte. So entstand ein gewollt laikaler Staat: Sie waren gegen eine Staatskirche. Aber laikal sollte der Staat gerade um der Religion in ihrer Authentizität willen sein, die nur in Freiheit gelebt werden kann. Und so stehen wir vor diesem Staatsgefüge, das gewollt und entschieden laikal ist, aber gerade aus einem religiösen Willen heraus, um der Religion Authentizität zu verleihen. Und wir wissen, daß Alexis de Toqueville, als er sich mit Amerika befaßte, gesehen hat, daß die säkularen Einrichtungen de facto durch einen moralischen Konsens leben, der unter den Bürgern vorhanden ist. Das scheint mir ein grundlegendes und positives Modell zu sein. Man muß bedenken, daß in Europa inzwischen 200 Jahre, mehr als 200 Jahre vergangen sind, in denen sich viel entwickelt hat. Jetzt sieht man auch in den Vereinigten Staaten den Beginn eines neuen und ganz anderen Säkularismus. Zuerst war das Problem also die Einwanderung, aber die Situation ist im Verlauf der Geschichte komplizierter und vielschichtiger geworden. Dennoch scheint mir die Grundlage, das grundlegende Modell auch heute noch auch in Europa bedenkenswert zu sein.

Der Papst wird oft als das Gewissen der Menschheit betrachtet, und auch aus diesem Grund wird Ihre Ansprache an die Vereinten Nationen mit Spannung erwartet. Meinen Sie, daß eine multilaterale Institution wie die Vereinten Nationen die Prinzipien, die für die

katholische Kirche »nicht verhandelbar« sind, also die auf dem na-
türlichen Sittengesetz gründenden Prinzipien, wahren kann?

Genau das ist das wesentliche Ziel der Vereinten Nationen:
die gemeinsamen Werte der Menschheit zu wahren, auf denen das friedliche Zusammenleben der Nationen gründet –
die Wahrung des Rechts und die Entwicklung des Rechts. Ich
habe bereits kurz erwähnt, daß es mir sehr wichtig erscheint,
daß die Grundlage der Vereinten Nationen gerade die Idee
der Menschenrechte ist, der Rechte, die nicht verhandelbare
Werte zum Ausdruck bringen, die allen Institutionen vorausgehen und die Grundlage aller Institutionen sind. Und es ist
wichtig, daß es diese Übereinstimmung zwischen den Kulturen gibt, die einen Konsens über die Tatsache gefunden
haben, daß diese Werte grundlegend und in das Menschsein
selbst eingeschrieben sind. Es ist außerdem wichtig, das Bewußtsein zu erneuern, daß die Vereinten Nationen in ihrer
friedenstiftenden Funktion nur dann tätig sein können, wenn
sie diese gemeinsame Grundlage der Werte haben, die dann
in Form von »Rechten« zum Ausdruck kommen, die von allen
gewahrt werden müssen. Diese wesentliche Auffassung zu
bestätigen und sie nach Möglichkeit zu aktualisieren, ist ein
Ziel meiner Sendung.

Da Pater Lombardi mich zu Beginn auch nach meinen
Empfindungen gefragt hat, möchte ich abschließend sagen:
Ich gehe wirklich mit Freude in die Vereinigten Staaten! Ich
bin vorher einige Male in den Vereinigten Staaten gewesen
und kenne dieses große Land. Ich kenne die große Lebendigkeit der Kirche trotz aller Probleme, und ich freue mich, in
diesem sowohl für die Kirche als auch für die Vereinten Nationen historischen Augenblick diesem großen Volk und dieser
großen Kirche begegnen zu dürfen. Ich danke allen!

FÄLLT ES DEN MENSCHEN HEUTE SCHWER, GOTT IN UNSEREN KIRCHEN ZU BEGEGNEN?

Der Heilige Vater wird gebeten, die Herausforderung des zunehmenden Säkularismus im öffentlichen Leben und des Relativismus im intellektuellen Leben zu beurteilen und Hinweise zu geben, wie diese Probleme aus pastoraler Sicht in Angriff genommen werden können, um das Evangelisierungswerk wirksamer zu gestalten.

Auf dieses Thema bin ich in meiner Ansprache kurz eingegangen. Bedeutsam scheint mir die Tatsache, daß hier in Amerika, anders als vielerorts in Europa, die säkulare Mentalität nicht in einem inneren Gegensatz zur Religion steht. Im Kontext der Trennung von Staat und Kirche war die amerikanische Gesellschaft stets von der grundlegenden Achtung der Religion und ihrer öffentlichen Rolle gekennzeichnet, und außerdem gilt das amerikanische Volk, wenn man den Umfragen Glauben schenken will, als tief religiös. Aber es genügt nicht, sich auf diese traditionelle Religiosität zu verlassen und so zu tun, als sei alles in Ordnung, während ihre Fundamente langsam zersetzt werden. Ernsthafte Bemühungen auf dem Gebiet der Evangelisierung können nicht von einer eingehenden Analyse jener wahren Herausforderungen absehen, denen das Evangelium in der heutigen amerikanischen Kultur gegenübersteht.

Von wesentlicher Bedeutung ist natürlich das korrekte Verständnis der richtigen Autonomie der weltlichen Ordnung, einer Autonomie, die nicht vom Schöpfergott und seinem

---

Begegnung mit den Bischöfen der USA, Nationalheiligtum der Unbefleckten Empfängnis in Washington, D.C., 16. April 2008.

191

Heilsplan getrennt werden kann (vgl. *Gaudium et spes, 36*).
Möglicherweise wirft der Säkularismus Amerikas ein besonderes Problem auf: Während er das Bekenntnis des Glaubens
an Gott in Betracht zieht und die öffentliche Rolle der Religion und der Kirchen respektiert, reduziert er jedoch auf sub-
tile Weise den religiösen Glauben auf den kleinsten gemeinsamen Nenner. Der Glaube wird zur passiven Hinnahme, daß
gewisse Dinge »da oben« wahr sind, aber keine praktische
Bedeutung im alltäglichen Leben haben. Das Ergebnis ist eine
zunehmende Loslösung des Glaubens vom Leben, man lebt
so, »als ob es Gott nicht gäbe«. Weiter verschärft wird dies
durch eine individualistische und eklektische Haltung gegenüber dem Glauben und der Religion: Weit entfernt von
der katholischen Überzeugung des »mit der Kirche fühlen«,
glaubt ein jeder, das Recht zu haben, beurteilen und auswählen zu dürfen unter Wahrung der äußeren sozialen Bande,
aber ohne ganzheitliche innere Bekehrung zum Gesetz Christi. Die Christen sind somit, anstatt innerlich verwandelt und
erneuert zu sein, leicht der Versuchung ausgesetzt, sich dem
Geist dieser Welt anzupassen (vgl. Röm 12,3). Wir haben dies
an dem skandalösen Verhalten jener Katholiken feststellen
können, die ein vermeintliches Recht auf Abtreibung unterstützen.

Auf tieferer Ebene fordert der Säkularismus die Kirche heraus, ihre Mission in und für die Welt noch aktiver zu bekräftigen und zu verfolgen. Wie das Konzil klar zum Ausdruck
gebracht hat, obliegt den Laien in dieser Hinsicht eine ganz
besondere Verantwortung. Notwendig ist zweifellos ein stär-
keres Bewußtsein der tiefinneren Beziehung zwischen dem
Evangelium und dem Naturgesetz einerseits und das Streben
nach dem wahren menschlichen Wohl andererseits, wie es im
bürgerlichen Recht und in den persönlichen moralischen Entscheidungen verkörpert ist. In einer Gesellschaft, in der die
persönliche Freiheit zu Recht hoch geachtet wird, muß die
Kirche auf allen Ebenen ihre Lehre – in der Katechese, in der
Verkündigung, im Seminar- und Hochschulunterricht – eine
Apologetik fördern, mit der Absicht, sowohl die Wahrheit der
christlichen Offenbarung zu bekräftigen als auch die Harmo-

nie zwischen Glaube und Vernunft sowie eine gesunde Auffassung von Freiheit, die positiv gesehen wird als Befreiung *von* den Einschränkungen der Sünde als auch eine Befreiung *zu* einem wahren und gelungenen Leben. Mit einem Wort: Das Evangelium muß als ganzheitliche Lebensweise verkündet und gelehrt werden, die in geistlicher wie in praktischer Hinsicht eine attraktive und aufrichtige Antwort auf die wirklichen menschlichen Probleme bietet. Die »Diktatur des Relativismus« ist letztendlich nichts anderes als eine Bedrohung der echten menschlichen Freiheit, die allein in der Hochherzigkeit und der Treue zur Wahrheit reifen kann.

Natürlich könnte zu diesem Thema noch viel mehr gesagt werden. Abschließend möchte ich jedoch meine Überzeugung zum Ausdruck bringen, daß die Kirche in Amerika in diesem Augenblick ihrer Geschichte vor der Herausforderung steht, die katholische Sicht der Realität wiederzufinden und sie auf mitreißende und einfallsreiche Weise an eine Gesellschaft heranzutragen, die jede Art von »Rezept« für die menschliche Selbstverwirklichung bietet. Insbesondere denke ich daran, daß wir das Herz der jungen Menschen ansprechen müssen, die, trotz der ständigen Beeinflussung durch Botschaften, die im Gegensatz zum Evangelium stehen, stets nach Wahrhaftigkeit, nach Güte und Wahrheit verlangen. Vieles bleibt noch zu tun, insbesondere auf dem Gebiet der Verkündigung und der Katechese in Pfarrgemeinden und Schulen, wenn die Evangelisation Früchte tragen soll für die Erneuerung des kirchlichen Lebens in Amerika.

Eine weitere Frage bezieht sich auf »einen gewissen schleichenden Prozeß«, bei dem die Katholiken die Glaubenspraxis aufgeben, teils aufgrund einer klaren Entscheidung, häufiger jedoch indem sie stillschweigend und allmählich die Teilnahme an der Messe aufgeben und sich nicht mehr mit der Kirche identifizieren.

Zweifellos hängt vieles von alledem vom fortschreitenden Rückgang einer gelegentlich auf abwertende Weise mit einem »Ghetto« verglichenen religiösen Kultur ab, die die Teilnahme und Identifizierung mit der Kirche stärkt. Zu den großen Herausforderungen, denen die Kirche in diesem Land gegenübersteht, gehört, wie ich soeben betont habe, die Ausformung einer katholischen Identität, die nicht so sehr auf äußerlichen Elementen gründet, sondern vielmehr auf einer im Evangelium verwurzelten und durch die lebendige Tradition der Kirche bereicherten Denk- und Handlungsweise.

Das Thema umfaßt selbstverständlich auch Aspekte wie den religiösen Individualismus und den Skandal. Gehen wir aber zum Kern des Problems: Der Glaube kann nur überleben, wenn er genährt wird, wenn er »in der Liebe wirksam ist« (vgl. Gal 5,6). Fällt es den Menschen heute schwer, Gott in unseren Kirchen zu begegnen? Hat unsere Verkündigung möglicherweise ihr Salz verloren? Könnte das nicht von der Tatsache abhängen, daß viele vergessen oder sogar nie gelernt haben, in und mit der Kirche zu beten?

Ich spreche an dieser Stelle nicht von Menschen, die auf der Suche nach subjektiven religiösen »Erfahrungen« die Kirche verlassen. Das ist ein pastorales Thema für sich. Ich denke, wir sprechen hier von Personen, die vom Weg abgekommen sind, ohne den Glauben an Christus bewußt abzulehnen, denen aber die Liturgie, die Sakramente, die Verkündigung aus irgendwelchen Gründen keine Lebenskraft vermitteln konnte. Doch der christliche Glaube ist, wie wir wissen, im wesentlichen kirchlich, und ohne eine lebendige Verbindung mit der Gemeinschaft wird der Glaube des einzelnen nie zur vollen Reife gelangen. Um auf die soeben erörterte Frage zurückzukommen: das Ergebnis kann eine stille Apostasie sein.

Gestattet mir jedoch zwei kurze Bemerkungen zum Problem des »Distanzierungsprozesses«, die, wie ich hoffe, weitere Reflexionen anregen werden.

Erstens wird es, wie ihr wißt, immer schwieriger, in den westlichen Gesellschaften auf sinnvolle Weise von »Erlösung« zu sprechen. Doch die Erlösung – die Befreiung von der Realität des Bösen und das Geschenk eines neuen Lebens und der Freiheit in Christus – ist der eigentliche Kern des Evangeliums. Wir müssen, wie ich bereits sagte, neue und faszinierende Möglichkeiten finden, um diese Botschaft zu verkünden und ein Verlangen nach jener Erfüllung neu zu wecken, die allein Christus geben kann. In der Liturgie der Kirche und vor allem im Sakrament der Eucharistie kommen diese Realitäten auf wirksamste Weise zum Ausdruck und werden im Dasein der Gläubigen gelebt. Vielleicht müssen wir noch viel tun, um die Sichtweise des Konzils im Hinblick auf die Liturgie als Ausübung des allgemeinen Priestertums und als Impuls für ein fruchtbares Apostolat in der Welt zu realisieren.

Zweitens müssen wir das nahezu völlige Verschwinden des Sinns für das Eschatologische in vielen unserer traditionsgemäß christlichen Gesellschaften mit Sorge zur Kenntnis nehmen. Wie ihr wißt, habe ich dieses Problem in der Enzyklika *Spe salvi* erörtert. Es genügt zu sagen, daß Glaube und Hoffnung nicht auf diese Welt beschränkt sind: als theologale Tugenden verbinden sie uns mit dem Herrn und führen nicht allein zur Erfüllung unserer persönlichen Bestimmung, sondern auch der der gesamten Schöpfung. Glaube und Hoffnung sind Inspiration und Grundlage unserer Bemühungen der Vorbereitung auf das Kommen des Reiches Gottes. Im Christentum gibt es keinen Platz für eine lediglich private Religion: Christus ist der Erlöser der Welt und wir können – als Glieder seines Leibes, die seiner prophetischen, priesterlichen und königlichen »munera« teilhaftig werden – unsere Liebe zu ihm nicht von der Aufgabe trennen, die Kirche aufzubauen und sein Reich auszubreiten. Je mehr die Religion zu einer rein privaten Angelegenheit wird, desto mehr verliert sie ihre Seele.

Abschließend möchte ich etwas ganz Offenkundiges herausstellen. Die Felder sind auch heute reif zur Ernte (vgl. Joh 4,35). Gott läßt weiterhin wachsen (vgl. 1 Kor 3,6). Zusammen mit dem verstorbenen Papst Johannes Paul II. können und müssen wir glauben, daß Gott einen neuen Frühling für das Christentum bereitet (vgl. *Redemptoris missio,* 86). Das, was in dieser besonderen Zeit für die Geschichte der Kirche Amerikas am meisten gebraucht wird, ist die Wiederbelebung jenes apostolischen Eifers, der ihre Hirten auf aktive Weise inspirieren möge, die Verlorengegangenen zu suchen, die Verletzten zu verbinden und die Schwachen zu kräftigen (vgl. Ez 34,16). Und das erfordert, wie ich sagte, neue Denkweisen, die von einer gesunden Diagnose der heutigen Herausforderungen ausgehen und den Einsatz für die Einheit im Dienst an der Sendung der Kirche für die heutigen Generationen.

Eine Frage bezieht sich auf den Rückgang der Berufungen trotz wachsender katholischer Bevölkerung und auf den Anlaß zur Hoffnung, die das Streben nach Heiligkeit und die persönlichen Qualitäten der Kandidaten geben, die sich melden.

Seien wir ehrlich: die Fähigkeit, Berufungen zum Priesteramt und zum Ordensleben zu fördern, ist ein sicheres Zeichen der Stärke einer Ortskirche. Da ist kein Platz für Selbstzufriedenheit in dieser Hinsicht. Stets wird Gott junge Menschen rufen, aber unsere Aufgabe ist es, eine hochherzige und freie Antwort auf diesen Ruf zu fördern. Andererseits darf niemand von uns diese Gnade als selbstverständlich betrachten.

Im Evangelium fordert Jesus uns auf zu beten, damit der Herr der Ernte Arbeiter aussende. Er räumt sogar ein, daß es trotz der reichen Ernte nur wenige Arbeiter gibt (vgl. Mt 9,37–38). Es mag sonderbar erscheinen, aber häufig denke ich, daß das Gebet – das »unum necessarium« – der Aspekt der Arbeit an den Berufungen ist, den wir oft zu vergessen oder zu unterschätzen neigen!

Ich spreche nicht nur vom *Gebet für die Berufungen.* Das Gebet selbst – in den katholischen Familien begonnen, von christlichen Bildungsprogrammen genährt, durch die Gnade der Sakramente gefestigt – ist das wichtigste Mittel, um den Willen Gottes für unser Leben zu erkennen. In dem Maß, in dem wir die Jugendlichen lehren zu beten, gut zu beten, arbeiten wir mit dem Ruf Gottes zusammen. Programme, Pläne und Projekte haben ihren Platz, aber das Erkennen einer Berufung ist vor allem Frucht des innigen Dialogs zwischen dem Herrn und seinen Jüngern. Wenn junge Menschen fähig sind zu beten, dann werden sie sicher erkennen, wie sie dem Ruf Gottes folgen können.

Es wurde darauf hingewiesen, daß in vielen Jugendlichen heute ein wachsendes Streben nach Heiligkeit zu finden ist und daß, wenn auch in geringerer Zahl, diejenigen, die sich als Kandidaten melden, großen Idealismus zeigen und Anlaß zu berechtigter Hoffnung geben. Es ist wichtig, ihnen zuzuhören, ihre Erfahrungen zu verstehen und sie zu ermutigen, Gleichaltrigen zu helfen, den Bedarf an engagierten Priestern und Ordensleuten wie auch die Schönheit eines aufopferungsvoll dem Dienst am Herrn und an seiner Kirche gewidmeten Lebens zu erkennen. Meiner Ansicht nach wird von den Verantwortlichen für die Orientierung und Förderung der Berufungen viel verlangt: Mehr denn je muß den Priesteramtskandidaten heute eine gesunde geistige und menschliche Ausbildung geboten werden, die ihnen ermöglicht, nicht nur auf die konkreten Fragen und Bedürfnisse ihrer Zeitgenossen einzugehen, sondern auch in ihrer eigenen Bekehrung zu reifen und in lebenslänglicher Verpflichtung an der Berufung festzuhalten. Als Bischöfe seid ihr euch bewußt, welches Opfer ihr bringen müßt, wenn ihr gebeten werdet, einen eurer besten Priester für die Arbeit im Seminar freizustellen. Ich bitte euch, dieser Aufforderung für das Wohl der ganzen Kirche hochherzig zu entsprechen.

Ich denke, ihr wißt aus Erfahrung, daß die meisten eurer Brüder im Priesteramt in ihrer Berufung glücklich sind. Was ich in meiner Ansprache über die Bedeutung der Einheit und der Zusammenarbeit innerhalb des Presbyteriums zum Ausdruck gebracht habe, gilt auch für diesen Bereich. Wir müssen die unfruchtbaren Spaltungen, Uneinigkeiten und Vorurteile überwinden und gemeinsam die Stimme des Heiligen Geistes hören, der die Kirche in eine hoffnungsvolle Zukunft führt. Jeder von uns weiß, wie wichtig die priesterliche Brüderlichkeit in unserem eigenen Leben gewesen ist. Sie ist nicht nur ein wertvolles Gut, sondern auch eine unermeßliche Ressource für die Erneuerung des Priestertums und die Entstehung neuer Berufungen. Abschließend möchte ich euch ermutigen, den Dialog und brüderliche Begegnungen unter euren Priestern, insbesondere den jüngeren, intensiv zu fördern. Zweifellos wird das Früchte tragen für die Vertiefung ihrer Liebe zum Priesteramt und zur Kirche wie auch für die Wirksamkeit ihres Apostolats.

Liebe Brüder im Bischofsamt, mit diesen wenigen Überlegungen bestärke ich euch nochmals in eurem Dienst an den eurer Hirtensorge anvertrauten Gläubigen und vertraue euch der liebevollen Fürsprache der Unbefleckten Jungfrau Maria, Mutter der Kirche, an.

DER HEILIGE GEIST MACHT
UNS ZU ZEUGEN FÜR CHRISTUS

Eure Heiligkeit, dies ist der zweite Weltjugendtag, der erste, der sozusagen völlig Ihnen gehört. Mit welchen Gefühlen bereiten Sie sich darauf vor, ihn zu erleben, und was ist die Hauptbotschaft, die Sie den Jugendlichen vermitteln wollen? Des weiteren: Sind Sie der Ansicht, daß die Weltjugendtage einen tiefen Einfluß auf das Gastland ausüben? Und schließlich: Denken Sie, daß die Formel dieser Massenversammlungen von Jugendlichen noch aktuell ist?

Ich gehe mit Gefühlen großer Freude nach Australien. Ich bewahre wunderschöne Erinnerungen an den Weltjugendtag in Köln: er ist nicht einfach ein Massenereignis gewesen, sondern vor allem ein großes Fest des Glaubens, eine menschliche Begegnung der Gemeinschaft in Christus. Wir haben gesehen, daß der Glaube die Grenzen öffnet und wirklich die Fähigkeit besitzt, die verschiedenen Kulturen zu einen, und daß er Freude schafft. Und ich hoffe, daß dies auch in Australien geschieht. Deshalb bin ich voller Freude darüber, viele junge Menschen im Verlangen nach Gott und im Verlangen nach einer wirklich menschlichen Welt vereint zu sehen. Die wesentliche Botschaft wird aus den Worten ersichtlich, die das Motto dieses Weltjugendtages bilden: Wir sprechen vom Heiligen Geist, der uns zu Zeugen Christi macht. Daher möchte ich meine Botschaft gerade auf diese Wirklichkeit des Heiligen Geistes konzentrieren, der sich in verschiedenen Dimensionen offenbart: er ist der in der Schöpfung wirkende Geist. Die Dimension der Schöpfung ist allgegenwärtig, da der Geist Schöpfer ist. Es scheint mir dies ein für unseren ak-

Interview auf dem Flug nach Australien, 12. Juli 2008.

tuellen Augenblick sehr wichtiges Thema zu sein. Aber der Heilige Geist ist es auch, der die Schrift inspiriert: auf unserem Weg können wir im Licht der Schrift zusammen mit dem Heiligen Geist gehen. Der Heilige Geist ist der Geist Christi, so führt er uns in Gemeinschaft mit Christus und offenbart sich schließlich, wie der hl. Paulus sagt, in den Charismen, das heißt in einer großen Zahl unerwarteter Gaben, welche die verschiedenen Zeiten ändern und der Kirche neue Kraft schenken. Und so laden uns diese Dimensionen dazu ein, die Spuren des Geistes zu sehen und den Geist für die anderen sichtbar zu machen. Ein Weltjugendtag ist nicht einfach ein Augenblicksereignis: er wird auf einem langen Weg mit dem Kreuz und der Ikone der Gottesmutter vorbereitet; er ist also sowohl unter einem organisatorischen als auch unter einem geistlichen Gesichtspunkt vorbereitet. Somit bilden diese Tage nur den Höhepunkt eines langen Weges, der ihm vorangeht. Alles ist Frucht eines Weges, eines Miteinander-unterwegs-Seins zu Christus. Der Weltjugendtag bringt dann eine Geschichte hervor, das heißt Freundschaften entstehen, neue Inspirationen kommen auf: so setzt sich der Weltjugendtag fort. Es scheint mir dies sehr wichtig zu sein: nicht nur drei, vier Tage im Blick zu haben, sondern den ganzen Weg, der vorhergeht und dann nachfolgt. In diesem Sinn, so scheint es mir, ist der Weltjugendtag – wenigstens für die nächste Zukunft – eine gültige Formel, die uns auf das Verständnis vorbereitet, daß wir von verschiedenen Gesichtspunkten und verschiedenen Teilen der Erde aus vorwärts gehen zu Christus und zur Gemeinschaft. Wir lernen so ein neues Miteinandergehen. In diesem Sinn hoffe ich, daß dies auch eine Formel für die Zukunft ist.

Australien ist ein sehr säkulares Land mit geringer Teilnahme an der religiösen Praxis und weitgehender religiöser Indifferenz. Ich möchte fragen, ob Sie hinsichtlich der Zukunft der Kirche in Australien optimistisch oder aber besorgt und alarmiert darüber sind, daß die australische Kirche dem europäischen Weg des Niedergangs folgen wird. Welche Botschaft würden Sie an Australien richten, um seine religiöse Indifferenz zu überwinden?

Ich denke, daß Australien in seiner gegenwärtigen historischen Konfiguration ein Teil der »westlichen Welt« ist, wirt-
schaftlich wie politisch, und so ist es klar, daß auch Australien
die Erfolge und die Probleme des Westens teilt. Der Westen
hatte in den vergangenen 50 Jahren große Erfolge zu verzeichnen: wirtschaftliche Erfolge, technische Erfolge; nun befindet
sich die Religion – der christliche Glaube – in gewissem Sinn
in einer Krise. Dies ist offensichtlich, da der Eindruck gegeben
ist, daß wir Gott nicht brauchen, daß wir alles alleine tun können, daß wir Gott nicht für unser Glück und zum Aufbau einer besseren Welt brauchen, daß Gott nicht notwendig ist und
wir alles aus uns heraus tun können. Auf der anderen Seite
sehen wir, daß die Religion immer in der Welt gegenwärtig
ist und immer gegenwärtig sein wird, da Gott in den Herzen
der Menschen ist und nie verlorengehen kann. Wir sehen, wie
die Religion eine wahre Kraft in dieser Welt und in den Nationen ist. Ich würde nicht einfach von einem Niedergang der
Religion in Europa sprechen: gewiß, es gibt da eine Krise, was
nicht so sehr in Amerika der Fall ist, selbst wenn sie auch dort
gegeben ist, und in Australien.

Andersits jedoch stehen wir vor einer Präsenz des Glaubens
in neuen Formen und auf neuen Wegen; vielleicht handelt es
sich dabei um eine Minderheit, aber wie dem auch sei: er ist
gegenwärtig und sichtbar für die Gesellschaft. Und jetzt, in
diesem historischen Augenblick, beginnen wir zu erkennen,
daß wir Gott brauchen. Wir können so viele Dinge tun. Aber
wir können nicht unser Klima schaffen. Wir dachten, daß wir
es tun könnten, aber wir können es nicht. Wir brauchen das
Geschenk der Erde, das Geschenk des Wassers, wir brauchen
den Schöpfer; der Schöpfer erscheint erneut in seiner Schöpfung. Und so begreifen wir, daß wir nicht wirklich glücklich
sein können, daß wir nicht wirklich die Gerechtigkeit für die
ganze Welt fördern können ohne ein Kriterium, das in unserem Denken Berücksichtigung findet, ohne einen Gott,
der gerecht ist und uns das Licht und das Leben schenkt. So
meine ich, daß es in der »westlichen Welt« in einem gewissen
Sinne sehr wohl eine Glaubenskrise gibt; wir werden jedoch
immer ebenso ein Wiederaufleben des Glaubens feststellen

können, da der christliche Glaube einfach die Wahrheit ist, und die Wahrheit wird immer in der Welt der Menschen gegenwärtig sein, und Gott wird immer die Wahrheit sein. In diesem Sinne bin ich also durchaus optimistisch.

Australische Opfer von sexuellem Mißbrauch durch Kleriker haben gefordert, daß Eure Heiligkeit das Thema ansprechen und während Ihrer Reise nach Australien den Opfern eine Entschuldigung bieten solle. Auch Kardinal Pell sagte, daß es für den Papst angemessen wäre, das Thema anzusprechen, und Sie selbst machten eine ähnliche Geste während Ihrer jüngsten Reise in die Vereinigten Staaten. Wird Eure Heiligkeit über das Thema des sexuellen Mißbrauchs sprechen und sich entschuldigen?

Ja, das Problem ist im wesentlichen dasselbe wie in den Vereinigten Staaten. Ich fühlte mich dazu verpflichtet, darüber in den Vereinigten Staaten zu sprechen, da es im Wesen der Kirche liegt zu versöhnen, vorzubeugen, zu helfen und ebenso die Schuld in diesen Problemen zu erkennen; daher werde ich im wesentlichen dasselbe sagen, was ich in Amerika sagte. Wir haben, so merkte ich an, drei Dimensionen zu klären: die erste, die ich erwähnte, ist unsere Morallehre. Es muß klar sein, und es war immer klar, angefangen bei den ersten Jahrhunderten, daß das Priestertum, das Priestersein mit diesem Verhalten unvereinbar ist, da ein Priester im Dienst des Herrn steht, und unser Herr ist die Heiligkeit in Person, und er ist immer unser Lehrer – die Kirche hat hierauf stets den Akzent gesetzt. Wir müssen darüber nachdenken, was in unserer Erziehung, in unserer Lehre der letzten Jahrzehnte unzureichend war: in den 50er, 60er und 70er Jahren gab es das Konzept des ethischen Proportionalismus: es bestand in der Absicht, daß nichts in sich schlecht ist, sondern nur in seiner Proportion zu anderem; mit dem Proportionalismus war die Möglichkeit gegeben, in bezug auf einige Dinge – eines davon kann auch die Pädophilie sein – zu denken, daß sie in bestimmten Proportionen gut sein können. Nun, da muß ich ganz klar sein: das war niemals eine katholische Lehre. Es gibt Dinge, die immer schlecht sind, und Pädophilie ist immer schlecht. In unserer Ausbildung, in den Seminarien, in der ständigen Weiterbildung der Priester müssen wir den Priestern helfen, Christus wirklich nahe zu sein, von Christus zu lernen, und so Helfer und nicht Feinde unserer Mitmenschen, unserer Mitchristen zu sein. Daher werden wir alles in unserer Macht Stehende tun, um zu erklären, was die Lehre der Kirche ist, und in der Ausbildung und Vorbereitung von Priestern helfen, in der ständigen Weiterbildung, und wir werden alles in unserer Macht Stehende tun, um die Opfer zu heilen und zu versöhnen. Ich denke, dies ist der wesentliche Inhalt des Wortes »um Entschuldigung bitten«. Ich denke, daß es besser und wichtiger ist, den Inhalt der Formel zu geben, und ich bin der Ansicht, daß der Inhalt besagen muß, was in unserem Verhalten unzureichend war, was wir in diesem Moment tun sollen, wie wir es verhindern und wie wir alle heilen und versöhnen können.

Eines der Themen des jüngsten G8-Gipfeltreffens in Japan war der Kampf gegen den Klimawandel. Australien ist aufgrund der starken Dürre und der dramatischen klimatischen Vorkommnisse in dieser Region der Welt ein für diese Thematik sehr sensibles Land. Sind Sie der Ansicht, daß die in diesem Bereich getroffenen Entschlüsse auf der Höhe der Herausforderung stehen? Werden Sie während der Reise über dieses Thema sprechen?

Wie ich bereits in meiner ersten Antwort sagte, wird dieses Problem gewiß während dieses Weltjugendtages sehr präsent sein, da wir über den Heiligen Geist sprechen, und folglich sprechen wir über die Schöpfung und unsere Verantwortung gegenüber der Schöpfung. Ich beanspruche nicht, mich mit technischen Fragen zu befassen, die Politiker und Spezialisten lösen müssen, sondern ich möchte wesentliche Impulse geben, um die Verantwortung zu sehen, um fähig zu sein, auf diese große Herausforderung zu antworten: in der Schöpfung das Antlitz des Schöpfers neu zu entdecken, die ethische Fähigkeit zu einem Lebensstil zu bilden, der notwendigerweise angenommen werden muß, wenn wir die Probleme dieser Situation angehen und wirklich zu positiven Lösungen gelangen wollen. Also: das Gewissen wecken und den großen Zusammenhang dieses Problems sehen, in dem dann die detaillierten Antworten zum Tragen kommen, die nicht wir geben müssen, sondern die Politik und die Experten.

Heiliger Vater, während Sie in Australien sind, treffen sich die Bischöfe der Anglikanischen Gemeinschaft, die in Australien sehr verbreitet ist, zur Lambeth Conference. Eines der Hauptthemen betrifft die Möglichkeiten, um die Gemeinschaft unter den Provinzen zu stärken und einen Weg zu finden, um sicherzustellen, daß nicht eine oder mehrere Provinzen Initiativen ergreifen, die andere als dem Evangelium oder der Tradition entgegengesetzt ansehen. Es besteht die Gefahr einer Zersplitterung der Anglikanischen Gemeinschaft und die Möglichkeit, daß einige darum bitten, in die katholische Kirche aufgenommen zu werden. Was wünschen Sie der Lambeth Conference und dem Erzbischof von Canterbury?

Mein wesentlicher Beitrag kann nur das Gebet sein, und mit meinem Gebet werde ich den anglikanischen Bischöfen, die in der Lambeth Conference zusammenkommen, sehr nahe stehen. Wir können und dürfen nicht unmittelbar in ihre Diskussionen eingreifen, wir achten ihre Verantwortung, und unser Wunsch ist, daß Schismen oder neue Brüche vermieden werden können und eine Lösung in Verantwortung gegenüber unserer Zeit, aber auch in Treue zum Evangelium gefunden wird. Diese beiden Dinge müssen zusammengehen. Das Christentum ist immer in der Gegenwart und lebt in dieser Welt, zu einer bestimmten Zeit, es macht jedoch in dieser Zeit die Botschaft Jesu Christi gegenwärtig und bietet somit einen wahren Beitrag für diese Zeit nur dann, wenn es in reifer Weise treu ist, in kreativer Weise, aber in Treue zur Botschaft Christi. Hoffen wir, und ich persönlich bete dafür, daß sie gemeinsam den Weg des Evangeliums in unserem Heute finden. Das ist mein Wunsch für den Erzbischof von Canterbury: daß die Anglikanische Gemeinschaft, in Gemeinschaft mit dem Evangelium Christi und im Wort des Herrn, die Antworten auf die aktuellen Herausforderungen finde.

DOCH LETZTLICH FÄLLT DAS
LEIDEN IMMER SCHWER

Was raten Sie, damit unsere Diözese trotz des Älterwerdens des Klerus jung bleibt und für das Wirken des Geistes Gottes, der die Kirche leitet, offen bleibt?

Vielen Dank für diese Frage. Ich freue mich, einen Seminaristen, einen Priesterkandidaten dieser Diözese zu sehen in dem ich sozusagen das junge Gesicht der Diözese erblicken kann, und freue mich, daß Sie mit anderen in Sydney gewesen sind wo, wir in einem großen Fest des Glaubens miteinander gerade das Jungsein der Kirche erlebt haben. Es war für die Menschen in Australien auch eine große Erfahrung. Sie waren vorher diesem Weltjugendtag mit großer Skepsis entgegengestanden, weil er natürlich viele Behinderungen im Alltag mit sich brachte, viele Unannehmlichkeiten, was den Verkehr und so weiter angeht. Aber am Schluß – so haben wir auch aus den Medien gesehen, deren Vorurteile Stück um Stück abgebröckelt sind – waren sie alle mit ergriffen von dieser Atmosphäre der Freude und des Glaubens; daß junge Menschen kommen und keine Sicherheitsprobleme schaffen oder sonstige Probleme, sondern in Freude miteinander sind. Sie haben gesehen, daß der Glaube auch heute eine gegenwärtige Kraft ist und daß er eine Kraft ist, der die Menschen richtig orientiert, so daß wir einen Augenblick wirklich sozusagen das Wehen des Heiligen Geistes gespürt haben, der Vorurteile wegfegt, der den Menschen sichtbar macht, ja, hier ist das, was uns angeht, hier ist die

---

Begegnung mit Priestern, Diakonen und Seminaristen aus Südtirol, 6. August 2008.

Richtung in der wir gehen sollen, so kann man leben, so öffnet sich Zukunft.

Nun, sie haben es mit Recht gesagt, es war ein großer Augenblick, von dem wir sozusagen eine Flamme mit nach Hause tragen. Aber im Alltag ist es viel mühsamer, das Wirken des Heiligen Geistes gegenwärtig zu fühlen oder selber gar Instrument zu sein, damit er da sein kann, damit so ein Wehen geschieht, das Vorurteile der Zeit wegfegt, das in Dunkelheiten Helligkeit schafft und spüren läßt, der Glaube *hat* nicht nur Zukunft, er *ist* die Zukunft. Wie sollen wir das machen? Nun, allein können wir es natürlich nicht. Am Ende ist es der Herr, der uns dazu hilft, aber wir müssen doch bereite Werkzeuge sein. Ich würde einfach sagen: Niemand kann etwas geben, was er nicht selber hat, das heißt, wir können den Heiligen Geist nicht wirksam weitergeben, spürbar werden lassen, wenn wir nicht selber in seiner Nähe sind. Und so, denke ich, ist das Erste was wichtig ist, daß wir selber sozusagen im Atemraum des Heiligen Geistes bleiben, in Berührung mit ihm sind. Nur wenn wir von ihm selber inwendig immer wieder neu angerührt werden, wenn er in uns Gegenwart hat und da ist, dann können wir ihn auch weitergeben, dann gibt er uns auch die Phantasie und die schöpferischen Ideen, wie man das machen kann; Ideen, die man nicht vorplanen kann, sondern die in der Situation entstehen, weil hier der Heilige Geist wirkt. Punkt eins also: Selber im Atemraum des Heiligen Geistes bleiben.

Das Johannesevangelium erzählt uns, wie der Herr nach der Auferstehung zu den Jüngern kommt, sie anhaucht und sagt: »Empfangt den Heiligen Geist«. Es ist eine Parallele zur Schöpfungsgeschichte, wo Gott den Lehm anhaucht und der Lehm lebendig und Mensch wird. Nun wird der Mensch, der inwendig verdunkelt und halb tot ist, neu angehaucht von Christus, und es ist der Hauch Gottes, der ihm eine neue Dimension vom Leben, das Leben mit dem Heiligen Geist gibt. Wir können also geradezu sagen: Der Heilige Geist ist der Atem Jesu Christi, und wir müssen uns von Christus sozusagen immer wieder neu beatmen lassen, damit in uns dieser neue Atem lebendig wird und kraftvoll wird und in die Welt hineinwirkt. Das würde also bedeuten, daß wir in der Nähe Christi sein müssen. Wir tun es, indem wir mit seinem Wort umgehen. Wir wissen ja, der Heilige Geist ist der Hauptverfasser der Heiligen Schrift. Wenn wir in ihr mit Gott reden, nicht nur Vergangenheit in ihr suchen, sondern in ihr wirklich den gegenwärtig redenden Gott, dann wandern wir – wie ich in Australien gesagt habe – gleichsam im Garten des Heiligen Geistes, dann reden wir mit ihm, redet er mit uns. In diesem Raum zu Hause werden, im Raum des Wortes Gottes, ist etwas sehr Wichtiges, das uns sozusagen in diesen Atem Gottes hineinführt. Und dann, natürlich, muß aus diesem Zuhören, dem Wandern im Wort Gottes, ein Antworten werden, das Antworten im Gebet, in der Berührung mit Christus. Und natürlich besonders im heiligen Sakrament der Eucharistie, in dem Er auf uns zugeht und in uns eintritt, sich gleichsam mit uns verschmilzt. Aber auch das Sakrament der Buße, in dem wir uns immer wieder reinigen lassen, die Dunkelheiten herauswaschen lassen, die der Alltag in uns hinterläßt.

Kurzum, ein Leben mit Christus im Heiligen Geist, im Wort Gottes, und in der Gemeinschaft der Kirche, in ihrer lebendigen Gemeinschaft. Der heilige Augustinus hat gesagt: »Willst Du den Geist Gottes haben, dann sei im Leib Christi«. Im mystischen Leib Christi ist der Raum seines Geistes.

All das sollte also sozusagen unseren Tageslauf bestimmen, daß es ein strukturierter Tag ist, ein Tag, in dem immer wieder Gott Einlaß findet in uns, in dem immer wieder die Berührung mit Christus stattfindet, in dem wir auf solche Weise immer wieder vom Heiligen Geist beatmet werden. Wenn wir das tun, wenn wir dazu nicht zu faul, zu undiszipliniert oder sonst zu träge sind, dann geschieht etwas an uns, dann nimmt der Tag Gestalt an, und dann nimmt unser eigenes Leben darin Gestalt an, das leuchtet dann auch aus uns heraus, ohne daß wir viel überlegen müssen und sozusagen »propagandistisch« tätig werden müssen: Es kommt von selbst, weil es unser eigenes Inneres ist.

Und dazu würde ich dann als zweite, aber damit logisch verbundene Dimension, hinzufügen: Wenn wir mit Christus leben, machen wir auch die menschlichen Dinge recht. Der

Glaube ist ja nicht nur das Übernatürliche, sondern er baut den Menschen wieder zum Menschen, wie diese Parallele zwischen der Schöpfungsgeschichte und Johannes 20 zeigt; er baut gerade auf die natürlichen Tugenden: die Redlichkeit, die Freudigkeit, die Bereitschaft den andern anzuhören, die Fähigkeit zu verzeihen, die Großzügigkeit, die Güte, die Herzlichkeit miteinander. Diese menschlichen Tugenden sind Ausweis dessen, daß der Glaube wirklich da ist, daß wir wirklich mit Christus sind. Und darauf, glaube ich, sollten wir auch an uns selber sehr achten, daß wir die einfache Menschlichkeit in uns reifen lassen, daß Glaube Menschwerdung ist, Menschlichkeit ist, daß wir die menschlichen Dinge auch des Berufes richtig und gut tun in der Rücksicht auf den anderen, in der Sorge um den anderen, in der wir am besten auch für uns selber sorgen: Gerade indem wir für den anderen da sind, sind wir am besten für uns selber da. Und daraus wachsen dann die entsprechenden Initiativen, die man nicht vorplanen kann: Gebetsgemeinschaften, Gemeinschaften, die miteinander die Bibel lesen, oder eben auch tätige Hilfe für Menschen, die in Not sind, die ihrer bedürfen, die am Rand des Lebens stehen, Kranke, Behinderte, und so vieles ... Da gehen uns dann die Augen auf, daß wir sehen, wofür ich geeignet bin, daß ich in entsprechende Initiativen eintrete, anderen Mut dazu gebe. Und gerade diese menschlichen Dinge stärken dann, berühren uns irgendwo wieder mit dem Geiste Gottes.

Mir hat der Großmeister des Malteserordens in Rom erzählt, an Weihnachten sei er mit jungen Leuten zum Bahnhof gegangen, um den verwahrlosten Menschen dort zu helfen, ihnen ein Stück Weihnachten zu geben. Er selbst hat sich dann zurückgezogen und dabei gehört, wie einer der Jugendlichen zu einem anderen sagte: »Das ist viel schöner, als wenn ich in der Disko bin. Hier ist es wirklich schön, weil ich etwas für die anderen tun kann!« Solche Initiativen entbindet der Heilige Geist in uns. Ohne viele Worte lassen sie die Kraft des Geistes spüren, und es wird Wachheit für Christus geschenkt.

Ja, ich hab' jetzt vielleicht wenig Konkretes gesagt, aber ich denke doch, das Wichtige ist, daß wir zunächst selber auf den Heiligen Geist zu leben, indem wir im Raum des Geistes, im

Leib Christi leben, daß wir von daher Vermenschlichung erfahren, die menschlichen einfachen Tugenden pflegen und so lernen, gut zu sein, im weitesten Sinn des Wortes, und damit für Initiativen des Guten einen Sinn gewinnen, die dann von selbst auch missionarische Kraft entwickeln und sozusagen den Punkt herbeiführen, an dem es sinnvoll wird und verständlich wird, von Christus und von unserem Glauben zu reden.

Sie haben immer wieder auch die Bedeutung der Kunst und Schönheit, der Ästhetik, hervorgehoben. Müßte also neben der begrifflichen Rede von Gott (in der Theologie) nicht auch die ästhetische Erfahrung des Glaubens immer wieder neu thematisiert werden im Rahmen der Kirche, für Verkündigung und Liturgie?

Danke. Ja – ich glaube, daß beides zueinander gehört: Die Vernunft, die Genauigkeit, die Redlichkeit des Nachdenkens über die Wirklichkeit, und die Schönheit. Eine Vernunft, die sozusagen das Schöne abstreifen würde, wäre eine halbierte, eine erblindete Vernunft. Nur beides miteinander gibt das Ganze, und gerade für den Glauben ist dieses Miteinander wichtig. Er muß sich immer wieder den Herausforderungen des Denkens dieser Zeit stellen, damit er nicht als irgendeine irrationale Geschichte erscheint, die wir halt weiterführen, sondern wirklich Antwort auf die großen Fragen ist; damit er nicht nur Gewohnheit ist, sondern Wahrheit – wie Tertullian einmal gesagt hat. Es hatte der heilige Petrus in seinem Ersten Brief den Satz geschrieben, den die mittelalterlichen Theologen sozusagen als Legitimation, ja als Auftrag zur theologischen Arbeit angesehen haben: »Seid jederzeit bereit, Rechenschaft zu geben von dem Sinn der Hoffnung, die in euch ist« – Apologia von dem Logos der Hoffnung: den Logos, die Vernunft der Hoffnung in Apologie, in Antwort an die Menschen zu verwandeln. Er war also offensichtlich überzeugt, daß der Glaube Logos ist, daß er eine Vernunft ist, ja, ein Licht von der schöpferischen Vernunft selbst her, und nicht irgendein schönes Miteinander, das wir uns ausgedacht haben. Und deswegen ist er ja auch universal, deswegen ist er kommunikabel für alle.

Aber dieser schöpferische Logos ist eben nicht bloß technischer Logos – wir werden in einer anderen Frage darauf zurückkommen –, sondern er ist weit, er ist eben ein Logos, der Liebe ist und daher ein solcher, der sich in der Schönheit und in der Güte ausdrückt. Und in der Tat, ich habe einmal gesagt, daß für mich die Kunst und die Heiligen die größte Apologie unseres Glaubens sind. Die Vernunftargumente sind absolut wichtig und unentbehrlich, aber irgendwo bleibt dann immer noch ein Streit. Doch wenn man die Heiligen sieht, diese große Lichtspur, die Gott durch die Geschichte gezogen hat, dann sieht man: Da ist wirklich eine Kraft des Guten, die die Jahrtausende hindurch hält, da ist wirklich das Licht vom Lichte gegenwärtig. Und ebenso, wenn wir die Schönheit sehen, die der Glaube geschaffen hat, sind sie einfach – ich würde sagen – ein lebendiger Beweis des Glaubens. Wenn ich diese schöne Kathedrale ansehe – sie ist doch eine lebendige Verkündigung! Sie selber spricht zu uns, und aus der Schönheit der Kathedrale heraus können wir Gott, Christus und alle seine Geheimnisse gleichsam anschaulich verkündigen: Hier sind sie Gestalt geworden und blicken uns an. All die großen Kunstwerke, die Kathedralen – die gotischen Kathedralen wie die herrlichen barocken Kirchen – sie alle sind Leuchtzeichen Gottes und insofern wirklich Erscheinung, Epiphanie Gottes. Und im Christentum geht es ja gerade um diese Epiphanie: daß Gott, der verborgene, epiphan geworden ist – erscheint und leuchtet. Wir haben vorhin die Orgel in ihrem ganzen Glanz gehört, und ich denke, die große Musik, die in der Kirche entstanden ist, ist auch ein wirkliches Hörbar- und Vernehmbarwerden der Wahrheit unseres Glaubens: Von der Gregorianik zur Musik der Kathedralen hin zu Palestrina und seiner Zeit, hin zu Bach und schließlich zu Mozart und zu Bruckner und so fort … Wenn wir diese Werke hören – die Passionen von Bach, seine H-Moll-Messe und die großen geistlichen Kompositionen, sei es die Polyphonie des 16. Jahrhunderts, sei es die Wiener Schule, sei es die ganze, auch von kleineren Meistern geschaffene Musik –, spüren wir plötzlich: Das ist wahr! Wo solches entsteht, da ist Wahrheit da. Ohne einen Grund, der wirklich die schöpferische Mitte der Welt aufdeckt, kann solche Schönheit nicht entstehen. Deswegen, denke ich, sollten wir also immer beides beieinander halten und zueinander bringen. Wenn wir um die Vernünftigkeit des Glaubens streiten, in dieser Zeit, dann streiten wir gerade darum, daß die Vernunft nicht endet, wo die experimentellen Erkenntnisse enden, daß sie nicht im Positivistischen endet; daß die Theorie der Evolution Wahrheit sieht, aber nur die halbe: daß sie nicht sieht, wie dahinter der schöpferische Geist steht. Wir kämpfen um die Ausweitung der Vernunft und so um eine Vernunft, die eben auch dem Schönen geöffnet ist und es nicht als irgend etwas ganz anderes und unvernünftiges beiseite lassen muß. Die christliche Kunst ist rationale Kunst – man denke an die Kunst der Gotik oder an die große Musik oder eben auch an unsere Barock-Kunst –, aber sie ist künstlerischer Ausdruck einer weit gewordenen Ratio, in der Vernunft und Herz sich miteinander berühren. Und darum geht es. Das, denke ich, ist irgendwie der Wahrheitsbeweis des Christentums: daß Vernunft und Herz zueinander finden, daß Schönheit und Wahrheit einander berühren. Und je mehr wir selber aus der Schönheit der Wahrheit leben, desto mehr wird der Glaube auch in unserer Zeit wieder kreativ werden und sich in einer überzeugenden künstlerischen Gestalt ausdrücken können.

Also, lieber Pater Hopfgartner, danke für die Frage! Bemühen wir uns darum, daß beide Kategorien – die ästhetische und die noetische – beieinander sind und daß in dieser großen Weite sich die Ganzheit und die Tiefe unseres Glaubens zeigt.

Welche Worte können Sie – angesichts Ihrer Nähe zu Ihrem geliebten Vorgänger und aufgrund Ihrer persönlichen Erfahrung – mir und uns allen sagen, um den Priestern, den alten Menschen und den Kranken dabei zu helfen, ihren priesterlichen Dienst im Presbyterium und in der christlichen Gemeinschaft gut und fruchtbringend zu leben?

Danke, Hochwürden. Nun, auch ich würde sagen, daß für mich die beiden Abschnitte des Pontifikats von Papst Johannes Paul II. gleichermaßen bedeutend sind. Der erste

Abschnitt, in dem wir ihn als Giganten des Glaubens erlebt haben: mit unglaublichem Mut, außergewöhnlicher Kraft, wahrer Freude am Glauben und großer Weitsicht hat er die Botschaft des Evangeliums bis an die Enden der Erde getragen. Er hat mit allen gesprochen, hat neue Wege eröffnet mit den kirchlichen Bewegungen, durch den interreligiösen Dialog, die ökumenischen Treffen, das vertiefte Hören des Wortes Gottes, ja eigentlich durch alles ... und nicht zuletzt durch seine Liebe zur heiligen Liturgie. Wir können in der Tat sagen, daß er durch seinen Glauben zwar nicht die Mauern von Jericho, aber die Mauern zwischen zwei Welten eingerissen hat. Dieses Zeugnis bleibt unvergeßlich und strahlt sein Licht auf das neue Jahrtausend aus.

Ich muß allerdings anmerken, daß auch für mich die letzten Jahre seines Pontifikats nicht weniger bedeutend waren gerade aufgrund dieses demütigen Zeugnisses seines Leidens. Er hat vor unseren Augen das Kreuz des Herrn getragen und hat so das Wort des Herrn verwirklicht: »Folgt mir nach, indem ihr mit mir und so wie ich das Kreuz tragt!« Welche Demut, welche Geduld, mit der er den Verfall seines Körpers und die zunehmende Unfähigkeit zu sprechen angenommen hat – er, der doch ein Meister des Wortes war! Auf diese Weise hat er, wie mir scheint, die tiefe Wahrheit sichtbar gemacht, daß der Herr uns durch sein Kreuz erlöst hat, durch sein Leiden als äußersten Akt seiner Liebe. Er hat uns gezeigt, daß das Leid nicht bloß ein Nein, etwas Negatives ist, nicht das Fehlen von etwas, sondern eine positive Wirklichkeit. Das Leid, das wir in Liebe zu Christus und in Liebe zu Gott und den anderen annehmen, ist eine heilbringende Kraft, eine Kraft der Liebe, und es ist nicht weniger machtvoll als die großen Taten, die er im ersten Abschnitt seines Pontifikats vollbracht hat. Er hat uns eine neue Liebe zu den Leidenden vermittelt und uns aufgezeigt, was es heißt, daß wir »im Kreuz und durch das Kreuz gerettet wurden«. Auch im Leben des Herrn lassen sich diese beiden Aspekte feststellen. Im ersten Abschnitt, wo er die Freude des Reiches Gottes verkündet und den Menschen seine Gaben überbringt, und dann im zweiten Abschnitt, wo er eintaucht in die Passion bis hin zu seinem letzten Schrei am

Kreuz. Auf diese Weise hat er uns gelehrt, wer Gott ist: daß Gott die Liebe ist und daß er uns durch die Annahme unseres menschlichen Leides an die Hand nimmt. Er nimmt uns so in seine Liebe hinein, und allein die Liebe ist das Bad der Erlösung, der Reinigung und der Wiedergeburt.

Es scheint mir daher, daß wir alle – in einer Welt, die voll ist von Aktivismus und Jugendlichkeit, von Jung-, Stark- und Schönsein, vom Streben, große Dinge zu tun – die Wahrheit über die Liebe lernen müssen, die das Leid auf sich nimmt und die auf eben diese Weise den Menschen erlöst und ihn vereint mit Gott, der die Liebe ist. Ich möchte daher allen danken, die das Leid annehmen und mit dem Herrn leiden. Und ich möchte uns alle ermutigen, ein offenes Herz für die Leidenden und für die alten Menschen zu haben, und zu erkennen, daß gerade ihr Leid eine Quelle der Erneuerung für die Menschheit ist, daß es in uns Liebe erweckt und uns mit dem Herrn vereint. Doch letztlich fällt das Leiden immer schwer. Ich erinnere mich an die Schwester von Kardinal Mayer: Sie war sehr krank, und als sie ungeduldig wurde, sagte er ihr: »Schau, jetzt bist du mit dem Herrn.« Und sie gab zur Antwort: »Du hast leicht reden, du bist ja gesund, aber ich muß leiden.« Es ist wahr, in echtem Leid fällt es immer schwer, sich wirklich mit dem Herrn zu verbinden und in dieser Bereitschaft zur Einheit mit dem leidenden Herrn zu bleiben. Laßt uns daher für alle Leidenden beten und alles in unserer Macht Stehende tun, um ihnen zu helfen. Zeigen wir ihnen unsere Dankbarkeit für ihr Leiden und stehen wir ihnen so weit wie möglich bei mit jenem großen Respekt vor dem menschlichen Leben und gerade vor dem leiderfüllten Leben bis zum Ende. Dies ist eine grundlegende Botschaft des Christentums, die in der Theologie des Kreuzes wurzelt: in Schmerz und Leid ist die Liebe Christi gegenwärtig, und Schmerz und Leid fordern uns heraus, uns mit seinem Leiden zu vereinen. Wir dürfen die Leidenden nicht nur mit Worten lieben, sondern mit unserem ganzen Tun und Engagement. Mir scheint, daß wir nur so wirkliche Christen sind. In meiner Enzyklika *Spe salvi* habe ich geschrieben, daß die Fähigkeit, das Leid und die Leidenden anzunehmen, Maßstab der Menschlichkeit ist, die wir in uns tragen. Wo diese Fähigkeit fehlt, wird der Mensch verkürzt und eingeschränkt. Laßt uns daher den Herrn bitten, er möge uns in unserem Leid helfen und uns dazu führen, allen Leidenden dieser Welt nahe zu sein.

Was können wir tun, um die Schöpfungsverantwortung mehr in das Leben der christlichen Gemeinden hineinzutragen? Wie können wir Schöpfung und Erlösung wieder mehr zusammensehen? Wie können wir christliche Lebensstile vorleben, die nachhaltig sind? Wie können wir sie mit einer Lebensqualität verbinden, die anziehend ist für alle Menschen unserer Erde?

Vielen Dank, lieber Professor Golser: Sie könnten sicher viel besser darauf antworten als ich, aber ich versuche trotzdem, etwas zu sagen. Ja, Sie haben den Punkt Schöpfung und Erlösung angesprochen, und mir scheint, daß diese unlösliche Verbindung wieder stärker in Erscheinung treten muß. Die Schöpfungslehre war in den letzten Jahrzehnten in der Theologie fast verstummt und kaum noch spürbar. Jetzt bemerken wir die Schäden, die daraus resultieren. Der Erlöser ist der Schöpfer, und wenn wir Gott nicht in dieser ganzen Größe verkünden – Schöpfer und Erlöser –, dann reduzieren wir auch die Erlösung. Denn wenn Gott in der Schöpfung nichts zu sagen hat, wenn er nur irgendwie in einem Bereich der Geschichte anwesend ist, wie soll er dann wirklich unser ganzes Leben umfassen? Wie soll er dann wirklich Heil für den Menschen als Ganzen und für die Welt in ihrer Ganzheit geben können? Deswegen ist eine Erneuerung der Schöpfungslehre und ein neues Verstehen der Untrennbarkeit von Schöpfung und Erlösung für mich von größter Bedeutung. Wir müssen wieder neu erkennen: Er ist der *Creator Spiritus,* die Vernunft, die am Anfang steht und aus der alles kommt und von der unsere Vernunft ein Funke ist. Und Er ist es – der Schöpfer selbst –, der auch in die Geschichte hereingetreten ist und in sie hereintreten, in ihr wirken kann, eben weil er der Gott des Ganzen und nicht nur eines Teiles ist. Wenn wir das erkennen, dann wird klar, daß Erlösung, daß Christsein, daß ganz einfach christlicher Glaube immer auch Schöpfungsverantwortung bedeutet. Nun ist ja vor zwei, drei Jahrzehnten der Vorwurf erhoben worden – ich weiß nicht, wie weit er noch besteht –, daß eigentlich die Christen die Verantwortlichen für die Zerstörung der Schöpfung seien, denn das Wort der Genesis – »Macht euch die Erde untertan« – habe zu jener Arroganz gegenüber der Schöpfung geführt, deren Auswirkungen wir heute spüren. Ich glaube, diesen Vorwurf müssen wir in seiner ganzen Falschheit neu durchschauen lernen: Solange die Welt als Schöpfung Gottes begriffen wurde, ist auch der Auftrag, sie »untertan« zu machen, nicht als Auftrag der Versklavung der Schöpfung verstanden worden, sondern als Auftrag, Hüter der Schöpfung zu sein und in ihr ihre Gaben zu entfalten; am Werk Gottes, an der Evolution, die er in die Welt hineingelegt hat, selbst tätig mitzuarbeiten, und zwar so, daß die Gaben der Schöpfung selbst zur Geltung kommen und nicht unterdrückt und zerstört werden.

Wenn wir anschauen, was im Umkreis der Mönchsklöster gewachsen ist, wie dort sozusagen kleine Paradiese, Oasen der Schöpfung entstanden sind und noch entstehen, dann wird sichtbar, daß dies nicht nur Worte sind, sondern wo das Wort vom Schöpfer richtig verstanden worden ist, wo Leben mit dem erlösenden Schöpfer da war, da hat man sich gemüht, die Schöpfung zu erlösen und nicht sie zu zerstören. Und in diesen Zusammenhang gehört ja Römer 8 herein, wo gesagt wird, daß die Schöpfung leidet und stöhnt unter der Unterworfenheit, in der sie sich befindet, und daß sie auf das Auftreten der Kinder Gottes wartet: daß sie sich dann erlöst fühlen wird, wenn Geschöpfe, wenn Menschen kommen, die Gottes Kinder sind und die von Gott her mit ihr umgehen. Und das, glaube ich, ist genau das, was wir heute als Realität feststellen können: Die Schöpfung stöhnt – wir spüren es, wir hören es förmlich –, und sie wartet auf Menschen, die sie von Gott her anschauen. Der brutale Verbrauch der Schöpfung setzt dort ein, wo es keinen Gott gibt, wo Materie nur noch Material ist für uns, wo wir selbst die letzten Instanzen sind, wo das Ganze uns einfach gehört und wir es für uns verbrauchen. Und der Verbrauch der Schöpfung setzt dort ein, wo wir keine Instanz mehr über uns haben, sondern nur noch uns selber wollen; er setzt dort ein, wo es keine Dimension des Lebens über den Tod hinaus mehr gibt, wo wir in diesem Leben sozusagen das Ganze an uns reißen und das Leben so voll besitzen müssen wie nur möglich, wo wir alles haben müssen, was überhaupt zu haben ist.

Und so können, glaube ich, wirkliche und wirksame Instanzen gegen den Verbrauch und die Zerstörung der Schöpfung nur dort gebaut und entwickelt, verstanden und gelebt werden, wo Schöpfung von Gott her gesehen wird; wo das Leben von Gott her gesehen wird und größere Dimensionen hat – eine Verantwortung vor Gott – und einmal von Gott ganz zugeteilt und nicht von uns genommen wird, sondern indem wir es geben, empfangen wir das Leben.

Wir müssen, meine ich, mit allen Mitteln, die wir haben, versuchen, auf solche Weise in der Öffentlichkeit den Glauben zu Gehör zu bringen, gerade an den Stellen, wo die Sensibilität dafür da ist. Und ich denke, das Spüren, daß uns die Welt vielleicht wegrutscht – weil wir sie selber wegziehen –, das Bedrängtwerden durch die Probleme der Schöpfung ist eine solche Gelegenheit, wo unser Glaube öffentlich reden und sich als Instanz, die weiterführt, zur Geltung bringen kann. Denn es geht ja nicht nur darum, daß wir Techniken der Schadenvermeidung finden, so wichtig es auch ist, daß wir alternative Energien finden und vieles mehr. Doch alles das wird nicht ausreichen, wenn wir nicht selbst einen neuen Lebensstil finden, eine Disziplin auch der Verzichte, eine Disziplin der Anerkennung der anderen, denen die Schöpfung genauso gehört wie uns, die wir leichter über sie verfügen können; eine Disziplin der Verantwortung vor der Zukunft der anderen und unserer eigenen Zukunft, weil es Verantwortung vor dem ist, der unser Richter ist und als Richter unser Retter, aber eben wirklich auch unser Richter.

So glaube ich, daß wir jeweils die beiden Dimensionen – Schöpfung und Erlösung, Leben und ewiges Leben, Verantwortung für die Schöpfung und Verantwortung vor den anderen und vor der Zukunft – ineinander bringen müssen und daß es unsere Aufgabe ist, so verständlich und nachdrücklich in die Öffentlichkeit hineinzureden. Zugleich müssen wir, um Gehör zu finden, mit unserem eigenen Beispiel, mit unserem eigenen Lebensstil zeigen, daß es eine Botschaft ist, die wir selber glauben und die man leben kann. Und wir wollen den Herrn bitten, daß er uns allen hilft, selber den Glauben, die Verantwortung des Glaubens so zu leben, daß unser Lebensstil Zeugnis ist, und dann so zu reden, daß unser Wort glaubhaft den Glauben als Wegweisung in diese unsere Zeit hineinträgt.

Viele stellen sich die Frage, was Gott von uns in dieser Situation will und wie uns der Heilige Geist Mut machen will. Dabei werden dann Fragen geäußert zum Zölibat zum Beispiel, zur Weihe von viri probati zu Priestern, zur Einbindung der Charismen, besonders auch der Charismen der Frauen, in die Pastoral, zur Beauftragung von theologisch gebildeten Mitarbeiterinnen und Mitarbeitern zu Predigt und Taufe. Es stellt sich auch die Frage, wie wir Priester angesichts der neuen Herausforderungen einander in einer brüderlichen Gemeinschaft helfen können, und zwar auf den verschiedenen Ebenen von Diözese, Dekanat, Seelsorgeeinheit und Pfarrei.

Lieber Herr Dekan, Sie haben das ganze Bündel von Fragen aufgeblättert, das die Seelsorger und uns alle in dieser Zeit bedrängt und beschäftigt, und Sie wissen sicher, daß ich nicht imstande bin, jetzt auf alles das eine Antwort zu geben. Sie werden ja immer wieder auch mit Ihrem Bischof all dieses bedenken, und wir wiederum in den Bischofsynoden bedenken es miteinander. Wir alle brauchen, glaube ich, diesen Dialog miteinander, den Dialog des Glaubens und der Verantwortung, um den rechten Weg in dieser in vieler Hinsicht für den Glauben schwierigen und für die Priester mühseligen Zeit zu finden. Keiner hat einfach das fertige Rezept, wir alle mühen uns miteinander.

Mit diesem Vorbehalt, daß ich mit Ihnen allen zusammen mitten in diesem Prozeß des Mühens und Ringens stehe, versuche ich, ein paar Worte zu sagen, eben als Stück eines viel größeren Dialogs.

Ich würde zwei wesentliche Teile in meiner Antwort gerne sehen wollen: Einerseits die Unersetzlichkeit des Priesters, Bedeutung und Weise des priesterlichen Dienstes heute; andererseits – was uns heue mehr aufgeht als früher – die Vielheit der Charismen und daß alle miteinander Kirche sind, Kirche bauen, und daß wir darum uns um das Wecken der Charismen, um dieses lebendige Miteinander mühen müssen, das dann auch den Priester trägt. Er trägt die anderen, sie tragen ihn, und nur in diesem vielschichtigen und vielfältigen Miteinander kann Kirche heute und in die Zukunft hineinwachsen.

Zum einen wird es immer des Priesters bedürfen, der ganz für den Herrn und daher ganz für den Menschen da ist. Es gibt im Alten Testament den »Ruf« zur Heiligung, der etwa dem entspricht, was wir mit Weihe, auch mit Priesterweihe sagen: Etwas wird Gott übergeben und aus der Sphäre des Allgemeinen herausgenommen, Ihm gegeben. Aber das heißt dann, daß es nun für alle da ist. Weil es herausgenommen ist und Gott gegeben, gerade darum ist es nun nicht isoliert, sondern es ist in das »für« für alle hineingehoben. Das, glaube ich, können wir auch vom Priestertum der Kirche sagen. Es bedeutet, daß wir einerseits dem Herrn übereignet, aus dem Allgemeinen herausgenommen werden, aber andererseits Ihm übereignet werden, damit wir so ganz Ihm und dadurch ganz den anderen gehören. Und ich denke, gerade den jungen Menschen, die ja Idealismus haben und etwas fürs Ganze tun wollen, sollten wir immer wieder zu zeigen versuchen, daß gerade diese »Enteignung aus dem Allgemeinen« heraus »Übereignung ans Ganze« ist und daß dies eine große, die größte Weise ist, einander zu dienen. Und dazu gehört eben dann auch dieses wirklich mit der Ganzheit des Seins für den Herrn zur Verfügung zu sein und so ganz für die Menschen zur Verfügung zu sein. Ich denke, der Zölibat ist ein fundamentaler Ausdruck dieser Totalität, schon dadurch ein großes Rufzeichen in dieser Welt, weil er nur Sinn hat, wenn wir wirklich an das ewige Leben glauben und daran, daß Gott uns beansprucht und wir für Ihn da sein können.

Priestertum ist also deswegen unersetzlich, weil es in der Eucharistie immer wieder vom Herrn her Kirche erschafft, im Bußsakrament uns immer wieder die Reinigungen vermittelt, eben im Sakrament ein Hineingenommensein in das »für« Jesu Christi ist. Aber ich weiß, wie schwer es ist, heute – wo dann einer nicht mehr eine Pfarrei hat, die überschaubar war, sondern mehrere Pfarreien, Seelsorgeeinheiten, für diesen Rat da sein muß und für jenen und so weiter ... – nun ein solches Leben zu leben. Ich glaube, daß in dieser Situation der Mut zur Beschränkung und die Klarheit der Prioritäten wichtig ist. Eine grundlegende Priorität der priesterlichen Existenz ist, das Sein mit dem Herrn und daher eine Zeit des Gebetes zu haben. Der heilige Karl Borromäus hat immer gesagt: »Du kannst nicht für die Seelen der anderen sorgen, wenn du die deinige verkümmern läßt. Dann sorgst du am Schluß auch für die anderen nicht mehr. Du mußt auch Zeit für dich mit Gott haben«. Und so möchte ich betonen: So viel auch herandrängt, es ist eine wirkliche Priorität, jeden Tag – ich würde sagen – doch eine Stunde lang Zeit zu haben zur Stille für den Herrn und mit dem Herrn, wie es uns die Kirche mit dem Brevier, mit den Gebeten des Tages anbietet, um so von innen her immer wieder reich zu werden, immer wieder eben – wie ich in der Antwort auf die erste Frage sagte – in den Atemraum des Heiligen Geistes zu kommen. Und von da aus sind dann die Prioritäten zu ordnen: Ich muß sehen lernen, was wirklich ganz wesentlich ist, wo ich als Priester unersetzlich gefordert bin und es niemand anderem übertragen kann. Und zugleich muß ich eben in Demut annehmen, daß ich vieles, was ich eigentlich tun sollte, wo man eigentlich mich erwarten würde, nun eben doch nicht tun kann, weil ich meine Grenze anerkenne. Ich glaube, diese Demut wird dann von den Menschen auch verstanden.

Und damit muß ich dann eben dieses andere verbinden: delegieren zu können, Menschen in die Mitarbeit hineinzurufen. Mein Eindruck ist, daß die Menschen das auch sehen und daß sie gerade das anerkennen, wenn ein Priester bei Gott ist, wenn er die Funktion wahrnimmt, der Beter für die anderen zu sein: Wir können nicht viel beten, sagen sie, du mußt es für mich tun; es ist ja auch sozusagen dein Metier, unser Beter zu sein. Sie wollen einen Priester, der sich redlich müht, mit dem Herrn zu leben, und dann wirklich für die Menschen da ist –

für die Leidenden, die Sterbenden, die Kinder, die Jugendlichen (das, würde ich sagen, sind Prioritäten) –, der dann aber auch weiß, was andere besser können als er selbst und diesen Charismen Raum gibt. Ich denke da an die Bewegungen und an vielfältige andere Formen der Mitarbeit in der Pfarrei. In der Diözese selber wird das ja alles auch miteinander bedacht, die Formen geschaffen und der Austausch gefördert. Sie haben mit Recht gesagt, daß es dabei eben wichtig ist, über die Pfarrei hinauszublicken in die Gemeinschaft der Diözese, ja in die Gemeinschaft der Weltkirche hinein, die dann wiederum ihrerseits immer wieder zurückschauen muß, um zu sehen, wie es konkret in der Pfarrei zugeht und welche Konsequenzen sich für den einzelnen Priester ergeben.

Dann haben Sie noch einen Punkt angesprochen, der mit sehr wichtig ist, daß nämlich die Priester, obwohl sie geographisch – sozusagen – vielleicht weiter auseinander leben, eine wirkliche Gemeinschaft von Brüdern sind, die einander tragen und helfen sollen. Dieses Miteinander der Priester ist heute wichtiger denn je. Eben um nicht in die Isolierung, in die Einsamkeit und ihre Traurigkeiten zu verfallen, ist es wichtig, daß wir einander regelmäßig treffen können. Da wird die Diözese sehen, wie priesterliche Begegnungen am besten zu verwirklichen sind – heute gibt's ja das Auto, wodurch wir auch leichter zueinander kommen können –, damit wir jedenfalls immer wieder das Miteinander erfahren, voneinander lernen, einander korrigieren und einander auch helfen, stärken und trösten, damit wir in dieser Gemeinschaft des Presbyteriums mit dem Bischof zusammen den Dienst an der Ortskirche tun. Eben: Kein Priester ist Priester allein, wir sind Presbyterium, und nur in diesem Miteinander mit dem Bischof kann jeder seinen Dienst tun. Dieses sozusagen theologisch von allen anerkannte schöne Miteinander muß dann aber eben auch praktisch werden in den Formen, die die Ortskirche findet. Und es muß sich ausweiten, indem auch kein Bischof Bischof alleine ist, sondern nur Bischof im Kollegium, in dem großen Miteinander der Bischöfe. Um dieses Miteinander wollen wir uns immer wieder mühen. Und ich meine, es ist das Schöne am Katholischen, daß wir gerade auch durch den Primat, der ja nicht eine absolute Monarchie, sondern ein Dienst des Miteinander ist, uns dieser Gemeinsamkeit gewiß sein dürfen, so daß wir in einer großen, vielstimmigen Gemeinschaft doch alle miteinander sozusagen die große Musik des Glaubens in dieser Welt zur Geltung bringen.

Bitten wir den Herrn, daß er uns immer wieder tröstet, wenn wir meinen, es geht nicht mehr; tragen wir einander, und dann wird der Herr uns auch helfen, miteinander die Wege zu finden.

Wir würden gerne ihre pastorale Einschätzung hören im Hinblick auf die Situation der Sakramente der Erstkommunion und Firmung. Es passiert immer häufiger, daß sich die Kinder, die Jungen und Mädchen in den Katechesestunden mit großem Engagement auf diese Sakramente vorbereiten, aber dann nicht an der sonntäglichen Eucharistiefeier teilnehmen. Was denken Sie über die Aussichten für die Zukunft? Welche pastoralen Orientierungshilfen können Sie uns geben? Danke.

Nun, ich kann in diesem Moment keine unfehlbare Antwort geben, ich kann nur versuchen, eine Antwort zu geben auf Grundlage dessen, was ich sehe. Ich muß sagen, daß ich einen ähnlichen Weg wie Sie zurückgelegt habe. Als ich jung war, war ich eher streng. Ich sagte: Die Sakramente sind Sakramente des Glaubens, und wo kein Glaube und keine Glaubenspraxis sind, da darf auch das Sakrament nicht gespendet werden. Als ich Erzbischof von München war, kam es immer zu Diskussionen mit meinen Pfarrern: auch da gab es zwei Fraktionen, eine strenge und eine weniger strenge. Auch ich habe im Lauf der Zeit erkannt, daß wir eher dem Vorbild des Herrn folgen müssen, der sehr offen war gegenüber den Menschen, die in jener Zeit in Israel zu den Ausgegrenzten gehörten. Er war ein Herr der Barmherzigkeit, der – für viele offizielle Autoritäten – allzu offen war gegenüber den Sündern, die er einlud oder sich von ihnen zu ihren abendlichen Mahlfeiern einladen ließ und sie auf diese Weise in die Gemeinschaft mit sich hereinnahm.

Ich würde also im wesentlichen sagen, daß die Sakramente natürlich Sakramente des Glaubens sind: wo keine Glaubenssubstanz vorhanden ist, wo die Erste Heilige Kommunion nur ein Fest mit einem üppigen Mittagessen, schönen Kleidern und schönen Geschenken ist, da wäre sie kein Sakrament des Glaubens mehr. Wenn wir aber andererseits noch eine kleine Flamme des Wunsches nach Gemeinschaft mit der Kirche sehen können, auch den Wunsch dieser Kinder, die in die Gemeinschaft mit Jesus hineingenommen werden wollen, da scheint es mir berechtigt, ein wenig nachsichtiger zu sein. Selbstverständlich muß ein wichtiger Aspekt unserer Katechese darin bestehen, den Menschen zu vermitteln, daß die Kommunion, die Erste Heilige Kommunion, nicht ein »punktuelles« Ereignis ist, sondern daß sie die ständige Pflege der Freundschaft mit Jesus erfordert und ein Weg mit Jesus ist. Ich weiß, daß die Kinder oft die Absicht und den Wunsch haben, sonntags zur Messe zu gehen, daß aber die Eltern diesem Wunsch oft nicht entsprechen. Wenn wir sehen, daß die Kinder es wollen, daß sie den Wunsch haben, zur Messe zu gehen, dann scheint mir das gleichsam ein »Begierdesakrament« zu sein, ein »Votum« für die Teilnahme an der sonntäglichen Meßfeier. In diesem Sinn müßten wir natürlich im Rahmen der Vorbereitung auf die Sakramente das Bestmögliche tun, um auch die Eltern zu erreichen und sozusagen auch in ihnen die Sensibilität für den Weg, den ihre Kinder zurücklegen, zu wecken. Sie sollten ihren Kindern dabei helfen, ihrem Wunsch entsprechend mit Jesus Freundschaft zu schließen, denn er verleiht dem Leben und der Zukunft Gestalt. Wenn die Eltern den Wunsch haben, daß ihre Kinder zur Ersten Heiligen Kommunion gehen, dann sollte dieser eher soziale Wunsch zu einem religiösen Wunsch werden, um den Weg mit Jesus möglich zu machen.

Ich würde also sagen, daß bei der Kinderkatechese die Arbeit mit den Eltern sehr wichtig ist. Sie ist eine jener Gelegenheiten, sich mit den Eltern zu treffen und dabei das Glaubensleben auch den Erwachsenen nahezubringen. So können sie selbst – so scheint mir – von den Kindern den Glauben neu lernen und verstehen, daß dieses große Fest nur dann einen

Sinn hat und wirklich wahrhaftig und authentisch ist, wenn es im Kontext eines Weges mit Jesus, im Kontext eines Lebens aus dem Glauben heraus begangen wird. Man sollte daher mit Hilfe der Kinder die Erwachsenen ein wenig von der Notwendigkeit überzeugen, einen Weg der Vorbereitung zu gehen, der sich in der Teilnahme an den Mysterien zeigt und der dazu beiträgt, diese Mysterien lieben zu lernen. Ich würde sagen, daß diese Antwort eher unzureichend ist, aber die Pädagogik des Glaubens ist immer ein Weg. Wir müssen die heutigen Situationen annehmen, sie jedoch auf etwas Größeres hin öffnen, damit am Schluß nicht nur die Erinnerung an etwas Äußerliches bleibt, sondern das Herz wirklich angerührt werde. In dem Augenblick, in dem wir zu dieser Überzeugung gelangen, wird das Herz berührt, es verspürt ein wenig die Liebe Jesu und den Wunsch, auf dieser Linie und in dieser Richtung weiterzugehen. Dann, so scheint mir, können wir mit Fug und Recht behaupten, daß wir wahre Katechese gehalten haben. Der eigentliche Sinn der Katechese sollte nämlich darin bestehen: die Flamme der Liebe Jesu – auch wenn sie noch so klein ist – in die Herzen der Kinder zu bringen und durch die Kinder zu ihren Eltern. Auf diese Weise können wir in unserer Zeit von neuem den Zugang zu den Orten des Glaubens eröffnen.

ICH LIEBE FRANKREICH,
DIE GROSSE FRANZÖSISCHE
KULTUR VOR ALLEM

»Frankreich, willst du deinem Taufversprechen treu sein?« hat Papst Johannes Paul II. bei seiner ersten Frankreichreise gefragt. Was ist heute Ihre Botschaft an die Franzosen? Sind Sie der Meinung, daß Frankreich heute aufgrund der Laizität seine christliche Identität verliert?

Mit scheint es heute offenkundig zu sein, daß die Laizität an sich nicht im Gegensatz zum Glauben steht. Ich würde sogar sagen, sie ist eine Frucht des Glaubens, weil der christliche Glaube von Anfang an eine universale Religion war, das heißt nicht mit einem Staat identifizierbar, eine Religion, die in allen Staaten gegenwärtig und zugleich verschieden von jedem Staat war. Für die Christen war immer klar, daß Religion und Glauben nicht in den Bereich der Politik gehören, sondern zu einem anderen Bereich des menschlichen Lebens … Die Politik, der Staat sind keine Religion, sondern eine weltliche Realität mit einem spezifischen Auftrag. Die beiden Realitäten müssen füreinander offen sein. In diesem Sinn würde ich sagen, daß es heute für die Franzosen – und nicht nur für die Franzosen, sondern für uns Christen in der säkularisierten Welt von heute – wichtig ist, mit Freude die Freiheit unseres Glaubens zu leben, die Schönheit des Glaubens zu leben und in der Welt von heute sichtbar zu machen, daß es schön ist, Gott zu kennen, Gott, der in Jesus Christus ein menschliches Antlitz hat … Das heißt also zu zeigen, daß es möglich ist, heute gläubig zu sein, und auch die Notwendigkeit zu zeigen,

Interview auf dem Flug nach Paris, 12. September 2008.

daß es in der heutigen Gesellschaft Menschen gibt, die Gott kennen und die deshalb gemäß den Werten, die er uns gegeben hat, leben können. So können sie zur Vergegenwärtigung dieser Werte beitragen, die für den Aufbau und das Überleben unserer Staaten und unserer Gesellschaften grundlegend sind.

Sie kennen und lieben Frankreich. Was verbindet Sie besonders mit diesem Land? Welche französischen Autoren, weltliche oder christliche, haben Sie besonders beeindruckt, und was sind die bewegendsten Erinnerungen, die Sie an Frankreich haben?

Ich würde nicht zu behaupten wagen, daß ich Frankreich gut kenne. Ich kenne es nur wenig, aber ich liebe Frankreich, die große französische Kultur vor allem, natürlich die großen Kathedralen und auch die große französische Kunst ... die große Theologie, die mit dem hl. Irenäus von Lyon beginnt, bis hin zum 13. Jahrhundert. Ich habe mich in meinen Studien mit der Pariser Universität im 13. Jahrhundert beschäftigt: dem hl. Bonaventura, dem hl. Thomas von Aquin. Diese Theologie war entscheidend für die Entwicklung der Theologie im Abendland ... Und natürlich die Theologie des Jahrhunderts, in dem das Zweite Vatikanische Konzil stattgefunden hat. Ich hatte die große Ehre und die Freude, ein Freund von Pater de Lubac zu sein, einer der größten Gestalten des vergangenen Jahrhunderts, aber es gab auch gute Kontakte der Zusammenarbeit mit Pater Congar, Jean Daniélou und anderen.

Ich hatte sehr gute persönliche Beziehungen zu Étienne Gilson, Henri-Irénée Marrou. Ich stand wirklich in einem sehr tiefen, persönlichen und bereichernden Kontakt zur großen theologischen und philosophischen Kultur Frankreichs. Sie war entscheidend für die Entwicklung meines Denkens. Aber auch die Wiederentdeckung der ursprünglichen Gregorianik mit Solesmes, die große monastische Kultur ... und natürlich die große Poesie. Als barocker Menschentyp gefällt mir Paul Claudel sehr mit seiner Lebensfreude und auch Bernanos sowie die großen Dichter Frankreichs aus dem vergangenen Jahrhundert. Es ist eine Kultur, die wirklich meine persönliche, theologische, philosophische und menschliche Entwicklung geprägt hat.

Was würden Sie denen sagen, die in Frankreich fürchten, daß das Motu proprio Summorum pontificum *ein Zeichen des Rückschritts angesichts der großen Intuitionen des Zweiten Vatikanischen Konzils ist? Wie können Sie sie beruhigen?*

Das ist eine unbegründete Furcht, denn dieses Motu proprio ist einfach ein Akt der Toleranz aus pastoraler Absicht, für Menschen, die in dieser Liturgie geformt wurden, sie lieben, kennen und mit dieser Liturgie leben wollen. Es ist eine zahlenmäßig begrenzte Gruppe, denn das setzt eine Bildung in der lateinischen Sprache voraus, die Ausbildung in einer gewissen Kultur. Diesen Menschen Liebe und Toleranz entgegenzubringen, ihnen zu erlauben, mit dieser Liturgie zu leben, erscheint als normales Erfordernis des Glaubens und der Pastoral eines Bischofs unserer Kirche. Es gibt keinen Gegensatz zwischen der vom Zweiten Vatikanum erneuerten Liturgie und dieser Liturgie.

Täglich haben die Konzilsväter die Messe nach dem alten Ritus gefeiert und zugleich haben sie eine natürliche Entwicklung für die Liturgie in diesem Jahrhundert entworfen, denn die Liturgie ist eine lebendige Realität, die sich entwickelt und dabei in ihrer Entwicklung ihre Identität bewahrt. Es gibt sicherlich unterschiedliche Akzente, aber dennoch eine grundlegende Identität, die einen Widerspruch, einen Gegensatz zwischen der erneuerten Liturgie und der vorangegangenen ausschließt. Ich denke, es gibt in jedem Fall, die Möglichkeit einer gegenseitigen Bereicherung. Einerseits können und müssen die Freunde der alten Liturgie die neuen Heiligen, die neuen Präfationen etc. kennen. Andererseits unterstreicht die neue Liturgie stärker die tätige Teilnahme, aber sie ist nicht nur die Versammlung einer bestimmten Gemeinschaft, sondern immer ein Akt der universalen Kirche, in Gemeinschaft mit allen Gläubigen aller Zeiten und ein Akt der Anbetung. In diesem Sinn scheint es mir eine gegenseitige Bereicherung zu geben, und es ist klar, daß die erneuerte Liturgie die ordentliche Form der Liturgie unserer Zeit ist.

Mit welcher inneren Haltung beginnen Sie Ihre Wallfahrt nach Lourdes, und waren sie schon einmal in Lourdes?

Ich war aus Anlaß des Internationalen Eucharistischen Kongresses 1981 in Lourdes, nach dem Attentat auf den Papst. Und Kardinal Gantin war der Päpstliche Gesandte. Für mich ist es eine wunderschöne Erinnerung.

Das Fest der hl. Bernadette ist auch mein Geburtstag. Und schon das ist für mich ein Grund, mich der kleinen Heiligen sehr nahe zu fühlen, jenem jungen, reinen, demütigen Mädchen, mit dem die Muttergottes gesprochen hat.

Dieser Wirklichkeit, dieser Gegenwart der Muttergottes in unserer Zeit zu begegnen, die Spuren jenes jungen Mädchens zu sehen, die eine Freundin der Muttergottes war, und andererseits der Muttergottes, ihrer Mutter, zu begegnen ist für mich ein wichtiges Ereignis. Natürlich gehen wir dort nicht hin, um Wunder zu sehen.

Ich gehe nach Lourdes, um dort die Liebe der Mutter zu finden, die die wahre Heilung für alle Krankheiten, alle Schmerzen ist. Ich gehe dorthin aus Solidarität mit allen, die leiden, ich gehe im Zeichen der Liebe der Mutter. Mir scheint dies ein sehr wichtiges Zeichen für unsere Zeit zu sein.

WER KENNT DIE MENSCHEN
BESSER ALS DER PFARRER?

*Gegenüber dem Evangelisierungsauftrag in der heutigen Zeit fühlen
wir Priester uns unzulänglich vorbereitet, als trügen wir noch immer kurze Hosen. Und das in kultureller Hinsicht – es fehlt uns die
sorgfältige Kenntnis der großen Leitlinien des modernen Denkens in
seinen positiven Aspekten und in seinen Grenzen – und vor allem in
menschlicher Hinsicht. In unsere christlichen Gemeinden kommen
so viele Menschen, die vom Leben verletzt sind. Welche Orte und
Möglichkeiten können wir uns ausdenken, um in der Begegnung mit
Jesus dem Menschsein der anderen zu helfen? Und wie können wir
auch in uns Priestern eine schöne und fruchtbare Menschlichkeit
aufbauen?*

Danke! Liebe Mitbrüder, zunächst möchte ich meiner großen
Freude über das Treffen mit euch, den Pfarrern von Rom –
meinen Pfarrern, denn wir sind ja gleichsam eine Familie –
Ausdruck verleihen. Es ist, wie der Kardinalvikar treffend gesagt hat, ein Augenblick geistlicher Erholung. Und in diesem
Sinn bin ich auch dankbar dafür, daß ich die Fastenzeit mit
einem Augenblick geistlicher Erholung, geistlichen Atemho-
lens, im Kontakt mit euch beginnen kann. Und er hat auch
gesagt: Wir sind zusammen, damit ihr mir eure Erfahrungen, eure Leiden, aber auch eure Erfolge und Freuden erzählen könnt. Ich würde also nicht sagen, daß hier ein Orakel
spricht, an das ihr eure Fragen richtet. Wir befinden uns hingegen in einem vertraulichen Austausch, wo es für mich auch
sehr wichtig ist, durch euch das Leben in den Pfarreien, eure
Erfahrungen mit dem Wort Gottes im Umfeld unserer heu-

Begegnung mit dem Klerus der Diözese Rom, 26. Februar 2009.

tigen Welt kennenzulernen. Und so möchte auch ich lernen, der Wirklichkeit näherkommen, von der man hier im Apostolischen Palast manchmal etwas weit entfernt ist. Und darin liegt auch die Begrenztheit meiner Antworten. Ihr lebt Tag für Tag im direkten Kontakt mit der heutigen Welt; und auch ich lebe in unterschiedlichen Kontakten, die sehr nützlich sind. So hatte ich zum Beispiel gerade die Bischöfe von Nigeria zu ihrem »Ad-limina«-Besuch hier. Und so habe ich durch diese Menschen das Leben der Kirche in einem wichtigen Land Afrikas – dem größten Land Afrikas, mit 140 Millionen Einwohnern, eine große Zahl davon Katholiken – sehen und die Freuden, aber auch die Leiden der Kirche dort gleichsam berühren können. Aber für mich ist das offensichtlich eine geistliche Erholung, weil es eine Kirche ist, wie wir sie aus der Apostelgeschichte kennen. Eine Kirche, wo es die frische Freude darüber gibt, Christus gefunden zu haben, den Messias Gottes gefunden zu haben. Eine lebendige Kirche, die jeden Tag wächst. Die Menschen freuen sich darüber, Christus gefunden zu haben. Sie haben Berufungen und können daher für verschiedene Länder der Welt »Fidei donum«-Priester bereitstellen. Wir sehen auch, daß es nicht nur eine müde Kirche gibt, wie wir sie häufig in Europa finden, sondern eine junge Kirche, erfüllt von der Freude des Heiligen Geistes, und dies ist sicherlich eine geistliche Erfrischung. Aber mit all diesen weltweiten Erfahrungen ist es für mich auch wichtig, meine Diözese, die Probleme und die Verhältnisse insgesamt in dieser Diözese zu sehen.

In diesem Sinn stimme ich Ihnen im wesentlichen zu: Das im Theologiestudium erworbene wertvolle Rüstzeug reicht nicht aus, um in Verkündigung und Seelsorge die Menschen von heute zu erreichen. Dieses Rüstzeug ist wichtig und grundlegend, es muß aber personalisiert werden: Die akademische Erkenntnis, die wir uns im Studium erworben und auch reflektiert haben, muß in meine persönliche Lebensanschauung umgesetzt werden, um andere Menschen zu erreichen. In diesem Sinn möchte ich sagen, daß es auf der einen Seite wichtig ist, in der Begegnung mit unseren Pfarrgemeindemitgliedern das große Wort des Glaubens durch unsere persönliche Glaubenserfahrung zu konkretisieren, ohne dabei aber seine Einfachheit verlorengehen zu lassen. Natürlich sind von der Tradition weitergegebene große und wichtige Begriffe – wie Sühneopfer, Erlösung durch das Opfer Christi, Erbsünde – heute als solche unverständlich. Wir können nicht einfach mit großen, wenngleich wahren Formeln arbeiten, die aber nicht mehr in den Kontext der heutigen Welt eingebettet sind. Wir müssen mit Hilfe des Studiums und all dessen, was uns die Theologieprofessoren und unsere persönliche Gotteserfahrung sagen, diese großen Worte so konkretisieren bzw. übersetzen, daß sie in die Verkündigung Gottes gegenüber dem Menschen von heute Eingang finden können.

Und andererseits würde ich sagen, daß wir die Einfachheit des Wortes Gottes nicht mit allzu schwerfälligen Einschätzungen aus rein menschlicher Sicht überfrachten sollten. Ich erinnere mich an einen Freund, der – nachdem er Predigten mit langen anthropologischen Darlegungen, die als Heranführung an das Evangelium gedacht waren, gehört hatte – dann zu mir sagte: Aber diese Heranführungen interessieren mich nicht, ich möchte verstehen, was das Evangelium sagt! Und mir scheint, statt langer umständlicher Annäherungswege wäre es – wie ich es getan habe, als ich mich noch im normalen Leben befand – oft besser zu sagen: Dieses Evangelium gefällt uns nicht, wir sind gegen das, was der Herr sagt! Aber was will es sagen? Wenn ich ehrlich sage, daß ich auf den ersten Blick nicht einverstanden bin, ist bereits die Aufmerksamkeit gegeben. Es wird klar: Ich als Mensch von heute möchte verstehen, was der Herr sagt. Auf diese Weise können wir ohne lange Umwege zum entscheidenden Kern des Wortes vordringen. Und wir sollen auch ohne falsche Vereinfachungen berücksichtigen, daß die zwölf Apostel Fischer, Handwerker in dieser Provinz Galiläa waren, daß sie keine besondere Vorbereitung, keine Kenntnis von der großen griechischen und lateinischen Welt hatten. Trotzdem sind sie in alle Teile des Römischen Reiches, ja über dessen Grenzen hinaus bis nach Indien gezogen und haben in aller Einfachheit, mit der Kraft der Einfachheit der Wahrheit Christus verkündet. Und wichtig erscheint mir auch folgendes: Lassen wir die

Einfachheit der Wahrheit nicht verlorengehen! Gott existiert, Gott ist kein hypothetisches, fernes Wesen; Gott ist nahe, er hat zu uns gesprochen, er hat zu mir gesprochen. Und so sagen wir einfach das, was wir für objektiv gegeben ansehen und wie man es natürlich erklären und entfalten kann und soll. Aber verlieren wir nicht die Tatsache aus den Augen, daß wir keine Gedankengebäude, keine Philosophie anbieten, sondern die einfache Botschaft Gottes, der gehandelt hat. Und der auch an mir gehandelt hat.

Und zur kulturellen Kontextualisierung im Hinblick auf das römische Umfeld – die absolut notwendig ist – möchte ich sagen, daß das erste Hilfsmittel dafür unsere persönliche Erfahrung ist. Wir leben nicht hinter dem Mond. Ich bin ein Mensch dieser Zeit, wenn ich in der Kultur von heute – mit ihren modernen Massenmedien, mit den Dialogen und den wirtschaftlichen Realitäten – meinen Glauben aufrichtig lebe, wenn ich selber meine Erfahrung ernst nehme und diese Wirklichkeit in mir zu personalisieren versuche. So sind wir auf dem richtigen Weg, um uns anderen gegenüber verständlich zu machen. Der hl. Bernhard von Clairvaux sagt in seinem Werk *De consideratione* zu seinem Schüler Papst Eugen III.: Strebe danach, aus deiner eigenen Quelle zu trinken, das heißt aus deiner eigenen Menschlichkeit! Wenn du ehrlich mit dir bist und mit deiner menschlichen Erfahrung zu diesem Zeitpunkt, wenn du also aus deinem Brunnen trinkst, an dir zu erkennen beginnst, was der Glaube ist, wirst du, wie der hl. Bernhard sagt, auch den anderen sagen können, was man sagen soll. Und in diesem Sinn erscheint es mir wichtig, der heutigen Welt wirkliche Aufmerksamkeit zu schenken, aber auch in mir selbst auf den Herrn zu achten: Es geht darum, ein Mensch dieser Zeit zu sein und zugleich einer, der an Christus glaubt, der in sich die ewige Botschaft in eine aktuelle Botschaft verwandelt.

Und wer kennt die Menschen besser als der Pfarrer? Das Pfarrhaus befindet sich nicht in der Welt, es befindet sich jedoch in der Pfarrgemeinde. Und hierher, zum Pfarrer, kommen die Menschen oft und normalerweise ohne Maske, nicht unter anderen Vorwänden, sondern in der Situation des Leidens, der Krankheit, des Todes, der Probleme in der Familie. Sie kommen ohne Maske in den Beichtstuhl, mit ihrem eigentlichen Sein. Kein anderer Beruf bietet, wie mir scheint, diese Möglichkeit, den Menschen kennenzulernen, wie er in seiner Menschlichkeit ist und nicht in der Rolle, die er in der Gesellschaft hat. In diesem Sinn können wir tatsächlich den Menschen in seiner Tiefe, außerhalb seiner verschiedenen Rollen, kennenlernen und wir können auch selbst, immer in der Schule Christi, die Menschlichkeit lernen. So würde ich sagen, daß es von größter Bedeutung und absolut notwendig ist, den Menschen, den heutigen Menschen, in uns und bei den anderen kennenzulernen, aber immer, indem ich aufmerksam auf den Herrn höre und das Samenkorn des Wortes in mich aufnehme, damit es sich in mir in besten Weizen verwandelt und sich den anderen mitteilen läßt.

Welche Elemente garantieren Ihrer Meinung nach, daß man die pastorale Mühe der Verkündigung an diese heutige Generation nicht vergebens auf sich nimmt? Ich bitte Sie demütig, uns mit Ihrem umsichtigen Unterscheidungsvermögen die Kriterien zu empfehlen, die eingehalten und zur Geltung gebracht werden müssen, um behaupten zu können, man vollbringe eine authentisch katholische Evangelisierungsarbeit, die in der Kirche Früchte trägt.

Ich bin froh zu hören, daß tatsächlich diese Erstverkündigung stattfindet, daß man sich über die Grenzen der Gemeinschaft der Gläubigen, der Pfarrei hinaus auf die Suche nach den sogenannten zerstreuten Schafen begibt; daß man versucht, auf den Menschen von heute, der ohne Christus lebt, der Christus vergessen hat, zuzugehen, um ihm das Evangelium zu verkünden. Und ich bin glücklich zu hören, daß man das nicht nur tut, sondern daß sich daraus auch zahlenmäßig ermutigende Erfolge ergeben. Ich sehe also, daß ihr die Fähigkeit besitzt, jene Menschen anzusprechen, in denen man den Glauben wieder begründen oder überhaupt ganz neu begründen muß.

Für diese konkrete Arbeit kann ich keine fertigen Rezepte geben, weil die Wege, die je nach den Personen, den Berufen, den verschiedenen Situationen eingeschlagen werden müssen, sehr verschieden sind. Der Katechismus gibt das Wesentliche dessen an, was verkündet werden soll. Aber derjenige, der die Situationen kennt, muß die Hinweise anwenden, eine Methode finden, um die Herzen zu öffnen, und dazu einladen, sich mit dem Herrn und mit der Kirche auf den Weg zu machen.

Sie sprechen von den Unterscheidungskriterien, damit nicht alles Bemühen vergeblich bleibt. Ich möchte zunächst sagen, daß beide Seiten wichtig sind. Die Gemeinschaft der Gläubigen ist etwas Wertvolles, und wir dürfen – auch wenn wir auf die vielen Fernstehenden blicken – nicht die positive und schöne Wirklichkeit unterschätzen, die diese Gläubigen darstellen, die zum Herrn in der Kirche »Ja« sagen, die den Glauben zu leben, in den Spuren des Herrn zu gehen versuchen. Diesen Gläubigen müssen wir – wie ich schon vorhin in meiner Antwort auf die erste Frage gesagt habe – helfen, die Gegenwart des Glaubens zu sehen, zu verstehen, daß er nicht eine Sache der Vergangenheit ist, sondern uns heute den Weg zeigt, uns lehrt, als Menschen zu leben. Es ist von großer Bedeutung, daß sie in ihrem Pfarrer wirklich den Hirten finden, der sie liebt und ihnen hilft, das Wort Gottes heute zu hören; zu verstehen, daß es ein Wort an sie und nicht an Personen der Vergangenheit oder der Zukunft ist; der ihnen zudem im sakramentalen Leben, in der Gebetserfahrung, im Hören des Gotteswortes und im Leben der Gerechtigkeit und der Liebe hilft, denn in unserer heutigen Gesellschaft mit ihren vielen Problemen und Gefahren und auch der bestehenden Korruption sollten die Christen Sauerteig sein.

Auf diese Weise, so glaube ich, können sie auch eine missionarische Aufgabe »ohne Worte« ausüben, da es sich um Personen handelt, die wirklich ein gerechtes Leben leben. So geben sie Zeugnis davon, wie es möglich ist, auf den vom Herrn angegebenen Wegen richtig zu leben. Unsere Gesellschaft braucht gerade jene Gemeinschaften, die imstande sind, die Gerechtigkeit heute nicht nur für sich selbst, sondern auch für den anderen zu leben. Menschen, die – wie wir heute in der ersten Lesung gehört haben – das Leben zu leben wissen. Am

Beginn dieser Lesung heißt es: »Wähle das Leben«: Dazu Ja zu sagen, fällt leicht. Aber dann heißt es weiter: »Gott ist dein Leben« (vgl. Dtn 30,19). Das Leben wählen, heißt also, die Option für das Leben und damit die Option für Gott wählen. Wenn es Personen oder Gemeinden gibt, die diese vollkommene Wahl des Lebens treffen und sichtbar machen, daß das von ihnen gewählte Leben wirklich Leben ist, geben sie ein Zeugnis von allerhöchstem Wert.

Ich komme zu einer zweiten Überlegung. Für die Verkündigung benötigen wir zwei Elemente: das Wort und das Zeugnis. Wie wir vom Herrn selbst wissen, muß das Wort, das alles sagt, was er uns gesagt hat, die Wahrheit Gottes, die Gegenwart Gottes in Christus, den Weg, der sich vor uns öffnet, erscheinen lassen. Es handelt sich also, wie Sie gesagt haben, um eine Verkündigung in der Gegenwart, die die Worte der Vergangenheit in unsere Erfahrungswelt überträgt. Es ist absolut unerläßlich und grundlegend, diesem Wort durch das Zeugnis Glaubwürdigkeit zu verleihen, damit es nicht bloß als eine schöne Philosophie oder eine schöne Utopie, sondern vielmehr als Wirklichkeit erscheint. Eine Wirklichkeit, mit der man leben kann, aber nicht nur das: Eine Wirklichkeit, die einen leben läßt. In diesem Sinn scheint mir das Zeugnis der gläubigen Gemeinde als Hintergrund des Wortes, der Verkündigung von allergrößter Bedeutung zu sein. Mit dem Wort können wir all jenen, die Gott suchen, Orte der Glaubenserfahrung erschließen. So hat es die frühchristliche Kirche durch den Katechumenat gemacht, der nicht bloß eine Katechese, eine lehrmäßige Angelegenheit war, sondern ein Ort fortschreitender Erfahrung des Glaubenslebens, in der sich dann auch das Wort erschließt, das nur dann verständlich wird, wenn es vom Leben ausgelegt, vom Leben verwirklicht wird.

Daher erscheint es mir wichtig, daß es zusammen mit dem Wort auch einen Ort der Gastfreundschaft für den Glauben gibt, einen Ort, an dem man eine fortschreitende Glaubenserfahrung macht. Und hier sehe ich auch eine der Aufgaben der Pfarrei: Gastfreundschaft für jene, die dieses Leben, wie es für die Pfarrgemeinde typisch ist, nicht kennen. Wir dürfen uns nicht selber in einem geschlossenen Kreis verschließen. Wir haben unsere Gewohnheiten, aber wir müssen uns auf jeden Fall öffnen und versuchen, auch Begegnungsräume zu schaffen. Jemand, der von weit draußen kommt, kann nicht sofort in das gestaltete Leben einer Pfarrei eintreten, die bereits ihre festen Gepflogenheiten hat. Für ihn ist in dem Augenblick alles sehr überraschend, weit weg von seinem bisherigen Leben. Deshalb müssen wir versuchen, mit Hilfe des Wortes das zu schaffen, was die frühe Kirche mit den Katechumenaten geschaffen hat: Räume, in denen man beginnt, das Wort zu leben, dem Wort zu folgen, es verständlich und wirklichkeitsnah, Formen realer Erfahrung angemessen zu machen. In diesem Sinn erscheint mir sehr wichtig, worauf Sie hingewiesen haben, nämlich die Notwendigkeit, das Wort mit dem Zeugnis eines gerechten Lebens zu verbinden: dazusein für die anderen, sich den Armen, den Bedürftigen zu öffnen, aber auch den Reichen, die es nötig haben, daß ihnen das Herz geöffnet wird, daß sie das Anklopfen an ihrem Herzen hören. Es handelt sich also je nach der Situation um verschiedene Räume.

Dazu kann man, wie mir scheint, theoretisch wenig sagen, aber die konkrete Erfahrung wird die Wege aufzeigen, die befolgt werden sollen. Und natürlich – ein Kriterium, das immer einzuhalten ist – muß diese Initiative immer in der großen Gemeinschaft der Kirche erfolgen, wenn auch vielleicht in einem noch etwas fernen Raum, das heißt in Gemeinschaft mit dem Bischof, mit dem Papst, also in Gemeinschaft mit der großen Vergangenheit und mit der großen Zukunft der Kirche. Denn zur katholischen Kirche zu gehören, bedeutet nicht nur, unterwegs zu sein auf einem Weg, der uns vorausgeht, sondern es bedeutet auch, daß wir uns in der Perspektive einer großen Öffnung für die Zukunft befinden. Eine Zukunft, die sich nur auf diese Weise öffnet. Man könnte vielleicht noch weiter über die Inhalte sprechen, aber dazu können wir eine andere Gelegenheit finden.

Heiligkeit, sagen Sie uns noch ein maßgebendes Wort über diese beiden Aspekte des Erziehungsnotstandes: die notwendige Stabilität der Mitarbeiter und den dringenden Bedarf an kulturell kompetenten Priestern als Erzieher.

Beginnen wir mit dem zweiten Punkt. Er ist nämlich umfassender und in gewissem Sinn auch leichter zu beantworten. Gewiß, ein Jugendzentrum, in das man nur geht, um zu spielen oder etwas zu trinken, wäre absolut überflüssig. Der Sinn eines Jugendzentrums muß wirklich die kulturelle, menschliche und christliche Bildung einer Persönlichkeit sein, die zu einer reifen Persönlichkeit werden soll. Darüber sind wir uns absolut einig, und, wie mir scheint, gibt es gerade heutzutage eine kulturelle Armut: Man weiß zwar so viele Dinge, aber es ist ein Wissen ohne Herz, ohne inneren Zusammenhang, weil eine gemeinsame Sicht der Welt fehlt. Und deshalb ist eine kulturelle Lösung, die inspiriert ist vom Glauben der Kirche, von der Kenntnis Gottes, der sie uns geschenkt hat, absolut notwendig. Ich würde sogar sagen, genau darin besteht die Aufgabe eines Jugendzentrums, nämlich daß man dort nicht nur Freizeitmöglichkeiten findet, sondern vor allem eine umfassende menschliche Formung, die die Persönlichkeit vollkommener macht.

Und daher muß der Priester als Erzieher natürlich selbst umfassend gebildet sein und sich in der heutigen Kultur gut auskennen, um dann auch den Jugendlichen dabei zu helfen, zu einer vom Glauben inspirierten Kultur Zugang zu finden. Ich würde natürlich hinzufügen, daß letztendlich der Orientierungspunkt jeder Kultur Gott ist, der in Christus gegenwärtige Gott. Wir sehen, daß es heute Menschen gibt, die über so viele Kenntnisse verfügen, aber ohne jede innere Orientierung sind. So kann die Wissenschaft für den Menschen auch gefährlich werden, weil sie ohne tiefere ethische Leitlinien den Menschen der Willkür ausliefert und ihn damit ohne die Leitlinien läßt, die notwendig sind, um wirklich ein Mensch zu werden. In diesem Sinn muß das Herzstück jeder kulturellen Bildung, die so notwendig ist, zweifellos der Glaube sein: Das heißt, das Antlitz Gottes, das sich in Christus gezeigt hat, zu kennen und damit den Orientierungspunkt für die gesamte übrige Kultur zu haben, die andernfalls orientierungslos und desorientierend wird. Eine Kultur ohne persönliche Gotteskenntnis und ohne Kenntnis des Antlitzes Gottes in Christus ist eine Kultur, die auch zerstörerisch sein könnte, weil sie die notwendigen ethischen Leitlinien nicht kennt. Hier haben wir, scheint mir, wirklich einen Auftrag zu kultureller und menschlicher Bildung mit Tiefgang, die für den ganzen Reichtum der Kultur unserer Zeit offen ist, die aber auch das Kriterium, das Unterscheidungsvermögen bietet, um zu beweisen, was echte Kultur ist und was zur Gegenkultur werden könnte.

Sehr viel schwieriger ist für mich die erste Frage – die Frage geht auch an Seine Eminenz –, nämlich das längere Verbleiben des jungen Priesters an einem Ort, um den Jugendlichen Orientierung zu geben. Eine persönliche Beziehung zum Erzieher ist zweifellos wichtig, und es muß auch die Möglichkeit einer gewissen Dauer geben, um sich aufeinander einzustellen. Und insofern kann ich mit Ihnen darin übereinstimmen, daß der Priester als Orientierungspunkt für die Jugendlichen nicht täglich wechseln kann, weil er dann gerade diese Orientierung verliert. Andererseits muß der junge Priester auch verschiedene Erfahrungen in ganz unterschiedlichen kulturellen Umfeldern machen, um sich schließlich gerade das erforderliche kulturelle Rüstzeug anzueignen, um später als Pfarrer für die Pfarrgemeinde lange Zeit Bezugspunkt zu sein. Und ich würde sagen, im Leben des Jugendlichen sind die Zeitdimensionen andere als im Leben eines Erwachsenen. Die drei Jahre zwischen dem sechzehnten und dem achtzehnten Lebensjahr sind mindestens so lang und wichtig wie die Jahre zwischen dem vierzigsten und dem fünfzigsten Lebensjahr. Gerade hier bildet sich nämlich die Persönlichkeit heraus: Es ist ein Weg von großer Bedeutung, von großer existentieller Spannweite. In diesem Sinn würde ich sagen, daß für einen Pfarrvikar drei Jahre eine schöne Zeit sind, um eine Generation von Jugendlichen zu formen; so kann er andererseits auch andere Umfelder kennenlernen, in anderen Pfarrgemeinden andere Situationen erleben, sein menschliches Rüstzeug bereichern. Das ist stets eine nicht zu kurze Zeit für eine gewisse Kontinuität, ein erzieherischer Weg der gemeinsamen Erfahrung, ein Weg, auf dem das Menschsein gelernt wird. Im übrigen sind, wie schon gesagt, im Jugendalter drei Jahre eine entscheidende und sehr lange Zeit, weil sich wirklich die künftige Persönlichkeit herausbildet. Mir scheint daher, daß sich die beiden Anliegen miteinander vereinbaren ließen: einerseits, daß der junge Priester die Möglichkeit zu verschiedenen Erfahrungen haben soll, um sein Rüstzeug menschlicher Erfahrung zu bereichern; andererseits die Notwendigkeit, eine gewisse Zeitlang mit den Jugendlichen zusammenzusein, um sie wirklich in das Leben einzuführen, sie das Menschsein zu lehren. In diesem Sinn denke ich an eine Vereinbarkeit der beiden Aspekte: Verschiedene Erfahrungen für einen jungen Priester, Kontinuität der Begleitung der Jugendlichen, um sie in das Leben zu geleiten.

Viele Menschen haben große Schwierigkeiten, ihren Lebensunterhalt in der Familie zu bestreiten. Ich bin überzeugt, daß wir uns als Kirche nachdrücklicher fragen müßten, was wir machen können, aber noch mehr nach den Gründen, die zu dieser weltweiten Krisensituation geführt haben. Wir sollten den Mut haben, ein in seinen Wurzeln ungerechtes Wirtschafts- und Finanzsystem anzuklagen. Es braucht ein maßgebendes Wort, ein freies Wort, das den Christen helfen soll, die Güter, die Gott den Menschen geschenkt hat, geschenkt für alle und nicht nur für einige wenige, mit evangeliumsgetreuer Weisheit und Verantwortung zu verwalten.

… Ihre Frage rührt an den Nerv der Probleme unserer Zeit. Ich würde zwei Ebenen unterscheiden. Die erste ist die Ebene der Makroökonomie, die dann verwirklicht wird und bis zum letzten Bürger reicht, der die Folgen einer falschen Struktur zu spüren bekommt. Dagegen die anklagende Stimme zu erheben, ist eine Pflicht der Kirche. Wie ihr wißt, bereiten wir schon seit längerem eine Enzyklika darüber vor. Und auf diesem langen Weg sehe ich, wie schwierig es ist, mit entsprechender Kompetenz darüber zu sprechen, denn wenn man sich mit einer bestimmten wirtschaftlichen Realität nicht mit Kompetenz auseinandersetzt, kann man nicht glaubwürdig sein. Und andererseits ist es auch notwendig, mit einem großen ethischen Bewußtsein zu sprechen, das von einem durch das Evangelium geprägten Gewissen hervorgebracht und geweckt worden ist. Wir müssen also diese grundlegenden Irrtümer anklagen, die jetzt beim Zusammenbruch der großen amerikanischen Banken zutage getreten sind. Schließlich ist die menschliche Habgier eine Sünde oder – wie es im Brief an die Kolosser heißt – Götzendienst. Wir müssen diesen Götzendienst, der dem wahren Gott entgegensteht, und die Verfälschung des Gottesbildes durch einen anderen Gott, nämlich den Mammon, anklagen. Wir müssen das mutig, aber auch sehr konkret tun. Denn große Moralpredigten helfen wenig, wenn sie nicht jeweils durch die Kenntnis der Realität untermauert sind, die auch hilft zu verstehen, was man konkret tun kann, um die Lage allmählich zu verändern. Und um das tun zu können, ist natürlich die Kenntnis dieser Wahrheit und der gute Wille aller notwendig.

Hier sind wir an einem schwerwiegenden Punkt: Gibt es die Erbsünde wirklich? Gäbe es sie nicht, könnten wir ja mit Argumenten, die für jeden verständlich und unanfechtbar sind, an die klare Vernunft und an den bei allen vorhandenen guten Willen appellieren. So könnten wir gut vorankommen und die Menschheit reformieren. Aber dem ist nicht so: Der Verstand – auch unser Verstand – ist verdunkelt, das sehen wir jeden Tag. Denn der Egoismus, die Wurzel der Habgier, besteht darin, daß ich vor allem mich selbst und die Welt für mich haben will. Er ist in uns allen vorhanden. Das ist die Verdunkelung des Verstandes: Er kann hochgelehrt, mit den schönsten wissenschaftlichen Argumenten ausgestattet sein und ist dennoch durch falsche Vorgaben verdunkelt. So geht er mit hoher Intelligenz und großen Schritten auf dem falschen Weg weiter. Auch der Wille ist, wie die Kirchenväter sagen, gebeugt: Er ist nicht einfach bereit, das Gute zu tun, sondern sucht vor allem sich selbst oder das Wohl der eigenen Gruppe. Also tatsächlich den Weg der Vernunft, der wahren Vernunft zu finden, ist schon keine leichte Sache und entwickelt sich schwerlich in einem Dialog. Ohne das Licht des Glaubens, das in die Finsternis der Erbsünde eindringt, kann die Vernunft nicht vorankommen. Aber ausgerechnet der Glaube stößt dann auf den Widerstand unseres Willens. Dieser will den Weg nicht sehen, der auch ein Weg des Selbstverzichts und einer Korrektur des eigenen Willens zugunsten des anderen und nicht für sich selbst wäre.

Daher ist die vernünftige und angemessene Anklage der Irrtümer notwendig, nicht mit großen Moralpredigten, sondern mit konkreten Gründen, die in der heutigen Wirtschaftswelt verstehbar werden. Diese Anklage ist wichtig, sie ist seit jeher ein Auftrag für die Kirche. Wir wissen, daß in der neuen Situation, die durch die industrialisierte Welt entstanden ist, die Soziallehre der Kirche seit Leo XIII. versucht, diese Anklagen – und nicht nur die Anklagen, die nicht ausreichend sind – zu erheben, aber zugleich auch die schwierigen Wege aufzuzeigen, auf denen man Schritt für Schritt die Zustimmung der Vernunft und die Zustimmung des Willens zur Berichtigung meines Gewissens und zugleich zu der Bereitschaft fordert, daß ich in gewissem Sinn auf mich selber verzichte, um an dem mitwirken zu können, was das wahre Ziel des menschlichen Lebens, des Menschseins ist.

Die Kirche hat, wie schon gesagt, immer die Aufgabe, wachsam zu sein, selber mit den besten Kräften, über die sie verfügt, die Argumente der Wirtschaftswelt zu hinterfragen, in diese Argumentation einzutreten und sie durch den Glauben zu erleuchten, der uns vom Egoismus der Erbsünde befreit. Es ist die Aufgabe der Kirche, sich auf diese Unterscheidung, auf diese Argumentation einzulassen, sich auch auf den verschiedenen nationalen und internationalen Ebenen bemerkbar zu machen, um zu helfen und zu korrigieren. Und das ist keine leichte Arbeit, weil sich so viele persönliche und nationale Gruppeninteressen einer radikalen Korrektur widersetzen. Vielleicht ist dies pessimistisch, aber mir erscheint es realistisch: Solange es die Erbsünde gibt, werden wir niemals zu einer radikalen und vollkommenen Korrektur gelangen. Wir müssen jedoch zumindest das in unserer Macht Stehende tun im Hinblick auf vorläufige Verbesserungen, die ausreichen, um die Menschlichkeit leben zu lassen und der Herrschaft des Egoismus entgegenzutreten, die unter dem Vorwand nationaler und internationaler Wissenschaft und Wirtschaft auftritt.

Das ist die erste Ebene. Die andere besteht darin, realistisch zu sein und zu sehen, daß sich ohne die Umkehr der Herzen diese großen Ziele der Makrowissenschaft in der Mikrowissenschaft nicht erfüllen – dasselbe gilt für die Makro- und Mikroökonomie. Wenn es keine Gerechten gibt, gibt es auch keine Gerechtigkeit. Das müssen wir akzeptieren. Darum ist die Erziehung zur Gerechtigkeit ein vorrangiges Ziel, ja wir könnten auch sagen: die Priorität. Da der hl. Paulus sagt, daß die Rechtfertigung die Wirkung des Heilswerkes Christi ist, ist sie kein abstrakter Begriff, der Sünden betrifft, die uns heute nicht interessieren, sondern sie bezieht sich auf die ganzheitliche Gerechtigkeit. Gott allein kann sie uns gewähren, aber er tut das mit unserer Mitarbeit auf verschiedenen Ebenen, auf allen möglichen Ebenen.

Die Gerechtigkeit in der Welt kann man nicht allein mit guten Wirtschaftsmodellen schaffen, die sicherlich notwendig sind. Die Gerechtigkeit erfüllt sich nur, wenn es die Gerechten gibt. Die Gerechten gibt es aber nur, wenn die tägliche demütige Arbeit der Bekehrung der Herzen stattfindet. Und wenn in den Herzen Gerechtigkeit erzeugt wird. Nur so verbreitet sich auch die korrigierende Gerechtigkeit. Deshalb ist die Arbeit der Pfarrer nicht nur für die Pfarrgemeinde, sondern für die ganze Menschheit von so fundamentaler Bedeutung. Denn wenn es keine Gerechten gibt, bleibt, wie ich gesagt habe, die Gerechtigkeit ein abstraktes Anliegen. Und die guten Strukturen lassen sich nicht verwirklichen, wenn sich der Egoismus auch fachkundiger Personen dem widersetzt.

Diese unsere tagtägliche demütige Arbeit ist grundlegend, um die großen Ziele der Menschheit zu erreichen. Und wir müssen auf allen Ebenen gemeinsam arbeiten. Die Weltkirche muß anklagen, aber sie muß auch sagen, was man tun kann und wie man es tun kann. Die Bischofskonferenzen und die Bischöfe müssen handeln. Aber wir alle müssen zur Gerechtigkeit erziehen. Mir scheint, daß der Dialog Abrahams mit Gott (Gen 18,22–33) noch heute wahr und realistisch ist, wenn Abraham fragt: Willst du die Stadt wirklich vernichten? Vielleicht finden sich dort fünfzig Gerechte, vielleicht nur zehn Gerechte. Und zehn Gerechte genügen, um die Stadt überleben zu lassen. Darum müssen wir das Nötige tun, um wenigstens zehn Gerechte zu erziehen und zu verbürgen, aber wenn möglich viele mehr. Gerade mit unserer Verkündigung sorgen wir dafür, daß es viele Gerechte geben, daß die Gerechtigkeit in der Welt wirklich präsent sein soll.

Daraus ergibt sich: Die beiden Ebenen lassen sich nicht trennen. Wenn wir einerseits die Gerechtigkeit im Großen nicht verkünden, wächst die Gerechtigkeit im Kleinen nicht. Wenn wir aber andererseits die sehr demütige Arbeit der Mikrogerechtigkeit nicht vollbringen, wächst auch die Makrogerechtigkeit nicht. Und wie ich in meiner ersten Enzyklika gesagt habe, bleibt für alle Systeme, die in der Welt wachsen können, außer der Gerechtigkeit, die wir suchen, immer die Liebe notwendig. Die Herzen für die Gerechtigkeit und die Liebe zu öffnen, ist Erziehen zum Glauben, ist Hinführen zu Gott.

Was wäre die Liebe ohne die Liturgie? Würde sich ohne sie unser Glaube nicht auf eine Moral, eine Idee, eine Lehre, ein Faktum der Vergangenheit reduzieren, und würden wir Priester dann nicht eher als Lehrer oder Berater denn als Mystagogen erscheinen, die die Menschen in das Geheimnis einführen? Das Wort Gottes selbst ist eine Botschaft, die sich in der Liturgie verwirklicht und die eine überraschende Beziehung zu ihr hat. Ohne an der menschlichen, philosophischen, psychologischen Ausbildung an den Universitäten und Priesterseminaren irgendwelche Abstriche zu machen, möchte ich ergründen, ob unsere besondere Rolle nicht eine intensivere liturgische Ausbildung erfordert oder ob die derzeitige Praxis und Struktur der Studien bereits die Forderung des Konzils hinreichend erfüllen. Mir scheint, daß die vielfältigen Aktionen der Kirche in der Welt und unsere pastorale Wirksamkeit sehr von der Erfahrung abhängen, die wir von dem unerschöpflichen Geheimnis haben, daß wir Getaufte, Gefirmte und Priester sind.

Also, wenn ich richtig verstanden habe, geht es um die Frage, welchen Umfang und Stellenwert die liturgische Ausbildung und die konkrete Feier des göttlichen Geheimnisses in der Gesamtheit unserer vielfältigen pastoralen Arbeit mit ihren vielen Dimensionen haben soll. Darin enthalten ist, wie mir scheint, auch eine Frage bezüglich der Einheit zwischen unserer Verkündigung und unserer Seelsorgearbeit, die so viele

Dimensionen hat. Wir müssen nach dem einigenden Punkt suchen, damit diese vielen Tätigkeiten, die wir ausführen, alle zusammen die Arbeit eines Hirten sind. Wenn ich Sie richtig verstanden habe, sind Sie der Meinung, daß der einigende Punkt, der die Synthese aller Dimensionen unserer Arbeit und unseres Glaubens herstellt, genau die Feier der heiligen Geheimnisse sein könnte. Und damit die Mystagogie, die uns das Zelebrieren lehrt.

Mir kommt es wirklich darauf an, daß die Sakramente, die eucharistische Feier der Sakramente, nicht eine etwas seltsame Angelegenheit neben aktuelleren Tätigkeiten wie der moralischen Erziehung, der wirtschaftlichen Ausbildung ist – alles Dinge, die bereits gesagt wurden. Es kann leicht geschehen, daß das Sakrament in einem pragmatischeren Umfeld etwas isoliert ist und zu einer Wirklichkeit wird, die überhaupt nicht in die Gesamtheit unseres Menschseins einbezogen ist. Danke für die Frage, denn wir müssen tatsächlich das Menschsein lehren. Wir müssen diese große Kunst lehren: Wie man ein Mensch sein kann. Das verlangt von uns, wie wir gesehen haben, vielerlei: Von der großen Anklage der Erbsünde an den Wurzeln unserer Wirtschaft und in den vielen Bereichen unseres Lebens bis hin zu konkreten Anleitungen zur Gerechtigkeit und zur Verkündigung gegenüber den Nichtglaubenden. Aber die göttlichen Geheimnisse sind nichts Exotisches im Kosmos der eher praktischen Wirklichkeiten. Das Geheimnis ist das Herz, aus dem unsere Kraft kommt und zu dem wir zurückkehren, um dieses Zentrum zu finden. Und deshalb meine ich, daß die mystagogische Katechese wirklich wichtig ist. Mystagogisch heißt auch realistisch, auf das Leben von uns heutigen Menschen bezogen. Wenn es stimmt, daß der Mensch sein Maß – was recht ist und was nicht – nicht in sich hat, sondern sein Maß außerhalb von sich, in Gott, findet, ist es wichtig, daß dieser Gott nicht fern ist, sondern erkennbar, konkret, daß er in unser Leben eintritt und wirklich ein Freund ist, mit dem wir reden können und der mit uns redet. Wir müssen die Eucharistie feiern lernen, wir müssen Jesus Christus, den Gott mit dem menschlichen Antlitz, aus der Nähe kennenlernen, wirklich mit ihm in Kontakt treten, wir müssen lernen, ihn zu hören und ihn in uns hereinkommen zu lassen. Denn die heilige Kommunion ist genau diese gegenseitige Durchdringung zwischen zwei Personen. Ich nehme nicht ein Stück Brot oder Fleisch, ich nehme bzw. öffne mein Herz, damit der Auferstandene in den Bereich meines Seins eintritt, damit er in mir und nicht nur außerhalb von mir ist und so in mir spricht und mein Wesen verwandelt, mir den Gerechtigkeitssinn, die Dynamik der Gerechtigkeit, den Eifer für das Evangelium schenkt.

Diese Eucharistiefeier, in der sich Gott uns nicht nur nähert, sondern in das Gefüge unserer Existenz eintritt, ist wesentlich, damit wir wirklich Gott leben und für Gott leben und das Licht Gottes in diese Welt hineintragen können. Wir wollen jetzt nicht auf zu viele Details eingehen. Aber es ist stets wichtig, daß die sakramentale Katechese immer eine existentielle Katechese ist. Auch wenn sie dort, wo die Worte und Überlegungen enden, immer mehr den Aspekt des Mysteriums annimmt und lernt, ist sie natürlich vollkommen realistisch, weil sie mich zu Gott und Gott zu mir selbst führt. Sie führt mich zum anderen, weil der andere denselben Christus empfängt wie ich. Wenn also in ihm und in mir derselbe Christus ist, sind auch wir beide nicht mehr getrennte Individuen. Hier entsteht die Lehre vom Leib Christi, weil wir, wenn wir die Eucharistie empfangen, alle demselben Christus eingegliedert sind. Der Nächste ist somit wirklich Nächster: Wir sind nicht zwei getrennte »Ich«, sondern wir sind in demselben »Ich« Christi vereint. Mit anderen Worten, die eucharistische und sakramentale Katechese muß wirklich den Kern unserer Existenz erreichen, sie muß Erziehung sein, um mich der Stimme Gottes zu öffnen, mich öffnen zu lassen, damit diese Erbsünde des Egoismus zerbricht und eine tiefgreifende Öffnung meiner Existenz erfolgt, so daß ich wirklich ein Gerechter werden kann. In diesem Sinn will mir scheinen, daß wir alle die Liturgie immer besser lernen müssen – nicht als etwas Exotisches, sondern als das Herzstück unseres Christseins, das sich einem Fernstehenden nicht so leicht öffnet, aber andererseits gerade die Öffnung gegenüber dem anderen, gegenüber der Welt ist. Wir müssen alle zusammenarbeiten, um die Feier der Eucharistie immer mehr zu vertiefen: Nicht nur als Ritus, sondern als existentiellen Vorgang, der mich in meinem Innersten mehr als jede andere Sache berührt und mich verändert, mich verwandelt. Und dadurch, daß sie mich verwandelt, beginnt sie auch mit der Verwandlung der Welt, die der Herr wünscht und für die er uns zu seinen Werkzeugen machen will.

Was ist das einzigartige Charisma der Kirche von Rom, und welches sind die Merkmale, die sie durch ein geheimnisvolles Geschenk der Vorsehung einzigartig für die Welt machen? Was bringt es für ihre Sendung besonders heutzutage mit sich, den Papst der Universalkirche zum Bischof zu haben? Wir wollen nicht unsere Privilegien wissen: Früher sagte man: »Parochus in urbe, episcopus in orbe – Pfarrer in Rom, Bischof in der Welt«; aber wir wollen wissen, wie wir dieses Charisma leben sollen, dieses Geschenk, als Priester in Rom zu leben, und was Sie von uns römischen Pfarrern erwarten.

… Ihre Frage besteht, wenn ich Sie richtig verstanden habe, aus zwei Teilen. Zunächst: Worin besteht die konkrete Verantwortung des Bischofs von Rom heute. Aber dann weiten Sie richtigerweise das Privileg des Petrus auf die ganze Kirche von Rom aus – so wurde es auch in der frühen Kirche gesehen – und fragen, welche Verpflichtungen die Kirche von Rom habe, um dieser Berufung zu entsprechen.

Es ist nicht nötig, hier die Lehre vom Primat darzulegen, die ihr alle sehr gut kennt. Wichtig hingegen ist, bei der Tatsache zu verweilen, daß wirklich der Nachfolger des Petrus, der Dienst des Petrus die Universalität der Kirche, dieses Hinausgehen über Nationalismen und über andere in der heutigen Menschheit bestehende Grenzen, garantiert, um wirklich eine Kirche in der Verschiedenheit und im Reichtum so vieler Kulturen zu sein.

Wir sehen, daß auch die anderen kirchlichen Gemeinschaften, die anderen Kirchen das Bedürfnis nach einem einigenden Punkt spüren, um nicht in den Nationalismus, in die Identifikation mit einer bestimmten Kultur zu verfallen, um wirklich alle für alle offen zu sein, gleichsam dazu gedrängt, sich immer gegenüber allen anderen zu öffnen. Mir scheint, der grundlegende Dienst des Nachfolgers des Petrus ist es, diese Katholizität zu gewährleisten, die Vielfalt, Mannigfaltigkeit, Reichtum von Kulturen, Respektierung der Verschiedenheiten beinhaltet und gleichzeitig Verabsolutierungen ausschließt und alle vereint und sie verpflichtet sich zu öffnen, aus der Verabsolutierung des eigenen Selbst herauszukommen, um sich in der Einheit der Familie Gottes zusammenzufinden, die der Herr gewollt hat und für die der Nachfolger des Petrus die Einheit in der Vielfalt garantiert.

Natürlich muß die Kirche des Nachfolgers Petri mit ihrem Bischof diese Last und diese Freude des Geschenks seiner Verantwortung tragen. Im Buch der Offenbarung erscheint der Bischof in der Tat als Engel seiner Kirche, das heißt fast als die Verkörperung seiner Kirche, der das Sein der Kirche selbst entsprechen muß. Die Kirche von Rom muß also zusammen mit dem Nachfolger des Petrus und als seine Teilkirche eben diese Universalität gewährleisten, diese Öffnung, diese Verantwortung für die Transzendenz der Liebe, diesen Vorsitz in der Liebe, der Partikularismen ausschließt. Sie muß auch die Treue zum Wort des Herrn gewährleisten, zum Geschenk des Glaubens, den nicht wir erfunden haben, sondern der wirklich die Gabe ist, die nur von Gott selbst kommen konnte. Das ist und wird immer die Pflicht, aber auch das Privileg der Kirche von Rom sein, gegen die Moden, gegen die Partikularismen, gegen die Verabsolutierung mancher Anschauungen, gegen Häresien, die immer Verabsolutierungen einer Anschauung sind. Es ist auch die Pflicht der Kirche von Rom, die Universalität und die Treue zur Unversehrtheit des Glaubens zu gewährleisten, zum Reichtum ihres Glaubens, ihres Weges in der Geschichte, die sich immer der Zukunft öffnet. Und zusammen mit diesem Zeugnis des Glaubens und der Universalität muß sie natürlich das Beispiel der Liebe geben.

So sagt es uns der hl. Ignatius, wenn er in diesem etwas rätselhaften Wort das Sakrament der Eucharistie, die Handlung, die anderen zu lieben, erkennt. Und das ist – um auf den vorigen Punkt zurückzukommen – von großer Bedeutung: Das heißt, diese Identifikation mit der Eucharistie, die Agape ist, ist Liebe, ist die Gegenwart der Liebe, die uns in Christus geschenkt wird. Es muß immer die Liebe, Zeichen und Grund der Liebe sein, wenn wir uns den anderen öffnen, Zeichen dieses Sich-Hingebens an die anderen, dieser Verantwortung gegenüber den Bedürftigen, den Armen, den Vergessenen. Das ist eine große Verantwortung.

Auf den Vorsitz bei der Eucharistie folgt der Vorsitz in der Liebe, von dem nur die Gemeinschaft selbst Zeugnis geben kann. Das erscheint mir als die große Aufgabe für die Kirche von Rom, als die große Bitte an sie: wirklich Vorbild und Ausgangspunkt der Liebe zu sein. In diesem Sinn ist sie Vorsitz der Liebe.

Im Klerus von Rom sind alle Kontinente, alle Rassen, alle Philosophien und alle Kulturen vertreten. Ich freue mich, daß gerade die Priester von Rom die Universalität, also in der Einheit der kleinen Ortskirche die Präsenz der Universalkirche zum Ausdruck bringen. Schwieriger und anspruchsvoller ist es, auch tatsächlich Träger des Zeugnisses, der Liebe zu sein und unter den anderen mit unserem Herrn zusammenzusein. Wir können nur den Herrn darum bitten, daß er uns in den einzelnen Pfarreien, in den einzelnen Gemeinden helfe und daß wir alle zusammen dieser Gabe, diesem Auftrag, den Vorsitz in der Liebe zu haben, wirklich treu sein können.

Ich habe mich gefragt, wie sich die Beziehung zwischen dem Wort Gottes und der Marienfrömmigkeit sowohl im geistlichen Leben des Priesters als auch in der Seelsorgearbeit verbessern ließe. Zwei Bilder helfen mir: die Verkündigung für das Hören und die Heimsuchung Mariens für das Verkündigen. Eure Heiligkeit, ich möchte Sie bitten, uns mit Ihrer Lehre über dieses Thema aufzuklären.

Sie haben uns, wie mir scheint, auch gleich die Antwort auf Ihre Frage gegeben. Maria ist wirklich die Frau des Hörens: Das sehen wir in der Begegnung mit dem Engel, und wir sehen es wieder in allen Szenen aus ihrem Leben, von der Hochzeit in Kana bis hin zum Kreuz und zum Pfingsttag, als sie sich inmitten der Apostel befand, um den Geist zu empfangen. Sie ist das Symbol der Offenheit, der Kirche, die das Kommen des Heiligen Geistes erwartet.

Im Augenblick der Verkündigung können wir schon die Haltung des Hörens erfassen – es ist ein echtes Hören, das verinnerlicht werden muß, das nicht einfach »Ja« sagt, sondern das Wort verarbeitet, es in sich aufnimmt – und darauf den wahren Gehorsam folgen lassen, als wäre es ein verinnerlichtes Wort, das in mir und für mich Wort, gleichsam Gestalt meines Lebens geworden ist. Das erscheint mir als etwas sehr Schönes: dieses aktive Hören wahrzunehmen, das heißt ein Hören, welches das Wort anzieht, so daß es bei mir eintritt und in mir zum Wort wird, während ich nachdenke und es bis ins Innerste des Herzens annehme.

Dasselbe sehen wir im Magnifikat. Wir wissen, daß es aus Worten des Alten Testaments gewirkt ist. Wir sehen, daß Maria wirklich eine Frau des Hörens ist, die die Schrift im Herzen kannte. Sie kannte nicht nur einige Texte, sondern sie identifiziert sich so mit dem Wort, daß in ihrem Herzen und auf ihren Lippen die Worte des Alten Testaments, zusammengefaßt, zu einem Hymnus werden. Wir sehen, daß ihr Leben wirklich vom Wort durchdrungen war; sie war in das Wort eingetreten, hatte es aufgenommen, und es war in ihr zum Leben geworden, um sich dann von neuem in das Wort des Lobpreises und der Verkündigung der Größe Gottes zu verwandeln.

Wie mir scheint, sagt der hl. Lukas mit Bezug auf Maria mindestens dreimal, vielleicht sogar viermal, daß sie die Worte in sich aufgenommen und in ihrem Herzen bewahrt hat. Sie war für die Kirchenväter das Modell der Kirche, das Modell des Glaubenden, der das Wort bewahrt, das Wort in sich trägt; es nicht nur liest und mit dem Verstand auslegt, um zu wissen, was damals geschehen ist, worin die philologischen Probleme bestehen. Das alles ist interessant und wichtig, aber wichtiger ist es, das Wort zu hören, das bewahrt werden muß und das in mir Wort, Leben und Gegenwart des Herrn wird. Deshalb scheint mir die Verbindung zwischen Mariologie und Theologie des Wortes so wichtig, von der auch die Synodenväter gesprochen haben und von der wir im Nachsynodalen Dokument sprechen werden.

Es ist offensichtlich: Maria ist Wort des Hörens, schweigendes Wort, aber auch Wort des Lobpreises, der Verkündigung, weil das Wort beim Hören wieder Fleisch wird und somit Gegenwart der Größe und Erhabenheit Gottes.

Ablässe, Segnungen, Frömmigkeitsübungen – vielen Priestern sind diese Dinge unbekannt, andere halten sie für vorkonziliar und schikken daher jene Gläubigen weg, die etwas verlangen, das zu erhalten sie ein Recht hätten. Gegen all das besteht heute eine innere Abneigung, weil man diese Bräuche als alt und schädlich ansieht.

Es gibt Frömmigkeitsübungen, von denen das Konzil nicht gesprochen hat, die es aber als solche in der Kirche annimmt. Sie sind in der Kirche lebendig und entwickeln sich. Jetzt ist nicht der geeignete Augenblick, auf das große Thema Ablaß einzugehen. Paul VI. hat das Ablaßwesen neu geordnet und gibt uns Richtlinien zum Verständnis dieses Themas vor. Ich würde sagen, es handelt sich schlicht und einfach um einen Austausch von Gaben, das heißt, alles, was es in der Kirche an Gutem gibt, ist für alle da. Mit diesem Schlüssel, dem Ablaß, können wir in diese Gemeinschaft der Güter der Kirche eintreten. Die Protestanten sind dagegen der Auffassung, daß Christus der einzige Schatz ist. Aber für mich ist das Wunderbare, daß Christus – der ja in seiner unendlichen Liebe, in seiner Gottheit und Menschheit wirklich mehr als ausreichend ist – zu allem, was er getan hat, auch unsere Armseligkeit hinzufügen wollte. Er sieht uns nicht nur als Objekte seines Erbarmens an, sondern macht uns zusammen mit ihm zu Subjekten der Barmherzigkeit und der Liebe, so als wollte er uns – zwar nicht quantitativ, aber wenigstens im Sinn des Mysteriums – dem großen Schatz des Leibes Christi hinzufügen. Er wollte zusammen mit dem Leib das Haupt sein. Er wollte, daß mit dem Leib das Geheimnis seiner Erlösung vervollständigt werde. Jesus wollte die Kirche als seinen Leib haben, in dem sich die ganze Fülle dessen, was er getan hat, verwirklicht. Aus diesem Geheimnis folgt, daß es einen »*thesaurus ec-*

clesiae«, einen Schatz der Kirche gibt, daß uns der Leib ebenso wie das Haupt viel schenkt und daß wir sowohl das eine wie das andere empfangen und beides schenken können.

Und dasselbe gilt auch für die anderen Dinge, zum Beispiel die Herz-Jesu-Verehrung, die etwas sehr Schönes in der Kirche ist. Es sind nicht unbedingt notwendige Dinge, die aber in dem Reichtum der Betrachtung des Geheimnisses gewachsen sind. Daher bietet uns der Herr in der Kirche diese Möglichkeiten an. Mir scheint jetzt nicht der Zeitpunkt zu sein, um auf alle Details einzugehen. Jeder kann mehr oder weniger verstehen, was größere oder kleinere Bedeutung hat; aber niemand sollte diesen Reichtum geringschätzen, der im Laufe der Jahrhunderte als Angebot und als Vermehrung des Lichts in der Kirche gewachsen ist. Einzigartig ist das Licht Christi. Es erscheint in allen seinen Farben und bietet uns die Erkenntnis des Reichtums seiner Gabe, die wechselseitige Beziehung zwischen Haupt und Leib, die wechselseitige Beziehung zwischen den Gliedern, so daß wir wirklich zusammen ein lebendiger Organismus sein können, in dem jeder allen den Herrn schenkt, der sich selbst uns ganz geschenkt hat.

ICH KOMME MIT EINEM RELIGIÖSEN PROGRAMM

Heiligkeit, seit einiger Zeit – und vor allem nach Ihrem letzten Brief an die Bischöfe der Welt – sprechen viele Zeitungen von der »Einsamkeit des Papstes«. Was denken Sie darüber? Fühlen Sie sich wirklich einsam? Und mit welchen Empfindungen fliegen Sie jetzt nach den jüngsten Ereignissen nach Afrika?

Um die Wahrheit zu sagen, ich muß ein wenig über diesen Mythos meiner Einsamkeit lachen: Ich fühle mich in keiner Weise einsam. Jeden Tag empfange ich in den Tabellenaudienzen meine engsten Mitarbeiter, angefangen vom Staatssekretär bis hin zur Glaubenskongregation usw.; dann sehe ich regelmäßig alle Leiter der Dikasterien, jeden Tag empfange ich Bischöfe zu »Ad-limina«-Besuchen – kürzlich alle Bischöfe, einer nach dem anderen, von Nigeria, anschließend die Bischöfe aus Argentinien … Wir hatten in diesen Tagen zwei Vollversammlungen, sowohl die der Kongregation für den Gottesdienst als auch die der Kleruskongregation. Und dann gibt es auch freundschaftliche Gespräche, ein Netz von Freundschaften, der Jahrgang meiner Priesterweihe ist kürzlich für einen Tag aus Deutschland gekommen, um mit mir zu plaudern … Also, die Einsamkeit ist kein Problem, ich bin wirklich von Freunden umgeben in einer hervorragenden Zusammenarbeit mit Bischöfen, Mitarbeitern, Laien, und ich bin dafür dankbar. Nach Afrika reise ich mit großer Freude: Ich liebe Afrika, ich habe schon seit meiner Zeit als Professor und bis heute viele afrikanische Freunde; ich liebe die Glaubensfreude, diesen freudigen Glauben, den man in Afrika antrifft.

Interview auf dem Flug nach Afrika, 17. März 2009.

Sie wissen, daß der Auftrag des Herrn an den Nachfolger Petri lautet, die »Brüder im Glauben zu stärken«: das zu tun versuche ich. Aber ich bin sicher, daß ich selbst von den Brüdern im Glauben bestärkt zurückkommen werde, sozusagen »angesteckt« von ihrem freudigen Glauben.

Heiligkeit, Sie reisen nach Afrika, während eine Weltwirtschaftskrise im Gange ist, die auch Auswirkungen auf die armen Länder hat. Darüber hinaus muß Afrika in diesem Moment auch eine Ernährungskrise bewältigen. Werden Sie diese Situation auf Ihrer Reise ansprechen? Werden Sie sich an die internationale Gemeinschaft wenden, damit sie sich der Probleme in Afrika annimmt? Wird von diesen Problemen auch in der Enzyklika die Rede sein, die Sie vorbereiten?

Danke für die Frage. Natürlich reise ich nicht mit einem wirtschaftspolitischen Programm nach Afrika, dafür würde mir die Kompetenz fehlen. Ich komme mit einem religiösen Programm, einem Programm des Glaubens, der Moral, aber gerade dies ist auch ein wesentlicher Beitrag zum Problem der wirtschaftlichen Krise, die wir in diesem Augenblick erleben. Wir alle wissen, daß ein grundsätzliches Element der Krise gerade eine mangelnde Ethik in den wirtschaftlichen Strukturen ist; man hat verstanden, daß die Ethik nicht etwas »außerhalb« der Ökonomie Liegendes ist, sondern »innerhalb«, und daß die Ökonomie nicht funktioniert, wenn sie nicht das ethische Element in sich trägt. Deshalb werde ich, indem ich von Gott und den großen geistlichen Werten spreche, die das christliche Leben ausmachen, versuchen, einen Beitrag zu leisten, gerade auch um diese Krise zu überwinden, um das Wirtschaftssystem von innen her zu erneuern, wo der Punkt der wahren Krise liegt. Und natürlich werde ich an die internationale Solidarität appellieren: Die Kirche ist katholisch, das heißt universal, offen für alle Kulturen, für alle Kontinente; sie ist in allen politischen Systemen präsent, und so ist die Solidarität ein inneres Prinzip, das grundlegend ist für den Katholizismus. Ich möchte natürlich vor allem einen Appell an die katholische Solidarität richten, ihn aber auch an die Solidarität aller richten, die ihre Verantwortung in der menschlichen Gesellschaft von heute sehen. Selbstverständlich werde ich davon auch in der Enzyklika sprechen: Das ist ein Grund für die Verspätung. Wir waren fast zur Veröffentlichung bereit, als diese Krise ausgebrochen ist, und wir haben den Text noch einmal zur Hand genommen, um angemessenere Antworten zu geben – im Rahmen unserer Kompetenzen, im Rahmen der Soziallehre der Kirche, aber mit Bezug auf reale Elemente der aktuellen Krise. So hoffe ich, daß die Enzyklika auch ein Element, eine Kraft sein kann, um die gegenwärtige schwierige Situation zu überwinden.

Der Sonderrat der Bischofssynode für Afrika hat gefordert, daß das starke quantitative Wachstum der Kirche in Afrika auch ein qualitatives Wachstum werden muß. Manchmal werden die Verantwortungsträger der Kirche als eine Gruppe von Reichen und Privilegierten betrachtet, und ihr Verhalten stimmt nicht mit der Verkündigung des Evangeliums überein. Werden Sie die Kirche in Afrika auffordern, sich zu einer Gewissenserforschung und einer Reinigung ihrer Strukturen zu verpflichten?

Ich habe eine positivere Sicht von der Kirche in Afrika: Es ist eine Kirche, die den Armen sehr nahe ist, eine Kirche, die bei den Leidenden ist, an der Seite der Hilfsbedürftigen, und deshalb scheint mir, daß die Kirche wirklich eine Institution ist, die noch funktioniert, während andere Strukturen nicht mehr funktionieren, und mit ihrem System der Bildung und Erziehung, der Krankenhäuser, der Assistenz in all diesen Situationen ist sie in der Welt der Armen und der Leidenden präsent. Natürlich ist die Erbsünde auch in der Kirche da; es gibt keine perfekte Gesellschaft, und so gibt es auch Sünder und Schwächen in der Kirche in Afrika, und in dieser Hinsicht ist eine Gewissenserforschung, eine innere Reinigung immer notwendig, und unter diesem Aspekt würde ich auch an die Liturgie der Eucharistiefeier erinnern: Man beginnt immer mit einer Reinigung des Gewissens und einem Neuanfang in der Gegenwart des Herrn. Und ich würde sagen, mehr als eine Reinigung der Strukturen, die auch immer notwendig ist, ist eine Reinigung der Herzen vonnöten, weil die Strukturen ein Widerschein der Herzen sind, und wir werden alles in unserer Macht Stehende tun, um der Spiritualität, der Gegenwart Gottes in unserem Herzen neue Kraft zu verleihen, sei es um die Strukturen der Kirche zu reinigen, sei es auch um zu helfen, die gesellschaftlichen Strukturen zu reinigen.

Wenn Sie sich an Europa wenden, sprechen Sie oft von einem Horizont, aus dem Gott zu verschwinden scheint. In Afrika ist es nicht so, aber es gibt dort eine aggressive Präsenz der Sekten, es gibt die traditionellen afrikanischen Religionen. Was ist das Besondere der Botschaft der katholischen Kirche, die Sie in diesem Kontext übermitteln wollen?

Nun, zunächst sehen wir alle, daß sich das Problem des Atheismus in Afrika fast gar nicht stellt, weil die Wirklichkeit Gottes in den Herzen der Afrikaner so präsent, so real ist, daß nicht an Gott zu glauben, ohne Gott zu leben, nicht als Versuchung auftritt. Es ist wahr, daß es auch die Probleme der Sekten gibt: Wir verkünden nicht, wie es einige von ihnen tun, ein Evangelium der Prosperität, sondern einen christlichen Realismus; wir verkünden keine Wunder, wie es einige tun, sondern die Nüchternheit des christlichen Lebens. Wir sind überzeugt, daß all diese Nüchternheit, dieser Realismus, der einen Gott verkündet, der Mensch geworden ist – also einen zutiefst menschlichen Gott, einen Gott, der leidet, auch mit uns, unserem Leiden einen Sinn gibt –, eine Verkündigung mit einem weiteren Horizont ist, die mehr Zukunft besitzt. Und wir wissen, daß diese Sekten nicht sehr beständig sind: Für den Augenblick kann die Ankündigung des Wohlstands, der Wunderheilungen usw. gut tun, aber nach einiger Zeit sieht man, daß das Leben schwierig ist, daß ein menschlicher Gott, ein Gott, der mit uns leidet, überzeugender, wahrer ist und eine größere Hilfe für das Leben bietet. Es ist auch wichtig, daß wir die Struktur der katholischen Kirche haben. Wir verkünden nicht eine kleine Gruppe, die sich nach einer gewissen Zeit isoliert und verliert, sondern wir treten ein in dieses universale Netz der Katholizität, das nicht nur überzeitlich, sondern gegenwärtig ist – vor allem als ein großes Netz der Freundschaft, das uns eint und uns auch hilft, den Individualismus zu überwinden, um diese Einheit in der Verschiedenheit zu erreichen, die die wahre Verheißung ist.

Heiligkeit, unter den vielen Übeln, die Afrika heimsuchen, ist insbesondere auch das der Verbreitung von Aids. Die Position der katholischen Kirche in bezug auf die Art und Weise, dagegen anzukämpfen, wird oft als unrealistisch und unwirksam betrachtet. Werden Sie auf Ihrer Reise über dieses Thema sprechen?

Ich würde das Gegenteil behaupten. Ich denke, daß die wirksamste, am meisten präsente Realität im Kampf gegen Aids gerade die katholische Kirche mit ihren Bewegungen und verschiedenen Strukturen ist. Ich denke an die Gemeinschaft Sant'Egidio, die im Kampf gegen Aids so viel tut – sichtbar und auch im Verborgenen –, ich denke an die Kamillianer, an viele andere Dinge, an all die Ordensschwestern, die sich um die Kranken kümmern … Ich würde sagen, daß man das Aidsproblem nicht nur mit Geld lösen kann, das zwar auch notwendig ist. Aber wenn die Seele nicht beteiligt ist, wenn die Afrikaner nicht mithelfen *(indem sie eigene Verantwortung übernehmen)*, kann man es mit der Verteilung von Präservativen nicht bewältigen. Im Gegenteil, sie vergrößern das Problem. Die Lösung kann nur in einem zweifachen Bemühen gefunden werden: erstens in einer Humanisierung der Sexualität, das heißt in einer spirituellen und menschlichen Erneuerung, die eine neue Verhaltensweise im gegenseitigen Umgang mit sich bringt; und zweitens in einer wahren Freundschaft auch und vor allem zu den Leidenden, in einer Verfügbarkeit, auch mit Opfern und persönlichem Verzicht an der Seite der Leidenden zu sein. Das sind die Faktoren, die helfen und sichtbare Fortschritte bringen. Deshalb würde ich sagen, es geht um diese unsere doppelte Kraft, einmal den Menschen von innen her zu erneuern, ihm spirituelle und menschliche Kraft zu geben für ein rechtes Verhalten zu seinem eigenen Leib und dem des anderen, und dann diese Fähigkeit mit den Leidenden zu leiden, in Situationen innerer Prüfung präsent zu bleiben. Mir scheint das die richtige Antwort zu sein, und die Kirche tut dies und leistet so einen sehr großen und wichtigen Beitrag. Danken wir all denen, die dies tun.

Heiligkeit, welche Zeichen der Hoffnung sieht die Kirche auf dem afrikanischen Kontinent? Und: Glauben Sie, daß Sie eine Botschaft der Hoffnung an Afrika richten können?

Unser Glaube ist Hoffnung per definitionem: Das sagt die Heilige Schrift. Und deshalb ist der, der den Glauben bringt, auch davon überzeugt, daß er Hoffnung bringt. Mir scheint, daß es trotz all der Probleme, die wir gut kennen, große Zeichen der Hoffnung gibt. Neue Regierungen, neue Bereitschaft zur Zusammenarbeit, Kampf gegen Korruption – ein großes Übel, das überwunden werden muß! – und auch die Öffnung der traditionellen Religionen für das Christentum, denn in den traditionellen Religionen erkennen alle einen Gott an, den einen Gott, aber er scheint etwas weit weg zu sein. Sie erwarten, daß er sich nähert. In der Verkündigung des menschgewordenen Gottes erkennen sie sich wieder: Gott hat sich wirklich genähert. Dann hat die katholische Kirche auch vieles gemeinsam: Sagen wir, der Ahnenkult findet seine Entsprechung in der Gemeinschaft der Heiligen, dem Fegefeuer. Die Heiligen sind nicht nur diejenigen, die heiliggesprochen worden sind, sondern all unsere Verstorbenen. Und so verwirklicht sich im Leib Christi auch das, was der Ahnenkult nur erahnte. Und so weiter. So gibt es eine tiefe Begegnung, die wirklich Anlaß zur Hoffnung gibt. Und auch der interreligiöse Dialog wächst. Ich habe jetzt mit mehr als der Hälfte der afrikanischen Bischöfe gesprochen, und die Beziehungen mit den Muslimen sind trotz der Probleme, die auftreten können, sehr vielversprechend, haben sie mir gesagt: Der Dialog wächst in der gegenseitigen Achtung und der Zusammenarbeit in der gemeinsamen ethischen Verantwortung. Und im übrigen wächst auch dieser Sinn für die Katholizität, der hilft, den Tribalismus zu überwinden – eines der großen Probleme –, und daraus entspringt die Freude, Christ zu sein. Ein Problem der traditionellen Religionen ist die Angst vor den

Geistern. Einer der afrikanischen Bischöfe hat mir gesagt: Jemand hat sich wirklich zum Christentum bekehrt, jemand ist ganz Christ geworden, wenn er weiß, daß Christus wirklich stärker ist. Es gibt keine Angst mehr. Und auch dies ist ein Phänomen, das weiter zunimmt. So würde ich sagen, daß es trotz vieler Aspekte und Probleme, die nicht fehlen, die spirituellen, wirtschaftlichen und menschlichen Kräfte wachsen, die uns Hoffnung geben, und ich möchte eben diese Elemente der Hoffnung ins Licht rücken.

LERNEN WIR VONEINANDER!

Eure Heiligkeit, diese Reise findet in einer für den Nahen Osten sehr schwierigen Zeit statt: Es gibt große Spannungen – während der Gaza-Krise dachte man auch, daß Sie vielleicht auf die Reise verzichten würden. Darüber hinaus werden wenige Tage nach Ihrer Reise die wichtigsten politischen Verantwortungsträger Israels und der Palästinensischen Autonomiegebiete mit Präsident Obama zusammentreffen. Glauben Sie, daß Sie einen Beitrag zum Friedensprozeß leisten können, der gegenwärtig zu stocken scheint?

Guten Tag! Zuallererst möchte ich Ihnen für die Arbeit danken, die Sie tun. Wir wünschen uns alle gemeinsam eine gute Reise, eine gute Pilgerfahrt, eine gute Rückkehr. Zur Frage: Sicherlich möchte ich zum Frieden beitragen, nicht als Einzelperson, sondern im Namen der katholischen Kirche, des Heiligen Stuhls. Wir sind keine politische Macht, sondern eine geistliche Kraft, und diese geistliche Kraft ist eine Realität, die zu Fortschritten im Friedensprozeß beitragen kann. Ich sehe drei Ebenen. Die erste: Als Gläubige sind wir überzeugt, daß das Gebet eine echte Kraft ist: Es öffnet die Welt für Gott. Wir sind überzeugt, daß Gott uns hört und daß er in der Geschichte handeln kann. Ich denke, wenn Millionen Menschen, Millionen Gläubige beten, ist es wirklich eine Kraft, die einen Einfluß hat und dazu beitragen kann, daß es im Frieden Fortschritte gibt. Die zweite Ebene: Wir wollen Hilfestellung geben bei der Gewissensbildung. Das Gewissen ist die Fähigkeit des Menschen, die Wahrheit zu erkennen, aber diese Fähigkeit wird oft durch Einzelinteressen behindert. Und von diesen Einzelinteressen zu befreien und dabei mehr für die

Interview auf dem Flug nach Amman, 8. Mai 2009.

Wahrheit, für die wahren Werte offen zu werden, ist eine große Aufgabe: Es ist eine Aufgabe der Kirche, zu helfen, die echten Kriterien, die wahren Werte zu kennen und uns von den Einzelinteressen zu befreien. Und so – das ist die dritte Ebene – sprechen wir auch – genau so ist es! – zur Vernunft: Gerade weil wir politisch unparteiisch sind, können wir vielleicht leichter, auch im Licht des Glaubens, die wahren Kriterien erkennen, verstehen helfen, was zum Frieden beiträgt und die Vernunft ansprechen, wirklich vernünftige Positionen unterstützen. Das haben wir bereits in der Vergangenheit getan und das wollen wir auch jetzt und in Zukunft tun.

Als Theologe haben Sie in besonderer Weise über die gemeinsame Wurzel nachgedacht, die Christen und Juden verbindet. Warum gibt es trotz der Bemühungen um einen Dialog oft Anlässe zu Mißverständnissen? Wie sehen Sie die Zukunft des Dialogs zwischen den beiden Gemeinschaften?

Es ist wichtig, daß wir wirklich dieselbe Wurzel haben, dieselben Bücher des Alten Testaments, die – sowohl für die Juden als auch für uns – Buch der Offenbarung sind. Aber natürlich darf man sich nach 2000 Jahren unterschiedlicher, ja sogar getrennter Geschichte nicht darüber wundern, daß es Mißverständnisse gibt, weil sich sehr unterschiedliche Traditionen der Interpretation, der Ausdrucksweise, der Gedankenwelt gebildet haben, sozusagen ein sehr andersartiger »semantischer Kosmos«, so daß dieselben Worte auf beiden Seiten Verschiedenes bedeuten; und durch diesen Gebrauch von Worten, die im Lauf der Geschichte unterschiedliche Bedeutungen ausgebildet haben, entstehen offensichtlich Mißverständnisse. Wir müssen alles tun, um die Sprache des anderen zu erlernen, und mir scheint, wir machen darin große Fortschritte. Heute haben wir die Möglichkeit, daß die jungen Menschen, die zukünftigen Theologieprofessoren, in Jerusalem studieren können, an der Hebräischen Universität, und die Juden haben akademische Kontakte zu uns: So kommt es zu einer Begegnung dieser unterschiedlichen »semantischen Kosmen«. Lernen wir voneinander und gehen wir voran auf dem Weg des wahren Dialogs, lernen wir einer vom anderen, und ich bin sicher und überzeugt, daß wir Fortschritte machen werden. Und das wird auch dem Frieden helfen, mehr noch, der gegenseitigen Liebe.

Diese Reise hat zwei grundlegende Dimensionen des interreligiösen Dialogs: mit dem Islam und dem Judentum. Sind das zwei vollkommen voneinander getrennte Richtungen, oder wird es auch eine gemeinsame Botschaft geben, welche die drei Religionen betrifft, die sich auf Abraham berufen?

Sicherlich gibt es auch eine gemeinsame Botschaft, und es wird Gelegenheit geben, sie hervorzuheben. Trotz der unterschiedlichen Ursprünge haben wir gemeinsame Wurzeln, weil, wie ich schon gesagt habe, das Christentum aus dem Alten Testament hervorgeht, und die Schriften des Neuen Testaments gäbe es nicht ohne das Alte Testament, denn sie beziehen sich ständig auf »die Schrift«, das heißt das Alte Testament. Aber auch der Islam entstand in einem Umfeld, in dem sowohl das Judentum als auch die unterschiedlichen Zweige des Christentums – das Judenchristentum, das antiochenische Christentum, das byzantinische Christentum – präsent waren. All diese Umstände spiegeln sich in der Überlieferung des Korans wider, so daß wir von den Ursprüngen her und auch im Glauben an den einen Gott sehr viel gemeinsam haben. Deshalb ist es wichtig, auf der einen Seite einen bilateralen Dialog zu pflegen – mit dem Judentum sowie mit dem Islam – und dann auch den trilateralen Dialog. Ich selbst bin Mitbegründer einer Stiftung für den Dialog zwischen den drei Religionen, damals haben wir zusammengearbeitet mit Persönlichkeiten wie Metropolit Damaskinos und dem Oberrabbiner von Frankreich, René Samuel Sirat. Diese Stiftung hat auch die Bücher der drei Religionen herausgegeben: den Koran, das Neue Testament und das Alte Testament. Der trilaterale Dialog muß also weitergehen, und er ist äußerst wichtig für den Frieden und auch damit, sagen wir es einmal so, jeder die eigene Religion gut zu leben versteht.

Sie haben oft auf das Problem der abnehmenden Zahl der Christen im Nahen Osten und insbesondere im Heiligen Land hingewiesen. Es ist ein Phänomen mit verschiedenen Ursachen im politischen, wirtschaftlichen und sozialen Bereich. Was kann man konkret tun, um die christliche Präsenz in der Region zu unterstützen? Welchen Beitrag hoffen Sie mit Ihrer Reise zu leisten? Gibt es in Zukunft für diese Christen eine Hoffnung? Haben Sie auch eine besondere Botschaft für die Christen aus Gaza, die nach Bethlehem kommen werden, um Ihnen zu begegnen?

Sicher gibt es Hoffnung, denn es handelt sich jetzt, wie Sie bereits gesagt haben, um einen schwierigen Augenblick, aber es ist auch ein Moment der Hoffnung, des Neuanfangs, eines neuen Impulses auf dem Weg zum Frieden. Wir wollen die Christen im Heiligen Land und im ganzen Nahen Osten vor allem ermutigen, zu bleiben, in ihren Herkunftsländern ihren Beitrag zu leisten: sie sind ein wichtiger Teil der Kultur und des Lebens in diesen Regionen. Konkret hat die Kirche über die Worte der Ermutigung und das gemeinsame Gebet hinaus vor allem Schulen und Krankenhäuser. So sind wir dort mit ganz konkreten Einrichtungen vertreten. Unsere Schulen bilden eine Generation aus, die die Möglichkeit haben wird, im heutigen Leben, im öffentlichen Leben präsent zu sein. Wir sind dabei, eine katholische Universität in Jordanien aufzubauen. Dies scheint mir eine großartige Perspektive zu sein, wo junge Menschen – sowohl Muslime als auch Christen – einander begegnen, gemeinsam lernen, wo eine christliche Elite ausgebildet wird, die bereit und fähig ist, für den Frieden zu wirken. Generell sind unsere Schulen ein sehr wichtiges Moment, um den Christen eine Zukunft zu eröffnen, und die Krankenhäuser zeigen unsere Präsenz. Außerdem gibt es viele christliche Vereinigungen, die auf unterschiedliche Weise den Christen helfen und sie mit konkreten Hilfen zum Bleiben ermutigen. So hoffe ich, daß die Christen wirklich den Mut, die Demut und die Geduld finden können, in diesen Ländern zu bleiben und ihren Beitrag zur Zukunft dieser Länder zu leisten.

HÄTTEST DU JE GEDACHT,
DASS DU EINMAL PAPST WIRST?

*Glaubst du, daß die verschiedenen Kulturen eines Tages im Namen
Jesu zusammenleben können, ohne zu streiten?*

Ich habe verstanden, daß ihr wissen wollt, wie es uns als Kindern gelungen ist, uns gegenseitig zu helfen. Dazu muß ich
sagen, daß ich die Grundschuljahre in einem kleinen Ort mit
400 Einwohnern verbracht habe, weit weg von den großen
Städten. Wir waren also ganz einfache Kinder, und in diesem
Ort gab es einerseits sehr reiche Landwirte, und auch andere, die nicht so reich waren, aber doch über einen gewissen
Wohlstand verfügten, und auf der anderen Seite arme Ange-
stellte, Handwerker. Unsere Familie war kurz vor Beginn der
Grundschulzeit aus einem anderen Dorf dort angekommen,
deshalb waren wir ein bißchen fremd für sie, auch der Dialekt
war anders. In dieser Schule spiegelten sich also sehr verschiedene soziale Situationen wider. Trotzdem gab es unter uns
eine sehr schöne Gemeinschaft. Sie haben mir ihren Dialekt
beigebracht, den ich noch nicht kannte. Wir haben gut zusammengearbeitet, und ich muß sagen, daß wir manchmal
natürlich auch gestritten haben. Aber anschließend haben wir
uns versöhnt und haben vergessen, was geschehen war.

Das scheint mir wichtig zu sein. Manchmal scheint es im
Leben unausweichlich zu sein, daß man miteinander streitet;
aber wichtig bleibt dennoch die Kunst, sich zu versöhnen, die
Vergebung zu suchen, neu anzufangen und keine Bitternis im
Herzen zu behalten. Dankbar erinnere ich mich daran, wie

Begegnung mit den Kindern des Päpstlichen Kindermissionswerkes,
Audienzhalle, 30. Mai 2009.

wir alle zusammengearbeitet haben: einer half dem anderen, und wir gingen zusammen unseren Weg. Wir waren alle katholisch, und das war natürlich eine große Hilfe. So haben wir gemeinsam die Bibel kennengelernt, angefangen von der Schöpfung bis zum Opfer Jesu am Kreuz und dann auch die Anfänge der Kirche. Wir haben zusammen den Katechismus gelernt, wir haben zusammen beten gelernt, wir haben uns zusammen auf die erste Beichte vorbereitet, auf die erste heilige Kommunion: das war ein wunderbarer Tag. Wir haben verstanden, daß Jesus selbst zu uns kommt und daß er kein weit entfernter Gott ist: er kommt in mein eigenes Leben, in meine Seele. Und wenn derselbe Jesus zu jedem von uns kommt, sind wir Brüder, Schwestern, Freunde und müssen uns auch so verhalten.

Für uns waren diese Vorbereitungen – sowohl auf die erste Beichte als Reinigung unseres Gewissens, unseres Lebens, und dann auch auf die erste heilige Kommunion als konkrete Begegnung mit Jesus, der zu mir kommt, der zu uns allen kommt – Faktoren, die dazu beigetragen haben, unsere Gemeinschaft zu formen. Sie haben uns geholfen, gemeinsam voranzugehen, zusammen zu lernen, uns zu versöhnen, wenn dies nötig war. Wir haben auch kleine Theaterstücke aufgeführt: Es ist auch wichtig zusammenzuarbeiten, aufmerksam füreinander zu sein. Dann bin ich mit acht oder neun Jahren Meßdiener geworden. Damals gab es noch keine Meßdienerinnen, aber die Mädchen lasen besser als wir. Sie trugen also in der Messe die Lesungen vor, und wir waren Ministranten. Zu jener Zeit gab es noch viele lateinische Texte, die man auswendiglernen mußte, so mußte sich jeder Mühe geben. Wie ich bereits gesagt habe, waren wir keine Heiligen. Wir haben uns auch gestritten, aber dennoch gab es eine schöne Gemeinschaft, wo die Unterschiede zwischen reich und arm, zwischen intelligent und weniger intelligent nicht zählten. Es war Gemeinschaft mit Jesus auf dem gemeinsamen Glaubensweg und in gemeinsamer Verantwortung, beim Spielen und beim Arbeiten. Wir haben die Fähigkeit gefunden zusammenzuleben, Freunde zu sein und obwohl ich seit 1937, das heißt seit mehr als 70 Jahren, nicht mehr in diesem Dorf war, sind wir immer Freunde geblieben. Wir haben also gelernt, einander anzunehmen, einer die Last des anderen zu tragen.

Das scheint mir wichtig: Trotz unserer Schwächen nehmen wir einander an, und mit Jesus, mit der Kirche finden wir gemeinsam den Weg des Friedens und lernen, recht zu leben.

Lieber Papst Benedikt, hättest du je gedacht, daß du einmal Papst wirst?

Um die Wahrheit zu sagen, ich hätte nie gedacht, daß ich einmal Papst werde. Denn, wie ich schon gesagt habe, war ich ein recht einfacher Junge in einem kleinen Dorf weit weg von den großen Zentren, in der vergessenen Provinz. Wir waren glücklich, auf dem Land zu sein, und dachten nicht an andere Dinge. Natürlich haben wir den Papst – damals war es Pius XI. – gekannt, verehrt und geliebt, aber für uns war er in unerreichbarer Höhe, fast in einer anderen Welt: er war für uns ein Vater, aber doch in einer Wirklichkeit, die uns alle weit überstieg. Und ich muß sagen, noch heute fällt es mir schwer, zu verstehen, warum der Herr an mich denken konnte, warum er mich für dieses Amt bestimmt hat. Aber ich nehme es aus seinen Händen an, auch wenn es erstaunlich ist und weit über meine Kräfte zu gehen scheint. Aber der Herr hilft mir.

Lieber Papst Benedikt, du bist der erste Missionar. Wie können wir Kinder dir helfen, das Evangelium zu verkünden?

Ich würde sagen, eine erste Möglichkeit besteht darin, mit dem Päpstlichen Kindermissionswerk zusammenzuarbeiten. So seid ihr Teil einer großen Familie, die das Evangelium in die Welt trägt. So seid ihr Teil eines großen Netzwerks. Jetzt sehen wir, wie sich hier die Familie der verschiedenen Völker widerspiegelt. Ihr gehört zu dieser großen Familie: Jeder trägt seinen Teil dazu bei, und gemeinsam seid ihr Missionare, Teil der Missionstätigkeit der Kirche. Ihr habt ein schönes Programm, das eure Sprecherin bereits aufgezeigt hat: zuhören, beten, kennenlernen, teilen, solidarisch sein. Das sind die wesentlichen Elemente, die wirklich eine Art und Weise sind, missionarisch zu sein, zum Wachstum der Kirche und der Gegenwart des Evangeliums in der Welt beizutragen. Einige dieser Punkt möchte ich besonders hervorheben.

Vor allem das Beten. Das Gebet ist eine Wirklichkeit: Gott hört uns, und wenn wir beten, tritt Gott in unser Leben ein, wird gegenwärtig unter uns und handelt. Beten ist etwas sehr Wichtiges, das die Welt verändern kann, weil es die Kraft Gottes gegenwärtig macht. Und es ist wichtig, im Gebet einander zu helfen: beten wir gemeinsam in der Liturgie, beten wir gemeinsam in der Familie. Und hier meine ich, daß es wichtig ist, den Tag mit einem kleinen Gebet zu beginnen und dann auch den Tag mit einem kleinen Gebet zu beenden: für die Eltern beten, vor dem Mittag- und dem Abendessen beten, und bei der gemeinsamen Sonntagsfeier. Ein Sonntag ohne die heilige Messe, das große gemeinschaftliche Gebet der Kirche, ist kein echter Sonntag: Es fehlt das Herz des Sonntags und damit auch das Licht für die ganze Woche. Und ihr könnt auch den anderen helfen – besonders wo man vielleicht zu Hause nicht betet, das Gebet nicht kennt –, ihr könnt andere lehren zu beten: ihr könnt mit ihnen beten und so andere zur Gemeinschaft mit Gott führen.

Dann das Hören, das heißt: wirklich zu verstehen, was Jesus uns sagt. Und auch die Heilige Schrift, die Bibel kennen. Durch die Geschichte Jesu lernen wir das Antlitz Gottes kennen, wir erfahren, wie Gott ist. Es ist wichtig, Jesus tief und persönlich zu kennen. So tritt er in unser Leben ein und durch unser Leben in die Welt.

Und auch das Teilen: die Dinge nicht nur für sich selbst haben wollen, sondern für alle; mit den anderen teilen. Und wenn wir jemanden sehen, der etwas braucht, der weniger hat, müssen wir ihm helfen und so die Liebe Gottes ohne große Worte gegenwärtig machen in unserer eigenen kleinen Welt, die ein Teil der großen Welt ist. Und so werden wir gemeinsam eine Familie, wo einer den anderen achtet: den anderen annehmen in seinem Anders-Sein, auch die Unsympathischen akzeptieren, nicht zulassen, daß einer an den Rand gedrängt wird, sondern ihm helfen, sich in die Gemeinschaft einzufügen. Das alles bedeutet einfach, in der großen Familie der Kirche zu leben, in dieser großen missionarischen Familie. Die wesentlichen Punkte zu leben – das Teilen, das Kennenlernen Jesu, das Gebet, das einander Zuhören und die Solidarität – ist ein missionarisches Werk, denn es trägt dazu bei, daß das Evangelium in unserer Welt Wirklichkeit wird.

FREIHEIT UND WAHRHEIT
GEHÖREN ZUSAMMEN

Wie Sie gesagt haben, befindet sich die Tschechische Republik nicht nur geographisch, sondern auch historisch im Herzen Europas. Könnten Sie uns dieses »historisch« ein wenig erläutern und uns sagen, warum Sie glauben, daß dieser Besuch bedeutsam sein kann für den Kontinent in seiner Gesamtheit, für seinen kulturellen, geistigen und vielleicht auch politischen Weg des Aufbaus der Europäischen Union?

In allen Jahrhunderten war die Tschechische Republik, das Territorium der Tschechischen Republik ein Ort der Begegnung der Kulturen. Beginnen wir im 9. Jahrhundert: Auf der einen Seite, in Mähren, haben wir die große Mission der Brüder Cyrill und Methodius, die aus Byzanz die byzantinische Kultur bringen, aber eine slawische Kultur schaffen mit kyrillischen Schriftzeichen und einer Liturgie in slawischer Sprache; auf der anderen Seite, in Böhmen, befinden sich die benachbarten Diözesen Regensburg und Passau, die das Evangelium zusammen mit der römisch-lateinischen Kultur in lateinischer Sprache bringen; so begegnen sich die beiden Kulturen. Jede Begegnung ist schwierig, aber auch fruchtbar. Das könnte man an diesem Beispiel leicht zeigen. Ich mache einen großen zeitlichen Sprung: Im 14. Jahrhundert ist es Karl IV., der hier in Prag die erste Universität in Mitteleuropa gründet. Die Universität ist an sich ein Ort der Begegnung der Kulturen; in diesem Fall wird sie außerdem zu einem Ort der Begegnung zwischen slawischer und deutschsprachiger

Interview auf dem Flug in die Tschechische Republik, 26. September 2009.

Kultur. Daß im Jahrhundert und in den Zeiten der Reformation gerade in diesem Territorium die Begegnungen und Auseinandersetzungen entschieden und heftig waren, wissen wir alle. Jetzt mache ich einen Sprung in unsere Gegenwart: Im vergangenen Jahrhundert hat die Tschechische Republik unter einer besonders unerbittlichen kommunistischen Diktatur gelitten, aber es gab sowohl eine katholische als auch eine säkulare Widerstandsbewegung auf sehr hohem Niveau. Ich denke an die Texte von Vaclav Havel, von Kardinal Vlk, an Persönlichkeiten wie Kardinal Tomášek, die Europa wirklich eine Botschaft übermittelt haben, von dem, was Freiheit ist, und wie wir in Freiheit leben und arbeiten müssen. Und ich denke, daß aus dieser Begegnung der Kulturen in den Jahrhunderten und gerade aus dieser letzten Phase nicht nur der Reflexion, sondern auch des Leidens für einen neuen Begriff von Freiheit und einer freien Gesellschaft, zahlreiche wichtige Botschaften an uns ergehen, die für den Aufbau Europas fruchtbar werden können und müssen. Wir müssen gerade der Botschaft dieses Landes sehr große Aufmerksamkeit schenken.

Mittlerweile sind 20 Jahre vergangen seit dem Fall der kommunistischen Regime in Osteuropa. Johannes Paul II. hat bei seinen Besuchen in verschiedenen Ländern, die gerade den Kommunismus überstanden hatten, gemahnt, die wiedergewonnene Freiheit verantwortungsvoll zu nutzen. Welche Botschaft haben Sie heute für die Völker Osteuropas in diesem neuen Abschnitt der Geschichte?

Wie ich bereits gesagt habe, haben diese Länder unter der Diktatur besonders gelitten; aber im Leiden sind auch Freiheitsbegriffe gereift, die aktuell sind und jetzt weiter ausgearbeitet und verwirklicht werden müssen. Ich denke zum Beispiel an einen Text von Vaclav Havel, wo er sagt: »Die Diktatur ist auf die Lüge gegründet, und wenn man die Lüge überwinden würde, wenn keiner mehr lügen würde und die Wahrheit ans Licht käme, dann wäre auch die Freiheit da.« Und so hat er diese Beziehung zwischen Wahrheit und Freiheit ausgearbeitet, wo Freiheit nicht Libertinismus oder Willkür ist, sondern mit den hohen Werten der Wahrheit, der Liebe, der Solidarität und des Guten im allgemeinen verbunden ist und von ihnen bedingt wird. So denke ich, daß diese Begriffe, diese Ideen, die in der Zeit der Diktatur gereift sind, nicht verlorengehen dürfen: Gerade jetzt müssen wir zu ihnen zurückkehren! Und wir müssen in der oft ein wenig leeren Freiheit ohne Werte von neuem erkennen, daß Freiheit und Werte, Freiheit und das Gute, Freiheit und Wahrheit zusammengehören: sonst wird auch die Freiheit zerstört. Das scheint mir die Botschaft zu sein, die aus diesen Ländern kommt und die in diesem Moment aktualisiert werden muß.

Die Tschechische Republik ist ein sehr stark säkularisiertes Land, in dem die katholische Kirche eine Minderheit ist. Wie kann die Kirche in einer solchen Situation wirksam zum Gemeinwohl des Landes beitragen?

Ich würde sagen, normalerweise sind es die kreativen Minderheiten, die entscheidend sind für die Zukunft, und in diesem Sinn muß sich die katholische Kirche als kreative Minderheit verstehen, die ein Erbe an Werten besitzt, die nicht überholt, sondern eine sehr lebendige und aktuelle Wirklichkeit sind. Die Kirche muß sie aktualisieren, sie muß in der politischen Debatte, in unserem Ringen um einen wahren Begriff von Freiheit und Frieden gegenwärtig sein. So kann sie in verschiedenen Bereichen ihren Beitrag leisten. Ich würde sagen, der erste ist gerade der intellektuelle Dialog zwischen Agnostikern und Gläubigen. Jeder braucht den anderen: Der Agnostiker kann sich nicht damit zufrieden geben, nicht zu wissen, ob Gott existiert oder nicht, sondern er muß auf der Suche sein und das große Erbe des Glaubens hören; der Katholik kann nicht damit zufrieden sein, den Glauben zu haben, sondern er muß auf der Suche nach Gott sein, noch tiefer, und im Dialog mit den anderen muß er Gott in tieferer Weise wieder neu kennenlernen. Das ist die erste Ebene: der große intellektuelle, ethische und menschliche Dialog. Dann hat die Kirche im Bereich der Erziehung sehr viel zu tun und zu geben, was die Ausbildung betrifft. In Italien sprechen wir von dem Problem des Erziehungsnotstandes. Es ist ein Problem, das dem ganzen Westen gemeinsam ist: Hier muß die Kirche ihr großes Erbe von neuem aktualisieren, konkretisieren, auf die Zukunft öffnen. Ein dritter Bereich ist die »Caritas«. Es war immer ein Zeichen der Identität der Kirche: den Armen zu Hilfe zu kommen, ein Instrument der Nächstenliebe zu sein. Die »Caritas« in der Tschechischen Republik tut sehr viel in den verschiedenen Gemeinschaften, in Notsituationen, und sie gibt auch der leidenden Menschheit in den verschiedenen Kontinenten sehr viel. So gibt sie ein Beispiel der Verantwortlichkeit gegenüber den anderen, der internationalen Solidarität, die auch eine Voraussetzung für den Frieden ist.

Ihre letzte Enzyklika Caritas in veritate *hat in der Welt ein großes Echo hervorgerufen. Wie bewerten Sie dieses Echo? Sind Sie damit zufrieden? Meinen Sie, daß die kürzliche weltweite Krise wirklich ein Anlaß dafür sein kann, daß die Menschheit bereiter ist, über die Wichtigkeit der moralischen und spirituellen Werte nachzudenken, um ihre großen Zukunftsfragen anzugehen? Und wird die Kirche auch weiterhin Orientierung in dieser Richtung anbieten?*

Ich bin sehr zufrieden über diese große Diskussion. Das war genau der Zweck: eine Diskussion über diese Probleme anzuregen und zu bewirken, die Dinge nicht so laufen zu lassen, wie sie sind, sondern neue Modelle für eine verantwortliche Wirtschaft zu finden, sowohl für die einzelnen Länder als auch die vereinte Menschheit als ganze. Mir scheint heute wirklich sichtbar zu sein, daß die Ethik nicht etwas ist, was außerhalb der Wirtschaft liegt, die wie eine Technik auch allein funktionieren könnte, sondern daß sie ein inneres Prinzip der Wirtschaft ist, die nicht funktioniert, wenn sie nicht die menschlichen Werte der Solidarität, der gegenseitigen Verantwortlichkeit berücksichtigt und wenn sie die Ethik nicht in den Aufbau der Wirtschaft selbst integriert: das ist die große Herausforderung dieses Augenblicks. Ich hoffe mit der Enzyklika zu dieser Herausforderung beigetragen zu haben. Die gegenwärtige Debatte scheint mir ermutigend zu sein. Sicherlich wollen wir weiterhin auf die Herausforderungen des Augenblicks antworten und unseren Beitrag leisten, damit das Verantwortungsbewußtsein größer ist als die Suche nach Profit, damit die Verantwortlichkeit gegenüber den anderen stärker ist als der Egoismus; in diesem Sinn wollen wir auch in Zukunft zu einer menschlichen Wirtschaft beitragen.

Und zum Abschluß eine etwas persönlichere Frage: Im Sommer hatten Sie diese kleine Verletzung am Handgelenk. Ist dies jetzt wieder ganz in Ordnung? Konnten Sie ihre Aktivitäten wieder voll aufnehmen und auch am zweiten Teil Ihres Buches über Jesus schreiben, wie Sie es sich vorgenommen hatten?

Es ist noch nicht ganz wie zuvor, aber Sie sehen, daß die rechte Hand ihre Funktion erfüllt, und das Wichtigste kann ich tun: ich kann essen, und vor allem kann ich schreiben. Meine Gedanken entwickeln sich vor allem beim Schreiben; so war es für mich wirklich eine Last, eine Schule der Geduld, daß ich sechs Wochen nicht schreiben konnte. Dennoch konnte ich arbeiten, lesen, andere Dinge tun, und ich bin auch mit dem Buch ein bißchen weitergekommen. Aber ich habe noch sehr viel zu tun. Ich denke einschließlich der Bibliographie und allem, was noch folgt, könnte es – »Deo adiuvante« – im nächsten Frühjahr fertig sein. Das hoffe ich zumindest!

GOTT HAT FÜR JEDEN
MENSCHEN SEINEN PLAN

Heiliger Vater, der junge Mann aus dem Evangelium hat Jesus gefragt: Guter Meister, was muß ich tun, um das ewige Leben zu gewinnen? Ich weiß nicht einmal, was das ewige Leben ist. Ich kann es mir nicht vorstellen, aber eines weiß ich: Ich will mein Leben nicht wegwerfen, ich will es bis ins Letzte leben und nicht allein. Ich habe Angst, daß das nicht geschieht, ich habe Angst, nur an mich zu denken, alles falsch zu machen und am Ende ziellos in den Tag hinein zu leben. Ist es möglich, aus meinem Leben etwas Schönes und Großes zu machen?

Liebe Jugendliche, bevor ich auf die Frage antworte, möchte ich euch allen von Herzen für eure Anwesenheit danken, für dieses wunderbare Glaubenszeugnis, für das Zeugnis, daß ihr in Gemeinschaft mit Jesus leben wollt, für eure Begeisterung, Jesus nachzufolgen und gut zu leben. Danke!

Und jetzt zur Frage. Sie haben uns gesagt, daß Sie nicht wissen, was das ewige Leben ist und es sich nicht vorstellen können. Niemand von uns ist in der Lage, sich das ewige Leben vorzustellen, da es außerhalb unseres Erfahrungshorizontes liegt. Dennoch können wir beginnen zu verstehen, was das ewige Leben ist, und ich glaube, daß Sie uns mit Ihrer Frage eine Beschreibung dessen gegeben haben, was das Wesentliche des ewigen Lebens, also des wahren Lebens ist: das Leben nicht wegzuwerfen, es in der Tiefe zu leben, nicht für sich selbst zu leben, nicht in den Tag hinein zu leben, sondern das Leben wirklich in seinem Reichtum und in ganzer Fülle zu

Begegnung mit Jugendlichen aus Rom und Latium in Vorbereitung auf den Weltjugendtag, 25. März 2010.

leben. Wie kann man das tun? Das ist die große Frage, mit der auch der junge Mann aus dem Evangelium zum Herrn gekommen ist (vgl. Mk 10,17). Auf den ersten Blick erscheint die Antwort des Herrn sehr trocken. Im großen und ganzen sagt er: Beachte die Gebote (vgl. Mk 10,17). Aber wenn wir tief darüber nachdenken, wenn wir dem Herrn gut zuhören, im ganzen Evangelium, entdecken wir dahinter die große Weisheit Jesu, des Wortes Gottes. Einem anderen Wort Jesu zufolge sind die Gebote zusammengefaßt in diesem einen Gebot: Gott zu lieben mit ganzem Herzen, mit dem ganzen Verstand, mit dem ganzen Leben und den Nächsten zu lieben wie sich selbst. Gott zu lieben setzt voraus, Gott zu kennen, Gott zu erkennen. Das ist der erste Schritt, den wir tun müssen: Wir müssen versuchen, Gott kennenzulernen. Und so wissen wir, daß es unser Leben nicht aus Zufall gibt, daß es kein Zufall ist. Mein Leben ist von aller Ewigkeit her von Gott gewollt. Ich werde geliebt, ich bin notwendig. Gott hat einen Plan mit mir, der die ganze Geschichte betrifft; er hat einen Plan für mich persönlich. Mein Leben ist wichtig und auch notwendig. Die ewige Liebe hat mich im Tiefsten erschaffen und erwartet mich. Das also ist der erste Punkt: Gott zu erkennen, ihn kennenzulernen und so zu verstehen, daß das Leben ein Geschenk ist, daß es gut ist zu leben. Das Wesentliche ist auch die Liebe. Diesen Gott zu lieben, der mich erschaffen hat, der diese Welt erschaffen hat, der inmitten aller Schwierigkeiten des Menschen und der Geschichte herrscht und der mich begleitet. Und den Nächsten zu lieben.

Die Zehn Gebote, auf die Jesus in seiner Antwort verweist, sind nur eine Erläuterung des Liebesgebots. Es sind sozusagen Regeln der Liebe, die den Weg der Liebe aufzeigen. Die wesentlichen Punkte sind dabei: die Familie als Grundlage der Gesellschaft; das Leben, das als Geschenk Gottes geachtet werden muß; die Ordnung der Sexualität, der Beziehung zwischen Mann und Frau; die soziale Ordnung und schließlich die Wahrheit. Diese wesentlichen Elemente erläutern den Weg der Liebe, sie erläutern, wie man wirklich lieben und den rechten Weg finden kann. Es gibt also einen grundlegenden Willen Gottes für uns alle, der für uns alle gleich ist. Aber seine Durchführung ist in jedem Leben anders, denn Gott hat einen bestimmten Plan mit jedem Menschen. Der hl. Franz von Sales hat einmal gesagt: Die Vollkommenheit, also gut zu sein, den Glauben und die Liebe zu leben, ist im wesentlichen eine einzige, aber sie hat sehr unterschiedliche Formen. Die Heiligkeit eines Kartäusers und die eines Politikers, eines Wissenschaftlers oder eines Bauern und so weiter unterscheiden sich sehr voneinander. Und so hat Gott für jeden Menschen seinen Plan, und ich muß unter meinen Lebensumständen meinen Weg finden, diesen einen und gemeinsamen Willen Gottes zu leben, dessen große Regeln in diesen Erläuterungen der Liebe aufgezeigt werden. Man muß daher auch versuchen, das zu erfüllen, was das Wesen der Liebe ist: das Leben nicht für mich zu nehmen, sondern das Leben hinzugeben; nicht das Leben zu »haben«, sondern das Leben zu einem Geschenk zu machen, nicht mich selbst zu suchen, sondern den anderen zu geben. Das ist das Wesentliche, und es erfordert Verzicht, also aus mir herauszukommen und nicht mich selbst zu suchen. Und gerade indem ich nicht mich selbst suche, sondern mich den großen und wahren Dingen hingebe, finde ich das wahre Leben. So wird jeder in seinem Leben verschiedene Möglichkeiten finden: sich einzubringen als freiwilliger Helfer, in einer Gebetsgemeinschaft, in einer Bewegung, in seiner Pfarrei, in seinem Beruf. Meine Berufung zu finden und sie an jedem Ort zu leben ist wichtig und grundlegend, ob ich nun ein großer Wissenschaftler oder ein Bauer bin. Alles ist wichtig in den Augen Gottes: Es ist schön, wenn es bis ins Letzte gelebt wird mit jener Liebe, die wirklich die Welt erlöst.

Am Ende möchte ich eine kleine Geschichte erzählen von der hl. Josephine Bakhita, dieser jungen afrikanischen Heiligen, die in Italien Gott und Christus gefunden hat und die mich stets sehr beeindruckt. Sie war Ordensschwester in einem italienischen Konvent. Eines Tages besucht der Ortsbischof das Kloster, sieht diese kleine schwarze Schwester, von der er nichts gewußt zu haben scheint, und sagt: »Schwester, was tun Sie hier?« Und Bakhita antwortet: »Dasselbe wie sie, Exzellenz«. Sichtlich irritiert sagt der Bischof: »Aber Schwester, inwiefern tun Sie dasselbe wie ich?« »Ja«, sagt die Schwester, »wir wollen beide den Willen Gottes tun, nicht wahr?« Letztendlich ist das der wesentliche Punkt: mit Hilfe der Kirche, des Wortes Gottes und der Freunde den Willen Gottes zu erkennen, sowohl in seinen großen Grundzügen, die für alle Menschen gelten, als auch in den konkreten Umständen meines persönlichen Lebens. So wird das Leben vielleicht nicht zu einfach, aber schön und glücklich. Bitten wir den Herrn, daß er uns stets helfen möge, seinen Willen zu finden und ihm mit Freude zu folgen.

Das Evangelium sagt uns, daß Jesus jenen jungen Mann ansah und ihn liebte. Heiliger Vater, was bedeutet es, von Jesus liebevoll angesehen zu werden? Wie können auch wir heute diese Erfahrung machen? Ist es denn tatsächlich möglich, diese Erfahrung auch in unserem heutigen Leben zu machen?

Natürlich würde ich diese Frage bejahen, denn der Herr ist immer anwesend, und er sieht jeden von uns liebevoll an. Nur müssen wir diesen Blick finden und ihm begegnen. Wie sollen wir das tun? Ich würde sagen, daß wir, um Jesus zu begegnen und seine Liebe zu erfahren, ihn zunächst einmal kennenlernen müssen. Es gibt verschiedene Wege, um Jesus kennenzulernen. Eine erste Bedingung besteht darin, die Gestalt Jesu kennenzulernen wie sie uns in den Evangelien erscheint, die uns in den großen Gleichnissen ein sehr reiches Bild von der Gestalt Jesu vermitteln: Denken wir an den verlorenen Sohn, an den Samariter, an Lazarus und so weiter. In allen Gleichnissen, in all seinen Worten, in der Bergpredigt finden wir wirklich das Antlitz Jesu, das Antlitz Gottes bis hin zum Kreuz, wo er sich aus Liebe zu uns vollkommen hingibt bis zum Tod und am Ende sagen kann: Vater, in deine Hände lege ich mein Leben, meinen Geist (vgl. Lk 23,46).

Also: Jesus kennenlernen, betrachtend über ihn nachdenken, zusammen mit Freunden, mit der Kirche, ihn nicht nur auf akademische, theoretische Weise kennenlernen, sondern mit dem Herzen, also im Gebet mit Jesus sprechen. Man kann einen Menschen nicht auf dieselbe Weise kennenlernen wie man die Mathematik studieren kann. Für die Mathematik ist der Verstand notwendig und ausreichend, aber um eine Person, vor allem die große Person Jesu, Gott und Mensch, kennenzulernen, bedarf es zwar auch des Verstandes, aber gleichzeitig auch des Herzens. Nur wenn wir ihm unser Herz öffnen, wenn wir all das kennenlernen, was er gesagt und was er getan hat, wenn wir ihn lieben und auf ihn zugehen, können wir ihn allmählich immer besser kennenlernen und so auch die Erfahrung machen, geliebt zu werden. Also: das Wort Jesu anhören, es in der Gemeinschaft der Kirche, in ihrer großen Erfahrung anhören, und durch unser Gebet antworten, durch unser persönliches Gespräch mit Jesus, in dem wir ihm das mitteilen, was wir nicht verstehen können, unsere Nöte, unsere Fragen. Im wahren Gespräch können wir immer mehr den Weg der Erkenntnis finden, die zur Liebe wird. Natürlich gehört nicht nur das Nachdenken, nicht nur das Beten, sondern auch das Tun zum Weg zu Jesus: Gutes zu tun, sich um den Nächsten zu kümmern. Es gibt verschiedene Wege; jeder kennt seine eigenen Möglichkeiten, in der Pfarrei und in den Gemeinschaften, in denen er lebt, sich auch mit Christus und für die anderen einzusetzen, für die Lebenskraft der Kirche, damit der Glaube wirklich die prägende Kraft in unserem Umfelds und somit unserer Zeit ist. Ich würde also auf diese Elemente verweisen: zuhören, antworten, in die Gemeinschaft der Gläubigen eintreten, Gemeinschaft mit Christus in den Sakramenten, wo er sich uns hingibt, in der Eucharistie, in der Beichte und so weiter, und schließlich die Worte des Glaubens tun, sie umsetzen, damit sie zur Kraft meines Lebens werden und auch mir wirklich der Blick Jesu aufscheint und seine Liebe mir hilft, mich verwandelt.

Jesus lädt den reichen Jüngling ein, alles zu verlassen und ihm nachzufolgen, dieser aber ging traurig weg. Genau wie er habe ich Mühe, Jesus nachzufolgen, weil ich Angst habe, meine Dinge aufzugeben, und manchmal verlangt die Kirche einen schwierigen Verzicht von mir. Heiliger Vater, wie kann ich die Kraft finden, mutige Entscheidungen zu treffen, und wer kann mir helfen?

Beginnen wir mit diesem Wort, das für uns hart ist: Verzicht. Verzicht ist möglich, und er wird am Ende auch schön, wenn es ein Wofür gibt, und wenn dieses Wofür auch die Schwierigkeit des Verzichts rechtfertigt. Der hl. Paulus hat in diesem Zusammenhang das Bild von den Olympiaden gebraucht und von den Athleten, die an den Olympiaden teilnehmen (vgl. 1 Kor 9,24–25). Er sagt: Um am Ende die Medaille – zu jener Zeit den Siegeskranz – zu erringen, müssen sie eine sehr harte Disziplin üben, müssen auf viele Dinge verzichten, sich in ihrer Sportart üben; und sie bringen große Opfer und üben großen Verzicht, weil sie eine Motivation haben, für die es sich lohnt. Auch wenn sie am Ende vielleicht nicht unter den Siegern sind, so ist es dennoch eine schöne Sache, an sich selbst Disziplin geübt zu haben und in der Lage gewesen zu sein, diese Dinge mit einer gewissen Perfektion zu tun. Dasselbe was mit diesem Bild des hl. Paulus für die Olympiaden, für den ganzen Sport gilt, gilt ebenso für alle anderen Dinge des Lebens. Ein gutes Berufsleben kann man nicht ohne Verzicht erlangen, ohne eine entsprechende Ausbildung, die stets Disziplin erfordert, die erfordert, daß man auf etwas verzichtet – und so weiter, auch in der Kunst und in allen Bereichen des Lebens. Wir alle verstehen, daß wir, um ein Ziel zu erlangen – sei es im beruflichen, im sportlichen, im künstlerischen oder im kulturellen Bereich –, Verzicht üben und lernen müssen, um vorwärts zu schreiten. Gerade auch die Kunst zu leben, man selbst zu sein, die Kunst, Mensch zu sein, erfordert Verzicht. Und der wahre Verzicht, der uns hilft, den Weg des Lebens, die Kunst des Lebens zu finden, wird uns im Wort Gottes aufgezeigt und hilft uns, nicht in den Abgrund beispielsweise der Drogensucht, des Alkoholismus, der Sklaverei der Sexualität, der Sklaverei des Geldes, der Trägheit zu fallen. All diese Dinge scheinen im ersten Augenblick frei gewählte Handlungen zu sein. In Wirklichkeit sind es aber keine frei gewählten Handlungen, sondern der Beginn einer Sklaverei, die immer unüberwindlicher wird. Auf die Versuchung des Augenblicks verzichten zu können, fortzuschreiten auf das Gute hin, schafft die wahre Freiheit und macht das Leben kostbar. In diesem Sinne, so scheint mir, müssen

wir sehen, daß ohne ein »Nein« zu gewissen Dingen nicht das
große »Ja« zum wahren Leben wächst, wie wir es bei den Heiligen sehen. Denken wir an den hl. Franziskus, denken wir
an die Heiligen unserer Zeit, an Mutter Teresa, Don Gnocchi
und viele andere, die verzichtet haben und die gesiegt haben
und die nicht nur selbst frei geworden sind, sondern auch zum
Reichtum für die Welt, und die uns zeigen, wie man leben
kann. Auf die Frage: »Wer hilft mir?« würde ich also antworten, uns helfen die großen Gestalten der Kirchengeschichte,
uns hilft das Wort Gottes, uns hilft die Pfarrgemeinde, die
Bewegung, das Volontariat und so weiter. Und es helfen uns
die Freundschaften mit Menschen, die »vorwärtsschreiten«,
die auf dem Weg des Lebens schon Fortschritte gemacht haben und die mich überzeugen können, daß dies der richtige
Weg ist. Bitten wir den Herrn, daß er uns immer Freunde und
Gemeinschaften schenken möge, die uns helfen, den Weg des
Guten zu sehen und so das schöne und mit Freude erfüllte
Leben zu finden.

LIEBE FREUNDE, GUTEN TAG!

Der Heilige Vater hat die Fragen erhalten, die einige von Ihnen gestellt haben und die ein wenig die Erwartungen zum Ausdruck bringen, die wir alle am Beginn dieser Reise haben. Er wird uns einige Gedanken, einige Überlegungen auf der Grundlage dieser unserer Erwartungen vortragen. Wir werden diesmal nicht dem Frage-Antwort-Schema folgen, sondern wir wollen den Heiligen Vater von seiner Seite einige zusammenfassende Worte sagen lassen.

Liebe Freunde, guten Tag! Wünschen wir uns eine gute Reise ohne diese dunkle Wolke, die einen Teil Europas bedeckt.

Also, warum diese Reise nach Malta? Es gibt mehrere Gründe.

Der erste ist der heilige Paulus. Das Paulusjahr der Weltkirche ist vorbei, aber Malta begeht den 1950. Jahrestag des Schiffbruchs, und das ist für mich einmal mehr eine Gelegenheit, die große Gestalt des Völkerapostels mit seiner gerade auch für heute wichtigen Botschaft ins Licht zu rücken. Ich denke, man kann das Wesentliche seiner Reise mit den Worten zusammenfassen, die er selbst am Schluß des Galaterbriefes gesagt hat: Glaube, *der in der Liebe wirksam ist.*

Diese Dinge sind auch heute wichtig: der Glaube, die Beziehung zu Gott, die sich dann in Liebe verwandelt. Aber ich glaube auch, daß das Motiv des Schiffbruchs uns etwas zu sagen hat. Aus dem Schiffbruch ist für Malta das Glück hervorgegangen, den Glauben zu haben; so dürfen auch wir denken, daß die Schiffbrüche des Lebens Gottes Projekt für uns Wirklichkeit werden lassen können und auch nützlich sein können für neue Anfänge in unserem Leben.

Interview auf dem Flug nach Malta, 17. April 2010.

Der zweite Grund: Es ist für mich eine große Freude, inmitten einer lebendigen Kirche zu sein, wie es die Kirche von
Malta ist, die auch heute viele Berufungen hat, voller Glauben, mitten in unserer Zeit und die auf die Herausforderungen unserer Zeit antwortet. Ich weiß, daß Malta Christus liebt
und seine Kirche liebt, die sein Leib ist. Auch wenn dieser
Leib von unseren Sünden verletzt wird, weiß Malta, daß der
Herr diese Kirche dennoch liebt, und sein Evangelium ist die
wahre Kraft, die reinigt und heilt.

Drittens: Malta ist der Punkt, wo die Flüchtlingsströme
aus Afrika ankommen und an die Tür Europas klopfen. Das
ist ein großes Problem unserer Zeit, und natürlich kann das
nicht von der Insel Malta gelöst werden. Wir alle müssen auf
diese Herausforderung antworten, dafür arbeiten, daß alle
in ihrem Land ein würdevolles Leben führen können und
andererseits alles in unserer Macht Stehende tun, damit die
Flüchtlinge dort, wo sie ankommen, in jedem Fall Raum für
ein würdevolles Leben finden. Eine Antwort auf eine große
Herausforderung unserer Zeit: Malta erinnert uns an diese
Probleme, und es erinnert auch daran, daß gerade der Glaube
jene Kraft ist, die Liebe schenkt und daher auch die Phantasie,
um auf diese Herausforderungen gut zu antworten. Danke.

DIE MUTTERGOTTES IST
DIE SICHTBARE GARANTIE
DER GÜTE GOTTES

Heiliger Vater, welche Sorgen und Empfindungen verspüren Sie hinsichtlich der Lage der Kirche in Portugal? Was kann man Portugal sagen, einem Land, das früher zutiefst katholisch war und den Glauben in die Welt hinausgetragen hat, sich aber heute in einem tiefgreifenden Säkularisierungsprozeß befindet, sowohl im Alltagsleben als auch im Bereich der Gesetzgebung und der Kultur? Wie kann in einem Umfeld, das der Kirche gleichgültig und feindlich gegenübersteht, der Glaube verkündet werden?

Zunächst wünsche ich Ihnen allen einen guten Tag. Hoffen wir, daß wir trotz der berühmten Aschewolke, unter der wir uns befinden, eine gute Reise haben. Was Portugal betrifft, empfinde ich vor allem Freude und Dankbarkeit für all das, was dieses Land in der Welt und in der Geschichte geleistet hat und leistet, sowie für die tiefe Menschlichkeit dieses Volkes, die ich bei einem Besuch und im Umgang mit zahlreichen portugiesischen Freunden kennenlernen konnte. Ich würde sagen, es ist wahr und absolut richtig, daß Portugal eine große Kraft des katholischen Glaubens gewesen ist und diesen Glauben in alle Teile der Welt getragen hat; einen mutigen, verständigen und kreativen Glauben; es hat eine große Kultur geschaffen, wie wir es in Brasilien sehen, in Portugal selbst, aber auch am portugiesischen Geist, der in Afrika und in Asien zu finden ist. Andererseits ist die Präsenz des Säkularismus nicht etwas ganz Neues. Die Dialektik zwischen Säkularismus und Glaube hat in Portugal eine lange Geschichte.

Interview auf dem Flug nach Portugal, 11. Mai 2010.

Schon im 18. Jahrhundert war die Aufklärung stark vertreten. Man braucht nur an den Namen Pombal zu denken. So sehen wir, daß Portugal in diesen Jahrhunderten immer in der Dialektik gelebt hat, die sich natürlich heute radikalisiert hat und alle Züge des heutigen europäischen Geistes zeigt. Darin sehe ich eine Herausforderung und auch eine große Chance. In diesen Jahrhunderten der Dialektik zwischen Säkularismus und Glaube gab es immer Personen, die Brücken bauen und einen Dialog ins Leben rufen wollten, aber leider dominierte die Tendenz des Gegeneinanders und des gegenseitigen Ausschlusses. Heute sehen wir, daß genau diese Dialektik eine Chance darstellt, daß wir die Synthese und einen inhaltsreichen und tiefgehenden Dialog finden müssen. In dem multikulturellen Umfeld, in dem wir uns alle befinden, sieht man, daß eine rein rationalistische europäische Kultur ohne die transzendente religiöse Dimension nicht in der Lage wäre, mit den großen Kulturen der Menschheit in Dialog zu treten, die alle diese transzendente religiöse Dimension haben, die eine Dimension des menschlichen Wesens ist. Es ist daher ein Irrtum zu denken, daß es eine reine, anti-historische Vernunft gibt, die nur in sich selbst existiert, und daß es sich dabei um »die« Vernunft handelt; wir entdecken immer mehr, daß sie nur einen Teil des Menschen berührt, nur eine bestimmte historische Situation zum Ausdruck bringt und nicht die Vernunft an sich ist. Die Vernunft an sich ist offen für die Transzendenz, und nur in der Begegnung zwischen der transzendenten Wirklichkeit, dem Glauben und der Vernunft findet der Mensch sich selbst. Daher denke ich, daß die Aufgabe und die Sendung Europas in dieser Situation gerade darin besteht, diesen Dialog zu finden, den Glauben und die moderne Rationalität in eine einzige anthropologische Sichtweise zu integrieren, die das menschliche Wesen vollständig erfaßt und so auch die Kommunikation unter den menschlichen Kulturen möglich macht. Daher würde ich sagen, daß die Präsenz des Säkularismus etwas Normales ist, aber die Trennung, das Gegeneinander von Säkularismus und der Kultur des Glaubens ist anormal und muß überwunden werden. Die große Herausforderung dieser Zeit ist, daß sich die beiden begegnen und so ihre wahre Identität finden. Das ist, wie erwähnt, eine Sendung Europas und eine menschliche Notwendigkeit in dieser unserer Geschichte.

Bleiben wir beim Thema Europa. Die Wirtschaftskrise hat sich in letzter Zeit in Europa verschärft und betrifft in besonderer Weise auch Portugal. Manche europäische Führungspersönlichkeiten sehen die Zukunft der Europäischen Union in Gefahr. Welche Lehren können aus dieser Krise gezogen werden, auch auf ethischer und moralischer Ebene? Was sind die Schlüsselpunkte, um die Einheit und die Zusammenarbeit der europäischen Länder in Zukunft zu festigen?

Ich würde sagen, daß diese Wirtschaftskrise mit ihrer moralischen Komponente, die niemand übersehen kann, ein Anwendungsbeispiel, ein konkreter Fall von dem ist, was ich vorhin gesagt habe, nämlich daß sich zwei voneinander getrennte kulturelle Strömungen begegnen müssen, denn sonst finden wir den Weg in die Zukunft nicht. Auch hier sehen wir einen falschen Dualismus, nämlich einen wirtschaftlichen Positivismus, der glaubt, sich ohne die ethische Komponente entfalten zu können, einen Markt, der sich selbst regulieren soll, allein auf der Grundlage der wirtschaftlichen Kräfte, der positivistischen und pragmatischen Rationalität der Wirtschaft; die Ethik sei etwas anderes und diesem Prozeß fremd. In Wirklichkeit sehen wir jetzt, daß ein reiner wirtschaftlicher Pragmatismus, der die Realität des Menschen nicht beachtet – der ein ethisches Wesen ist –, nicht positiv endet, sondern unlösbare Probleme schafft. Daher ist es jetzt Zeit zu sehen, daß die Ethik nicht außerhalb, sondern innerhalb der Rationalität und des wirtschaftlichen Pragmatismus steht. Andererseits müssen wir auch eingestehen, daß der katholische, der christliche Glaube oft zu individualistisch war, die konkreten wirtschaftlichen Dinge der Welt überließ und nur an das individuelle Heil dachte, an die religiösen Handlungen, ohne zu sehen, daß diese eine globale Verantwortung, eine Verantwortung für die Welt mit sich bringen. Daher müssen wir auch hier in einen konkreten Dialog eintreten. In meiner Enzyklika *Cari-*

tas in veritate habe ich versucht – und die gesamte Tradition der christlichen Soziallehre geht in diese Richtung –, den ethischen und den den Glauben betreffenden Aspekt über das Individuum hinaus auf die Verantwortung gegenüber der Welt und auf eine von der Ethik geformte Rationalität auszuweiten. Andererseits haben die jüngsten Ereignisse auf dem Markt in den letzten zwei, drei Jahren gezeigt, daß die ethische Dimension innerhalb des wirtschaftlichen Handelns steht und darin ihren Platz haben muß, denn der Mensch ist eins, und es geht um den Menschen, um eine gesunde Anthropologie, die alles einschließt, und nur so läßt sich das Problem lösen, nur so entfaltet und erfüllt Europa seine Sendung.

Jetzt kommen wir zu Fatima, das gewissermaßen auch der geistliche Höhepunkt dieser Reise sein wird. Welche Bedeutung haben heute für uns die Erscheinungen von Fatima? Als Sie den Text des dritten Geheimnisses im Juni 2000 im Presseamt des Heiligen Stuhls vorgestellt haben, waren manche von uns und andere Kollegen von damals dabei, und Sie wurden gefragt, ob die Botschaft von Fatima über das Attentat auf Johannes Paul II. hinaus auch auf andere Leiden der Päpste bezogen werden kann. Können Ihrer Ansicht nach auch die durch den Mißbrauch von Minderjährigen verursachten Leiden der Kirche von heute im Rahmen dieser Vision gesehen werden?

Ich möchte zunächst meine Freude über die Reise nach Fatima zum Ausdruck bringen und darüber, vor der Muttergottes von Fatima zu beten, die für uns ein Zeichen der Gegenwart des Glaubens ist, daß gerade aus den Kleinen eine neue Kraft des Glaubens geboren wird, die nicht auf die Kleinen beschränkt bleibt, sondern eine Botschaft für die ganze Welt hat, und die die Geschichte gerade auch in ihrem Heute berührt und diese Geschichte erleuchtet. Bei der Präsentation im Jahr 2000 habe ich gesagt, daß eine Erscheinung – das heißt ein übernatürlicher Impuls, der nicht bloß der Vorstellungskraft der Person entspringt, sondern tatsächlich von der Jungfrau Maria, vom Übernatürlichen herkommt –, daß ein solcher Impuls in das Subjekt eintritt und gemäß den Möglichkeiten des Subjekts zum Ausdruck gebracht wird. Das Subjekt ist von seinen geschichtlichen, persönlichen, und charakterlichen Gegebenheiten bestimmt und übersetzt den großen übernatürlichen Impuls daher in sein Seh-, Vorstellungs- und Ausdrucksvermögen, aber in diesen Ausdrucksweisen, die vom Subjekt geformt sind, verbirgt sich ein Inhalt, der darüber hinausgeht, der tiefer ist, und nur im Lauf der Zeit können wir die ganze Tiefe sehen, die – sagen wir mal – in dieser für die konkreten Personen möglichen Vision »gekleidet« war. So würde ich sagen, werden auch hier über die große Vision des Leidens des Papstes hinaus, die wir in erster Linie auf Papst Johannes Paul II. beziehen können, Realitäten der Zukunft der Kirche aufgezeigt, die sich nach und nach entfalten und zeigen. Daher ist es richtig, daß man über den in der Vision gezeigten Moment hinaus die Notwendigkeit eines Leidens der Kirche sieht, das sich natürlich in der Person des Papstes widerspiegelt, aber der Papst steht für die Kirche und daher werden Leiden der Kirche angekündigt. Der Herr hat uns gesagt, daß die Kirche auf verschiedene Weise immer leiden würde bis zum Ende der Welt. Wichtig ist dabei, daß die Botschaft, die Antwort von Fatima im Wesentlichen nicht auf bestimmte Andachtsübungen abzielt, sondern auf die grundlegende Antwort, das heißt die ständige Umkehr, die Buße, das Gebet und die drei göttlichen Tugenden: Glaube, Hoffnung und Liebe. So sehen wir hier die wahre und grundlegende Antwort, die die Kirche geben muß, die wir, jeder von uns, in dieser Situation geben müssen. Unter dem Neuen, das wir heute in dieser Botschaft entdecken können, ist auch die Tatsache, daß die Angriffe gegen den Papst und die Kirche nicht nur von außen kommen, sondern die Leiden der Kirche kommen gerade aus dem Inneren der Kirche, von der Sünde, die in der Kirche existiert. Auch das war immer bekannt, aber heute sehen wir es auf wahrhaft erschreckende Weise: Die größte Verfolgung der Kirche kommt nicht von den äußeren Feinden, sondern erwächst aus der Sünde in der Kirche. Und darum ist es für die Kirche zutiefst notwendig, daß sie neu lernt, Buße zu tun, die Reinigung anzunehmen; daß sie einerseits zu vergeben lernt, aber auch die Notwendigkeit der Gerechtigkeit sieht; denn Vergebung ersetzt die Gerechtigkeit nicht. Mit einem

285

Wort, wir müssen gerade das Wesentliche neu lernen: die Umkehr, das Gebet, die Buße und die göttlichen Tugenden. So antworten wir. Seien wir realistisch darauf gefaßt, daß das Böse immer angreift, von innen und von außen, aber daß auch die Kräfte des Guten immer gegenwärtig sind und daß letztendlich der Herr stärker ist als das Böse. Und die Muttergottes ist für uns eine sichtbare, mütterliche Garantie der Güte Gottes, die immer das letzte Wort in der Geschichte ist.

DIE WESENTLICHE ARBEIT DES VATIKANS IST IMMER RELIGIÖS

Selbstverständlich muß die erste Frage dem Ereignis gelten, das uns gestern schmerzhaft getroffen hat, nämlich die Ermordung von Bischof Luigi Padovese, die auch Sie mit tiefem Schmerz erfüllt hat. So möchte ich Sie im Namen aller Kollegen bitten, uns etwas darüber zu sagen, wie Sie diese Nachricht aufgenommen haben und wie Sie in dieser Atmosphäre den Beginn der Reise nach Zypern erleben?

Natürlich hat mich die Nachricht vom Tod des Bischofs Luigi Padovese, der auch viel zur Vorbereitung der Synode beigetragen hat, schmerzlich betrübt. Er hat seinen Beitrag geleistet, und er wäre bei dieser Synode ein wertvolles Element gewesen. Empfehlen wir seine Seele der Barmherzigkeit des Herrn. Dieser Schatten hat jedoch mit den Themen und der Wirklichkeit der Reise an sich nichts zu tun, weil wir nicht der Türkei oder den Türken diese Tatsache zuschreiben dürfen. Es ist etwas, über das wir wenige Informationen haben. Sicher ist, daß es sich nicht um einen politisch oder religiös motivierten Mord handelt; es geht um etwas Persönliches. Wir warten auf die Erklärungen, aber jetzt wollen wir diese tragische Situation nicht mit dem Dialog mit dem Islam und all den Problemen unserer Reise vermengen. Es handelt sich um einen separaten Fall, der uns traurig macht, der aber in keiner Weise den Dialog in jeder Richtung verdunkeln darf, der Thema und Absicht dieser Reise ist.

Zypern ist ein geteiltes Land. Heiliger Vater, Sie werden den von der Türkei besetzten Nordteil nicht besuchen. Haben Sie eine Bot-

---

Interview auf dem Flug nach Zypern, 4. Juni 2010.

*schaft für die Bewohner dieses Teils der Insel? Und auf welche Weise
denken Sie, kann Ihr Besuch dazu beitragen, die Distanz zwischen
dem griechischen und dem türkischen Teil aufzuheben und zu einer
Lösung des friedlichen Zusammenlebens zu kommen in der Achtung
der Religionsfreiheit sowie des spirituellen und kulturellen Erbes der
verschiedenen Gemeinschaften?*

Diese Reise nach Zypern ist in vielerlei Hinsicht eine Fortsetzung der Reise ins Heilige Land vom letzten Jahr und auch
der Reise nach Malta in diesem Jahr. Die Reise ins Heilige
Land hatte drei Etappen: Jordanien, Israel und die Palästi-
nensergebiete. In allen drei Fällen handelte es sich um eine
pastorale, religiöse Reise; es war keine politische oder tou-
ristische Reise. Das Hauptthema war der Friede Christi, der
universaler Friede in der Welt sein muß. Das Thema war also:
einerseits die Verkündigung unseres Glaubens, das Zeugnis
des Glaubens, die Pilgerfahrt zu den Orten, die Zeugnis geben vom Leben Christi und der ganzen Heilsgeschichte; auf
der anderen Seite war es die gemeinsame Verantwortung
aller, die an den einen Gott glauben, der Schöpfer des Himmels und der Erde ist, an den einen Gott, nach dessen Bild
wir geschaffen sind. Malta und Zypern fügen noch sehr stark
das Thema des hl. Paulus hinzu, eines großen Glaubenden,
Verkünder des Evangeliums, und auch des hl. Barnabas, der
aus Zypern stammt und die Tür geöffnet hat für die Mission
des hl. Paulus. Das heißt: Zeugnis unseres Glaubens an den
einen Gott, Dialog und Frieden sind die Themen. Frieden
in einem sehr tiefen Sinn: Er ist keine politische Zugabe zu
unserer religiösen Aktivität, sondern Friede ist ein Wort aus
dem Herzen des Glaubens, es steht im Mittelpunkt der pauli-
nischen Lehre; denken wir an den Epheserbrief, wo er sagt,
daß Christus den Frieden gebracht und die Mauer der Feind-
schaft niedergerissen hat. Das bleibt ein beständiger Auftrag,
so komme ich nicht mit einer politischen Botschaft, sondern
mit einer religiösen Botschaft, die die Seelen besser vorbereiten sollte, die Öffnung für den Frieden zu finden. Das sind
Dinge, die nicht von heute auf morgen geschehen, aber es ist
sehr wichtig, nicht nur die notwendigen politischen Schritte

zu tun, sondern vor allem auch die Seelen vorzubereiten, damit sie fähig sind, die notwendigen politischen Schritte zu unternehmen, jene innere Öffnung für den Frieden zu schaffen, die letztendlich vom Glauben an Gott her kommt und von der Überzeugung, daß wir alle Kinder Gottes und untereinander Brüder und Schwestern sind.

Sie begeben sich in den Nahen Osten, nur wenige Tage nachdem der israelische Angriff auf die Hilfsflotte vor Gaza zum bereits sehr schwierigen Friedensprozeß weitere Spannungen hinzugefügt hat. Wie kann Ihrer Meinung nach der Heilige Stuhl, der Vatikan dazu beitragen, diesen für den Nahen Osten sehr schwierigen Moment zu überwinden?

Ich würde sagen, daß wir vor allem in religiöser Weise einen Beitrag leisten. Wir können auch mit politischen oder strategischen Ratschlägen Unterstützung geben, aber die wesentliche Arbeit des Vatikans ist immer religiös, sie berührt die Herzen. Angesichts all dieser Ereignisse, die wir erleben, besteht immer die Gefahr, daß man die Geduld verliert, daß man sagt: »Jetzt reicht es« und daß man den Frieden nicht mehr suchen will.

Und hier kommt mir in diesem Priester-Jahr eine schöne Geschichte des Pfarrers von Ars in den Sinn. Den Menschen, die zu ihm sagten: Es hat keinen Sinn, daß ich jetzt zur Beichte gehe und die Lossprechung erhalte, weil ich sicher bin, daß ich übermorgen wieder in die gleichen Sünden falle, antwortete der Pfarrer von Ars: Das macht nichts, der Herr vergißt absichtlich, daß du übermorgen die gleichen Sünden begehen wirst, er vergibt dir jetzt vollkommen, er wird langmütig sein, und er wird dir weiterhin helfen, wird auf dich zukommen. So müssen wir gleichsam Gott nachahmen, seine Geduld. Nach allen Fällen der Gewalt, nicht die Geduld zu verlieren, nicht den Mut zu verlieren, nicht den Langmut zu verlieren, wieder anzufangen; diese Bereitschaft des Herzens zu schaffen, immer wieder neu anzufangen, in der Sicherheit, daß wir Fortschritte machen können, daß wir den Frieden erreichen können, daß die Gewalt keine Lösung ist, sondern die

Geduld im Guten. Diese Haltung zu schaffen scheint mir die Hauptarbeit zu sein, die der Vatikan, seine Einrichtungen und der Papst leisten können.

Der Dialog mit den Orthodoxen hat in kultureller und spiritueller Hinsicht und in bezug auf das Zusammenleben viele Fortschritte gemacht. Beim Konzert, das Ihnen kürzlich vom Patriarchen von Moskau zum Geschenk gemacht wurde, hat man eine tiefe Übereinstimmung zwischen Orthodoxen und Katholiken gespürt hinsichtlich der Herausforderungen, die dem Christentum in Europa von der Säkularisierung gestellt werden. Wie bewerten Sie den Dialog, auch aus einer mehr theologischen Sicht?

Ich möchte vor allem die großen Fortschritte unterstreichen, die wir im gemeinsamen Zeugnis für die christlichen Werte in einer säkularisierten Welt gemacht haben. Das ist nicht nur ein, sagen wir moralisches, politisches Bündnis, sondern wirklich etwas zutiefst dem Glauben Entspringendes, denn die grundlegenden Werte, für die wir in dieser säkularisierten Welt leben, sind keine Moralismen, sondern sie sind die Grundgestalt des christlichen Glaubens. Wenn wir fähig sind, gemeinsam für diese Werte Zeugnis abzulegen, uns im Dialog einzusetzen, in der Diskussion dieser Welt, im Zeugnis, um diese Werte zu leben, dann haben wir schon ein grundlegendes Zeugnis gegeben von einer sehr tiefen Einheit des Glaubens. Natürlich gibt es sehr viele theologische Probleme, aber auch hier gibt es starke Elemente der Einheit.

Ich möchte auf drei Elemente hinweisen, die uns vereinen, einander annähern, die uns einander immer näher bringen. Erstens: Die Heilige Schrift, die Bibel ist kein Buch, das vom Himmel gefallen ist, das es jetzt gibt und jeder nimmt es, sondern sie ist ein Buch, das im Volk Gottes gewachsen ist und in diesem gemeinsamen Subjekt des Volkes Gottes lebt, und nur hier bleibt es immer gegenwärtig und wirklich, daß heißt die Bibel kann nicht isoliert werden, sondern die Bibel steht in der Beziehung zur Überlieferung und zur Kirche. Dieses Bewußtsein ist grundlegend, und es gehört zum Fundament der Orthodoxie und des Katholizismus und gibt uns einen gemeinsamen Weg. Als zweites Element sagen wir: Die Überlieferung, die uns die Heilige Schrift interpretiert, die uns die Tür zu ihr öffnet, hat auch eine institutionelle, heilige, sakramentale, vom Herrn gewollte Form, das heißt das Bischofsamt; sie hat eine personale Form, das heißt das Kollegium der Bischöfe ist gemeinsam Zeuge und Gegenwart dieser Überlieferung.

Dritter Punkt: Die sogenannte »regula fidei«, das heißt das Bekenntnis des Glaubens, wie es in den antiken Konzilien ausgearbeitet wurde, ist die Summe dessen, was in der Heiligen Schrift steht und öffnet die »Tür« zur Interpretation. Dann die anderen Elemente: Die Liturgie, die gemeinsame Liebe zur Muttergottes, verbinden uns tief miteinander, und immer mehr wird uns auch klar, daß sie das Fundament des christlichen Lebens sind. Wir müssen eine genauere Kenntnis haben und auch die Details vertiefen, aber mir scheint, daß wir – auch wenn die unterschiedlichen Kulturen, die unterschiedlichen Situationen Mißverständnisse und Schwierigkeiten geschaffen haben – im Bewußtsein des Wesentlichen und der wesentlichen Einheit wachsen. Ich möchte hinzufügen, daß es natürlich nicht die theologische Diskussion ist, die an sich die Einheit schafft; es ist eine wichtige Dimension, aber das gesamte christliche Leben, das gegenseitige Kennenlernen, die Erfahrung der Brüderlichkeit, diese gemeinsame Brüderlichkeit zu lernen trotz der Erfahrung der Vergangenheit, das sind Prozesse, die auch viel Geduld erfordern. Aber mir scheint, daß wir dabei sind, gerade die Geduld zu lernen, wie auch die Liebe, und mit allen Dimensionen des theologischen Dialogs gehen wir voran und überlassen es dem Herrn, wann er uns die vollkommene Einheit schenken wird.

Eines der Ziele dieser Reise ist die Übergabe des Arbeitspapiers der Bischofssynode für den Nahen Osten. Welche besonderen Hoffnungen und Erwartungen haben Sie im Hinblick auf diese Synode für die christlichen Gemeinschaften wie auch für die Gläubigen anderer Glaubensrichtungen in dieser Region?

Der erste wichtige Aspekt ist die Tatsache, daß verschiedene Bischöfe und Kirchenoberhäupter hier zusammenkommen, denn es gibt viele Kirchen – verschiedene Riten sind über verschiedene Länder und Lebenssituationen verstreut –, die oft voneinander isoliert sind und wenig voneinander wissen; es geht darum, sich zu sehen und einander zu begegnen und auf diese Weise den anderen, seine Probleme, die Unterschiede und Gemeinsamkeiten besser kennenzulernen, um sich so ein gemeinsames Urteil über die Situation und den einzuschlagenden Weg bilden zu können. Diese konkrete Gemeinschaft des Dialogs und des Lebens ist der erste Aspekt.

Der zweite Punkt ist die Sichtbarkeit dieser Kirchen, das heißt man soll in der Welt sehen, daß es eine große und alte christliche Gemeinschaft im Nahen Osten gibt, dir wir oft nicht direkt vor Augen haben. Und diese Sichtbarkeit hilft uns auch, ihnen nahe zu sein, mehr übereinander zu erfahren, voneinander zu lernen, uns gegenseitig zu helfen und so auch den Christen im Nahen Osten dabei zu helfen, nicht die Hoffnung aufzugeben und in ihrer Heimat zu bleiben, auch wenn die Situation dort mitunter schwierig ist.

Auf diese Weise – und dies ist der dritte Punkt – öffnen sie sich im Dialog untereinander auch für den Dialog mit den orthodoxen, armenischen und allen anderen Christen, und so wächst das gemeinsame Bewußtsein von der Verantwortung der Christen und die gemeinsame Dialogbereitschaft gegenüber den muslimischen Brüdern, die trotz aller Unterschiede unsere Brüder sind. Dies kann uns auch ermutigen, trotz aller Probleme den Dialog mit ihnen mit gemeinsamen Visionen fortzuführen. Alle Versuche, ein immer fruchtbringenderes und brüderlicheres Zusammenleben zu ermöglichen, sind sehr wichtig. Es handelt sich also um eine interne Begegnung katholischer Christen verschiedener Riten aus dem Nahen Osten, aber es ist zugleich eine Begegnung der Offenheit, der erneuerten Fähigkeit zu Dialog, Mut und Hoffnung im Hinblick auf die Zukunft.

EINE KIRCHE, DIE VOR ALLEM VERSUCHT, ATTRAKTIV ZU SEIN, IST SCHON AUF DEM FALSCHEN WEG

Im Laufe der Vorbereitung dieser Reise gab es Diskussionen und Gegenpositionen. In der Vergangenheit des Landes gab es starke antikatholische Strömungen. Machen Sie sich Sorgen darüber, wie man Sie empfangen wird?

Zunächst wünsche ich Ihnen einen guten Tag und uns allen einen guten Flug. Ich muß sagen, daß ich nicht besorgt bin. Denn als ich nach Frankreich ging, hieß es, daß dies das antiklerikalste Land sei, mit starken antiklerikalen Strömungen und sehr wenigen Gläubigen; als ich in die Tschechische Republik gereist bin, hieß es, daß dies das areligiöseste Land Europas und auch das antiklerikalste sei. So gibt es in den westlichen Ländern, in jedem auf besondere Art und der eigenen Geschichte entsprechend, starke antiklerikale und antikatholische Strömungen, aber es gibt auch immer eine starke Präsenz des Glaubens. So habe ich in Frankreich und in der Tschechischen Republik gesehen und erlebt, daß die katholische Gemeinschaft mir einen herzlichen Empfang bereitet hat. Es gab viel Aufmerksamkeit von seiten der Agnostiker, die doch auf der Suche sind und die Werte, die die Menschheit voranbringen, kennenlernen und erfahren möchten. Und sie waren sehr aufmerksam, um von mir in dieser Hinsicht etwas erfahren zu können. Es gab auch Toleranz und Respekt von seiten derer, die antikatholisch sind. Natürlich hat Großbritannien seine eigene antikatholische Geschichte, das ist klar, aber es ist auch ein Land mit einer großen Tradition der To-

---

Interview auf dem Flug nach Großbritannien, 16. September 2010.

leranz. Deshalb bin ich sicher, daß es auf der einen Seite einen positiven Empfang von den Katholiken und Gläubigen geben wird; im allgemeinen Aufmerksamkeit von denen, die auf der Suche sind, wie sie in dieser unserer Zeit weitergehen sollen, und gegenseitigen Respekt und Toleranz dort, wo es Antikatholizismus gibt. Ich gehe mit großer Zuversicht und Freude voran.

Das Vereinigte Königreich wird wie viele andere westliche Länder – ein Thema, das Sie schon in der ersten Antwort angesprochen haben – als ein säkulares Land betrachtet. Es gibt starke atheistische Strömungen, auch aus kulturellen Beweggründen; dennoch gibt es auch Anzeichen dafür, daß der religiöse Glaube, vor allem an Jesus Christus, auf persönlicher Ebene immer noch lebendig ist. Was kann das für Katholiken und Anglikaner bedeuten? Kann man etwas tun, um die Kirche als Institution auch glaubwürdiger und anziehender für alle zu machen?

Ich würde sagen, daß eine Kirche, die vor allem versucht, attraktiv zu sein, schon auf dem falschen Weg ist. Denn die Kirche arbeitet nicht für sich, sie arbeitet nicht dafür, ihre Mitgliedszahlen und damit die eigene Macht zu vergrößern. Die Kirche steht im Dienst eines Anderen, sie dient nicht sich selbst, um stark zu sein, sondern sie dient dazu, die Verkündigung Jesu Christi zugänglich zu machen, die großen Wahrheiten, die großen Kräfte der Liebe, der Versöhnung, die in dieser Gestalt sichtbar geworden sind und die immer von der Gegenwart Jesu ausgehen. In dieser Hinsicht sucht die Kirche nicht die eigene Attraktivität, sondern sie muß für Jesus Christus transparent sein. Und in dem Maß, in dem sie nicht für sich selbst steht, als starke und mächtige Körperschaft in der Welt, die ihre Macht haben will, sondern indem sie sich bloß zur Stimme eines Anderen macht, wird sie wirklich Transparenz für die große Gestalt Christi und für die großen Wahrheiten, die er der Menschheit gebracht hat, die Kraft der Liebe: dann hört man auf die Kirche und nimmt sie an. Sie sollte nicht sich selbst betrachten, sondern eine Hilfe sein, ihn, den Anderen, zu betrachten, und sie sollte selbst den Anderen sehen, vom Anderen und für ihn sprechen. In dieser Hinsicht scheint mir, daß Anglikaner und Katholiken dieselbe Aufgabe haben, daß sie dieselbe Richtung einschlagen müssen.

Wenn Anglikaner und Katholiken einsehen, daß beide nicht sich selbst dienen, sondern Werkzeuge Christi sind, »Freund des Bräutigams« sind – wie der hl. Johannes sagt –, wenn beide der Priorität Christi und nicht der eigenen folgen, kommen sie auch zusammen, denn dann vereint sie die Priorität Christi, und sie sind keine Konkurrenten mehr, jeder auf der Suche nach der höheren Mitgliederzahl, sondern sie sind vereint im Einsatz für die Wahrheit Christi, der in diese Welt kommt, und so finden sie sich gegenseitig in einer wahren und tiefen Ökumene.

Wie bekannt ist und wie es auch in vor kurzem durchgeführten Umfragen deutlich wurde, hat der Skandal des sexuellen Mißbrauchs das Vertrauen der Gläubigen in die Kirche erschüttert. Wie können Sie Ihrer Meinung nach dazu beitragen, dieses Vertrauen wieder herzustellen?

Zunächst muß ich sagen, daß diese Enthüllungen für mich ein Schock waren. Sie verursachen große Traurigkeit. Es fällt schwer zu verstehen, wie diese Perversion des Priesteramtes möglich war. Der Priester sagt im Augenblick der Weihe, auf den er jahrelang vorbereitet wird, »Ja« zu Christus, um seine Stimme, sein Mund, seine Hand zu werden und ihm mit seinem ganzen Leben zu dienen, damit der Gute Hirte, der liebt und hilft und zur Wahrheit führt, in der Welt gegenwärtig sein kann. Wie ein Mann, der dies getan und gesagt hat, anschließend dieser Perversion verfallen kann, ist schwer zu verstehen und sehr traurig. Traurig ist auch, daß die Autorität der Kirche nicht wachsam genug war und nicht schnell und entschieden genug die notwendigen Maßnahmen ergriffen hat. Deswegen befinden wir uns jetzt in einem Moment der Buße, der Demut und der erneuerten Aufrichtigkeit, wie ich an die irischen Bischöfe geschrieben habe. Wir müssen jetzt, so scheint mir, eine Zeit der Buße, eine Zeit der Demut leben und eine absolute Aufrichtigkeit wiederfinden bzw. neu lernen. Was die Opfer betrifft, sind, denke ich, drei Dinge wichtig. Das erste Interesse muß den Opfern gelten: Wie können wir Wiedergutmachung leisten, was können wir tun, um diesen Menschen zu helfen, das Trauma zu überwinden, das Leben wiederzufinden, auch das Vertrauen in die Botschaft Christi wiederzufinden? Sorge und Engagement für die Opfer ist die erste Priorität mit materieller, psychologischer, geistlicher Hilfe und Unterstützung. Das zweite ist das Problem der Schuldigen: die gerechte Strafe finden, sie von jeder Möglichkeit des Kontaktes zu Jugendlichen auszuschließen, da wir wissen, daß dies eine Krankheit ist und der freie Wille dort nicht funktioniert, wo es diese Krankheit gibt; schließlich müssen wir diese Menschen vor sich selbst schützen und ihnen jeden Zugang zu Jugendlichen verwehren. Und der dritte Punkt ist die Prävention in der Ausbildung und der Auswahl der Priesteramtskandidaten. Wir müssen so aufmerksam sein, daß nach Maßgabe der menschlichen Möglichkeiten zukünftige Fälle ausgeschlossen sind. Und in diesem Augenblick möchte ich auch dem britischen Episkopat für seine Aufmerksamkeit, seine Zusammenarbeit danken, sowohl mit dem Stuhl Petri wie auch mit den öffentlichen Instanzen, und für die Sorge um die Opfer und ihr Recht. Mir scheint, der britische Episkopat hat eine große Arbeit vollbracht und tut dies immer noch, und ich bin ihm sehr dankbar.

Die Person Kardinal Newmans ist für Sie bekanntlich von großer Bedeutung. Sie werden für Kardinal Newman eine Ausnahme machen und ihn persönlich seligsprechen. Meinen Sie, daß die Erinnerung an diese Gestalt dazu beitragen kann, die Spaltungen zwischen Anglikanern und Katholiken zu überwinden? Und welche Aspekte seiner Persönlichkeit möchten Sie am deutlichsten hervorheben?

Kardinal Newman ist einerseits vor allem ein moderner Mensch, der das Problem der Moderne in seiner ganzen Tragweite erlebte, einschließlich des Problems des Agnostizismus, der Unfähigkeit, Gott zu kennen und an ihn zu glauben. Ein Mensch, der sein ganzes Leben lang auf dem Weg war, um sich von der Wahrheit verwandeln zu lassen. Dabei suchte er nach tiefer Aufrichtigkeit und war bereit, den Weg zum wahren Leben besser zu erkennen, zu finden und zu akzeptieren. Diese innere Modernität seines Seins und seines Lebens beinhaltet auch die Modernität seines Glaubens. Es ist kein Glaube, der aus Formeln vergangener Zeiten besteht: es ist ein ganz persönlicher, erlebter und erlittener Glaube, zu dem er auf einem langen Weg der Erneuerung und der Bekehrungen gefunden hat. Ein Mann von großer Kultur, der einerseits teilhat an der in unserer Zeit so verbreiteten skeptischen Kultur – vor allem im Hinblick auf die Frage, ob wir etwas Sicheres wissen können über die Wahrheit des Menschen und des Seins, oder ob wir das nicht können, und wie wir zur Konvergenz der Wahrscheinlichkeiten gelangen können. Andererseits war er ein Mann mit einer großen Kultur in der Kenntnis der Kirchenväter, der die innere Entwicklung des Glaubens studiert und erneuert und auf diese Weise dessen Gestalt und inneren Aufbau erkannt hat. Ein Mann von tiefer Spiritualität, von einem großen Humanismus, ein Mann des Gebets, der tiefen Verbindung mit Gott und daher auch einer persönlichen Verbindung zu den anderen Menschen seiner und unserer Zeit. Diese drei Elemente: die Modernität seines Lebens mit allen Zweifeln und Problemen unseres Seins von heute; eine umfassende Kultur und Kenntnis der großen Schätze der menschlichen Kultur, die Bereitschaft zur ständigen Suche und zur ständigen Erneuerung; und die Spiritualität: das geistliche Leben, das Leben mit Gott, geben meiner Ansicht nach diesem Menschen eine so außerordentliche Bedeutung für unsere Zeit. Daher ist er ein Kirchenlehrer für uns und für alle und auch eine Brücke zwischen Anglikanern und Katholiken.

Dieser Besuch wird als Staatsbesuch eingestuft. Was bedeutet das für die Beziehungen zwischen dem Heiligen Stuhl und Großbritannien? Gibt es wichtige Punkte der Übereinstimmung vor allem in bezug auf die großen Herausforderungen der heutigen Welt?

Ich bin Ihrer Majestät Königin Elisabeth II. sehr dankbar, daß sie diesem Besuch den Rang eines Staatsbesuches geben wollte, um den öffentlichen Charakter dieser Reise zu betonen und die gemeinsame Verantwortung von Politik und Religion für die Zukunft des Kontinents und die Zukunft der Menschheit zu betonen. Es handelt sich um eine große gemeinsame Verantwortung, damit jene Werte, die Gerechtigkeit und Politik schaffen und die aus der Religion hervorgehen, zusammen den Weg unserer Zeit bestimmen. Natürlich macht diese Tatsache, daß es sich juridisch gesehen um einen Staatsbesuch handelt, meine Reise nicht zu einem politischen Akt. Der Papst ist ein Staatsoberhaupt, aber dies ist nur ein Instrument, um die Unabhängigkeit seiner Verkündigung und den öffentlichen Charakter seines Hirtenamtes zu gewährleisten. In diesem Sinn bleibt der Staatsbesuch im wesentlichen ein Pastoralbesuch, also ein Besuch im Verantwortungsbereich des Glaubens, für den der »Summus Pontifex«, der Papst, zuständig ist. Und natürlich unterstreicht dieser Staatsbesuch auch die Übereinstimmung zwischen dem Interesse der Politik und der Religion. Die Politik dient im wesentlichen dazu, die Gerechtigkeit und mit ihr die Freiheit zu garantieren. Die Gerechtigkeit aber ist ein moralischer Wert, ein religiöser Wert, und an diesem Punkt der »Gerechtigkeit« verbindet sich der Glaube, die Verkündigung des Evangeliums, mit der Politik, wobei gemeinsame Interessen entstehen. Großbritannien hat große Erfahrungen und ein großes Engagement im Kampf gegen die Übel dieser Zeit wie Elend, Armut, Versklavung des Menschen, Mißbrauch von Menschen und Drogen, und dies ist auch ein Ziel des Glaubens, weil sie den Menschen humaner machen, damit angesichts all dieser Verwüstung und Zerstörung die Ebenbildlichkeit Gottes wiederhergestellt werde. Ein zweites gemeinsames Anliegen ist der Einsatz für den Frieden in der Welt, die Möglichkeit, in Frieden zu leben, und die Erziehung zum Frieden. Es müssen jene Tugenden herausgebildet werden, die den Menschen fähig zum Frieden machen. Ein wesentliches Element des Friedens ist schließlich der Dialog der Religionen, die Toleranz, die gegenseitige Offenheit, und dies ist auch ein wichtiges Ziel sowohl Großbritanniens als auch des katholischen Glaubens, nämlich die Herzen zu öffnen, sich für den Dialog, die Wahrheit und den gemeinsamen Weg der Menschheit zu öffnen, und dabei jene Werte wiederzufinden, die Grundlage unseres Menschseins sind.

ES GIBT MEHR!

Heiliger Vater, was bedeutet es, groß zu werden? Was muß ich tun,
um in der Nachfolge Jesu zu wachsen? Wer kann mir dabei helfen?

… Die schönste Antwort darauf, was groß werden heißt, tragt
ihr alle geschrieben auf euren Shirts, auf den Kappen und auf
den Plakaten: »Es gibt mehr!« Dieses Motto von euch, das
ich zuvor nicht kannte, bringt mich zum Nachdenken. Was
macht ein Kind, um zu sehen, ob es größer wird? Es vergleicht
seine Körpergröße mit der seiner Altersgenossen; und es stellt
sich vor, größer zu werden, um sich größer zu fühlen. Als ich
ein Junge in eurem Alter war, war ich einer der Kleinsten in
meiner Klasse; und um so mehr wünschte ich mir, eines Tages sehr groß zu sein; aber nicht nur der Körpergröße nach,
sondern ich wollte etwas Großes, mehr in meinem Leben
machen, obwohl ich damals dieses Wort nicht kannte. In die
Höhe wachsen beinhaltet dieses »es gibt mehr«. Das sagt euch
euer Herz, das viele Freunde haben möchte, das glücklich ist,
wenn es ihm gut geht, wenn es Papa und Mama Freude machen kann, aber vor allem, wenn es einem unübertrefflichen,
allerbesten und einzigartigen Freund begegnet, der Jesus ist.
Ihr wißt, wie sehr Jesus die Kinder, kleine und größere, lieb-
hatte. Eines Tages kamen viele Kinder wie ihr ganz nahe zu
Jesus, denn es war eine schöne Beziehung entstanden, und
in seinem Blick erfaßten sie den Widerschein der Liebe Gottes; da waren jedoch auch Erwachsene, die sich von diesen
Kindern gestört fühlten. Es geschieht auch euch manchmal,
daß euch, wenn ihr spielt, mit euren Freunden Spaß habt, die

Begegnung mit Kindern und Jugendlichen der Katholischen Aktion
Italiens, 30. Oktober 2010.

Großen sagen, ihr sollt nicht stören … Jesus allerdings tadelt gerade diese Erwachsenen und sagt zu ihnen: Laßt alle diese Kinder hier, denn sie tragen das Geheimnis vom Reich Gottes im Herzen. Auf diese Weise hat Jesus die Erwachsenen gelehrt, daß auch ihr »groß« seid und daß die Erwachsenen diese Größe bewahren sollen, nämlich ein Herz zu haben, das Jesus liebhat. Liebe Kinder, liebe Jugendliche: »Groß sein« heißt Jesus sehr liebhaben, auf ihn hören und im Gebet mit ihm reden, ihm in den Sakramenten, in der heiligen Messe, in der Beichte begegnen; es bedeutet, ihn immer besser kennenzulernen und ihn auch den anderen bekannt zu machen, das heißt, bei den Freunden, auch den Ärmsten, den Kranken zu sein, um miteinander zu wachsen. Und gerade die Katholische Aktion gehört zu jenem »mehr«, denn ihr seid nicht die einzigen, die Jesus lieben – ihr seid so zahlreich, das sehen wir auch hier heute vormittag! –, sondern ihr helft euch gegenseitig; denn ihr wollt keinen Freund allein lassen, sondern wollt allen sagen, daß es schön ist, Jesus zum Freund zu haben, und daß es schön ist, Freund Jesu zu sein; und es ist schön, dies gemeinsam zu sein, unterstützt von euren Eltern, Priestern, Gruppenleitern! Auf diese Weise werdet ihr wirklich groß, nicht nur weil ihr an Körpergröße wachst, sondern weil sich euer Herz der Freude und der Liebe öffnet, die euch Jesus schenkt. Und so öffnet es sich der wahren Größe, während es in der großen Gottesliebe verweilt, die immer auch Liebe zu den Freunden ist. Hoffen und beten wir darum, in diesem Sinne zu wachsen, das »Mehr« zu finden und wirklich Menschen mit einem großen Herzen zu sein, mit einem großen Freund, der auch uns seine Größe schenkt. Danke.

Heiliger Vater, unsere Erzieher in der Katholischen Aktion sagen uns, um groß zu werden, müsse man lieben lernen, aber wir verlieren uns oft und leiden unter unseren Beziehungen, unseren Freundschaften, unserer ersten Liebe. Und was heißt lieben bis zum Äußersten? Wie können wir wirklich lieben lernen?

Eine große Frage. Es ist sehr wichtig, ja, ich würde sagen, von fundamentaler Bedeutung, lieben zu lernen, wahrhaftig lieben zu lernen, die Kunst der wahren Liebe zu lernen! In der Jugend steht man vor dem Spiegel und bemerkt, daß man sich verändert. Aber solange man sich nur selbst anschaut, wird man nie groß! Ihr werdet dann groß, wenn ihr nicht mehr dem Spiegel die einzige Wahrheit über euch selbst überlaßt, sondern wenn ihr sie euch von denen sagen laßt, die eure Freunde sind. Ihr werdet groß, wenn ihr imstande seid, euer Leben zu einem Geschenk an die anderen zu machen, nicht sich selbst zu suchen, sondern sich den anderen hinzugeben: das ist die Schule der Liebe. Diese Liebe muß jedoch in jenem »Mehr« zutage treten, das ihr heute allen zuruft: »Es gibt mehr!« Wie ich euch schon gesagt habe, wollte auch ich in meiner Jugend etwas mehr als das, was mir die Gesellschaft und der Zeitgeist anboten. Ich wollte reine Luft atmen, vor allem wünschte ich mir eine schöne und gute Welt, wie sie unser Gott, der Vater Jesu Christi, für alle gewollt hatte. Und ich habe immer besser begriffen, daß die Welt schön und gut wird, wenn man diesen Willen Gottes anerkennt und wenn die Welt mit diesem Willen Gottes, der das wahre Licht, die Schönheit, die Liebe ist, die der Welt Sinn verleiht, im Einklang steht.

Es stimmt wirklich: Ihr könnt und dürft euch nicht einer Liebe anpassen, die zur Handelsware verkürzt wird, die, unfähig zu Keuschheit und Reinheit, ohne Achtung vor sich selbst und vor den anderen konsumiert wird. Das ist keine Freiheit! Vieles, was von den Medien und im Internet als »Liebe« angepriesen wird, ist nicht Liebe, sondern Egoismus, Verschlossenheit in sich selbst, es verleiht euch eine Augenblicksillusion, aber macht euch nicht glücklich, macht euch nicht groß, fesselt euch wie eine Kette, die die schönsten Gedanken und Gefühle, den echten Überschwang des Herzens, jene ununterdrückbare Kraft erstickt, die die Liebe ist und die in Jesus ihren erhabensten Ausdruck und im Heiligen Geist die Kraft und das Feuer findet, das euer Leben, eure Gedanken, eure Gefühle entzündet. Sicher bedeutet es auch Opfer, die Liebe wahrhaftig zu leben – ohne Verzicht gelangt man nicht auf diesen Weg –, aber ich bin sicher, daß ihr keine Angst vor der Mühe einer anspruchsvollen und glaubwürdigen Liebe habt. Sie allein schenkt letzten Endes echte Freude! Es gibt eine Beweisprobe, die euch zeigt, ob eure Liebe in richtiger Weise wächst: Wenn ihr aus eurem Leben die anderen, vor allem eure Freunde, die leiden und einsam sind, Personen, die sich in Schwierigkeiten befinden, nicht ausschließt und euer Herz dem großen Freund Jesus öffnet. Auch die Katholische Aktion lehrt euch die Wege, um die echte Liebe zu lernen: die Teilnahme am Leben der Kirche, eurer christlichen Gemeinschaft, das Wohlwollen gegenüber euren Freunden in der ACR- bzw. AC-Gruppe, die Verfügbarkeit gegenüber den Gleichaltrigen, die ihr in der Schule, in der Pfarrei oder einer anderen Umgebung trefft, die Freundschaft der Mutter Jesu, Maria, die euer Herz behüten und euch auf dem Weg zum Guten geleiten kann. Im übrigen habt ihr in der Katholischen Aktion so viele Vorbilder echter, schöner, wahrhaftiger Liebe: den sel. Pier Giorgio Frassati, den sel. Alberto Marvelli; einer Liebe, die auch bis zum Opfertod reicht, wie im Fall der sel. Pierina Morosini und der sel. Antonia Mesina.

Liebe junge Leute der Katholischen Aktion, strebt nach hohen Zielen, denn Gott verleiht euch die Kraft dazu. Das »Mehr« besteht darin, daß ihr Kinder und Jugendliche seid, die sich vornehmen, zu lieben wie Jesus, ihr Leben selbst in die Hand zu nehmen, Protagonisten in der Kirche, Glaubenszeugen unter den Gleichaltrigen zu sein. Das »Mehr« ist die in der Katholischen Aktion erprobte menschliche und christliche Formung, die das geistliche Leben, die Brüderlichkeit, das öffentliche Glaubenszeugnis, die kirchliche Gemeinschaft, die Liebe zur Kirche, die Zusammenarbeit mit den Bischöfen und Priestern, die geistliche Freundschaft miteinander verbindet. »Miteinander groß werden« spricht von der Bedeutung, zu einer Gruppe und zu einer Gemeinschaft zu gehören, die euch helfen, zu wachsen, eure Berufung zu entdecken und die wahre Liebe zu lernen. Danke.

Heiliger Vater, was bedeutet heute Erzieher sein? Wie sollen wir uns den Schwierigkeiten stellen, auf die wir in unserem Dienst stoßen? Und wie können wir es schaffen, daß sich alle um die Gegenwart und Zukunft der jungen Generationen kümmern?

Das ist eine gute Frage. Das sehen wir an dieser Situation des Erziehungsproblems. Ich würde sagen, Erzieher sein bedeutet, eine Freude im Herzen haben und sie allen mitzuteilen, um das Leben schön und gut zu machen; es bedeutet, Gründe und Ziele für den Lebensweg anzubieten, die Schönheit der Person Jesu vorzustellen und sich von ihm, von seinem Lebensstil, von seiner Freiheit, von seiner großen, vertrauensvollen Liebe zu Gottvater ergreifen zu lassen. Es bedeutet vor allem, stets das Ziel jedes Lebens in Richtung auf jenes »Mehr« hochzuhalten, das uns von Gott zukommt. Das verlangt ein persönliches Kennenlernen Jesu, einen täglichen, persönlichen, liebevollen Kontakt mit ihm im Gebet, in der Meditation über das Wort Gottes, in der Treue zu den Sakramenten, zur Eucharistie, zur Beichte; es verlangt, daß man die Freude darüber, in der Kirche zu sein, Freunde zu haben, mit denen man nicht nur die Schwierigkeiten, sondern auch die Schönheiten und Überraschungen des Glaubenslebens teilen kann, anderen mitteilt.

Ihr wißt sehr wohl, daß ihr nicht Herrscher über die Kinder seid, sondern Diener an ihrer Freude im Namen Jesu, die zu ihm hinführt. Ihr habt von der Kirche den Auftrag für diese Aufgabe erhalten. Wenn ihr zur Katholischen Aktion gehört, sagt ihr zu euch selbst und zu allen, daß ihr die Kirche liebt, daß ihr bereit seid, zusammen mit den Hirten für ihr Leben und ihre Sendung mitverantwortlich zu sein – in einer Vereinigung, die sich für das Wohl der Menschen, für ihre und eure Wege zur Heiligkeit, für das Leben der christlichen Gemeinden im Alltag ihrer Sendung voll einsetzt. Ihr seid gute Erzieher, wenn ihr es versteht, alle für das Wohl der Jüngsten zu motivieren. Ihr könnt nicht ohne jede fremde Hilfe auskommen, aber ihr müßt die Dringlichkeit der Erziehung der jungen Generationen auf allen Ebenen spürbar machen. So lauft ihr zum Beispiel ohne das Gegenwärtigsein der Familie Gefahr, auf Sand zu bauen; ohne eine Zusammenarbeit mit der Schule bildet sich keine tiefe Glaubenseinsicht heraus; ohne eine Einbeziehung der verschiedenen Planer und Gestalter für Freizeit und Kommunikation läuft euer geduldiges Wirken Gefahr, wirkungslos zu bleiben, keinen Einfluß auf das Alltagsleben zu haben. Ich bin sicher, daß die Katholische Aktion in diesem Land gut verwurzelt ist und den Mut dazu hat, Salz und Licht zu sein. Eure Anwesenheit hier heute vormittag sagt nicht nur mir, sondern allen, daß Erziehung möglich ist, daß es mühsam, aber schön ist, die Kinder und Jugendlichen zu begeistern. Habt den Mut, ja, ich würde sagen, die Kühnheit, keinen Bereich ohne Jesus, ohne seine zarte Liebe zu lassen, die ihr durch eure Sendung als Erzieher für alle, auch für die Bedürftigen und Ausgegrenzten, erfahrbar macht.

Liebe Freunde, zum Schluß danke ich euch, daß ihr an dieser Begegnung teilgenommen habt. Ich würde gerne noch länger mit euch zusammenbleiben, weil ich, wenn ich mich inmitten so großer Freude und Begeisterung befinde, auch selber voller Freude bin und mich selber wie verjüngt fühle! Aber leider vergeht die Zeit so schnell, und es warten andere auf mich. Aber mit dem Herzen bin ich und bleibe ich bei euch! Und ich lade euch, liebe Freunde, ein, auf eurem Weg weiterzugehen, der Identität und der Zielsetzung der Katholischen Aktion treu zu bleiben. Die Kraft der Liebe Gottes kann Großes vollbringen. Ich versichere euch, daß ich in meinem Gebet aller gedenken werde, und vertraue euch der mütterlichen Fürsprache der Jungfrau Maria, Mutter der Kirche, an, damit ihr wie sie bezeugen könnt, daß »es mehr gibt«, nämlich die von der Gegenwart des Herrn erfüllte Lebensfreude! Ich danke euch allen von Herzen!

DER GLAUBE IST SEINEM
WESEN NACH »PILGERSEIN«

Heiliger Vater, Sie haben gesagt, daß Sie Ihr Pontifikat »mit den Empfindungen eines Pilgers« leben. Auch in Ihrem Wappen gibt es die Pilgermuschel. Könnten Sie uns etwas über die Perspektive der Pilgerschaft sagen, auch in Ihrem persönlichen Leben und Ihrer Spiritualität, sowie über die Empfindungen, mit denen Sie sich als Pilger nach Santiago begeben?

Guten Tag! Ich würde sagen, daß das Auf-dem-Weg-Sein bereits in meine Biographie eingeschrieben ist – Marktl, Tittmoning, Aschau, Traunstein, München, Freising, Bonn, Münster, Tübingen, Regensburg, München, Rom –, aber vielleicht ist dies etwas Äußerliches. Dennoch hat es mich an die Instabilität dieses Lebens denken lassen, das Auf-dem-Weg-Sein ... Natürlich könnte man als Argument gegen die Wallfahrt sagen: Gott ist überall, es ist nicht nötig, an einen anderen Ort zu gehen. Es ist aber auch wahr, daß der Glaube seinem Wesen nach »Pilgersein« ist.

Der Hebräerbrief zeigt an der Gestalt Abrahams, was Glaube ist: Er zieht aus seinem Land weg und bleibt sein ganzes Leben lang ein Pilger auf die Zukunft hin; und diese abrahamitische Bewegung bleibt im Glaubensakt erhalten, es bedeutet, vor allem innerlich ein Pilger zu sein, aber das muß auch äußerlich Ausdruck finden. Manchmal, indem man den Alltag verläßt, die Welt des Nützlichen, des Utilitarismus, nur hinausgehen, um wirklich auf dem Weg zur Transzendenz zu sein; aus sich selbst herausgehen, aus dem Alltag und so auch eine neue Freiheit zu finden, eine Zeit des inneren Nachden-

Pressekonferenz auf dem Flug nach Spanien, 6. November 2010.

kens, der Selbstfindung, den anderen sehen, Gott, und das gilt auch für die Pilgerfahrt, immer: nicht nur ein Herausgehen aus sich selbst zum Größeren hin, sondern auch ein gemeinsames Gehen. Die Pilgerfahrt vereint: gemeinsam gehen wir auf das Andere zu und so finden wir uns gegenseitig. Es reicht, darauf hinzuweisen, daß die Jakobswege ein Element für die Bildung der geistigen Einheit des europäischen Kontinents gewesen sind. Als Pilger haben sie sich hier gefunden, haben sie die gemeinsame europäische Identität gefunden, und auch heute lebt diese Bewegung wieder auf, dieses Bedürfnis, geistig und körperlich in Bewegung zu sein, einander zu finden und so die Stille zu finden, die Freiheit, die Erneuerung und Gott zu finden.

Richten wir den Blick auf Barcelona. Welche Bedeutung kann die Weihe einer Kirche wie die der »Sagrada Familia« zu Beginn des 21. Jahrhunderts haben? Gibt es in der Vision Gaudís einen Aspekt, der Sie besonders angesprochen hat?

Tatsächlich ist diese Kathedrale auch ein Zeichen gerade für unsere Zeit. In der Vision Gaudís sehe ich vor allem drei Elemente.

Das erste ist diese Synthese zwischen Kontinuität und Neuheit, Tradition und Kreativität. Gaudí hat den Mut gehabt, sich in die große Tradition der Kathedralen zu stellen und erneut – in seinem Jahrhundert, mit einer vollkommen neuen Vision – diese Realität zu wagen: die Kathedrale als Ort der Begegnung zwischen Mensch und Gott in großer Feierlichkeit; dieser Mut, innerhalb der Tradition zu bleiben, aber mit einer neuen Kreativität, die die Tradition erneuert und so die Einheit und den Fortschritt der Geschichte zeigt, das ist schön.

Zweitens. Gaudí wollte diese drei Elemente: Buch der Natur, Buch der Heiligen Schrift, Buch der Liturgie. Und diese Synthese ist gerade heute von besonderer Bedeutung. In der Liturgie wird die Heilige Schrift Gegenwart, sie wird Realität von heute: Es ist nicht mehr eine Schrift von vor 2000 Jahren, sondern sie muß gefeiert, verwirklicht werden. Und in der

Feier der Heiligen Schrift spricht die Schöpfung, spricht das Geschaffene und findet seine wahre Antwort, weil, wie uns der hl. Paulus sagt, die Schöpfung leidet, aber sie wird nicht zerstört, nicht verachtet, sondern sie wartet auf die Kinder Gottes, das heißt auf die, die sie im Licht Gottes sehen. Und so, denke ich, ist diese Synthese zwischen dem Bewußtsein für die Schöpfung, der Heiligen Schrift und der Anbetung eine sehr wichtige Botschaft gerade für die Gegenwart.

Und schließlich – dritter Punkt – entspringt diese Kathedrale einer für das 19. Jahrhundert charakteristischen Frömmigkeit: der Verehrung des hl. Josef, der Heiligen Familie von Nazareth, dem Geheimnis von Nazareth. Aber gerade diese Frömmigkeit von gestern, so könnte man sagen, ist von größter Aktualität, weil das Problem der Familie, die Erneuerung der Familie als Grundzelle der Gesellschaft, heute das große Thema ist und uns zeigt, wohin wir gehen können sowohl beim Aufbau der Gesellschaft als auch in der Einheit zwischen Glauben und Leben, Religion und Gesellschaft. Die Familie ist das grundlegende Thema, das hier zum Ausdruck kommt, wenn gesagt wird: Gott selbst ist Kind in einer Familie geworden, und er ruft uns auf, die Familie aufzubauen und zu leben.

Gaudí und die »Sagrada Familia« sind ein besonders gelungener Ausdruck für das Wortpaar Glaube-Kunst. Wie kann der Glaube heute seinen Platz in der Welt der Kunst und der Kultur wiederfinden? Ist das ein wichtiges Thema Ihres Pontifikats?

So ist es. Sie wissen, daß ich immer wieder zum Thema der Beziehung zwischen Glaube und Vernunft zurückkehre, daß der Glaube, der christliche Glaube seine Identität nur findet in der Öffnung zur Vernunft, und daß die Vernunft nur sie selbst wird, wenn sie sich auf den Glauben hin übersteigt. Aber genauso wichtig ist die Beziehung zwischen Glauben und Kunst, weil die Wahrheit, das Ziel der Vernunft, sich in der Schönheit ausdrückt und in der Schönheit sie selbst wird, sich als Wahrheit erweist. Also muß dort, wo die Wahrheit ist, die Schönheit entstehen, wo der Mensch sich in richtiger, guter Weise verwirklicht, drückt er sich in der Schönheit aus. Die Beziehung zwischen Wahrheit und Schönheit ist unauflöslich, und deshalb brauchen wir die Schönheit. Von Anfang an, auch in der großen Einfachheit und Armut der Verfolgungszeit, waren in der Kirche die Kunst, die Malerei, der Ausdruck der Rettung durch Gott in den Bildern der Welt, der Gesang, und dann auch das Gebäude grundlegend. All das ist grundlegend für die Kirche und wird es immer bleiben. So war die Kirche jahrhundertelang die Mutter der Künste: der große Schatz der westlichen Kunst – sowohl die Musik wie auch Architektur und Malerei – ist innerhalb der Kirche aus dem Glauben heraus entstanden. Heute gibt es eine gewisse »Meinungsverschiedenheit«, das aber schadet sowohl der Kunst als auch dem Glauben: Die Kunst, die die Wurzel der Transzendenz verlöre, würde nicht mehr auf Gott zugehen, sie wäre verkürzt, sie würde die lebendige Wurzel verlieren. Und ein Glaube, der nur in der Vergangenheit Kunst hervorgebracht hätte, wäre kein Glaube in der Gegenwart mehr; heute muß er erneut als Wahrheit ausgedrückt werden, die immer präsent ist. Deshalb ist der Dialog oder die Begegnung, ich würde sagen beides, zwischen Kunst und Glaube in das tiefste Wesen des Glaubens eingeschrieben. Wir müssen alles tun, damit auch heute der Glaube in echter Kunst Ausdruck findet, wie bei Gaudí in der Kontinuität und der Neuheit. Und die Kunst darf den Kontakt zum Glauben nicht verlieren.

In diesen Monaten nimmt das neue Dikasterium für die »Neuevangelisierung« seine Arbeit auf. Viele haben sich gefragt, ob gerade Spanien aufgrund der sich ausbreitenden Säkularisierung und der raschen Abnahme der religiösen Praxis eines jener Länder ist, an das Sie bei der Einrichtung dieses neuen Dikasteriums gedacht haben, oder ob es nicht sogar das vorrangige Ziel ist.

Bei der Schaffung dieses Dikasteriums habe ich an sich an die ganze Welt gedacht, denn die Neuheit des Denkens, die Schwierigkeit, in den Begriffen der Heiligen Schrift, der Theologie zu denken, ist universaler Art. Es gibt aber natürlich ein Zentrum und das ist die westliche Welt mit ihrem

Säkularismus, ihrer Laizität, aber auch mit dem Fortbestand des Glaubens, der versuchen muß, sich zu erneuern, um ein Glaube im Heute zu sein und auf die Herausforderungen der Laizität zu antworten. Im Westen haben alle großen Länder ihre je eigene Art, dieses Problem anzugehen: Da waren beispielsweise die Reisen nach Frankreich, in die Tschechische Republik, ins Vereinigte Königreich, wo in jeder Nation und in jeder Geschichte auf verschiedene Weise dieses Problem allgegenwärtig ist, und das gilt auch in besonderer Weise für Spanien. Spanien ist seit jeher eines der »Ursprungsländer« des Glaubens; denken wir nur daran, daß das Wiedererstehen des Glaubens in der modernen Zeit vor allem Spanien zu verdanken ist; große Gestalten wie der hl. Ignatius von Loyola, die hl. Teresa von Ávila und der hl. Johannes von Ávila sind Gestalten, die den katholischen Glauben wirklich erneuert und die Physiognomie des modernen Katholizismus geformt haben. Es ist aber ebenso wahr, daß in Spanien auch eine Laizität, ein Antiklerikalismus, ein starker und aggressiver Säkularismus entstanden ist, wie wir es insbesondere in den 30er Jahren gesehen haben, und diese Auseinandersetzung, oder eher dieser Zusammenprall zwischen Glaube und Moderne, die beide sehr lebendig sind, ist auch in der gegenwärtigen Zeit in Spanien festzustellen: die Zukunft des Glaubens und der Begegnung, nicht der Auseinandersetzung, sondern der Begegnung zwischen Glaube und Laizität hat daher auch gerade in der spanischen Kultur einen ihrer zentralen Punkte. In diesem Sinn habe ich an alle großen Länder des Westens gedacht, aber in besonderer Weise auch an Spanien.

Mit Ihrer Reise nach Madrid im kommenden Jahr aus Anlaß des Weltjugendtages werden Sie drei Reisen nach Spanien unternommen haben, was sonst auf kein anderes Land zutrifft. Was ist der Grund für dieses Privileg? Ist dies ein Zeichen von besonderer Zuneigung oder besonderer Besorgnis?

Es ist natürlich ein Zeichen der Liebe. Man könnte sagen, daß ich mich eher zufällig dreimal nach Spanien begebe. Beim ersten Mal zum großen internationalen Familientreffen in Valencia: Wie könnte der Papst nicht dabei sein, wenn Familien aus aller Welt zusammenkommen? Im nächsten Jahr findet der Weltjugendtag statt, die Begegnung von Jugendlichen aus aller Welt in Madrid, und der Papst darf bei diesem Anlaß natürlich nicht fehlen. Und schließlich ist da das Heilige Jakobsjahr und die Weihe – nach über hundertjähriger Bauzeit – der Basilika »Sagrada Familia« in Barcelona, und wie könnte da der Papst nicht kommen? Diese Anlässe sind an und für sich Herausforderungen, und es ist gleichsam geboten dorthin zu gehen, aber die Tatsache, daß sich gerade in Spanien so viele Ereignisse häufen, zeigt auch, daß es wirklich ein Land voller Dynamik und Glaubenskraft ist, und der Glaube antwortet auf die Herausforderungen, an denen es auch in Spanien nicht fehlt. Daher wollen wir es so ausdrücken: Der Zufall hat uns hierhergeführt, aber dieser Zufall zeigt eine tiefere Wirklichkeit auf, die Kraft des Glaubens und die Kraft der Herausforderung durch den Glauben.

Welche Botschaft hoffen Sie, Spanien und der Welt von heute mit dieser Reise geben zu können?

Ich würde sagen, daß diese Reise zwei Themen hat. Sie hat das Thema der Pilgerfahrt, des Auf-dem-Weg-Seins, und das Thema der Schönheit, des Offenbarwerdens der Wahrheit in der Schönheit, der Kontinuität zwischen Tradition und Erneuerung. Ich denke, daß diese beiden Themen der Reise auch eine Botschaft sind: auf dem Weg sein, nicht vom Weg des Glaubens abkommen, nach der Schönheit, der Neuheit und der Tradition des Glaubens suchen, der es vermag, in der modernen Schönheit und in der Welt von heute zum Ausdruck zu kommen und ihr zu begegnen. Danke!

AUCH ICH STELLE MIR DIESELBEN FRAGEN

Ich heiße Elena, bin Japanerin und sieben Jahre alt. Ich habe große Angst, weil das Haus, in dem ich mich sicher gefühlt habe, ganz heftig gebebt hat und viele meiner Altersgenossen gestorben sind. Ich kann nicht auf den Spielplatz gehen. Ich frage: Warum muß ich solche Angst haben? Warum müssen die Kinder so traurig sein? Ich bitte den Papst, der mit Gott spricht, es mir zu erklären.

Liebe Elena, ich grüße dich von Herzen. Auch ich stelle mir dieselben Fragen: Warum ist es so? Warum müßt ihr so sehr leiden, während andere ein ruhiges Leben führen? Wir haben keine Antworten darauf, aber wir wissen, daß Jesus wie ihr unschuldig gelitten hat, daß der wahre Gott, der sich in Jesus offenbart, euch beisteht. Das finde ich sehr wichtig, auch wenn wir keine Antworten haben, wenn die Traurigkeit bleibt: Gott steht euch bei, und ihr könnt sicher sein, daß dies euch helfen wird. Und eines Tages werden wir auch verstehen können, warum es so war. In diesem Augenblick scheint mir wichtig zu sein, daß ihr wißt: »Gott liebt mich«, auch wenn er mich scheinbar nicht kennt. Nein, er liebt mich, er steht mir bei, und ihr dürft sicher sein, daß in der Welt, im Universum viele bei euch sind, an euch denken, für euch tun, was sie nur können, um euch zu helfen. Und ihr dürft wissen: Eines Tages werde ich verstehen, daß dieses Leiden nicht nutzlos, nicht umsonst war, sondern daß dahinter ein guter Plan, ein Liebesplan steht. Es ist kein Zufall. Du darfst dir sicher sein, daß wir bei dir sind, bei allen japanischen Kindern, die leiden

Interview in der italienischen Fernsehsendung »A sua immagine. Domande su Gesù«, Karfreitag, 22. April 2011.

311

müssen. Wir wollen euch mit dem Gebet und mit unseren Taten helfen. Und ihr dürft sicher sein, daß Gott euch hilft. Und in diesem Sinne beten wir gemeinsam, damit es für euch sobald wie möglich Licht werde.

Heiligkeit, hat die Seele meines Sohnes Francesco, der sich seit Ostern 2009 im Wachkoma befindet, seinen Leib verlassen, da er nicht mehr bei Bewußtsein ist, oder ist sie noch bei ihm?

Gewiß ist die Seele noch im Leib anwesend. Man könnte die Situation vielleicht mit der einer Gitarre vergleichen, deren Saiten gerissen sind, so daß man auf ihnen nicht spielen kann. Der Leib ist ebenso ein zerbrechliches, verletzbares Instrument – die Seele kann sozusagen nicht darauf spielen, ist aber weiterhin anwesend. Ich bin auch sicher, daß die verborgene Seele tief im Innern eure Liebe spürt, auch wenn sie die Einzelheiten, die Worte und so weiter nicht versteht. Sie spürt jedoch die Gegenwart der Liebe. Darum, liebe Eltern, liebe Mama, ist eure stundenlange tägliche Anwesenheit bei ihm ein wahrer Akt der Liebe von großem Wert, denn diese Anwesenheit dringt tief in diese verborgene Seele ein. Euer Handeln ist daher auch ein Zeugnis des Glaubens an Gott, des Glaubens an den Menschen, des Glaubens, sagen wir des Einsatzes für das Leben, der Achtung vor dem menschlichen Leben, auch unter den traurigsten Umständen. Ich ermutige euch daher weiterzumachen, im Wissen, daß ihr der Menschheit einen großen Dienst erweist durch dieses Zeichen des Vertrauens, durch dieses Zeichen der Achtung vor dem Leben, durch diese Liebe zu einem gebrochenen Leib, einer leidenden Seele.

Grüße aus dem Irak an den Heiligen Vater. Wir Christen in Bagdad sind verfolgt wie Jesus. Heiliger Vater, wie können wir Ihrer Ansicht nach unserer christlichen Gemeinde helfen, den Wunsch, in andere Länder auszuwandern, noch einmal zu überdenken, und sie davon überzeugen, daß Weggehen nicht die einzige Lösung ist?

Zunächst möchte ich alle Christen im Irak, unsere Brüder, von Herzen grüßen, und ich muß sagen, daß ich jeden Tag für die Christen im Irak bete. Sie sind unsere leidenden Brüder, ebenso wie die Christen in anderen Teilen der Welt. Daher liegen sie uns besonders am Herzen, und wir müssen, soweit es in unseren Kräften steht, unser Möglichstes tun, damit sie bleiben können, damit sie der Versuchung zur Abwanderung widerstehen können, denn sie ist unter den Bedingungen, unter denen sie leben, sehr verständlich. Ich würde sagen, es ist wichtig, daß wir euch nahe sind, liebe Brüder im Irak, daß wir euch helfen wollen, und euch auch dann, wenn ihr hierherkommt, wirklich als Brüder aufnehmen. Und natürlich müssen die Institutionen, all jene, die wirklich die Möglichkeit haben, im Irak etwas für euch zu tun, dies tun. Der Heilige Stuhl steht in ständigem Kontakt mit den verschiedenen Gemeinden, nicht nur den katholischen und den anderen christlichen Gemeinden, sondern auch mit den muslimischen Brüdern, sowohl mit den Schiiten als auch mit den Sunniten. Und wir wollen Versöhnungs- und Verständigungsarbeit leisten, auch mit der Regierung, wollen ihr auf diesem schwierigen Weg des Wiederaufbaus einer zersplitterten Gesellschaft helfen. Denn das ist das Problem, daß die Gesellschaft zutiefst gespalten, zersplittert ist, daß es nicht mehr das Bewußtsein gibt: »Wir sind in der Vielfalt ein Volk mit einer gemeinsamen Geschichte, wo jeder seinen Platz hat.« Sie müssen dieses Bewußtsein wiederherstellen, daß sie in der Vielfalt eine gemeinsame Geschichte, eine gemeinsame Bestimmung haben. Und wir wollen im Dialog mit den verschiedenen Gruppen den Prozeß des Wiederaufbaus unterstützen und euch, liebe christliche Brüder und Schwestern im Irak, ermutigen, Vertrauen zu haben, Geduld zu haben, auf Gott zu vertrauen, an diesem schwierigen Prozeß mitzuarbeiten. Seid euch unseres Gebets gewiß.

Gott sei in allen Worten, die wir miteinander sprechen, und Gott sei mit dir. Lieber Heiliger Vater, hier in der Elfenbeinküste haben Christen und Muslime stets in Eintracht gelebt. Die Familien bestehen oft aus Angehörigen beider Religionen; es gibt auch verschiedene ethnische Gruppen, aber wir hatten nie Probleme. Jetzt ist alles anders geworden: Die Krise, in der wir leben und die von der Politik verur-

sacht wurde, führt zu Spaltungen. Wie viele Unschuldige haben ihr Leben verloren! Wie viele Vertriebene, wie viele traumatisierte Mütter und Kinder gibt es! Die Boten haben zum Frieden aufgerufen, die Propheten haben zum Frieden aufgerufen. Jesus ist ein Mann des Friedens. Was würden Sie als Gesandter Jesu unserem Land raten?

Ich möchte auf den Gruß antworten: Gott sei auch mit dir, er möge dir stets helfen. Und ich muß sagen, daß ich herzzerreißende Briefe von der Elfenbeinküste erhalten habe, in denen ich die ganze Traurigkeit sehe, das tiefe Leid; und es stimmt mich traurig, daß wir so wenig tun können. Eines können wir immer tun: im Gebet bei euch sein. Wir werden auch nach Kräften Werke der Nächstenliebe tun, und vor allem wollen wir unseren Möglichkeiten entsprechend die politischen und menschlichen Kontakte fördern. Ich habe Kardinal Turkson, den Präsidenten unseres Rates für Gerechtigkeit und Frieden, beauftragt, sich an die Elfenbeinküste zu begeben und dort zu vermitteln, zu versuchen, mit den verschiedenen Gruppen, mit den verschiedenen Personen zu sprechen, um sie zu einem Neuanfang zu ermutigen. Und vor allem wollen wir die Stimme Jesu hören lassen, an den auch Sie glauben – als Prophet. Er war immer ein Mann des Friedens. Man konnte erwarten, daß Gott, wenn er auf die Erde käme, ein mächtiger Mann sein würde, der die feindlichen Kräfte vernichtet – ein Mann mit starker Gewalt als Werkzeug des Friedens. Doch nichts von alledem: Er kam als schwacher Mensch, er kam nur mit der Kraft der Liebe, völlig gewaltlos bis hin zum Kreuz. Und das zeigt uns das wahre Antlitz Gottes, daß die Gewalt niemals von Gott kommt, daß sie niemals hilft, gute Dinge hervorzubringen, sondern ein zerstörerisches Mittel ist und nicht der Weg, der aus den Schwierigkeiten hinausführt. Er ist also eine starke Stimme gegen jegliche Form von Gewalt. Ich fordere alle Seiten nachdrücklich auf, auf Gewalt zu verzichten und die Wege des Friedens zu suchen. Ihr könnt dem Wiederaufbau eures Volkes nicht mit Mitteln der Gewalt dienen, auch wenn ihr meint, im Recht zu sein. Der einzige Weg besteht im Verzicht auf die Gewalt, in der Wiederaufnahme des Dialogs, in dem Versuch, gemeinsam den Frieden zu finden, mit neuer Aufmerksamkeit füreinander, mit neuer Bereitschaft, sich einander zu öffnen. Das, liebe Dame, ist die wahre Botschaft Jesu: Sucht den Frieden mit den Mitteln des Friedens, und verzichtet auf Gewalt. Wir beten für euch, auf daß alle Teile eurer Gesellschaft diese Stimme Jesu hören und so wieder Frieden und Gemeinschaft einkehren mögen.

Heiligkeit, was macht Jesus in der Zeit zwischen dem Tod und der Auferstehung? Im Glaubensbekenntnis heißt es, daß Jesus nach seinem Tod hinabgestiegen ist in das Reich des Todes. Können wir also davon ausgehen, daß dasselbe nach dem Tod auch uns widerfahren wird, bevor wir in den Himmel eingehen?

Zunächst einmal darf man sich dieses Hinabsteigen der Seele Jesu nicht als geographische, örtliche Reise von einem Kontinent zum anderen vorstellen. Es ist eine Reise der Seele. Wir müssen uns vor Augen halten, daß die Seele Jesu stets mit dem Vater in Berührung ist, daß sie immer mit dem Vater in Kontakt steht. Gleichzeitig erstreckt sich diese menschliche Seele jedoch bis in die äußersten Winkel des menschlichen Seins. In diesem Sinne geht sie in die Tiefe, zu den Verlorenen, zu all jenen, die nicht am Ziel ihres Lebens angelangt sind, und so geht sie über alle Kontinente der Vergangenheit hinaus. Das Wort vom Hinabsteigen des Herrn in das Reich des Todes bedeutet vor allem, daß Jesus auch die Vergangenheit erreicht, daß die Erlösung nicht erst im Jahre Null oder 30 wirksam wird, sondern auch in die Vergangenheit hineinreicht und die Vergangenheit, alle Menschen aller Zeiten, mit einschließt. Die Kirchenväter haben dafür ein sehr schönes Bild: Jesus nimmt Adam und Eva, also die Menschheit, an die Hand und führt sie nach vorn, nach oben. So schafft er den Zugang zu Gott, denn der Mensch an sich kann nicht zur Höhe Gottes gelangen. Er selbst nimmt als Mensch den Menschen an die Hand und öffnet den Zugang. Was aber öffnet er? Die Wirklichkeit, die wir Himmel nennen. Dieses Hinabsteigen in das Reich des Todes, also in die Tiefen des menschlichen Seins, in die Tiefen der Vergangenheit der Menschheit ist ein wesentlicher Teil der Sendung Jesu, seiner Sendung als Erlöser, und läßt sich nicht auf uns übertragen. Unser Leben ist anders, wir sind bereits vom Herrn erlöst, und wir gelangen nach unserem Tod vor das Angesicht des Richters, unter dem Blick Jesu, und dieser Blick wird einerseits läuternd sein: Ich denke, daß wir alle mehr oder weniger der Läuterung bedürfen werden. Der Blick Jesu läutert uns und macht uns dann fähig, bei Gott zu leben, bei den Heiligen zu leben und vor allem in Gemeinschaft mit den uns nahestehenden Menschen zu leben, die uns vorausgegangen sind.

Heiliger Vater, als die Frauen an das Grab kommen, am Sonntag nach dem Tod Jesu, erkennen sie den Meister nicht, sondern verwechseln ihn mit jemand anderem. Dasselbe passiert auch den Aposteln: Jesus muß seine Wundmale zeigen, das Brot brechen, um eben durch die Gesten erkannt zu werden. Es ist ein wahrer, fleischlicher Leib, aber auch ein verherrlichter Leib. Was bedeutet es, daß sein auferstandener Leib nicht mehr so beschaffen ist wie der vorherige? Was heißt »verherrlichter Leib« genau? Wird so die Auferstehung für uns sein?

Wir können natürlich nicht sagen, was genau der verherrlichte Leib ist, denn das übersteigt unsere Erfahrungen. Wir können nur die Zeichen lesen, die Jesus uns gegeben hat, um wenigstens ein bißchen zu verstehen, in welcher Richtung wir diese Wirklichkeit zu suchen haben. Erstes Zeichen: Das Grab ist leer. Jesus hat also seinen Leib nicht der Verwesung überlassen, er hat uns gezeigt, daß auch die Materie für die Ewigkeit bestimmt ist, daß der Leib wirklich auferstanden ist, daß er nicht verlorengeht. Jesus hat auch die Materie mit sich genommen, und so ist auch der Materie die Ewigkeit verheißen. Aber dann hat er diese Materie in einem neuen Daseinszustand angenommen, das ist der zweite Punkt: Jesus stirbt nicht mehr, er steht also über den Gesetzen der Biologie, der Physik, denn solange man diesen unterworfen ist, stirbt man. Es gibt also einen neuen, einen anderen Zustand, den wir nicht kennen, der sich jedoch in Jesus zeigt, und es ist die große Verheißung für uns alle, daß es eine neue Welt, ein neues Leben gibt, zu dem wir alle unterwegs sind. Und in diesem Zustand kann Jesus sich berühren lassen, den Seinen die Hand reichen, mit den Seinen essen, steht aber dennoch über dem Zustand des biologischen Lebens, wie wir es leben. Und wir wissen, daß er andererseits ein wahrer Mensch und kein Geist ist. Er lebt ein wahres Leben, aber ein neues Leben, das nicht mehr dem Tod unterworfen und das unsere große Verheißung ist. Es ist wichtig, das – wenigstens soweit wie möglich – im Hinblick auf die Eucharistie zu verstehen: In der Eucharistie schenkt uns der Herr seinen verherrlichten Leib, er gibt uns kein Fleisch im biologischen Sinne zu essen, sondern er gibt uns sich selbst, die Neuheit, die er ist. Er kommt als Person in unser Menschsein herein, in unser, in mein Personsein, und er berührt uns innerlich mit seinem Sein, damit wir uns von seiner Gegenwart durchdringen, in seiner Gegenwart verwandeln lassen können. Das ist ein wichtiger Punkt, denn so stehen wir bereits in Kontakt mit diesem neuen Leben, dieser neuen Lebensform, da er in mich hereingekommen ist und ich aus mir herausgekommen bin und mich nach einer neuen Dimension des Lebens ausstrecke. Ich glaube, daß dieser Aspekt der Verheißung, die Tatsache, daß er sich mir hinschenkt und mich aus mir herausholt, der wichtigste Punkt ist: Es geht nicht darum, Dinge zu erfahren, die wir nicht verstehen können, sondern zu der Neuheit unterwegs zu sein, die immer wieder aufs neue in der Eucharistie beginnt.

Unter dem Kreuz wohnen wir einem bewegenden Gespräch zwischen Jesus, seiner Mutter und Johannes bei, in dem Jesus zu Maria sagt: »Siehe, dein Sohn«, und zu Johannes: »Siehe, deine Mutter«. In Ihrem letzten Buch, Jesus von Nazareth, bezeichnen sie dies als eine »letzte Verfügung Jesu«. Wie sollen wir diese Worte verstehen? Welche Bedeutung hatten sie in jenem Augenblick und welche Bedeutung haben sie heute? Und was das Anvertrauen betrifft: Haben Sie vor, zu Beginn unseres Jahrtausends erneut eine Weihe an die Jungfrau Maria vorzunehmen?

Diese Worte Jesu sind vor allem eine sehr menschliche Geste. Wir sehen Jesus als wahren Menschen, der eine menschliche Geste vollbringt, eine Geste der Liebe zu seiner Mutter: Er vertraut seine Mutter dem jungen Johannes an, damit sie sicher aufgehoben ist. Eine alleinstehende Frau befand sich damals im Orient in einer unmöglichen Lage. Er vertraut seine Mutter diesem jungen Mann an, und dem jungen Mann gibt er sie zur Mutter – Jesus handelt also wirklich als Mensch mit einem zutiefst menschlichen Empfinden. Das finde ich sehr schön, sehr wichtig, daß wir vor jedem theologischen Gehalt darin die wahre Menschlichkeit, das wirklich Humane Jesu sehen. Aber natürlich hat das Ganze mehrere Dimensionen und betrifft nicht nur diesen Augenblick, sondern die ganze Geschichte. In Johannes vertraut Jesus uns alle, die ganze Kirche, alle zukünftigen Jünger seiner Mutter an und seine Mutter uns. Und das wurde im Laufe der Geschichte verwirklicht: Die Menschheit und die Christen haben immer besser verstanden, daß die Mutter Jesu ihre Mutter ist. Und sie haben sich der Mutter immer mehr anvertraut: Denken wir an die großen Heiligtümer, denken wir an die Marienverehrung, wo die Menschen immer mehr spüren: »Das ist die Mutter.« Und manche, die zu Jesus in seiner Größe als Sohn Gottes nur schwer Zugang finden, vertrauen sich ohne Schwierigkeiten der Mutter an. Einige sagen: »Das ist aber nicht biblisch begründet!« Hier würde ich mit dem hl. Gregor dem Großen antworten, der sagt: »Die Worte der Schrift wachsen mit dem Lesen.« Das heißt, sie entfalten sich in der Wirklichkeit, sie wachsen, und dieses Wort entfaltet sich in der Geschichte immer mehr. Wir sehen, wie dankbar wir alle sein können, daß die Mutter wirklich da ist, daß uns allen eine Mutter gegeben ist. Und wir können mit großem Vertrauen zu dieser Mutter gehen, die auch die Mutter eines jeden Christen ist. Und andererseits ist diese Mutter auch Ausdruck der Kirche. Wir können nicht allein Christen sein, mit einem Christentum, das nach meinen Vorstellungen gestaltet ist. Die Mutter ist das Bild der Kirche, der Mutter Kirche, und wenn wir uns Maria anvertrauen, müssen wir uns auch der Kirche anvertrauen, die Kirche leben, mit Maria Kirche sein. Und so komme ich zum Punkt des Anvertrauens: Die Päpste – sowohl Pius XII. als auch Paul VI. und Johannes XXIII. – haben einen großen Akt des Anvertrauens an die Gottesmutter vorgenommen, und dies scheint mir eine sehr wichtige Geste gegenüber der Menschheit, gegenüber Maria selbst gewesen zu sein. Ich denke, daß es jetzt wichtig ist, diesen Akt zu verinnerlichen, uns davon durchdringen zu lassen, ihn in uns selbst umzusetzen. In diesem Sinne habe ich mich in einige große Marienheiligtümer der Welt begeben: Lourdes, Fatima, Tschenstochau, Altötting ..., stets in dem Bewußtsein, diesen Akt des Anvertrauens konkret umzusetzen, zu verinnerlichen, damit er wirklich zu unserem Akt wird. Ich denke, daß der große öffentliche Akt nunmehr vollzogen worden ist. Vielleicht wird es eines Tages nötig sein, ihn zu wiederholen, aber im Augenblick scheint es mir wichtiger, ihn zu leben, ihn umzusetzen, in dieses Anvertrautsein einzutreten, um es uns wirklich zu eigen zu machen. In Fatima habe ich zum Beispiel gesehen, daß die Tausenden Menschen, die anwesend waren, wirklich in dieses Anvertrautsein eingetreten sind – sie haben sich anvertraut, sie haben in sich selbst, für sich selbst dieses Anvertrautsein konkret umgesetzt. So wird es in der lebendigen Kirche Wirklichkeit, und so wächst auch die Kirche. Wenn wir uns gemeinsam Maria anvertrauen, uns alle von dieser Gegenwart durchdringen und formen lassen, in Gemeinschaft mit Maria treten, werden wir zur Kirche, werden wir gemeinsam mit Maria wirklich zur Braut Christi. Im Augenblick habe ich also nicht vor, erneut einen öffentlichen Akt des Anvertrauens vorzunehmen, aber ich möchte um so mehr dazu einladen, in das bereits vorgenommene Anvertrautsein einzutreten, damit wir es tagtäglich als Wirklichkeit leben und so eine wirklich marianische Kirche heranwächst, die Mutter und Braut und Tochter Jesu ist.

WENN SIE GESTATTEN, MÖCHTE ICH IHNEN EIN PAAR FRAGEN STELLEN

Liebe Astronauten! Ich freue mich sehr über die außerordentliche Gelegenheit, mit Ihnen während Ihrer Mission zu sprechen. Besonders dankbar bin ich dafür, daß ich mit so vielen von Ihnen sprechen darf, da zur Zeit beide Besatzungen in der Raumstation anwesend sind.

Die Menschheit erlebt gegenwärtig einen extrem raschen Fortschritt auf dem Gebiet von Wissenschaft und Technik. Sie sind gewissermaßen unsere Vertreter – die Vorhut der Menschheit in der Erforschung neuer Räume und Möglichkeiten für unsere Zukunft, die über die Begrenztheit unseres täglichen Lebens hinausgehen.

Wir alle bewundern Ihren Mut, ebenso wie die Disziplin und die Hingabe, mit denen Sie sich auf diese Mission vorbereitet haben. Wir sind überzeugt, daß Sie von edlen Idealen inspiriert sind und die Ergebnisse Ihrer Forschungen und Bemühungen der ganzen Menschheit und dem Gemeinwohl zur Verfügung stellen wollen.

Dieses Gespräch gibt mir Gelegenheit, Ihnen sowie allen, die dazu beitragen, Ihre Mission zu ermöglichen, meine Bewunderung und Anerkennung zum Ausdruck zu bringen und zusätzlich meine aufrichtige Ermutigung auszusprechen, sie zu einem sicheren und erfolgreichen Abschluß zu bringen.

Aber da dies ein Gespräch ist, darf nicht ich als einziger sprechen. Ich bin sehr gespannt zu hören, was Sie mir über

---

Live-Schaltung zur Internationalen Raumstation ISS, Gespräch mit den Astronauten, Foconi-Saal, 21. Mai 2011.

320

Ihre Erfahrungen und Überlegungen berichten. Wenn Sie gestatten, möchte ich Ihnen ein paar Fragen stellen …

Von der Raumstation aus haben Sie eine ganz andere Sicht auf die Erde. Sie überfliegen mehrmals am Tag verschiedene Kontinente und Nationen. Gewiß ist es für Sie offensichtlich, daß wir alle zusammen auf der einen Erde leben und wie absurd es ist, daß wir einander bekämpfen und töten. Ich weiß, daß Mark Kellys Ehefrau Opfer eines schlimmen Überfalls geworden ist, und ich hoffe, daß ihr Gesundheitszustand sich weiterhin bessert. Wenn Sie die Erde von dort oben her betrachten, fragen Sie sich dann nicht manchmal, wie das Zusammenleben der Nationen und Menschen hier unten gestaltet ist und wie die Wissenschaft zum Frieden beitragen kann?

(Mark Kelly, USA:) Ich danke Ihnen für die freundlichen Worte, Heiligkeit, und ich danke Ihnen auch dafür, daß Sie meine Ehefrau Gabby erwähnt haben. Das ist eine sehr gute Frage: Wir überfliegen den größten Teil der Erde und sehen keine Grenzen, aber gleichzeitig wissen wir, daß Menschen einander bekämpfen und es in dieser Welt viel Gewalt gibt. Das ist wirklich sehr bedauerlich. Die Menschen kämpfen aus vielen verschiedenen Gründen gegeneinander. Das sehen wir gegenwärtig im Nahen Osten: In bestimmten Gebieten geht es um Demokratie, aber gewöhnlich kämpfen Menschen um Ressourcen. Interessant ist, daß die Menschen auf der Erde oft um Energiequellen kämpfen, während wir im Weltraum Sonnenenergie verwenden und Brennstoffzellen haben. Die Wissenschaft und Technik, die wir in die Raumstation stecken, um eine gewisse Kapazität an Sonnenenergie zu entwickeln, gibt uns eine fast unbegrenzte Menge an Energie. Wenn derartige Techniken auch der Erde angepaßt würden, könnten wir die Gewalt möglicherweise etwas eindämmen.

Eines der Themen, auf die ich in meinen Ansprachen häufig zurückkomme, betrifft die Verantwortung, die wir alle gegenüber der Zukunft unseres Planeten haben. Ich erinnere an die ernsthaften Bedrohungen für die Umwelt und das Überleben zukünftiger Generationen. Die Wissenschaftler mahnen uns zur Umsicht, und vom ethischen Standpunkt her müssen

wir auch unser Gewissen bilden. Wie sehen Sie von Ihrer außergewöhnlichen Warte aus die Situation auf der Erde? Erkennen Sie Zeichen oder Phänomene, denen wir mehr Aufmerksamkeit schenken müssen?

*(Ron Garan, USA:) Heiligkeit, es ist eine große Ehre, mit Ihnen zu
sprechen, und Sie haben recht: Von hier oben nehmen wir wirklich
einen außergewöhnlichen Blickwinkel ein. Einerseits können wir
sehen, wie unbeschreiblich schön der Planet ist, der uns gegeben
ist, aber andererseits sehen wir auch deutlich, daß er äußerst fragil
ist. Nehmen wir zum Beispiel die Atmosphäre: Wenn wir sie vom
Weltraum her betrachten, ist sie so dünn wie ein Blatt Papier. Und
der Gedanke, daß diese dünne Schicht alles ist, was jedes lebendige
Wesen vom luftleeren Raum trennt, ist wirklich ernüchternd. Es
erscheint uns schier unglaublich, wenn wir die Erde im schwarzen
Weltraum betrachten und daran denken, daß wir alle zusammen
darauf sind und uns in dieser wunderschönen fragilen Oase durch
das Universum bewegen. Es erfüllt uns wirklich mit großer Hoffnung, wenn wir daran denken, daß wir alle an Bord dieser unglaub-
lichen Raumstation sind, die von den vielen Nationen unserer internationalen Partnerschaft gebaut wurde – eine großartige Leistung
im Weltraum. Das zeigt, daß wir durch die Zusammenarbeit und
das gemeinsame Wirken viele Probleme lösen können, mit denen
unser Planet konfrontiert ist, viele Herausforderungen überwinden
können, denen die Bewohner unseres Planeten gegenüberstehen …
Es ist wirklich ein wunderbarer Ort, um unsere schöne Erde zu betrachten.*

Sie machen zur Zeit eine außerordentliche und auch sehr
wichtige Erfahrung – auch wenn Sie früher oder später zur
Erde zurückkehren müssen wie wir alle. Wenn Sie zurückkommen, werden Sie sehr bewundert und wie Helden behan-
delt werden, die mit Autorität sprechen und handeln. Man
wird Sie bitten, über Ihre Erfahrungen zu sprechen. Was
werden die wichtigsten Botschaften sein, die Sie vermitteln
möchten – besonders den jungen Menschen, die in einer Welt
leben werden, die stark von Ihren Erfahrungen und Entdek-
kungen beeinflußt sein wird?

(Mike Finchke, USA:) Heiligkeit, wie meine Kollegen bereits gesagt haben, können wir auf unseren schönen Planeten Erde hinabblikken, den Gott erschaffen hat – er ist der schönste Planet im ganzen Sonnensystem. Wenn wir jedoch nach oben schauen, können wir das restliche Universum sehen, und das restliche Universum, das da draußen liegt, muß von uns noch erforscht werden. Die internationale Raumstation ist nur ein Symbol, ein Beispiel dafür, was Menschen tun können, wenn wir konstruktiv zusammenarbeiten. Unsere Botschaft – eine unserer vielen, aber doch auch eine unserer wichtigsten Botschaften – besteht darin, den Kindern unseres Planeten, den jungen Menschen zu vermitteln, daß ein ganzes Universum vor uns liegt, das wir noch erforschen müssen. Und wenn wir das gemeinsam tun, dann gibt es nichts, was wir nicht erreichen können.

Die Weltraumforschung ist ein faszinierendes wissenschaftliches Abenteuer. Ich weiß, daß Sie neue Geräte für weitere wissenschaftliche Forschungen und zur Untersuchung der Weltraumstrahlung installiert haben. Aber ich denke, es ist auch ein Abenteuer des menschlichen Geistes, ein kräftiger Ansporn, über die Ursprünge und die Bestimmung des Universums und der Menschheit nachzudenken. Die Gläubigen schauen oft zum grenzenlosen Himmel auf, und wenn sie über den Schöpfer des Alls nachdenken, dann sind sie vom Geheimnis seiner Größe beeindruckt. Daher ist auf der Medaille, die ich Roberto (Vittori) zum Zeichen meiner eigenen Anteilnahme an Ihrer Mission gegeben habe, die Schöpfung des Menschen dargestellt, wie Michelangelo sie an die Decke der Sixtinischen Kapelle gemalt hat. Halten Sie inmitten Ihrer intensiven Arbeit und Forschung jemals ein, um darüber nachzudenken – vielleicht auch, um ein Gebet zum Schöpfer zu sprechen? Oder wird es für Sie einfacher sein, nach Ihrer Rückkehr zur Erde über diese Dinge nachzudenken?

(Roberto Vittori, Italien:) Heiligkeit, das Leben an Bord der internationalen Raumstation und die Arbeit als Astronaut auf dem zur Station gehörenden Raumschiff Sojus ist äußerst beansprucht. Aber wir alle können, wenn es Nacht wird, zur Erde hinabblicken: Unser Planet, der blaue Planet, ist wunderschön. Blau ist die Farbe unseres

Planeten, blau ist die Farbe des Himmels, blau ist auch die Farbe der Italienischen Luftwaffe, der Organisation, die mir die Gelegenheit geboten hat, mich der Italienischen sowie der Europäischen Raumfahrtbehörde anzuschließen. Wenn wir einen Blick hinunterwerfen können, dann nimmt eine Schönheit, der dreidimensionale Effekt der Schönheit des Planeten, unser Herz gefangen, mein Herz gefangen. Und ich bete: Ich bete für mich, für unsere Familien, für unsere Zukunft. Ich habe die Medaille mitgenommen und lasse sie vor mir schweben, als Beweis der Schwerelosigkeit. Ich danke Ihnen sehr für diese Möglichkeit, und ich möchte diese Medaille zu meinem Freund und Kollegen Paolo hinüberschweben lassen: Er wird auf der Sojus zur Erde zurückkehren. Ich habe sie mit in den Weltraum genommen, und er wird sie zur Erde zurückbringen und sie Ihnen dann wieder übergeben.

Meine letzte Frage richtet sich an Paolo. Lieber Paolo, ich weiß, daß in den vergangenen Tagen deine Mutter verstorben ist. Wenn du in einigen Tagen nach Hause zurückkehrst, wird sie nicht mehr dasein und auf dich warten. Wir alle sind dir nahe, auch ich habe für sie gebetet … Wie hast du diese Zeit der Trauer erlebt? Fühlt ihr euch auf eurer Station voneinander entfernt und isoliert und leidet unter der Trennung, oder fühlt ihr euch miteinander vereint und eingebunden in eine Gemeinschaft, die euch mit Aufmerksamkeit und Liebe begleitet?

(Paolo Nespoli, Italien:) Heiliger Vater, ich habe gespürt, daß Ihr Gebet, euer aller Gebet, hier oben angekommen ist: Ja, wir sind außerhalb dieser Welt, wir kreisen um die Erde und können von einer besonderen Warte aus die Erde betrachten und alles wahrnehmen, was um uns herum ist. Meine Kollegen hier an Bord der Station – Dimitri, Kelly, Ron, Alexander und Andrej – waren in diesem für mich so wichtigen, so tiefgehenden Augenblick bei mir, ebenso wie meine Brüder, meine Schwestern, meine Tanten, meine Cousins, meine Verwandten in den letzten Stunden bei meiner Mutter waren. Für all das bin ich dankbar. Ich habe gespürt, daß ich weit entfernt bin, aber ich habe mich auch sehr nahe gefühlt, und natürlich war der Gedanke, daß ihr alle in diesem Augenblick bei mir seid, daß

ihr mit mir verbunden seid, eine sehr große Erleichterung. Ich danke auch der Europäischen sowie der Amerikanischen Raumfahrtbehörde, daß sie die Mittel zur Verfügung gestellt haben, damit ich in den letzten Augenblicken mit meiner Mutter sprechen konnte.

Liebe Astronauten! Ich danke Ihnen sehr herzlich für diese wunderbare Gelegenheit, Ihnen zu begegnen und mit Ihnen zu sprechen. Sie haben mir und vielen anderen Menschen geholfen, über wichtige Themen nachzudenken, die die Zukunft der Menschheit betreffen. Ich wünsche Ihnen alles Gute für Ihre Arbeit und für den Erfolg Ihrer großen Mission im Dienst der Wissenschaft, der internationalen Zusammenarbeit, des wahren Fortschritts und des Friedens in der Welt. Ich folge Ihnen auch weiterhin in meinen Gedanken und in meinem Gebet und erteile Ihnen gern meinen Apostolischen Segen.

HIER HABE ICH DIE
VOLKSFRÖMMIGKEIT ERLEBT

*Heiliger Vater, Sie waren bereits mehrmals in Kroatien, ihr Vorgän-
ger hat drei Reisen in dieses Land unternommen. Kann man von
einer besonderen Beziehung zwischen dem Heiligen Stuhl und Kroatien sprechen? Was sind die wichtigsten Gründe und Aspekte dieser
Beziehung und dieser Reise?*

Ich selbst war zweimal in Kroatien. Das erste Mal aus Anlaß der Beerdigung von Kardinal Šeper – meinem Vorgänger
in der Glaubenskongregation –, der ein guter Freund war,
denn er war auch Präsident der Theologenkommission, deren Mitglied ich war. Deshalb habe ich seine Güte, seine Intelligenz, sein Unterscheidungsvermögen, seine Fröhlichkeit
kennengelernt. Und das hat mir auch ein Bild von Kroatien
vermittelt, weil er ein großer Kroate und ein großer Europäer
war. Dann wurde ich noch einmal von seinem Privatsekretär
Čapek zu einem Symposion und einer Feier in einem Marienheiligtum eingeladen, auch er ein Mann großer Fröhlichkeit
und Güte. Hier habe ich die Volksfrömmigkeit erlebt, und ich
kann sagen, daß sie der in meiner Heimat sehr ähnlich ist.
Ich habe mich gefreut, diese »Inkarnation des Glaubens« zu
sehen: eines Glaubens, der mit dem Herzen gelebt wird, wo
das Übernatürliche natürlich wird und das Natürliche vom
Übernatürlichen erleuchtet wird. Und so habe ich Kroatien
gesehen und erlebt mit seiner tausendjährigen katholischen
Geschichte, dem Heiligen Stuhl immer sehr nahe, und natürlich mit der vorangegangenen Geschichte der frühen Kirche.
Ich habe gesehen, daß es eine tiefe Brüderlichkeit im Glauben

Pressekonferenz auf dem Flug nach Kroatien, 4. Juni 2011.

gibt, im Willen, Gott zu dienen für den Menschen im christlichen Humanismus. In dieser Hinsicht, so scheint mir, gibt es eine natürliche Verbindung in dieser wahren Katholizität, die offen ist für alle und die die Welt verändert oder die Welt verändern will, den Gedanken des Schöpfers entsprechend.

Heiliger Vater, in Kürze wird sich Kroatien wohl den 27 Nationen anschließen, die Mitglied der Europäischen Union sind: in letzter Zeit hat jedoch in der kroatischen Bevölkerung ein gewisser Skeptizismus gegenüber der Union zugenommen. Haben Sie die Absicht, in dieser Situation den Kroaten eine Botschaft der Ermutigung zu bringen, damit sie nicht nur aus ökonomischer Sicht auf Europa schauen, sondern auch aus kultureller Sicht und mit den christlichen Werten?

Ich denke, die Mehrheit der Kroaten denkt im wesentlichen mit großer Freude an diesen Augenblick, in dem sich das Land der Europäischen Union anschließt, weil es ein tief europäisches Volk ist. Sowohl Kardinal Šeper als auch Kardinal Kuharic und Kardinal Bozanić haben mir immer gesagt: »Wir sind nicht der Balkan, sondern wir sind Mitteleuropa.« Es ist also ein Volk, das sich im Zentrum Europas, seiner Geschichte und seiner Kultur befindet. In diesem Sinne denke ich, ist es logisch, gerecht und notwendig, daß es beitritt. Ich denke auch, daß die Freude darüber vorherrscht, dort zu stehen, wo Kroatien historisch und kulturell immer gewesen ist. Natürlich kann man auch einen gewissen Skeptizismus verstehen, wenn ein zahlenmäßig nicht großes Volk in dieses Europa eintritt, das bereits fertig und aufgebaut ist. Man kann verstehen, daß vielleicht Angst da ist vor einem zu starken zentralistischen Bürokratismus, einer rationalistischen Kultur, die die Geschichte und den Reichtum der Geschichte und auch den Reichtum der historischen Verschiedenheit nicht genügend berücksichtigt. Mir scheint, daß gerade dies auch die Mission dieses Volkes sein könnte, das jetzt beitritt: in der Einheit die Verschiedenheit zu erneuern. Die europäische Identität ist eine eigene Identität im Reichtum der verschiedenen Kulturen, die im christlichen Glauben, in den großen christlichen Werten übereinstimmen. Damit dies erneut sichtbar und wirksam wird, scheint mir eine Mission der jetzt beitretenden Kroaten gerade auch darin zu bestehen, gegen einen gewissen abstrakten Rationalismus die Historizität unserer Kulturen und die Verschiedenheit zu verstärken, die unser Reichtum ist. In diesem Sinn möchte ich die Kroaten ermutigen: der Prozeß derer, die Europa beitreten, ist ein Prozeß gegenseitigen Gebens und Empfangens. Auch Kroatien gibt mit seiner Geschichte, seiner menschlichen und wirtschaftlichen Kapazität, und es empfängt natürlich, unter anderem indem es so den Horizont erweitert und in diesem großen nicht nur wirtschaftlichen Austausch, sondern vor allem auch kulturellen und spirituellen Austausch lebt.

Viele Kroaten haben gehofft, daß aus Anlaß Ihrer Reise die Heiligsprechung des seligen Kardinals Stepinac stattfinden würde: Welche Bedeutung hat diese Gestalt ihrer Meinung nach in der heutigen Zeit?

Der Kardinal war ein großer Hirte und ein großer Christ und so auch ein Mensch eines vorbildlichen Humanismus. Ich würde sagen, es war das Schicksal von Kardinal Stepinac, daß er in zwei gegensätzlichen Diktaturen leben mußte, die aber beide antihumanistisch waren: zuerst das Ustascha-Regime, das den Traum der Autonomie und Unabhängigkeit zu erfüllen schien; in Wirklichkeit aber war es eine Autonomie, die eine Lüge war, weil sie von Hitler für seine Ziele instrumentalisiert wurde. Kardinal Stepinac hat das sehr wohl gemerkt und den wahren Humanismus gegen dieses Regime verteidigt, indem er Serben, Juden und Zigeuner verteidigte; er hat, sagen wir, die Kraft eines wahren Humanismus gezeigt, auch im Leiden. Dann gab es die entgegengesetzte Diktatur des Kommunismus, wo er erneut für den Glauben, für die Gegenwart Gottes in der Welt, für den wahren Humanismus gekämpft hat, der von der Gegenwart Gottes abhängt: nur der Mensch ist Bild Gottes, und der Humanismus blüht auf. Das war, sagen wir es so, sein Schicksal: in zwei unterschiedlichen und gegensätzlichen Kämpfen zu kämpfen, und gerade in dieser Entscheidung für das Wahre gegen den Zeitgeist, dieser Entscheidung für den wahren Humanismus, der dem christlichen Glauben entspringt, ist er ein großes Vorbild nicht nur für die Kroaten, sondern für uns alle.

FÜR SEHR VIELE MENSCHEN SIND WELTJUGENDTAGE DER BEGINN EINER FREUNDSCHAFT MIT GOTT UND MIT ANDEREN

Zu Beginn Ihres Pontifikats fragte man sich, ob Sie die Linie Ihres Vorgängers fortführen würden. Jetzt ist dies bereits Ihr dritter Weltjugendtag, nach Köln und Sydney. Welche Bedeutung messen Sie diesen Ereignissen für die pastorale »Strategie« der Universalkirche im dritten Jahrtausend zu?

Liebe Freunde, guten Tag! Ich freue mich, mit Ihnen nach Spanien zu diesem großen Ereignis zu fliegen. Nachdem ich zwei Weltjugendtage auch persönlich miterlebt habe, kann ich nur sagen, daß Papst Johannes Paul II. wirklich eine Eingebung geschenkt wurde, als er diese große Begegnung der Jugendlichen und der Welt mit dem Herrn ins Leben gerufen hat. Ich würde sagen, die Weltjugendtage sind ein Signal, eine große Flut von Licht; sie verleihen dem Glauben sichtbaren Ausdruck, sie verleihen der Gegenwart Gottes in der Welt sichtbaren Ausdruck und machen so Mut zum Glauben. Oft fühlen sich die Gläubigen in dieser Welt isoliert, fast verloren. Hier sehen sie, daß sie nicht allein sind, daß es ein großes Netz des Glaubens gibt, eine große Gemeinschaft der Gläubigen in der Welt, daß es schön ist, in dieser universalen Freundschaft zu leben. Und so scheint mir, daß Freundschaften entstehen, Freundschaften, die über die Grenzen der verschiedenen Kulturen, der verschiedenen Länder hinausreichen. Dieses Entstehen eines universalen Netzes der Freundschaft, das

---

Pressekonferenz auf dem Flug nach Madrid, 18. August 2011.

die Welt und Gott miteinander verbindet, ist eine wichtige Wirklichkeit für die Zukunft der Menschheit, für das Leben der heutigen Menschheit. Natürlich darf der Weltjugendtag kein isoliertes Ereignis sein, sondern er ist Teil eines größeren Weges. Er wird durch den Weg des Kreuzes vorbereitet, das verschiedene Länder durchzieht und das die Jugendlichen bereits im Zeichen des Kreuzes und im wunderbaren Zeichen der Gottesmutter vereint. So ist die Vorbereitung des Weltjugendtages natürlich viel mehr als die technische Vorbereitung eines Ereignisses mit vielen technischen Problemen: Sie ist eine innere Vorbereitung, ein Aufbruch zu den anderen, gemeinsam zu Gott. Und danach folgt dann die Gründung von Freundschaftsgruppen. Dieser universale Kontakt, der die Grenzen der Kulturen, der menschlichen und religiösen Gegensätze öffnet, muß erhalten bleiben: Es ist ein fortlaufender Weg, der dann zu einem neuen Höhepunkt führt, einem neuen Weltjugendtag. Ich glaube, daß man den Weltjugendtag in diesem Sinne als Zeichen sehen muß, als Teil eines großen Weges; er stellt Freundschaften her, öffnet Grenzen und macht deutlich, daß es schön ist, bei Gott zu sein, daß Gott bei uns ist. In diesem Sinne wollen wir diese große Idee des seligen Papstes Johannes Paul II. fortführen.

Heiliger Vater, die Zeiten ändern sich. Europa und die westliche Welt im allgemeinen erleben eine tiefe Wirtschaftskrise, die jedoch auch Dimensionen gravierender sozialer und moralischer Schwierigkeiten und großer Ungewißheit im Hinblick auf die Zukunft aufweist, die für die Jugendlichen besonders schmerzlich werden. Wir haben zum Beispiel gesehen, was sich in den vergangenen Tagen in Großbritannien abgespielt hat, wo Auflehnung und Aggressivität zum Ausbruch gekommen sind. Gleichzeitig gibt es Anzeichen für einen großherzigen und begeisterten Einsatz gläubiger und nichtgläubiger Jugendlicher im Bereich des Volontariats und der Solidarität. In Madrid werden wir vielen wunderbaren Jugendlichen begegnen. Welche Botschaften kann die Kirche vermitteln, um den Jugendlichen der Welt Hoffnung und Ermutigung zu bringen, vor allem jenen, die heute versucht sind, entmutigt zu sein und sich aufzulehnen?

In der Tat bestätigt sich in der gegenwärtigen Wirtschaftskrise das, was bereits in der vorherigen großen Krise deutlich geworden ist: Die ethische Dimension ist nicht außerhalb der wirtschaftlichen Probleme anzusiedeln, sondern sie ist eine innere und grundlegende Dimension. Die Wirtschaft funktioniert nicht nur durch die Eigenregulierung des Marktes, sondern sie braucht eine ethische Grundlage, um für den Menschen zu funktionieren. Wieder wird das deutlich, was Papst Johannes Paul II. bereits in seiner ersten Sozialenzyklika gesagt hatte: daß der Mensch im Mittelpunkt der Wirtschaft stehen muß und daß nicht der größtmögliche Gewinn, sondern das Gemeinwohl die Bemessungsgrundlage für die Wirtschaft sein muß, daß sie Verantwortung für den anderen einschließt und nur dann wirklich gut funktioniert, wenn sie in humaner Weise funktioniert, mit Respekt gegenüber dem anderen. Und zwar in unterschiedlichen Dimensionen: Verantwortung für die eigene Nation und nicht nur für sich selbst, Verantwortung für die Welt. Denn auch eine Nation steht nicht isoliert da, auch Europa steht nicht isoliert da, sondern trägt Verantwortung für die gesamte Menschheit und muß die wirtschaftlichen Probleme immer auch unter diesem Gesichtspunkt der Verantwortung für andere Teile der Welt betrachten – für die, die leiden, die Durst und Hunger haben, die keine Zukunft haben. Die dritte Dimension dieser Verantwortung ist die Verantwortung für die Zukunft. Wir wissen, daß wir unseren Planeten schützen müssen, und letztlich müssen wir das Funktionieren des Dienstes der wirtschaftlichen Arbeit für alle schützen und daran denken, daß das Morgen auch das Heute ist. Wenn die Jugendlichen von heute keine Perspektiven in ihrem Leben finden, dann ist auch unser Heute falsch und »schlecht«. Die Kirche mit ihrer Soziallehre, mit ihrer Lehre der Verantwortung vor Gott macht uns offen und fähig, auf den größtmöglichen Gewinn zu verzichten und die Dinge in der humanistischen und religiösen Dimension zu betrachten. Das bedeutet, daß einer für den anderen da sein muß. So lassen sich auch Wege öffnen. Die zahlreichen freiwilligen Helfer, die in verschiedenen Teilen der Welt tätig sind – nicht für sich selbst, sondern für den anderen – und die gerade so den Sinn des Lebens finden, zeigen, daß dies möglich ist und daß eine Erziehung zu diesen großen Zielen, um die die Kirche bemüht ist, grundlegend ist für unsere Zukunft.

Heiliger Vater, die Jugendlichen der heutigen Welt leben im Allgemeinen in multikulturellen und multikonfessionellen Umfeldern. Gegenseitige Toleranz ist notwendiger denn je. Sie legen immer wieder großen Nachdruck auf das Thema der Wahrheit. Meinen Sie nicht, daß diese Betonung der Wahrheit – der einzigen Wahrheit, die Christus ist – für die Jugend von heute ein Problem ist? Meinen Sie nicht, daß sie dies zum Antagonismus verleitet und es ihnen schwer macht, mit den anderen einen Dialog zu führen und gemeinsam auf der Suche zu sein?

Die Verbindung zwischen Wahrheit und Intoleranz, Monotheismus und Unfähigkeit zum Dialog mit anderen ist ein Argument, das in der Debatte über das Christentum von heute oft wiederkehrt. Natürlich hat es in der Geschichte auch Mißbrauch gegeben, sowohl im Hinblick auf das Konzept der Wahrheit als auch auf das Konzept des Monotheismus; aber es handelte sich dabei um Mißbrauch. Die Wirklichkeit sieht ganz anders aus. Das Argument ist verkehrt, weil man nur in der Freiheit zur Wahrheit gelangen kann. Man kann Verhaltensweisen, die Beachtung von Regeln oder Taten mit Gewalt erzwingen, aber nicht die Wahrheit! Die Wahrheit öffnet sich nur der Freiheit, der freien Zustimmung, und darum sind Freiheit und Wahrheit eng miteinander verbunden; die eine setzt die andere voraus. Im übrigen gibt es keine Alternative zur Suche nach der Wahrheit, nach den wahren Werten, die Leben und Zukunft geben: Wir wollen keine Lüge, wir wollen keinen Positivismus von Normen, die gewissermaßen mit Gewalt auferlegt werden. Nur die wahren Werte führen in die Zukunft, und daher kann man sagen, daß es notwendig ist, die wahren Werte zu suchen und nicht die Willkür einiger weniger zuzulassen, nicht zuzulassen, daß sich eine positivistische Vernunft durchsetzt, die uns im Hinblick auf die ethischen Probleme, die großen Probleme des Menschen vermittel: Es gibt keine rationale Wahrheit. Das würde wirklich bedeuten, den Menschen der Willkür der Machthaber auszusetzen. Wir müssen immer auf der Suche sein nach der Wahrheit, nach den wahren Werten. Wir haben eine Keimzelle in den Grundwerten, den Grundrechten des Menschen und erkennen andere, ähnliche Grundelemente an, und gerade diese führen uns zum Dialog miteinander. Die Wahrheit als solche ist dialogisch, weil sie versucht, besser zu erkennen, besser zu verstehen, und sie tut dies im Dialog mit den anderen. So ist die Suche nach der Wahrheit und der Würde des Menschen der größte Schutz der Freiheit.

Die Weltjugendtage sind eine wunderschöne Zeit, sie wecken große Begeisterung. Dann gehen die Jugendlichen jedoch wieder nach Hause und finden wieder eine Welt vor, in der die religiöse Praxis stark im Rückgang begriffen ist. Wie kann man den Früchten der Weltjugendtage Kontinuität verleihen? Glauben Sie, daß sie über die große Begeisterung des Augenblicks hinaus wirklich dauerhafte Früchte hervorbringen?

Gottes Saat wächst immer in der Stille heran, sie schlägt sich nicht sofort in den Statistiken nieder. Mit dem Samen, den der Herr durch die Weltjugendtage in die Erde streut, ist es wie mit dem Samen, von dem er im Evangelium spricht: Etwas fällt auf den Weg und geht verloren; etwas fällt auf felsigen Boden und geht verloren; etwas fällt in die Dornen und geht verloren; aber etwas fällt auf guten Boden und bringt reiche Frucht. Genauso ist es auch mit dem Samen des Weltjugendtages: Vieles geht verloren – und das ist menschlich. Mit anderen Worten des Herrn: Das Senfkorn ist klein, aber es wächst und wird zu einem großen Baum. Noch anders gesagt: Gewiß geht viel verloren, wir können nicht sofort sagen, daß ab morgen wieder ein großes Wachstum der Kirche beginnt. Gott wirkt nicht so. Sondern es wächst in der Stille und mit großer Kraft. Ich weiß, daß aus den anderen Weltjugendtagen viele Freundschaften entstanden sind, Freundschaften für das Leben, viele neue Erfahrungen, daß Gott da ist. Und auf dieses stille Wachstum vertrauen wir. Und auch wenn es nicht aus den Statistiken hervorgeht, so sind wir sicher, daß die Saat des Herrn wirklich wächst. Für sehr viele Menschen ist es der Beginn einer Freundschaft mit Gott und mit anderen, einer Universalität des Denkens, einer gemeinsamen Verantwortung, die uns wirklich zeigt, daß diese Tage Früchte tragen. Danke!

ICH KOMME MIT FREUDE IN MEIN DEUTSCHLAND

Eure Heiligkeit, erlauben Sie uns zuerst eine sehr persönliche Frage. Wie deutsch fühlt sich Papst Benedikt XVI. noch? Und woran bemerkt er, wie sehr – oder zunehmend weniger – seine deutsche Herkunft eine Rolle spielt?

Hölderlin hat gesagt: Am meisten vermag doch die Geburt. Und das spüre ich natürlich auch. Ich bin in Deutschland geboren, und die Wurzel kann nicht abgeschnitten werden und soll nicht abgeschnitten werden. Ich habe meine kulturelle Formung in Deutschland empfangen. Meine Sprache ist deutsch, und die Sprache ist die Weise, in der der Geist lebt und wirksam wird. Meine ganze kulturelle Formung ist dort geschehen. Wenn ich Theologie treibe, tue ich es aus der inneren Form heraus, die ich an den deutschen Universitäten gelernt habe; und leider muß ich gestehen, daß ich immer noch mehr deutsche als andere Bücher lese, so daß in meiner kulturellen Lebensgestalt dieses Deutschsein sehr stark ist. Die Zugehörigkeit zu dieser eigenen Geschichte mit ihrer Größe und ihrer Schwere kann und soll nicht aufgehoben werden. Aber bei einem Christen kommt schon etwas anderes dazu. Er wird in der Taufe neugeboren, in ein neues Volk aus allen Völkern hinein, in ein Volk, das alle Völker und Kulturen umfaßt und in dem er nun wirklich ganz zu Hause ist, ohne seine natürliche Herkunft zu verlieren. Wenn man dann eine große Verantwortung – wie ich die oberste Verantwortung – in diesem neuen Volk übernimmt, ist klar, daß man immer tiefer in dieses hineinwächst. Die Wurzel wird zum Baum,

Pressekonferenz auf dem Flug nach Deutschland, 22. September 2011.

der sich vielfältig erstreckt, und das Daheimsein in dieser großen Gemeinschaft eines Volkes aus allen Völkern, der katholischen Kirche, wird lebendiger und tiefer, prägt das ganze Dasein, ohne das Vorherige aufzuheben. So würde ich sagen: Es
bleibt die Herkunft, es bleibt die kulturelle Gestalt, es bleibt
natürlich auch die besondere Liebe und Verantwortung, aber
eingebettet und ausgeweitet in die große Zughörigkeit, in die
Civitas Dei hinein, wie Augustinus sagen würde, das Volk aus
allen Völkern, in dem wir alle Brüder und Schwestern sind.

*Heiliger Vater, in den letzten Jahren gab es in Deutschland eine Zu-
nahme der Kirchenaustritte, teilweise auch wegen des Mißbrauchs
Minderjähriger durch Mitglieder des Klerus. Wie stehen Sie zu diesem Phänomen, und was würden Sie denen sagen, die die Kirche
verlassen wollen?*

Unterscheiden wir vielleicht zunächst die besondere Begrün-
dung derer, die über diese Verbrechen empört sind, die in letzter Zeit aufgedeckt wurden. Ich kann verstehen, daß jemand
im Licht solcher Informationen – vor allem wenn sie einem
nahestehende Menschen betreffen – sagt: »Das ist nicht mehr
meine Kirche. Die Kirche war für mich eine Kraft der Humanisierung und der Sittlichkeit. Wenn Vertreter der Kirche das
Gegenteil tun, kann ich in dieser Kirche nicht mehr leben.«
Das ist eine Sondersituation. Im allgemeinen sind die Gründe
vielfältig, im Kontext der Säkularisierung unserer Gesellschaft. Und diese Austritte sind gewöhnlich der letzte Schritt
eines langen Weges der Entfernung von der Kirche. In diesem
Zusammenhang scheint es mir wichtig, sich zu fragen und
zu überlegen: »Warum bin ich in der Kirche? Bin ich in der
Kirche wie in einem Sportverein, einem Kulturverein usw.,
wo ich meine Interessen habe, und wenn diese nicht mehr berücksichtigt werden, dann trete ich aus; oder ist in der Kirche
zu sein etwas Tieferes?« Ich würde sagen, es wäre wichtig zu
erkennen, daß in der Kirche zu sein nicht bedeutet, in irgen-
deinem Verein zu sein, sondern im »Netz« des Herrn, in dem
er gute und schlechte Fische aus den Wassern des Todes ans
Land des Lebens zieht. Es kann sein, daß ich in diesem Netz

ausgerechnet neben schlechten Fischen bin und daß ich das spüre, doch bleibt wahr, daß ich da nicht wegen diesem oder jenem bin, sondern weil es das Netz des Herrn ist. Es ist etwas anderes als alle menschlichen Vereine, eine Wirklichkeit, die den Grund meines Seins berührt. Wenn wir mit diesen Menschen sprechen, dann – denke ich – müssen wir der Frage auf den Grund gehen: Was ist die Kirche? Worin besteht ihre Verschiedenheit? Warum bin ich in der Kirche, auch wenn es da schreckliche Skandale und entstellte Menschlichkeit gibt? Und wir müssen so das Bewußtsein erneuern für die Besonderheit dieses Kircheseins, des Volkes aus allen Völkern, das das Volk Gottes ist; und müssen so lernen, auch die Skandale zu ertragen und gegen diese Skandale anzugehen, gerade da man sich drinnen, in diesem großen Netz des Herrn befindet.

Es ist nicht das erste Mal, daß Personengruppen sich Ihrem Kommen in ein Land entgegenstellen. Das Verhältnis Deutschlands zu Rom ist traditionell kritisch, zum Teil sogar in katholischen Kreisen. Die Kontroversthemen sind seit langem bekannt: Kondom, Eucharistie, Zölibat. Vor Ihrer Reise haben auch Parlamentarier kritische Positionen eingenommen. Aber auch vor Ihrer Reise nach Großbritannien schien die Stimmung nicht gerade freundschaftlich, und dann ist es gut ausgegangen. Mit welchen Gefühlen begeben Sie sich jetzt in Ihre alte Heimat und werden Sie sich an die Deutschen wenden?

Vor allem würde ich sagen: In einer freien Gesellschaft und in einer säkularisierten Zeit ist es normal, daß es Oppositionen gegen einen Besuch des Papstes gibt. Es ist auch recht – ich respektiere sie alle –, daß sie diesen ihren Widerspruch zum Ausdruck bringen: Das gehört zu unserer Freiheit, und wir müssen zur Kenntnis nehmen, daß die Säkularisierung und auch die Opposition gerade gegenüber dem Katholizismus stark ist. Und wenn diese Oppositionen in zivilisierter Weise ausgedrückt werden, ist nichts dagegen einzuwenden. Andererseits ist aber auch wahr, daß es große Erwartungen und viel Liebe dem Papst gegenüber gibt. Aber vielleicht muß ich noch sagen, daß in Deutschland verschiedene Dimensionen dieser Opposition existieren: der alte Widerspruch zwischen germanischer und romanischer Kultur, die Auseinandersetzungen der Geschichte, dazu sind wir das Land der Reformation, die diese Gegensätzlichkeiten noch verschärft hat. Aber es gibt auch eine große Zustimmung zum katholischen Glauben, eine zunehmende Einsicht, daß wir eine Überzeugung brauchen, daß wir eine moralische Kraft in unserer Zeit brauchen, daß wir eine Gegenwart Gottes in dieser unserer Zeit brauchen. So weiß ich, daß zugleich mit der Opposition – die ich normal finde und die zu erwarten war – viele Menschen da sind, die mich freudig erwarten, die ein Fest des Glaubens erwarten, ein Zusammensein sowie die Freude, Gott zu kennen und gemeinsam auf Zukunft hin zu leben, die Freude, daß Gott uns an der Hand hält und uns den Weg weist. Darum komme ich mit Freude in mein Deutschland und bin glücklich, die Botschaft Christi in mein Land zu tragen.

Sie werden in Erfurt das alte Kloster des Reformatoren Martin Luther besuchen. Die evangelischen Christen – und die Katholiken, die mit ihnen im Dialog stehen – sind dabei, sich auf den 500. Jahrestag der Reformation vorzubereiten. Mit welcher Botschaft, mit welchen Gedanken bereiten Sie sich auf die Begegnung vor? Ist Ihre Reise auch als eine brüderliche Geste gegenüber den von Rom getrennten Brüdern und Schwestern zu verstehen?

Als ich die Einladung zu dieser Reise angenommen habe, war es für mich klar, daß die Ökumene mit unseren evangelischen Freunden ein wichtiger Punkt, ein zentraler Punkt dieser Reise sein müßte. Wir leben, wie bereits gesagt, in einer Zeit des Säkularismus, in der die Christen gemeinsam die Aufgabe haben, die Botschaft Gottes, die Botschaft Christi gegenwärtig werden zu lassen, den Glauben und das Voranschreiten in diesen großen Ideen und Wahrheiten zu ermöglichen. Deshalb ist es ein grundsätzliches Element für unsere Zeit, daß Katholiken und Protestanten sich zusammentun, selbst wenn wir institutionell noch nicht vollkommen eins sind, selbst wenn Probleme bleiben, auch große Probleme – im Fundament des Glaubens an Christus, an den dreifaltigen Gott und bezüglich des Menschen als Gottes Ebenbild sind wir einig.

Und dies der Welt zu zeigen und diese Einheit zu vertiefen, ist wesentlich in diesem geschichtlichen Moment. Deshalb bin ich unseren Freunden, den protestantischen Brüdern und Schwestern, sehr dankbar, daß sie ein ganz bedeutsames Zeichen möglich gemacht haben: die Begegnung in dem Kloster, wo Luther seinen theologischen Weg begonnen hat, das Gebet in der Kirche, in der er zum Priester geweiht wurde, und das Miteinander-Sprechen über unsere Verantwortung als Christen in dieser Zeit. Ich bin sehr glücklich darüber, so diese grundsätzliche Einheit zeigen zu können, daß wir Brüder und Schwestern sind und zusammen für das Wohl der Menschen arbeiten, indem wir die Frohe Botschaft Christi verkünden, des Gottes, der ein menschliches Antlitz hat und der zu uns spricht.

DAS CHRISTENTUM IST KEIN SCHWIERIGES EUROPÄISCHES SYSTEM

Heiliger Vater, diese Reise führt uns nach Benin. Aber es ist eine sehr wichtige Reise für den ganzen afrikanischen Kontinent. Warum haben Sie gemeint, daß gerade Benin das geeignete Land sei, um eine Botschaft an das ganze Afrika von heute und morgen zu richten?

Dafür gibt es verschiedene Gründe. Erstens, Benin ist ein Land, in dem Frieden herrscht, äußerer und innerer Friede. Es gibt funktionierende demokratische Institutionen, die im Geist der Freiheit und Verantwortung verwirklicht worden sind, und daher sind Gerechtigkeit und die Arbeit für das Gemeinwohl möglich und werden vom Funktionieren des demokratischen Systems und vom Verantwortungsbewußtsein in Freiheit gewährleistet. Der zweite Grund ist, daß in Benin wie im Großteil der afrikanischen Länder verschiedene Religionen nebeneinander bestehen und es ein friedliches Zusammenleben zwischen diesen Religionen gibt. Da gibt es die Christen in ihrer nicht immer einfachen Verschiedenheit, es gibt die Muslime und dann sind da noch die traditionellen Religionen, und diese verschiedenen Religionen leben miteinander in gegenseitiger Achtung und in der gemeinsamen Verantwortung für den Frieden, für die Versöhnung im Inneren und nach außen. Mir scheint, daß dieses Zusammenleben zwischen den Religionen, der interreligiöse Dialog als Faktor des Friedens und der Freiheit ein wichtiger Aspekt ist, der übrigens auch einen wichtigen Teil des Nachsynodalen Apostolischen Schreibens bildet. Der dritte Grund schließlich

Pressekonferenz auf dem Flug nach Benin, 18. November 2011.

ist, daß dieses Land die Heimat meines lieben Freundes Kardinal Bernardin Gantin ist: Ich hatte immer den Wunsch, eines Tages an seinem Grab zu beten. Er ist für mich wirklich ein großer Freund – darüber werden wir vielleicht am Ende noch einmal reden –, und deshalb ist der Besuch des Landes von Kardinal Gantin, eines großen Vertreters des katholischen Afrika und des humanen und kulturellen Afrika, für mich ebenfalls ein Grund, warum ich in dieses Land reisen möchte.

Während die Afrikaner die Schwächung ihrer traditionellen Gemeinschaften erleben, sieht sich die katholische Kirche mit dem wachsenden Erfolg mitunter in Afrika selbst entstandener evangelikaler oder Pfingstkirchen konfrontiert, die einen anziehenden Glauben, eine starke Simplifizierung der christlichen Botschaft anbieten: Sie setzen auf Heilungen, mischen ihre Gottesdienste mit traditionellen Kultformen. Wie steht die katholische Kirche zu diesen, ihr gegenüber aggressiven Gemeinschaften? Und wie kann sie anziehend sein, wenn diese Gemeinschaften als festlich gestimmt, warmherzig oder inkulturiert auftreten?

Diese Gemeinschaften sind ein weltweites Phänomen, sie sind auf allen Kontinenten anzutreffen; stark vertreten sind sie in verschiedensten Formen vor allem in Lateinamerika und in Afrika. Ich würde als kennzeichnend für diese Gemeinschaften folgende Elemente nennen: geringe institutionelle Dichte, wenige Institutionen, kaum lehrmäßiges Gepäck, eine leichte, einfache, verständliche, scheinbar konkrete Botschaft und dann – wie Sie gesagt haben – eine Liturgie unter Beteiligung aller, wobei die eigenen Gefühle, die eigene Kultur und auch synkretistische Kombinationen zwischen verschiedenen Religionen Ausdruck finden. Das alles garantiert einerseits Erfolg, beinhaltet aber auch geringe Stabilität. Wir wissen auch, daß viele zur katholischen Kirche zurückkehren oder von einer dieser Gemeinschaften zur anderen wandern. Daher sollen wir nicht diese Gemeinschaften nachahmen, sondern uns fragen, was wir tun können, um dem katholischen Glauben neue Lebenskraft zu geben. Und, so würde ich sagen, ein erster Punkt ist gewiß eine einfache, tiefgehende, verständliche Botschaft; wichtig ist, daß das Christentum nicht als ein schwieriges europäisches System erscheint, das ein anderer nicht verstehen und verwirklichen kann, sondern als eine universale Botschaft: daß es Gott gibt, daß Gott mit uns in Verbindung tritt, daß Gott uns kennt und uns liebt und daß die konkrete Religion Zusammenarbeit und Brüderlichkeit hervorbringt. Eine einfache und konkrete Botschaft ist also sehr wichtig. Sehr wichtig ist sodann auch, daß die Institution kein zu großes Gewicht hat, daß – sagen wir – die Initiative der Gemeinschaft und der einzelnen Person Vorrang hat. Und – würde ich sagen – auch eine partizipative, aber nicht sentimentale Liturgie: Sie darf nicht nur auf der Äußerung der Gefühle beruhen, sondern sie muß geprägt sein von der Gegenwart des Geheimnisses, in das wir eintreten und von dem wir uns formen lassen. Und schließlich, würde ich sagen, ist es wichtig, bei der Inkulturation nicht die Universalität zu verlieren. Ich würde es vorziehen, nicht so sehr von Inkulturation, sondern eher von Interkulturalität zu sprechen – das heißt von einer Begegnung der Kulturen in der gemeinsamen Wahrheit unseres Menschseins in unserer Zeit – und auf diese Weise auch in der universalen Brüderlichkeit zu wachsen; diese große Wirklichkeit, die Katholizität, nicht zu verlieren: daß wir in allen Teilen der Welt Geschwister sind, eine Familie, die sich kennt und die im Geist der Brüderlichkeit zusammenarbeitet.

Heiliger Vater, in den letzten Jahrzehnten hat es auf afrikanischem Boden viele Aktionen zur Friedenssicherung gegeben, Konferenzen für nationalen Wiederaufbau von Staaten, Wahrheits- und Versöhnungskommissionen mit manchmal guten und manchmal enttäuschenden Ergebnissen. Während der Synodalversammlung haben die Bischöfe deutliche Worte über die Verantwortung der Politiker in den Problemen des Kontinents gesprochen. Was für eine Botschaft möchten Sie an die verantwortlichen Politiker Afrikas richten, und worin besteht der spezifische Beitrag, den die Kirche zum Aufbau eines dauerhaften Friedens auf dem Kontinent leisten kann?

Die Botschaft steht in dem Text, den ich der Kirche in Afrika überreichen werde; ich kann sie jetzt nicht in wenigen Worten zusammenfassen. Es stimmt, daß es viele internationale Konferenzen gerade auch für Afrika, für die universale Brüderlichkeit gegeben hat. Da wird Gutes gesagt, und manchmal wird auch wirklich etwas Gutes getan; das müssen wir anerkennen. Aber gewiß sind die Worte, die Absichten und auch der Wille größer als die Umsetzung, und wir müssen uns fragen, warum die Wirklichkeit nicht an die Worte und an die guten Absichten heranreicht. Mir scheint, ein grundlegender Faktor dafür ist, daß diese Erneuerung, diese universale Brüderlichkeit Verzicht erfordert, daß sie auch verlangt, den Egoismus zu überwinden und für den anderen da zu sein. Und das ist leicht gesagt, aber schwer zu verwirklichen. Der Mensch, wie er nach dem Sündenfall dasteht, will sich selbst besitzen, er will das Leben haben und nicht das Leben hingeben. Alles, was ich habe, möchte ich behalten. Aber mit dieser Gesinnung, in der ich nicht geben, sondern haben will, können die großen Vorhaben natürlich nicht gelingen. Tatsächlich können wir nur durch die Liebe und die Erkenntnis eines Gottes, der uns liebt, der uns beschenkt, dahin gelangen, daß wir wagen, das Leben zu verlieren, wagen, uns hinzugeben, uns zu verschenken, weil wir wissen, daß wir es gerade so gewinnen. Daher betreffen heute die Details, die in dem Abschlußdokument der Synode stehen, diese grundlegende Position: Wenn wir Gott lieben und uns in Freundschaft mit diesem Gott, der sich hingibt, befinden, können auch wir es wagen und darum bitten, zu geben und nicht nur zu haben; zu verzichten, für den anderen da zu sein, das Leben zu verlieren in der Gewißheit, daß wir es so, gerade so gewinnen.

Bei der Eröffnung der Afrikasynode in Rom hatten Sie von Afrika als einer »großen geistlichen Lunge für eine Menschheit, die sich in einer Krise des Glaubens und der Hoffnung befindet«, gesprochen. Wenn man an die großen Probleme Afrikas denkt, scheint diese Formulierung geradezu befremdlich. In welchem Sinn denken Sie, daß aus Afrika wirklich Glaube und Hoffnung für die Welt kommen kann? Denken Sie an eine Rolle Afrikas auch bei der Evangelisierung der übrigen Welt?

Natürlich hat Afrika große Probleme und Schwierigkeiten, die gesamte Menschheit hat große Probleme. Wenn ich an meine Jugend denke, da war die Welt völlig verschieden von der heutigen, und mitunter meine ich, auf einem anderen Planeten zu leben als in meiner Kindheit. Die Menschheit befindet sich in einem immer schnelleren Veränderungsprozeß. Für Afrika ist dieser Prozeß der letzten 50 bis 60 Jahre – von der Erlangung der Unabhängigkeit nach dem Kolonialismus bis zur heutigen Zeit – ein sehr anspruchsvoller, natürlich sehr schwieriger Prozeß gewesen, mit großen Nöten und Problemen, und diese Probleme sind noch nicht überwunden. Während sich die Menschheit vorwärts bewegt, wachsen auch die Schwierigkeiten. Doch diese Frische des Ja zum Leben, die in Afrika vorhanden ist, diese Jugend dort, die voller Enthusiasmus und Hoffnung, aber auch voller Humor und Freude ist, zeigt uns, daß es hier eine menschliche Reserve gibt, daß noch eine Frische des religiösen Empfindens und der Hoffnung vorhanden ist, daß es noch eine Wahrnehmung der metaphysischen Wirklichkeit gibt, der Wirklichkeit in ihrer Ganzheit mit Gott: nicht diese Verkürzung auf den Positivismus, der unser Leben einengt, es ein wenig trocken und kalt werden läßt und auch die Hoffnung auslöscht. Ich würde daher von einem frischen Humanismus sprechen, der trotz aller Probleme, die es gibt und weiter geben wird, in der jungen Seele Afrikas zu finden ist und zeigt, daß es hier noch eine Reserve an Leben und Lebenskraft für die Zukunft gibt, auf die wir zählen können.

Wir wissen, daß auf dieser Reise die Erinnerung an die Gestalt von Kardinal Gantin einen sehr wichtigen Platz einnimmt. Sie haben ihn sehr gut gekannt. Er war Ihr Vorgänger als Dekan des Kardinalskollegiums, und die Wertschätzung, die ihn allgemein umgibt, ist sehr groß. Wollen Sie uns noch ein kurzes persönliches Zeugnis über ihn geben?

Ich habe Kardinal Gantin zum ersten Mal bei meiner Weihe zum Erzbischof von München im Jahr 1977 gesehen. Er war gekommen, weil einer seiner Schüler mein Student war: So bestand zwischen uns gleichsam schon eine Freundschaft, noch ehe wir uns gesehen hatten. An diesem entscheidenden Tag meiner Bischofsweihe war es für mich sehr schön, diesem jungen afrikanischen Bischof zu begegnen, der voller Glaube, Freude und Mut war. Dann haben wir sehr viel zusammengearbeitet, vor allem als er Präfekt der Kongregation für die Bischöfe war, und dann im Kardinalskollegium. Ich habe immer seine praktische und tiefe Intelligenz bewundert; sein Unterscheidungsvermögen, nicht in irgendwelche Phraseologien abzugleiten, sondern zu erfassen, was das Wesentliche war und was keinen Sinn hatte. Und dann war da noch sein echter Sinn für Humor, der sehr schön war. Vor allem aber war er ein Mann tiefen Glaubens und des Gebetes. Das alles hat Kardinal Gantin nicht nur zu einem Freund, sondern auch zu einem Vorbild gemacht, dem man folgen sollte, zu einem großen afrikanischen katholischen Bischof. Ich bin wirklich glücklich, nun an seinem Grab beten und seine Nähe und seinen großen Glauben spüren zu können, der ihn – für mich immer – zu einem Vorbild und Freund macht.

AUCH ICH HAB DICH GERN

Ich möchte Ihnen unseren und meinen persönlichen Dank für diesen Besuch aussprechen, der für uns ein großes Zeichen der Solidarität, der Menschlichkeit und des Trostes bedeutet. Wird Ihre Geste in ihrer Schlichtheit auch von unseren Politikern und Regierenden dahingehend verstanden werden, daß allen, die zu den Geringsten in der Gesellschaft gehören, einschließlich uns Häftlingen, die Würde und Hoffnung zurückgegeben werden soll, die jedem Lebewesen zuerkannt werden muß?

Danke für Ihre Worte. Ich spüre Ihre Liebe für den Heiligen Vater und bin tief gerührt von dieser Freundschaft, die ich bei euch allen spüre. Und ich möchte euch sagen, daß ich oft an euch denke und immer für euch bete, weil ich weiß, daß es eine sehr schwere Situation für euch ist, die oft statt dabei zu helfen, die Freundschaft mit Gott und mit den Menschen zu erneuern, auch das innere Befinden noch weiter verschlimmert. Ich bin vor allem gekommen, um euch diese meine persönliche, tiefe Nähe in der Gemeinschaft mit Christus zu zeigen, der euch – wie schon gesagt – liebt, eine persönliche innere Nähe. Aber natürlich ist dieser Besuch, der euch persönlich gelten soll, auch eine öffentliche Geste, die unsere Mitbürger, unsere Regierung daran erinnert, daß es in den italienischen Haftanstalten große Probleme und Schwierigkeiten gibt. Und sicher ist es der Sinn dieser Haftanstalten, die Gerechtigkeit zu fördern, und die Gerechtigkeit beinhaltet als erstes Anliegen die Menschenwürde. Sie sollen daher so angelegt sein, daß die Würde wächst, die Würde geachtet wird und ihr in euch selbst den

---

Begegnung mit den Insassen des Gefängnisses von Rebibbia (Rom), 18. Dezember 2011.

Sinn der Würde erneuern könnt, um besser auf diese unsere innere Berufung antworten zu können. Wir haben den Justizminister gehört, wir haben gespürt, wie er mit euch fühlt, daß er eure ganze reale Situation kennt, und so können wir überzeugt sein, daß unsere Regierung und die Verantwortlichen das Mögliche tun werden, um diese Situation zu verbessern, um euch zu helfen, daß ihr hier tatsächlich eine gute Verwirklichung einer Gerechtigkeit findet, die euch helfen soll, mit der ganzen Überzeugung von eurer menschlichen Berufung und mit der ganzen Achtung, die eure menschliche Situation erfordert, in die Gesellschaft zurückzukehren. Ich möchte daher, soweit ich das kann, immer Zeichen für das geben, worauf es ankommt, damit diese Gefängnisse ihren Sinn erfüllen, nämlich die menschliche Würde zu erneuern und diese Würde nicht anzugreifen, und die Situation zu verbessern. Wir hoffen, daß die Regierung die Möglichkeit hat und alle Möglichkeiten einsetzt, um dieser Berufung zu entsprechen. Danke.

Ich würde dich gern hunderttausend Dinge fragen ... doch statt eine Frage zu stellen, möchte ich dich lieber um die Erlaubnis bitten, uns mit unserem und dem Leiden unserer Angehörigen an dir festzuhalten, wie ein Stromkabel, das mit unserem Herrn in Verbindung steht. Ich hab dich gern.

Auch ich hab dich gern und bin dir dankbar für diese Worte, die mein Herz rühren. Ich denke: Mein Besuch hier zeigt, daß ich den Worten des Herrn folgen möchte – ich habe sie in meiner Ansprache vorgelesen –, Worte, die mich immer von neuem berühren, wenn er beim Weltgericht sagt: »Ich war im Gefängnis, und ihr habt mich besucht; ich habe auf euch gewartet.« Diese Identifikation des Herrn mit den Häftlingen verpflichtet uns zutiefst, und ich muß mich fragen: Habe ich nach diesem Gebot des Herrn gehandelt? Habe ich dieses Wort des Herrn berücksichtigt? Das ist ein Grund, weshalb ich zu euch gekommen bin, weil ich weiß, daß mich in euch der Herr erwartet, daß ihr diese menschliche Anerkennung nötig habt und daß ihr diese Anwesenheit des Herrn braucht, der uns beim Endgericht genau danach fragen wird. Und des-

347

halb hoffe ich, daß hier immer mehr das eigentliche Ziel dieser Strafvollzugsanstalten erreicht werden kann: den Häftlingen dabei zu helfen, wieder zu sich selber zu finden, ihnen zu helfen, mit sich selbst zurechtzukommen, in der Versöhnung mit sich selbst, mit den anderen und mit Gott voranzukommen, um wieder in die Gesellschaft zurückzukehren und bei der menschlich-humanitären Entwicklung mitzuhelfen. Der Herr wird euch dabei helfen. In meinen Gebeten bin ich immer bei euch. Ich weiß, daß es meine besondere Pflicht ist, für euch zu beten, euch gleichsam nach oben, »zum Herrn zu ziehen«, weil der Herr durch unser Gebet hilft: Das Gebet ist eine Realität. Ich lade auch alle anderen zum Beten ein, so daß es sozusagen ein starkes Seil gibt, das euch »zum Herrn hinzieht« und uns auch untereinander verbindet. Seid dieser Kraft meines Gebets gewiß, und ich lade auch die anderen ein, sich mit euch im Gebet zu vereinigen und so gleichsam eine einzige Seilschaft zu bilden, die auf dem Weg zum Herrn ist.

Ist es Ihrer Meinung nach gerecht, daß man mir, nachdem ich alle Mitglieder meiner Familie, einen nach dem anderen, verloren habe, jetzt, wo ich ein neuer Mensch und seit zwei Monaten Papa eines entzückenden Mädchens namens Gaia bin, nicht die Möglichkeit zugesteht, nach Hause zurückzukehren, ungeachtet dessen, daß ich die Schuld gegenüber der Gesellschaft weitgehend bezahlt habe?

Zunächst herzlichen Glückwunsch! Ich freue mich, daß Sie Vater sind, daß Sie sich als ein neuer Mensch betrachten und daß Sie ein wunderbares Töchterchen haben: das ist ein Geschenk Gottes. Ich kenne natürlich nicht die Einzelheiten Ihres Falles, aber ich hoffe, daß Sie möglichst bald zu Ihrer Familie zurückkehren können. Sie wissen, daß nach der Lehre der Kirche die Familie eine fundamentale Bedeutung hat; es ist wichtig, daß der Vater sein Töchterchen auf dem Arm halten kann. Und so bete und hoffe ich, daß Sie möglichst bald Ihr Töchterchen tatsächlich im Arm halten können; daß Sie mit Frau und Tochter zusammensein und eine schöne Familie aufbauen und auf diese Weise auch an der Zukunft Italiens mitwirken können.

Wir sind von unseren Familien, aber nicht vom Leben getrennt; wir sind gefallen, gestürzt, und beim Fallen haben wir anderen Böses zugefügt, aber wir stehen wieder auf. Man redet zu wenig von uns, oft so abschätzig, als wollte man uns aus der Gesellschaft entfernen. Das läßt uns wie »Untermenschen« vorkommen. Sie sind der Papst aller, und wir bitten Sie darauf hinzuwirken, daß uns nicht zusammen mit der Freiheit auch noch die Würde geraubt wird.

Sie haben mir wirklich bedenkenswerte Worte gesagt: Wir sind gefallen, aber wir sind hier, um uns wieder aufzurichten. Das ist wichtig, dieser Mut, wieder aufzustehen, um mit der Hilfe des Herrn und mit Hilfe aller Freunde weiterzugehen. Sie haben auch gesagt, daß man »abschätzig« von euch redet. Das stimmt leider, aber ich möchte sagen, daß das nicht immer so ist; es gibt auch andere, die gut von euch reden und wohlwollend über euch denken. Ich denke da an meine kleine päpstliche Familie; ich bin von vier Laienschwestern umgeben, und wir sprechen oft über dieses Problem; sie haben Freunde in verschiedenen Gefängnissen; wir erhalten auch Geschenke von ihnen und machen ihnen unsererseits Geschenke. Diese Wirklichkeit ist also in sehr positiver Weise in meiner Familie – und, so meine ich, in vielen anderen Familien – gegenwärtig. Wir müssen es ertragen, daß manche »abschätzig« reden – sie reden auch über den Papst »abschätzig«, und trotzdem gehen wir weiter voran. Es erscheint mir wichtig, alle zu ermutigen, die gut von euch denken, die Verständnis für eure Leiden haben, die euch in dem Prozeß des Wiederaufstehens helfen wollen; und ich werde meinen Teil dazu beitragen, indem ich alle auffordere, in dieser gerechten, nicht verächtlichen, sondern menschlichen Weise zu denken und dabei auch zu bedenken, daß jeder fallen kann, aber Gott will, daß alle zu ihm gelangen, und wir müssen im Geist der Brüderlichkeit und der Anerkennung auch unserer eigenen Schwäche zusammenarbeiten, damit sich diese Menschen wirklich wieder aufrichten und mit Würde vorangehen und sich immer in ihrer Würde geachtet fühlen und so auch Lebensfreude finden können; denn das Leben wird uns vom Herrn nach seiner Vorstellung geschenkt. Und wenn wir diese Idee anerkennen, ist Gott mit uns, und auch die dunklen Lebensabschnitte haben ihren Sinn, um uns eine größere Selbsterkenntnis zu geben, um uns zu helfen, immer mehr wir selbst, immer mehr Kinder Gottes zu werden; und so sind wir auch in den schwierigen Situationen glücklich darüber, daß wir Menschen sind, weil wir von Gott erschaffen wurden. Der Herr wird euch helfen, und wir stehen an eurer Seite.

Warum wurde die Lossprechung der Sünden an die Priester delegiert? Wenn ich um sie auf Knien bitten würde, während ich mich allein in einem Zimmer an den Herrn wende – würde er mich lossprechen? Oder wäre das eine Absolution, die einen anderen Wert hätte?

Ja, das ist eine große und wahre Frage, die Sie da an mich richten. Ich würde zwei Dinge sagen. Das erste: Wenn Sie auf die Knie fallen und mit wahrer Liebe Gott bitten, daß er Ihnen vergebe, so vergibt er. Es ist seit jeher Lehre der Kirche, daß einer, wenn er mit wirklicher Reue, das heißt nicht nur, um Strafen oder Schwierigkeiten zu entgehen, sondern aus Liebe zum Guten, aus Liebe zu Gott um Vergebung bittet, von Gott Vergebung erhält. Das ist der erste Teil. Wenn ich wirklich erkenne, daß ich Böses getan habe, und wenn in mir die Liebe zum Guten, der Wille zum Guten, die Reue darüber, daß ich diese Liebe nicht erwidert habe, und Gott, der der Gute ist, um Vergebung bitte, so schenkt er sie. Doch da gibt es noch ein zweites Element: Die Sünde ist nämlich nicht nur eine »persönliche«, individuelle Angelegenheit zwischen mir und Gott. Die Sünde hat immer auch eine soziale, horizontale Dimension. Durch meine persönliche Sünde habe ich, auch wenn es vielleicht keiner weiß, auch der Gemeinschaft der Kirche Schaden zugefügt, habe die Gemeinschaft der Kirche beschmutzt, habe die Menschheit beschmutzt. Und deshalb erfordert diese soziale, horizontale Dimension der Sünde, die sich nicht nur gegen Gott richtet, sondern auch die Gemeinschaft betrifft, das Sakrament der Versöhnung; das Sakrament ist das großartige Geschenk, in dem ich mich in der Beichte von dieser begangenen Sünde befreien und tatsächlich die Vergebung auch im Sinne einer vollen Wiederzulassung in der Gemeinschaft der lebendigen Kirche, des Leibes Christi, erlangen kann. Und in diesem Sinn ist die notwendige Absolution durch den Priester, also das Sakrament, nicht etwas von außen Auferlegtes, das sozusagen die Güte Gottes einschränkt, sondern im Gegenteil: Sie ist Ausdruck der Güte Gottes, weil sie mir zeigt, daß ich auch konkret, also in der Gemeinschaft der Kirche, die Vergebung empfangen habe und wieder neu anfangen kann. Ich würde also sagen: Es gilt, diese beiden Dimensionen zu berücksichtigen: die vertikale Dimension der Beziehung zu Gott und die horizontale der Beziehung zur Gemeinschaft der Kirche und der Menschheit. Die Absolution durch den Priester, die sakramentale Absolution, ist notwendig, um mich wirklich von dieser Fessel des Bösen loszulösen und mich wieder vollständig in den Willen Gottes, in die Sichtweise Gottes, in seine Kirche einzugliedern und mir so die auch gleichsam leibliche, die sakramentale Gewißheit zu geben: Gott vergibt mir, er nimmt mich in die Gemeinschaft seiner Kinder auf. Ich denke, wir müssen lernen, das Bußsakrament in diesem Sinn zu verstehen: Es ist eine Möglichkeit, sozusagen leiblich die Güte des Herrn, die Gewißheit der Wiederversöhnung zu finden.

Sie haben in Afrika den Glauben und die Leidenschaftlichkeit jener Menschen für Jesus Christus gesehen. Sie haben Menschen gesehen, die aus verschiedenen Gründen leiden: Rassismus, Hunger, Kinderarbeit ... Diese Menschen richten ihre Hoffnung und ihren Glauben auf Gott und sterben unter Armut und Gewalt. Warum hört Gott sie nicht? Hört Gott vielleicht nur die Reichen und Mächtigen, die jedoch keinen Glauben haben?

Ich möchte zuallererst sagen, daß ich sehr glücklich in Ihrem Land gewesen bin. Die Aufnahme von seiten der Afrikaner war überaus herzlich; ich habe diese menschliche Herzlichkeit gespürt, die in Europa etwas verdunkelt ist, weil wir so viele andere Dinge im Sinn haben, die auch unser Herz härter machen. In Benin hingegen gab es eine geradezu überschäumende Herzlichkeit, ich habe auch die Lebensfreude gespürt, und das war einer der schönsten Eindrücke für mich: Trotz der Armut und all der großen Leiden, die ich gesehen habe – ich habe unter anderen Leprakranke und Aids-Kranke begrüßt –, trotz all dieser Probleme und der großen Armut gibt es eine Lebensfreude, eine Freude darüber, ein menschliches Geschöpf zu sein, weil ein Ur-Bewußtsein dafür vorhanden ist, daß Gott gut ist und mich liebt, und Menschsein heißt, von Gott geliebt zu werden. Deshalb war für mich der sozusagen vorherrschende, starke Eindruck: in einem leidenden Land mehr Freude und Heiterkeit zu sehen als in den reichen Ländern. Und das läßt mich auch daran denken, daß in den reichen Ländern häufig die Freude fehlt: Wir sind alle beschäftigt mit so vielen Problemen: Wie soll ich das machen, wie jenes planen, soll ich das aufbewahren, noch etwas kaufen? Und bei der Fülle der Dinge, die wir besitzen, haben wir uns immer weiter von uns selber und von dieser Urerfahrung entfernt, daß es Gott gibt und daß Gott mir nahe ist. Deshalb würde ich sagen: Große Reichtümer und Macht zu besitzen, macht nicht notwendigerweise glücklich, es ist nicht das größte Geschenk. Es kann – so würde ich sagen – auch eine negative Angelegenheit sein, die mich daran hindert, wirklich zu leben. Die Maßstäbe Gottes, die Kriterien Gottes sind anders als die unsrigen. Gott schenkt auch diesen Armen Freude, das Erkennen seiner Gegenwart, er läßt sie spüren, daß er ihnen auch im Leiden, in den Schwierigkeiten nahe ist, und er ruft natürlich uns alle dazu auf, alles zu tun, damit sie aus dieser Finsternis von Krankheit und Armut herauskommen können. Das ist eine unserer Aufgaben, und wenn wir das tun, können auch wir fröhlicher werden. Die beiden Seiten müssen sich also ergänzen: Wir helfen, damit Afrika, damit diese armen Länder diese Probleme der Armut überwinden können, wir müssen ihnen helfen zu leben, und sie können uns helfen zu begreifen, daß die materiellen Dinge nicht das letzte Wort haben. Und wir müssen Gott bitten: Zeige uns, hilf uns, damit es Gerechtigkeit gibt, so daß alle in der Freude darüber leben können, daß sie deine Kinder sind.